KB182118

# 한일관계 2천년, 화해의 길목에서

# 한일관계 2천년, 화해의 길목에서

손승철 지음

역사인

# 책을 내면서

## 교류와 상극의 한일관계

1475년, 59세로 임종을 앞둔 신숙주는 성종에게 "원컨대 부디 일본과 화친을 잃지 마소서"라는 유언을 남겼다. 그로부터 450년이 지난 1910년, 사형 집행을 기다리는 31세의 안중근에게 어머니는 "일제에 목숨을 구걸하지 마라. 네가 나라를 위해 여기에 이른즉, 다른 마음을 먹지 말고 죽으라. 대의(大義)에 죽는 것이 어미에 대한 효도다"라고 당부했다고 전한다.

한일관계에서는 이런 상반된 장면이 수없이 교차했다. 우리에게 일본은 어떤 존재인가. 만약에 내가 같은 상황이었다면 어떤 선택을 했을까. 이런 상념 속에 글을 시작한다.

이 책은 지난 2천년간의 한일관계를 '만남·적대·공존·상처·화해'의 5개 키워드로 서술한 한일관계의 통사이다.

일본 고대 '야요이[弥生]'문화는 한반도에서 벼농사 기술과 철기를 가지고 일본열도로 간 사람들과의 만남에서 시작되었고, '야마토[大和]'국은 가야와 백제·신라·고구려 도래인에 의해 성장하며 고대국가를 완성했다.

중세 일본의 폐쇄적이며 굴절된 대외 인식은 고려와 몽골을 '응징해야 할' 적대의 상대로 간주했다. 한국 역시 왜구 약탈과 임진왜란을 겪으면서 일본을 '노략질하는 야만인', '불구대천의 원수'로 인식했다. 그러나 이 기간에도 조선통신사가 왕래하며 공존의 노력을 기울였고, 소통을 통해 갈등을 해소해갔다.

19세기에 들어 서세동점에 대한 상반된 대외 인식은 위정척사사상과 정한론을 탄생시켜 대립과 충돌을 유발했고, 급기야 국권 침탈과 병탄으로 이어졌다. 그 결과 일본의 강점에 의한 식민 지배는 한국인에게 깊은 상처와 앙금을 남겼다.

광복 후, 20년 만에 두 나라는 국교를 재개했다. 그러나 동상이몽 속에서 체결된 '한일기본조약'은 반세기가 지나도록 화해의 엇박자를 계속하고 있고, 식민 지배의 상처와 악감정의 골은 더욱 깊어져 가고 있다.

이제는 화해해야 한다. 서로에게 아무런 도움이 되지 않는 반목을 더 이상 계속해서는 안 된다. 그러나 문제는 화해의 방법이다.

## 소통의 역사 속에 답이 있다

내가 한일 통사(通史)를 구상한 것은 1981년 강원대학교 사학과에 부임하여, 일반대학에 없었던 한일관계사 강좌를 시작하면서이다. 그러나 공부도 부족했고 한일관계사에 대한 안목도 서 있지 않아 감히 엄두를 못 냈다. 그러다가 도쿄대학·홋카이도대학·규슈대학에 3차례 유학하면서 일본을 경험하고, 2003년부터 대학생·교사·일반시민들과 '일본 속의 한민족사 탐방'을 통해 곳곳에 남아 있는 한일 교류의 흔적을 답사하면서 조금씩 틀을 잡을 수 있었다. 특히 '대학생 신(新)조선 통신사'와 함께 서울과 도쿄를 왕복한 다섯 번의 경험은 이 책을 완성하는 데 큰 도움이 되었다.

답사는 창덕궁 인정전에서 통신사가 어명을 받는 것처럼 시작했다. 죽령을 넘어 영천 남천강변 조양각에서 마상재 공연을 보고, 부산 영가대에서 신유한처럼 해신제를 지냈다. 쓰시마 이즈하라에서는 최익현 선생 순국비에 헌화했다. 이키섬을 거쳐, 후쿠오카 다자이후에서 백제 영혼들과 만났다. 사가현 나고야성에서는 임진왜란의 상흔을 확인하고, 아리타에서 도조 이삼평 14대 후손을 만났다.

요시노가리에서는 한반도 청동기·철기문화의 복사물을 볼 수 있었고, 이타즈케 유적지에서는 벼농사가 일본에 어떻게 정착되었는지를 확인했다. 후나야마고분에서는 백제 무령왕릉의 금관이 와 있나 착각을 했다. 시모노세키 아카마신궁에서 외할머니 품에 안겨 죽은 여덟 살짜리 안토쿠 천황의 애달픈 사연과 사무라이 세력에 의해 일본 중세가 시작되는 현장을 보았다. 그 옆 청일강화기념관(슌판루)에서는 이홍장과 이토 히로부미가 시모노세키조약으로 조선에서의 이권을 나누어 먹는 모습을 보았다. 청일 사이에 던져진 대한제국의 운명이 너무 슬펐다. 그날 이동하는 버스에서 이홍장, 대원군, 이토 히로부미가 출연하는 다큐멘터리 영화를 본 기억이 난다. 세 사람 모두 삼국의 운명을 결정했던 사람들이다. 그 결과 삼국은 전혀 다른 길을 갔다.

도중에 히로시마 평화공원에 들러 원자폭탄에 의해 3만 명 이상 희생된 한국인 사상자 위령비에 헌화했다. 다시 버스를 타고 조선통신사가 들렀던 토모노우라, 시모카마카리의 쇼도인에서 3탕 15찬의 통신사 밥상을 보고, 식사에 곁들여 인동주와 보명주도 마셨다. 히로시마에서 오사카까지는 신칸센을 타고 달렸다. 오사카성에 올랐고, 성 뒤편에 초라하게 남아 있는 히데요리의 자살 터 표지석을 보면서 일본은 왜 임진왜란을 일으켰을까, 역사만 아니라 나 자신의 삶도 돌아보았다. 또 오사카 마쓰시마공원 치쿠린지에서 1763년 조선통신사 소동으로 일본에 와서 스물두 살의 젊은 나이에 죽은 김한중의 불쌍한 넋을 위로했고, 교토 미미즈카를 지나 비와호를 거쳐 시즈오카까지 내처 달렸다.

조선 후기 통신사들이 모두 들렀던 세이켄지에서 '유네스코 세계기록유산'으로 등재된 조선통신사 기록물 48점을 확인했다. 한일 문화 교류의 산 증거물이다. 그날 저녁 시즈오카 시내의 한 호텔에서 신대학생통신사들은 인근 지역의 일본 대학생들과 필담을 나눴다. 하코네 고개를 넘어 마지막 여정인 에도(도쿄)에서 1923년 간토[關東] 대지진으로 불타버린 에도성에 올랐고, 재일교포 민단 박물관에 들러 재일 한국인의 아픔을 확인했다. 일본에 뿌리를 내리고 사는 그들의 삶에 숙연해졌다.

마지막으로 한국대사관저에 들러, 조선통신사가 국서전명식을 하듯이 주일대사에게 답사 목적을 전하고, 대사로부터 답사수료증을 받았다. 회식 자리에서 '신조선통신사' 대학생들은 출발하기 전에는 마치 '원수의 나라'에 가는 기분이었는데, 답사를 마치고 나니 일본이 정말 '이웃 나라'라는 사실을 실감하게 되었다면서, 이구동성으로 신유한과 아메노모리호슈의 '통신(通信)'과 '성신(誠信)'을 이야기했다. 두 사람이 강조한 통신은 믿음이 통하는 것이고, 성신은 진실한 마음을 가지고 교제하는 것이었다. 소통의 역사 속에 답이 있다.

## 이제, 화해의 방정식을 풀자

2023년 1월, 한국에서는 '일제강제동원피해자지원재단'이 주관하여 '강제징용 피해배상 해법 마련을 위한 대토론회'를 개최했다. 그 자리에서 한국 정부는 유력안으로 '병존적 채무 인수', 즉 피고(일본 기업)의 채무를 제3자가 인수해 원고(피해자)에게 배상하는 방식을 제안했다. 대법원의 확정 판결을 받은 피해자들이 일본 피고기업 대신 피해자지원재단으로부터 판결금을 받는 '제3자 변제' 방식을 강제징용 문제의 해법으로 사실상 공식화했다.

이 자리에서 한국 외교부 관계자는 일본 측에 대해 '사과와 기여 측면에서 일본의 성의 있는 호응 조치가 있어야 할 것'을 강조했다. 재원은 우선 한국의 청구권협정 수혜기업들의 기부로 조성하고, 일본 정부와 기업들의 성의 있는 호응 조치를 제안한 것이다. 이에 대해 피해자 측은 "결국 일본에 면죄부를 줬다"라고 반발했고, 부정적인 입장을 가진 시민단체들은 "일본 눈치만 보는 굴욕외교"라고 비판했다. 그래서 정부 간에 외교적인 합의를 보더라도 과거에 실패한 합의의 전철을 밟게 될 것이라는 우려가 나오고 있다.

과거 한일 간에는 반성과 사과가 여러 차례 있었다. 1993년 고노 담화, 1995년 무라야마 담화, 1998년 김대중-오부치 한일파트너십 선언, 2010년 칸 담화의 역사가 그것이다. 그래서 2015년에는 위안부 문제에 관한 합의문에 '최종적 불가역적으로 해결될 것'임을 명시하기도 했다. 그러나 피해자와 시민단체의 거센 반발로 한일관계는 오히려 최악의 상황으로 치달았다.

일반적으로 사람들은 어떤 문제를 놓고 갈등이 생겼을 때, 마지막 방법으로 사법적 판단에서 답을 찾으려 한다. 그러나 역사문제는 사법의 영역이 아니다. 징용·징병이나 일본군위안부 문제가 국내법이든 국제법이든 사법적 판단에 의해 종결될 수는 없을 것이다.

그러나 문제를 풀기 위해서는 어쨌든 해법을 찾아야 한다. 어렵지만 '화해 방정식'을 풀어보자. 공식은 이론상으로는 간단하다. 반성, 사과, 용서, 화해다. 방정식에 대입하는 미지수의 값에 따라 참 또는 거짓이 된다. 한국과 일본의 양축에 미지수 값들을 넣어보자. 법은 최소한의 미지수 값만 정해주고, 그 다음은 인간적인 문제, 즉 사람과 사람이 미지수의 값을 정한다. 그리고 거기에 전제되는 조건이 일관성이며 진정성이다. 일본 측에서는 이미 과거에 여러 차례 충분히 반성했다고 한다. 물론 한국에서도 그건 알고 있다. 그런데 거기에 일관성과 진정성이 없다는 것이다. 사과나 반성은 횟수가 아니라 진정성이 문제이기 때문이다. 문제 해결의 시작과 끝은 여전히 사람이다.

독일 총리들은 '죽음의 벽'에 헌화하면서 무릎을 꿇고, "독일인이 저지른 야만적인 범죄와 생각할 수 있는 모든 경계를 넘은 범죄 앞에서 마음 깊이 부끄러움을 느낀다"고 사과했다. 그리고 "범죄에 대한 기억은 끝나지 않는 우리의 책임"이며 "책임을 인식하는 것이 국가 정체성의 일부"라고 했다.

## 시작도 끝도 사람이다

일제 강제동원 피해 문제는 개인 간의 화해나 용서만으로 끝나지 않는다. 국가에 책임이 있기 때문이다. 과거 일본과의 사이에는 많은 갈등과 대립이 있었다. 임진왜란만 보더라도 일본의 무고한 침략과 7년간의 전쟁을 통해 200만 명 이상의 조선인이 죽거나 다쳤다. 그럼에도 불구하고 전쟁이 끝난 지 10년도 채 안 된 1607년에 '회답겸쇄환사'의 파견으로 강화가 이루어지고, '통신사'가 왕래하면서 문제를 풀어갔다. 그 과정에서 동아시아의 국제관계를 회복하고, 왕릉 도굴범 소환, 피로인 쇄환, 전후 복구사업 등의 현안들을 해결해 갔다. 그러나 사절단의 명칭이 처음부터 믿음을 통하는 통신사가 아니라 일본의 요청에 답하는 회답사이며 피로인을 쇄환하는 '회답겸쇄환사'였다. 명칭이 다른 이유는 조·일 외교에 있어 '명분과 실리'의 '선택과 균형' 때문이었다. 외교는 관계이며 100대 0의 게임이 아니다. 지금 임진왜란 직후 재개한 일본과의 강화를 부정적으로 평가하는 역사가는 거의 없다.

한국은 일본의 식민 지배로 인해 전례 없는 가혹한 역사를 경험했다. 그러나 한국은 식민지 시대의 아픔과 상처를 극복해가면서 인간의 인간에 대한 억압과 유린에 저항하며 새로운 가치를 추구하며 발전해가고 있다. 그 결과 2021년 7월, 유엔무역개발회의는 한국을 선진국 그룹의 일원으로 지위를 변경한다고 공식 발표를 했다. 한국은 GDP 규모가 세계 10위이며, 제조업은 5위, 국방력은 6위를 차지하고 있다. 세계는 이미 한국을 선진국으로 대접한다. 광복 80년이 가까워져 오고 있다. 한일 양국 모두 선진국답게 화해했으면 좋겠다.

그것이 '한일관계 2천년'의 역사적 경험과 메시지가 아닐까. 한일 모두 이점을 숙고하면서, 법과 명분만을 내세우지 말고, 대승적인 관점에서 인간적으로 풀어가자. 대승적이란 국가적 이익이나 정치적 판단에 얽매이지 말고 넓고 긴 안목에서 보자는 것이다. 인간적이란 윤리적이고 도덕적인 관점에서 상대가 얼마나 아팠는지, 아픔을 보듬는 자세를 갖자는 것이다. 정치와 사회는 넓은 안목에서, 역사를 긴 안목에서 바라보자.

어떻게 화해하는 것이 양국 국민을 위한 길일까, 최선의 함숫값을 대입하여 화해의 방정식을 풀어갔으면 좋겠다. 한국의 일제 강제동원 피해자 780만 명 중, 현재 의료지원금을 받는 생존자는 겨우 1천 명에 불과하다. 법적이든 정치적이든 이제 화해해야 한다. 인간적으로도 더 이상 미룰 수는 없다. 그리고 그 어떤 경우든 문제 해결의 시작과 끝은 여전히 사람이라는 점을 잊지 말자.

'코로나19'가 확산하면서 일본 길이 막혔었다. 코로나 유행 전, 양국민의 왕래가 한 해에 1,000만 명을 넘겼었다. 일본을 찾는 한국인 여행자가 750만 명, 한국으로 오는 일본인 여행자가 300만 명이었다. 500년 전, 세종시대에 1만 명이던 숫자가 1천 배나 늘어났다. 이렇게 왕성하고 활발하게 왕래했지만 2023년 현재, 양국의 정치·외교는 여전히 첨예하게 대립하고 있다.

이제 코로나에서 벗어나 점차 일상으로 돌아가고 있다. 이 시점에서 역사의 시계를 거꾸로 돌리는 어리석음을 반복할 수 없다. 그동안 쌓아온 한일관계의 역사적 경험을 무의미하게 만들 수는 없다. 이제라도 '한일관계 2천년, 역사의 길'을 걸으며, 과거의 경험과 인식을 공유(共有)하고, 현재에 공존(共存)하며, 미래에 공생(共生)하는 관계를 만들어 가자. 그런 관점에서 이 책이 한일관계를 이해하고, 한일 역사를 걷는 답사의 길잡이가 되었으면 좋겠다.

지난 20년간 '일본 속의 한민족사 탐방'을 함께해준 대학생, 교사, 일반 시민들, 그리고 아내 선옥과 아들 민규, 시아, 희정, 아우 승구, 승태에게 고마움을 전한다. 끝으로 한일문화교류기금, 조선일보 문화사업단, 일본 주재 한국대사관, 그리고 멋진 책으로 출판해준 역사인 한정희 대표와 직원 여러분께 감사한다.

2023년 3월 1일
용인 雲耕齊에서
손승철

# 목차

제1부 **만남**
선사, 고대

제
1
부

# 만 남

선사, 고대

---

| | |
|---|---|
| 1만 년 전 | 한반도와 일본열도 사이에 바다가 생김 |
| 8,000년 전 | 한반도 신석기시대, 빗살무늬토기 제작<br>일본열도 죠몬시대, 죠몬토기 제작 |
| 6,000년 전 | 한반도와 일본열도 밭농사 시작 |
| 기원전 2000년경 | 한반도 청동기 사용, 고조선 성립 |
| 기원전 800년경 | 한반도 논농사 시작 |
| 기원전 500년경 | 한반도 철기 사용 |
| 기원전 400년경 | 일본열도 야요이시대, 논농사와 청동기 사용 |
| 기원전 200년경 | 일본열도 철기 사용 시작 |
| 기원전 194년 | 위만이 고조선의 왕이 됨 |
| 기원전 108년 | 고조선 멸망, 한사군의 설치. 본격적인 도래인 발생 |
| 250년경 | 야마타이국 여왕 히미코가 왜의 왕이 됨 |
| 300년경 | 일본열도에서 고훈시대 접어듦 |
| 372년 | 백제, 왜왕에게 칠지도 보냄(408년설도 있음) |
| 400년 | 왜의 신라 침입, 고구려 신라에 원군을 보냄 |
| 402년 | 신라, 왕족 미사흔을 왜에 볼모로 보냄 |
| 443년 | 왜가 송에 조공하고 왜국왕의 칭호 받음 |
| 461년 | 백제, 개로왕의 아우 곤지가 왜로 건너감(도중에 무령왕 탄생) |
| 475년 | 고구려, 백제 수도 한성 함락, 웅진으로 천도 |
| 513년 | 백제, 오경박사 일본에 보냄 |
| 538년 | 백제, 성왕 왜에 불상과 경전을 보냄 |
| 570년 | 고구려, 왜에 사신 파견 |
| 588년 | 왜에서 백제의 승려, 사원 건축기를 초청 |
| 596년 | 아스카데라 건립 |
| 603년 | 고류지 건립 |
| 607년 | 호류지 건립 |
| 645년 | 왜의 소가씨가 몰락, 다이카 개신 |
| 660년 | 백제, 나당연합군에게 멸망 |
| 663년 | 나당연합군이 백촌강에서 왜를 격파 |
| 670년 | 왜, 국호를 일본이라 함 |

# 제1장
# 인연과 만남

## 1. 시간과 바람의 교차로

### 육지로 연결된 한반도와 일본열도

한반도와 일본열도 사이에 바다가 생긴 것은 대략 1만 년 전이다. 지금도 마찬가지지만 한국과 일본은 위도 상 거의 동일선상에 있으므로 비슷한 기후와 자연환경이었다. 그러나 빙하기가 끝나고 바다에 의해 두 지역이 완전히 나뉘자, 양 지역의 식생이나 살아가는 방식도 점차 달라졌다. 그 모습은 고고학의 연구 성과에 의해 소상하게 드러나고 있다.

이 시기 한반도와 일본열도 사람들은 뗀석기 대신 돌을 갈아서 만든 간석기를 사용했고, 토기도 만들었다. 이 시기를 한국에서는 신석기시대, 일본에서는 죠몬[繩文]시대라고 한다.

한반도에서는 대략 기원전 8,000년경부터 신석기시대에 접어들었다. 대표적인 유물로는 갈판과 갈돌 등의 간석기와 빗살무늬토기, 그리고 뼈바늘이나 가락바퀴 등이 있다. 신석기인들은 이 도구들을 사용

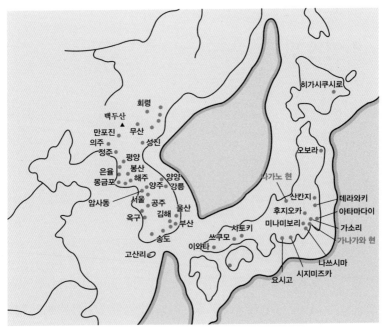

신석기시대 유적지 분포도

해서 그물을 만들거나 옷을 지어 입고, 강가나 바닷가에 움집을 짓고 정착 생활을 했다. 조나 수수, 피 등의 곡식을 심는 등 농경생활을 하며 가축을 기르고, 물고기를 잡아먹고 살았다. 그 대표적인 장소가 서울 암사동이나 부산 동삼동 유적지이다.

일본에서도 한반도와 비슷한 시기에 신석기시대에 접어들었다. 낮은 온도에서 구운 흑갈색 토기에 새끼줄 문양이 있는 '새끼줄 무늬'의 '죠몬' 토기를 사용했다. 토기는 나무 열매를 보관하거나 조리를 하는 데 사용했다. 죠몬인들은 도토리를 햇볕에 말린 뒤 돌로 찧어서 껍질

빗살무늬토기(좌)
죠몬토기(우)

을 벗기고 돌판에 갈아서 가루를 만들었다. 요즈음에 도토리묵을 만들 듯이 도토리 가루를 물에 담갔다가 윗물을 따라 버리고 떫은 맛이 없어지면 이것으로 경단이나 떡을 만들어 먹었다. 그러나 당시 일본열도는 아직 농사와 목축의 기술이 없어서 죠몬시대에는 수렵과 채집 생활을 했다.

### 신석기 사람들

한국은 구석기시대인을 조상이라고 보는 견해도 있지만, 이들을 현대 한국인의 직계 조상으로 보지는 않는다. 왜냐하면 구석기시대에는 빙하기와 간빙기의 변화에 따라 이동과 멸종이 있었고, 또 인종적 구분도 확실하지 않기 때문이다. 그래서 한국에서는 대체로 신석기시대의 빗살무늬토기를 사용했던 사람들을 현대 한국인의 조상으로 보는 견해가 지배적이다. 중국 사료인 『삼국지』 「위지 동이전」에는 이들을 예족(濊族)·맥족(貊族)·한족(韓族) 등으로 기록했다.

일본열도의 경우는 어떨까? 인류학과 고고학의 성과에 의하면 현대 일본인의 조상은 동남아시아의 원아시아 계통에 속하는 구석기인으로 추정한다. 하지만 그들이 어떤 경로를 통해 일본열도로 이동했는지는 알 수 없다. 그런데 현대 일본인은 체형, 피부색, 몽고반점 등 여러 면에서 몽골계 인종과 공통점이 많다. 한편, 체질인류학에서는 귀지의 건습(乾濕) 형태를 보아 일본의 중앙부에는 마른 귀지를 가진 사람이 많고, 남부와 북부에서는 젖은 귀지의 비율이 높았다고 한다. 또 B형 간염바이러스의 항원형 분포를 보고, 일본열도 중심부는 한반도와 중국 북부 등 북아시아 사람들과 비슷하고, 주변부에서는 중국 남부에서부터 동남아시아에 걸쳐 거주하는 사람들의 경향과 일치하고, 또 언어 면에서는 우랄알타이어족에 속하며 한국어와 동계어(同系語)이다. 이러한 주장을 통해 일본인의 원형은 동북아시아 종족을 근간으로 다양한 종족과 혼합되어 형성되었다고 한다.

'HLA(Human Leucocyte Antigen, 인체백혈구항원) 유전자군'을 통해 일본인의 기원을 연구하는 도쿠나가 가쓰시[德永勝士]는 일본인의 선조 집단의 이주 경로를 다음 네 가지로 제시했다. 첫째, 중국 북방에서 한반도를 거쳐 규슈와 긴키지방으로 이주한 가능성, 둘째, 중국 북방에서 한반도를 거쳐 규슈와 호쿠리쿠[北陸]지방 등 동해 해안 지역에 이른 가능성, 셋째, 중국 남부를 기점으로 서남제도와 규슈, 시코쿠[四國]를 거쳐 혼슈의 태평양에 이른 경로, 넷째, 한반도를 경유하거나 직접 규슈 남부가 아닌 규슈 북부에 이른 경우이다. 이 중에서 첫째, 둘째, 넷째는 한반도를 경유해서 이주하여 한국인의 선조와 공통된 집단으로 볼 수 있다. 특히 둘째 경로는 중국 남방 민족이나 몽골과 같은 북방 아시아족과 관련이 덜하기 때문에 원초적인 한반도 집단과 밀접한 관련이 있다고 했다.

어쨌든 신석기시대 죠몬인들은 일본이 섬으로 고립되기 이전부터 살고 있었는데, 한반도의 구석기인과는 달리 이들은 대륙과 단절된 채로 살았고, 죠몬시대 초기에는 대략 2만 명이던 인구가 한때는 25만 명까

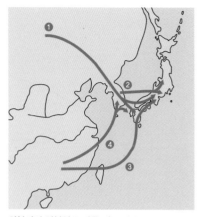

일본인의 일본열도 이주 경로 德永勝士, 十字猛夫, 1995, 『モンゴロイドの道』, 朝日新聞社

지 늘었다. 이후 거듭되는 이상기온으로 많이 죽고, 겨우 5만 명 정도가 일본열도 전 지역에 분포하게 되었다고 한다. 그러다가 청동기 문명이 도래하는 야요이[彌生]시대에 접어들면서, 특히 한반도로부터 많은 사람이 지속해서 도래(渡來)했고, 생활환경이 좋아지면서 급격하게 인구 증가가 이루어졌다고 한다.

## 한반도와 일본열도의 가교, 쓰시마

1984년 규슈 이키리키 유적에서는 죠몬시대의 배가 발굴되었고, 2004년 경남 창녕 비봉리에서도 약 8,000년 전의 배가 발굴되었다.

이 배들은 통나무를 파내어 만들었는데, 당시의 사람들은 이 배로 바다에 나가 고기를 잡았을 것이다. 그리고 뗏목이나 통나무배를 연결하여 한반도에서 일본열도로 바다를 건너갔다. 그들은 중간거점으로

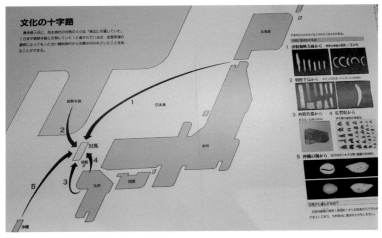

미네자료관에 걸린 〈문화의 십자로〉 안내판

쓰시마[對馬]와 이키[壹岐]를 거쳤다.

부산에서 43km 밖에 떨어져 있지 않은 쓰시마는 맑은 날 부산 용두산공원에 올라가면 오륙도 너머로 선명하게 보인다. 지금은 부산과 쓰시마 사이를 매일 정기 여객선이 하루에 3편 이상 왕래하고 있고, 2018년 한 해만 해도 30여만 명 이상의 관광객이 왕래했다.

쓰시마섬의 중간지역에 위치한 미네 향토자료관에는 죠몬시대부터 근세에 이르기까지 미네 지역에서 발굴된 고고 민속자료를 전시하고 있다. 이 자료관에는 고고자료실과 민속자료실이 있는데, 고고자료실에는 사가 패총, 미네 유적, 가야노키 유적, 에비스산 유적 등에서 발굴된 유물이 전시되어 있다. 그 가운데 특히 흑요석은 부산 동삼동 패총에서 나온 흑요석이나 투박조개, 고라니 이빨 장식 등의 유물과 함께 전시되어 있어 한반도와의 교류가 왕성했음을 보여준다.

흑요석은 유리질 모양의 화산석으로, 조각을 내면 금속으로 제작한 도구처럼 날이 무척 예리하다. 또한 검은 색을 비롯하여 여러 가지 색상을 가지고 있어 미적으로도 아름답다. 한반도에서는 백두산이 원래 흑요석 출토지이지만, 양양·영일만·부산 동삼동 등에서도 발굴되었다. 이곳에 있는 흑요석은 규슈 지역에서 출토된 것도 있지만 백두산 지역으로부터 장거리 교역망을 통해 한반도 부산 동삼동 지역으로 유통된 것이 이곳에서도 발굴되었다. 전시실에 붙어 있는 문화의 교차로라고 하는 표현이 한반도와 일본열도를 잇는 쓰시마의 지정학적인 위치를 대변해준다. 매우 인상적인 표현이며, 여러 가지를 생각하게 한다.

### 시간과 바람의 교차로, 이키

쓰시마에서 68km 동쪽에 위치한 이키섬의 하루노쓰지[原の辻] 유적지에서는 구석기시대부터 중세에 이르는 유물이 많이 발굴되었다. 대부분이 야요이[彌生]시대의 유적지로 2,000년 전의 주거지가 복원되어 전시되어 있다. 넓이는 대략 100ha로 야구장 26개 면적에 해당된다. 발굴조사를 통해 이곳이 한·중·일 삼국 교역의 중심지였음이 드러났다. 그중에서도 남북 40m, 동서 30m의 큰 선착장은 동아시아에서 가장 오래된 것이라고 한다.

하루노쓰지 유적지에서는 주로 청동기시대의 유물이 나왔고, 모두 한반도와 대륙에서 운반된 물건들로 토기, 장식품, 금속제품이 대부분이다. 이것들은 『삼국지』「위지 동이전」에 나오는 이끼고쿠[一支國]의

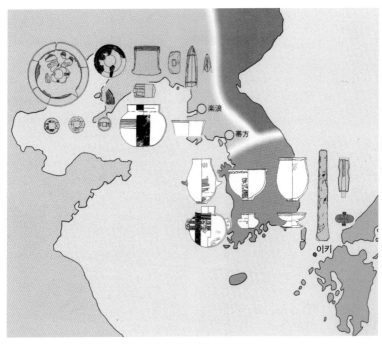

이키 하루노쓰지 출토 유물 동경, 동전, 한반도계 토기들

중심지인 남북시적(南北市糴: 남북으로 된 곡물매매 시장)에서 출토된 유
물들로 한반도계의 민무늬토기, 삼한계통의 회백색 연질토기(와질토
기), 낙랑계 토기 등과 청동기, 철기제품들이다. 청동제품에는 수대경
(獸帶鏡), 청동검, 차마구(車馬具)를 비롯해 오수전(五銖錢), 화천(貨泉)
같은 중국의 동전도 출토되었다. 이들 토기와 금속제품은 다른 유적지
에 비해 출토량이 많아 한반도에서 바다를 건너온 사람들이 이곳 하루
노쓰지 지역에 살았을 가능성을 뒷받침하고 있다.

2007년 1월, 강원대의 「해동제국기」 탐사팀을 인솔해 이키를 답사했을 때, 이곳 하루노쓰지 유적사무소 이치야마 히도시[市山等] 소장은 그 가능성을 다음과 같이 설명해주었다.

"한반도 토기에는 특징이 있어요. 가장자리 주변이 둥글둥글해 보이고, 또 뿔이 돋아 있는 것 같은 단지, 이게 손잡이입니다. 손잡이가 달린 질그릇은 한반도에서는 취사 등에 쓰였다고 합니다. 이 질그릇들이 선착장 근처에서 집중적으로 발견되고 있습니다. 한반도에서 온 사람들이 거기에 오래 머물러 있었다고도 생각할 수 있습니다."

일반적으로 하루노쓰지 유적에서 출토된 토기들 가운데는 기타큐슈[北九州]계 토기가 많다. 이것들 외에도 사쓰마[薩摩], 산인[山陰], 세토우치[瀬戸內], 긴키[近畿] 등 일본 각지의 토기들이 출토되었다. 이를 통해 볼 때, 이키와 쓰시마는 한반도와 일본열도를 연결하는 해상의 길목이었음을 확인할 수 있다.

## 2. 문명의 빛은 한반도에서

### 벼농사가 전래된 길

한반도와 일본열도의 사람들의 본격적인 교류는 벼농사와 청동기 문화를 통해 시작되었다.

아시아에서 벼농사가 제일 처음 시작된 곳은 중국 양쯔강 중하류 지역이다. 양쯔강 하류에 있는 하모도(河姆渡)에서 대략 7,000년 전부터 시작된 것으로 알려져 있다. 벼농사는 이곳을 중심으로 삽시간에 주변지역으로 퍼져나갔다. 산동반도에는 5,000년 전, 요동반도에는 4,000년 가량 된 탄화볍씨가 나온다. 학계에서는 이곳에서 한반도와 일본열도로 벼농사가 전해졌다고 한다. 또한 다른 루트로는 양쯔강 하구에서 서해를 거쳐 직접 한반도 중서부에 전해졌다는 설도 있다.

볍씨는 일반적으로 2종류가 있다. 작고 둥근 단립형과 쌀알이 굵고 부스러지기 쉬운 직립형이다. 양쯔강 유역에서 발견되어 한반도와 일본열도에 전해진 볍씨는 모두 단립형이다.

알려진 바와 같이 농경과 목축의 발달로 공동체 생활과 계급사회가 형성되고, 청동기시대에 돌입하면서 군대와 정치조직이 만들어지며 점차 국가로 발전해갔다.

벼농사와 청동기·철기 문화의 전파는 한반도와 일본열도에 커다란 정치·사회적 변화를 불러왔다. 그 결정적인 계기가 된 것이 중국대륙에서 진(기원전 221)·한(기원전 206)의 통일제국이 생기면서부터이다. 당시 요동 지역에 살던 위만은 진·한 교체기에 혼란을 피해 무리를 이끌고 고조선에 망명해 왔다. 위만은 처음에는 벼슬을 받고 신하가 되었으나 곧 고조선의 왕을 몰아내고 새로운 왕조를 열었다(기원전 194). 이를 위만조선이라 한다.

한반도에는 이미 기원전 2,000년경부터 청동기 문화가 등장하며 논농사를 지었고, 기원전 500년경에는 철기 문화도 유입되면서 더욱 본

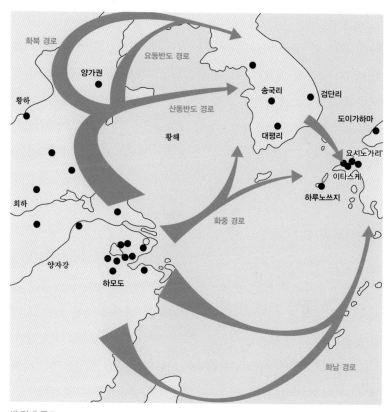

화북 경로

요동반도 경로

양가권

황하

산동반도 경로

송국리

검단리

도이가하마

황해

대평리

요시노가리

이타스케

하루노쓰지

회하

화중 경로

양자강

하모도

화남 경로

쌀 전래 루트

격화되어 기원전 200년경에 이르면 한반도 전역에 보급되었다. 철은 청동기에 비해 한반도에서 재료 확보가 쉬웠고, 재질이 단단하여 주로 무기와 농기구로 생산되었다. 동시에 철제 농기구를 사용하면서 경작지의 개간이 활발해져 농업생산량이 증가하고 이에 따라 인구도 크게 늘어났다.

『삼국지』「위지 동이전」에 의하면, 이 시기에 위만에 밀려난 고조선의 왕 준(準)은 궁중 사람과 좌우의 측근들을 거느리고 남쪽으로 내려가 한(韓)의 땅에 이르러 마한을 열었다고 한다. 한편, 위만조선이 철기 문화를 바탕으로 주변 소국을 정복하여 광대한 영토를 차지해가며 부강해지자, 이에 위협을 느낀 한이 위만조선을 침략했다. 1년여 동안 항전했지만 결국 멸망하게 되고, 그 땅에는 한사군이 설치되었다(기원전 108).

### 바다를 건너는 사람들

이 과정에서 많은 유민이 발생했다. 그리고 이들이 한반도 남부 지역으로 이동하면서 발달된 철기 문화가 확산한다. 동시에 이들에 의해 다시 연쇄적으로 많은 사람이 일본으로 건너가게 되어 소위 '도래인(渡來人)'에 의한 일본의 야요이시대가 시작된 것으로 본다. '도래인'이란 '바다를 건너온 사람들'이란 의미이므로 한국에서 사용하는 것이 부적절하다는 견해도 있지만 이미 일반화된 용어이므로 여기서는 그대로 쓰기로 한다. 이 도래인의 물결을 유홍준 교수는 『나의 문화유산답사기, 규슈편』에서 '빛은 한반도로부터'라고 제목을 붙이고 '일본 문명의 서광'이라고 했다. 바로 와닿는 표현이다.

물론 이 시기에 도래인들이 한반도에서 일본으로 이주해 간 이유는 정치적인 변화가 주원인이지만, 야요이 문화가 벼농사를 바탕으로 확산되었던 것을 감안하면, 도래인들에게는 한반도보다 무덥고 습한 일본열도의 남부 지역이 벼농사에 적합하다는 조건도 작용하지 않았을까.

이와 같은 정치적·지리적 배경 속에서 한반도에서 많은 도래인이 발생했고, 그들에 의해 본격적으로 청동기 문화와 철기 문화가 한반도에서 일본열도로 전해졌다. 한반도에는 벼농사와 함께 청동기가 먼저 들어오고, 나중에 철기가 전래되어 청동기시대와 철기시대를 따로 구분하지만 일본열도에는 청동기와 철기가 함께 전래되기 때문에 청동기와 철기시대를 따로 구분하지 않고 야요이시대라고 한다. 그래서 일본사에서는 죠몬시대에서 야요이시대로 바로 넘어가고, 고훈[古墳]시대가 된다.

이 시기의 대표적인 유적지가 한반도에서는 울산 검단리, 부여 송국리, 삼천포의 늑도 유적이고, 일본에서는 규슈의 이타즈케[板付]와 요시노가리[吉野ヶ里] 유적이다.

### 울산 검단리 유적

울산 검단리 유적은 인공적으로 판 도랑[環濠]으로 둘러싸인 청동기시대의 대단위 마을 유적이다. 원래 청동기시대의 가장 큰 특징은 농경생활이 시작되면서 마을이 형성되고, 발전해 가면서 국가가 발생해가는 것이다. 검단리 유적은 해발 200m 정도의 구릉에 위치하고 있어 비교적 높은 곳인데, 주변에서 가장 높아 전 지역을 잘 조망할 수 있다는 특징이 있다. 이것은 아마도 외부의 적을 경계하기 좋은 위치에 마을을 조성한 목적을 보여주는 것이 아닐까.

유적지는 총 길이 298m에 달하는 도랑이 움집 100여 채를 타원형으로 둘러싼 형태를 보여준다. 도랑의 폭은 넓은 곳이 118m, 좁은 곳

검단리 유적지

유적지 복원도

검단리 출토 유물

이 70m 정도에 이르며 내부 면적은 5,974m²이다. 남쪽과 북쪽에 각각 입구가 1개소씩 설치되어 있다. 도랑[환호]의 단면은 V자 또는 U자형으로 깊이는 약 1.5m, 폭은 약 2m 정도이다.

출토 유물 가운데는 토기가 많고 깊은 바리[深鉢]가 많이 나오는데 그 중 구멍무늬[孔列文], 붉은 간토기와 손잡이토기, 단사선문토기, 단횡선문토기가 주를 이룬다. 석기로는 곡식을 수확할 때 사용한 반달돌칼[半月形石刀]과 돌화살촉 등이 있다. 우리나라에서 처음으로 확인된 완전한 도랑이 둘러진 마을 유적이라는 점에서 중요하다.

### 부여 송국리 유적

부여군 송국리 유적지는 표고 30m 정도의 낮은 구릉지대에 위치하였으며, 주변에는 넓은 평야지대가 펼쳐져 있다. 수차례에 걸친 발굴 조사 결과 집터 30여 기와 돌널무덤, 움무덤, 독널무덤이 함께 있는 공동묘지 등이 확인되었다. 움집은 평면 장방형의 얕은 움집과 평면 원

형의 깊은 움집으로 크게 나누어지며, 목책(木柵)이나 도랑[환호]으로
둘러싸여 있다.

원형의 집터는 움집 안 중앙에 타원형의 작업용 구덩이가 배치되고
그 구덩이의 양쪽 가에 기둥 구멍이 하나씩 나 있는 특이한 형식으로
이 유적에서 집중적으로 발견되었기 때문에 이러한 구조를 가진 움집
을 '송국리형 주거'로 부르게 되었다. 또한 장방형의 집터에서는 불을
피웠던 화덕이 있어 주거용 움집이었음이 확인되었다.

무덤 중 돌널무덤은 큰 판석들을 조립하여 만든 것으로 주변에서
는 움무덤과 독널무덤이 함께 발견되었다. 이 돌널무덤에서는 지배자
의 위엄을 나타내는 요령식 동검과 함께 돌칼, 돌화살촉, 그리고 목걸
이로 사용된 대롱옥[管玉] 등이 출토되어 이 지역의 수장급 무덤임이

송국리 유적 전경 남쪽 상공에서, 이한상 교수 제공

확인되었다. 독널무덤은 일상생활에서 사용된 토기를 관(棺)으로 전용하여 만든 것으로 유아용이다. 땅을 파서 시신을 넣은 독을 곧게 파묻은 뒤 돌로 뚜껑을 씌운 형식으로 다른 청동기 문화에서는 볼 수 없는 특이한 매장 형식이다.

송국리형 토기

토기는 배가 부르고 입이 밖으로 바라진 독 모양의 것이 주류를 이루고 있으며, 이 지역의 이름을 따서 '송국리형 토기'로 부르게 되었다. 이밖에 플라스크(flask)형의 붉은 간토기도 특징적이다. 석기로는 홈자귀와 삼각형 돌칼, 그리고 소형 돌칼 등이 주로 출토되었다. 집터에서 출토된 유물 중에는 청동 도끼를 만들어내었던 거푸집이 있어 당시에 청동기의 주조가 이 유적에서 이루어졌음을 알게 되었다. 또한 집터 바닥에서 불에 탄 쌀이 다량으로 출토되어 당시에 쌀농사가 생업에 큰 비중을 차지했음을 확인할 수 있다.

이 '송국리형 문화'는 일본 규슈와 긴키 지역으로도 파급되어 일본의 야요이문화 형성에 크게 영향을 미쳤다.

또한 사천시 늑도에 있는 유적지는 청동기시대 후기에서 철기시대에 걸친 조개무지[貝塚], 집터[住居址], 무덤[古墳]의 복합유적이다. 이 유적은 서귀동 부두에서 서쪽으로 3km 정도 떨어진 조그마한 섬으로 전체 면적은 46ha이다. 이곳에서 발굴된 토기는 삼각형 점토대를 붙인 항아리를 중심으로 굽다리접시[高杯], 시루, 뚜껑 등이 다량으로 출

토되었고, 일본과의 관계를 보여주는 야요이식 토기가 출토되었다. 이
외에 손칼, 낚싯바늘 등의 철기류와 복골, 찌르개 등을 포함한 골각기
도 출토되었다. 시기의 상한은 기원전 2세기 중엽이고, 하한은 기원전
1세기 전반이다.

### 규슈 이타즈케[板付] 유적

　후쿠오카시 하카타구 이타즈케에 있는 유적지는 후쿠오카 평야의
중앙보다 약간 동쪽에 위치한다. 후쿠오카 공항 옆 미카사가와[御笠
川] 강변의 낮은 고원을 중심으로 동서의 충적 지역을 포함한 광대 한
유적이다. 일본에서 가장 오래된 벼농사 취락의 하나인데 취락·묘지·
논을 가진 마을을 형성하고 있다.

　해발 11m 정도의 낮은 토지에 취락을 건설하고, 동서의 충적지
를 논으로 사용한 것 같다. 유적지의 평지 위에는 폭 2~4m, 깊이 약
2~3m 단면 V자형의 홈을 팠는데, 동서 약 80m, 남북 약 110m로 서
쪽을 향해 뻗어 있는 타원형 고리 모양이다. 홈의 안팎에는 미곡 및 기
타 식품을 저장하기 위한 수혈(저장 구멍)이 다수 분포하고 있다. 동서
의 낮은 평지에는 강으로 난 배수로가 있고, 수로에는 키가 설치되어
물을 제어할 수 있도록 했으며, 논에는 물이 들어오는 수로도 만드는
등 토목 기술이 사용되었다. 취락지 둘레에는 V자형 단면의 도랑(환
호)을 둘렀다. 야요이시대의 가장 중요한 유적으로서 북부 규슈에서도
손꼽히는 마을로 발전했다.

　1916년 유적지의 동남쪽 지역에서 옹관 무덤 몇기가 발견되었고,

이타즈케 야요이관[板付彌生館]

세형동검, 세형 동모[銅矛] 각 3개가 출토되었다. 이러한 옹관 무덤에는 큰 고분이 있었다고 여겨지며, 유력자의 무덤으로 추측하고 있다. 최근에는 환호 도랑 주변뿐만 아니라 북쪽의 이타즈케 북초등학교와 남쪽의 고원에서 촌락 유적지와 저장구멍군과 묘지가 발견되고 있다. 이 지역에서 출토된 유물은 이타즈케 야요이관[板付彌生館]에서 전시하고 있다.

### 규슈 요시노가리[吉野ヶ里] 유적

요시노가리 유적은 규슈의 사가현 간자키군[神崎郡]에 있다. 1986

년 공업단지 개발을 위해 발굴조사를 시작했는데, 일본 최대의 청동기 유적이 발견되었다. 이 유적은 기원전 3세기부터 기원후 3세기까지 약 600년간 지속된 유적지로 40만m²(약 12만 평)가 넘는 대규모 마을 유적이다.

벼농사를 지으려면 논을 갈거나 수로를 만드는 괭이나 가래, 벼이삭을 훑어내는 돌칼(반월형석도), 수확한 쌀을 탈곡하는 절구나 공이 등의 다양한 도구가 필요하다. 요시노가리 유적에서는 이렇게 벼농사를 짓는 데 필요한 많은 도구가 발견되었다.

벼농사를 지으면서 부가 축적되고 계급이 발생함에 따라 마을의 규모도 커졌다. 지도자들은 수장으로서 지위를 확실하게 하고 더 큰 권위를 갖고 싶어했다. 그리고 그러한 권위를 보여줄 수 있는 것이 바로 청동기와 철기로 만든 각종 장식품들이었다. 요시노가리 유적에는 계급에 따라 주거지역을 북내곽과 남내곽으로 구분했는데, 거기서 출토되는 유물도 확연하게 구분되며, 마을에서 쿠니[國]로 커가는 과정을 짐작할 수 있다.

또 벼농사를 지으면서 식량을 계획적으로 생산할 수 있게 되는 무렵 한반도로부터 청동기 제작 기술이 전해지고, 요시노가리에서도 일찌감치 청동기 생산이 이루어졌을 것으로 여겨진다. 그것은 청동제품을 만드는 데 사용되는 동검이나 구리 창의 형틀과 녹은 구리를 퍼내는 토기나 원료가 되는 주석 덩어리가 출토되었기 때문이다.

요시노가리 유적지는 크게 북내곽, 남내곽, 시장과 창고 구역 등으로 구분된다.

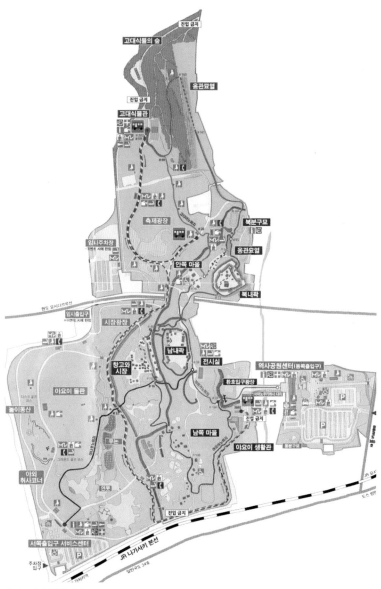

요시노가리 유적 안내도

북내곽 복원 모습                    남내곽 복원 모습

북내곽의 외곽은 둥근 삼각형을 한 이중 울타리에 둘러싸여 있다. 출입은 남쪽 한 군데로만 드나들 수 있으며, 입구에서 곧바로 안으로 들어갈 수 없도록 꺾여 있다. 북내곽에는 요시노가리 유적지에서 가장 큰 16개 기둥의 대형 건물과 망루 등 높은 건물이 있다. 유적지 가운데 가장 신성한 구역이며 한 쿠니의 제사나 정치를 수행했던 곳으로 여겨진다.

남내곽은 남북 120m, 동서 80m의 직사각형에 가까운 환호로 둘러싸여 있다. 남쪽 내부의 출입구는 환호의 동남부 2군데뿐이고, 정문으로 추정되는 규모가 큰 쪽의 출입구가 양쪽에 있다. 남내곽의 북쪽과 서쪽에는 벼농사를 지었을 것으로 생각되는 논이 활처럼 펼쳐져 있다. 또 남내곽에는 마을을 다스리는 우두머리 등 신분이 높은 사람들의 거처였다고 생각되는 별도의 건물들이 있고, 마을 사람들의 주거지와 망

북내곽의 출토 유물

남내곽의 출토 유물

루 등 18동 이상의 건물이 있다.

또 남내곽 서쪽에는 창고로 여겨지는 건물 흔적이 많이 발견된다. 이 구역에는 쿠니의 중요한 물건을 보관하는 창고들이 있었을 것이다. 이 창고들 주위에는 광장이 있는데, 시장이 서고 축제가 행해졌을 것으로 생각된다. 요시노가리 유적에서는 니가타[新潟]현이나 긴키[近畿] 지방 등 여러 지역에서 가져온 물건이 출토되는데, 이 시기에는 이미 한반도뿐 아니라 일본열도 내의 다른 지역과도 교역이 성행하고 있었음을 보여주는 유물이다.

한편, 규슈대학의 나카하시 다카히로[中橋孝博] 교수는 벼농사 지역의 유적에서 발굴된 사람의 얼굴 골격(두개골)에 주목하였다. 그는 이들 지역에서 발굴된 두개골은 죠몬인에 비해 세로가 2cm가량 긴 얼굴이며, 미간에서 코에 걸친 융기가 작고 편편한 얼굴을 가졌다고 했다. 이러한 생김새는 대륙과 한반도 사람들의 흔한 생김새이며, 이를 근거로 해서 벼농사 기술을 가진 사람들이 규슈 지역으로 새로 이주해 온 것으로 분석했다. 이어 다카히로 교수는 후쿠오카 지역에서 발견된 여러 무덤을 조사한 결과, 벼농사가 시작될 무렵부터 인구가 늘기 시작했으며, 이윽고 쌀 생산이 안정되어가자 인구가 단숨에 증가하여 야요시시대 중기인 1세기경에는 북부 규슈 사람의 8할 이상이 한반도 도래계 사람이라고 했다. (NHK『日本と朝鮮半島』)


## 3. 한반도에서 철을 전하다

### 철의 왕국, 가야

기원 전후 즈음에 낙동강 하류의 변한 지역에서는 가야의 여러 소국이 등장하였다. 소국들이 힘을 합쳐 연맹을 결성했는데, 그중 김해 지역이 중심세력이 되었다.

가야의 소국 가운데 금관가야가 전기 가야 연맹을 이끌었다. 금관가야는 한이 설치한 낙랑과 왜를 연결하는 중계무역을 하면서 크게 번성했다. 가야는 금 또는 질 좋은 철제 도구를 만들어 사용했고, 덩이쇠를 생산했다. 덩이쇠는 철광석을 한 차례 가공한 것으로 가야의 고분에서 널리 발견되는데, 각종 철제 도구의 원료이며, 화폐로 사용되기도 했다.

이 시기 한반도와 일본열도의 관계를 보여주는 유적은 부산시 동래 패총, 김해시 부원동 유적, 진해시 용원 유적 등이 있고, 일본열도에는 북부 규슈의 니시신마찌 유적이 있다. 그런데 이들 유적지에서는 상호 왕래를 말해주는 유물이 출토되며, 이러한 현상이 3세기가 되면 한반도의 유물이 관문인 북부 규슈 지역에 국한되지 않고, 세토내해를 통과하여 오사카 주변의 긴키[近畿] 지역까지 확대된다. 그리고 점차 긴키 세력이 한반도와의 관계에서 우위를 차지해감을 볼 수 있다. 이런 현상은 긴키 지역의 기나이[畿內] 세력이 북부 규슈 세력을 매개로 이루어지고 있음은 물론이다. 왜냐하면 이 시기에도 후쿠오카현의 쯔코쇼가케고분, 니시신마찌유적, 하나소게고분 등의 출토품에서 보듯이 철 소재인 판상철부와 금관가야의 토기가 야요이시대 이래 지속해서 이입되고 있기 때문이다.

또한 금관가야 대성동 고분군에서는 긴키 지역의 대수장묘에 부장되는 파형동기(巴形銅器), 방추차형석제품(紡錘車形石製品), 촉형석제품, 통형동기와 스에키토기가 대형 고분에서 발굴되었다. 이러한 고고학적 현상은 가야가 일본열도의 북부 규슈·기나이 지역과 본격적으로 교류했음을 보여주는 것이다.

그러나 4세기 말 가야가 백제, 왜와 협력하여 신라를 공격하자, 신라의 구원 요청을 받은 고구려 광개토대왕은 대군을 보내어 가야를 군사적으로 지원한 왜를 몰아내고 낙동강 하류 지역까지 공격해 들어왔고, 그 결과 금관가야의 세력이 크게 약화되면서 가야 연맹도 결속력을 잃고 침체되었다.

### 5세기 초, 신라산이 유입되다

이러한 한반도의 정세를 반영한 듯 5세기 초가 되면 일본열도에는 금관가야산 문물이 유입되지 않고, 신라산이 들어온다. 오사카 곤타고 뵤야마[譽田御廟山: 오진천황릉이라고 전함] 고분에서 출토된 금동제 안장식구는 경주 황남대총 남분에서 출토되는 안장식구와 같다. 또 시가현 신카이[新開] 1호 고분, 후쿠오카, 교토 등 여러 곳의 고분에서 신라산 마구, 대장식구, 갑주가 출토된다. 5세기 중반에는 종래 금관가야 지역에서 이입되던 철정과 형태 및 규격이 다른 신라산 철정이 이입된다. 특히 나라현 야마토 6호 고분의 소형 철정은 양단이 호상을 이루고 양측면의 요철이 심한 비대칭적인 형태와 규격이 경주 지역에서 제작된 철정과 흡사하여 신라에서 공급된 것으로 판단된다. 이러한 신라산 출토 유물을 확인할 수 있는 대표적인 유적지가 담징 벽화와 백제 관음으로 유명한 호류지[法隆寺] 부근의 후지노키[藤本ノ木]고분이다.

### 후지노키고분

이 고분은 직경 45m, 높이 8m의 원분으로 횡혈식 석식 규모로는 당시 최대급 고분이다. 1985년 발견된 이 고분은 각종 스에키토기 및

후지노키고분 전경

금동제 안장 등의 부장품이 매장 당시의 모습 그대로 발견되었다. 당시 동아시아 최고의 공예품으로 평가된 안장은 인동 당초문, 봉황, 상, 귀면 등 연구자에 따라 중국, 신라, 백제, 왜가 그 제작자로 논의되고 있다. 그러나 이 고분의 마구는 안장의 중앙부분과 마구의 형태 등으로 보아 신라산이 분명하므로 피장자는 적어도 신라 등 한반도와 교섭 창구를 가졌던 왕족으로 보고 있다.

후지노키고분의 석관에서는 우리나라 고대 고분 문화를 대표하는 금동제 관과 신발이 나와 주목을 끌었다. 특히 금동제 유물들은 공주 무령왕릉을 비롯해 익산 입점리 백제고분, 경주의 식이총고분과 규슈의 후나야마[船山]고분에서 출토된 금동제품과 똑같은 모양이다.

어찌되었건 후지노키고분의 마구는 후쿠오카현의 오키노시마[沖ノ島]와 군마현의 와타누키칸논야마[綿貫観音山]고분 출토품과 함께 이 시기 신라·백제와 왜의 교섭을 비롯한 당시의 복잡한 국제정세를 보여준다.

한편, 이 시기 황남대총 남분의 금제대장품, 금관총과 천마총의 금관에 장착된 경옥제 곡옥 등이 니가타의 이토이카와산으로 확인된다. 이를 통해 금관가야와 일본열도 관계가 소원해지면서, 신라가 그 자리를 대신해 교류를 계속했음을 알 수 있다. 신라의 이러한 교섭은 금관가야 이후 쇠퇴한 일본열도와의 교역을 신라가 주도함으로써 종래 왜와의 적대적인 관계를 타개하려는 의도가 있었음을 엿볼 수 있다.

5세기 후반에 이르면 가야의 여러 나라가 신라와 대립각을 세우면서 다시 대가야를 중심으로 후기 가야 연맹을 결속했다. 대가야가 위치한 고령 지역은 철이 많이 생산되었고, 넓은 농경지대를 갖추고 있어 급속히 팽창해갔다.

대가야는 진주 남강 상류 지역으로 진출한 후 남원분지로 남하하여 구례를 거쳐 섬진강 하구의 하동을 확보했다. 동시에 여수시 고락산성 출토 대가야 양식 토기와 순천시 운평리 고분군의 대가야식 고분으로 볼 때, 소위 임나 4현으로 비정되는 여수, 순천, 광양 지역을 장악하게 된다. 그리고 이 시기가 되면 대가야산 유물이 대거 일본열도에 유입되는 현상도 나타난다.

대가야는 남해안의 제해권을 장악함으로써 백제와 왜의 교통뿐 아니라 왜의 중국 교통에도 일정한 영향력을 행사할 수 있게 되었다. 특히 일본열도의 각지에서 새롭게 성장해가는 고훈[古墳] 세력들, 예를 들면 동일본의 사이타마현 이나리야마고분, 긴키 지역의 와카야마현 오타니고분, 서일본 구마모토현의 에타후나야마고분에 대가야산 금동제 장신구와 마구, 철제 무기와 무구 같은 것이 부장된 것은 한반도와 일본열도의 정치적 변동을 잘 보여주는 증거품이기도 하다. (박천수, 『고대한일교섭사』)

이와 관련하여 『일본서기』 유라쿠 8년(464)조에는 '임나(任那) 왕이 군사를 보내 고구려를 공격한다'라는 기사가 나온다. 여기서 임나왕은 대가야왕을 가리키는 것이 분명하다. 이 기사를 통해 대가야는 고구려와 신라에 군사적으로 대응하려고 왜 왕권뿐만 아니라 고훈시대 각 지역의 호족 세력의 군사력을 활용하고 반대급부로 문물을 제공했음을 알 수 있다.

이러한 상황을 후쿠나가[福永] 교수와 김태식 교수는 NHK『일본과 조선반도[日本と朝鮮半島]』에서 다음과 같이 설명했다.

"4세기 후반부터 5세기라는 시대는 일본열도의 대개발 시대의 전조인 셈이죠. 예를 들어, 카와치[河內]평야에는 거대한 전방후원분이 큰 해자를 만들어 쌓아가는 것입니다. 그래서 철의 칼날이 붙은 가래나 괭이가 많이 필요하게 됩니다. 그것과 또 하나는 일본열도가 각 지역을 통합해 나가는 가운데 이른바 종교적인 통합보다는 무력을 배경으로 한 정치 통합이 주류가 되어온 것이 아닌가 생각됩니다. 그런 시각에서 볼때 지역 개발이라는 점에서도 군사력이라는 점에서도 철 수요가 높아지는 시대가 시작된 것이라고 생각합니다." (후쿠나가[福永] 교수)

"중국의 문헌 등을 살펴보면 고대 일본에서의 상당한 노동력이 가야 지역에 들어왔다고 생각합니다. 당시 일본인이 한반도 남부에 살던 흔적이 곳곳에서 발견되고 있습니다. 그들은 지배층이 아니라 노동력을 제공하는 사람들이었던 것입니다. 가야는 철을 수출하는 대가로 이러한 노동력을 받아들였다고 추측됩니다. 이후 4세기에서 5세기가 되면 가야를 포함한 한반도 남부는 전란에 휘말립니다. 이러한 위기의 시대가 되자 가야는 노동력으로 도입한 일본인들을 군사력에 이용하고자 생각했을 것입니다. 그 과정에서 일본의 군사력과 가야의 철이 상호 교환된 것도 있었을 것이고, 당시의 가야는 신라와 세력 다툼을 하고 있었다고 생각합니다. 철의 대가로 왜 군인이 신라와 싸우면서 가야의 영토를 넓힐 수 있다고 생각한 것 같습니다." (김태식 교수)

결국 한반도 남부 지역의 가야나 신라, 일본의 세력들은 서로가 안고 있었던 정치·경제적인 상황을 철과 사람을 통해 해결하려고 했던 것이다.

### 후나야마고분, 백제가 주도권을 잡다

6세기 초가 되면 일본열도에 도입된 문물이 대가야에서 백제로 전환되고, 가야 지역에 유입되던 왜계 문물이 영산강 유역에 집중된다. 구마모토현 다마나 후나야마고분의 백제계 유물과 공주 무령왕릉의 일본열도산 금송은 가야 지역과 왜의 왕래가 일상적인 교역의 관계를 넘어 백제가 일본열도와의 교류의 주도권을 장악한 것을 상징하는 것이다.

후나야마고분의 크기는 전장 62m, 후원부 직경 41m, 높이 12m, 전

후나야마고분 전경

방 폭 40m, 높이 7.5m로 지금 보이는 것보다 훨씬 규모가 컸다. 고분에서는 집 모양의 석관이 나왔다. 유명한 아소(阿蘇)산 화산재로 만든 조합식 관 뚜껑이 있고, 석관 안은 단청이 되어 있었다고 한다. 석관 내부의 길이는 2.2m, 폭 1.1m, 천장 높이가 1.45m이며 관 뚜껑은 좌우로 열 수 있게 되어 있다. 이 고분 출토 유물은 모두 92점이다. 대표적인 것이 청동거울(6개), 구슬(7개), 관옥(管玉 14개), 유리옥(90여 개), 갑옷(3벌), 칼(7개), 창신(4개), 철촉, 금동제 관모(1개), 금동제 관(3개분), 금동제 신발, 말 재갈(2벌), 금귀고리(2쌍), 금팔찌(1쌍), 도자기잔(1쌍) 등이다. 금동제 관모와 금동제 관, 청동거울과 철제 칼에는 글자까지 새겨져 있었다.

그런데 청동거울은 우리나라 공주 무령왕릉(武寧王陵)에서 출토된 것과 비슷한 것들이다. 이 거울이 후쿠오카 등 한반도 이주민들이 상

후나야마고분의 석관

류한 지점을 따라 분포되어 있는 것도 관심거리이다. 그런가 하면 금귀고리는 우리나라 삼국 초기 가야 지역에서 출토된 것들과 똑같다. 이들 금귀고리들은 세공기술이 정교하고 아름다우며, 색유리의 구슬에는 상감까지 했다. 금동신발은 전면에 거북껍데기 무늬를 연속으로 눌러 찍었고, 그 사이에는 금줄로 보요(步搖)와 유리구슬을 달았다. 밑바닥에는 운동선수의 스파이크처럼 4개의 침이 달려 있다. 이 금동신발은 실용품이 아닌 의례용으로 보인다.

또한 후나야마고분에서는 백제 양식과 똑같은 금동관이 나왔다. 이들 금동신발이나 금동관은 우리나라 공주 무령왕릉이나 익산 입점리 고분에서 출토된 유물과 크기만 다를 뿐 모양은 똑같다. 그리고 고분에서는 14개의 큰 칼이 나왔다. 이 가운데 은상감으로 글자를 새겨 넣은 칼이 발견됐다. 은 상감 대도는 손잡이가 없으나 길이는 85cm나 되는데, 12개의 국화무늬와 말이 상감되어 있다. 그리고 대도에는 유라쿠[雄略]라는 천황의 명문이 나오는 것으로 보아 중앙정권과 밀접한

후나야마 금동관                    공주 수촌리고분 금동관

관계가 있었음을 알 수 있다. 또한 이 고분에서 영산강 유역에서 발견되는 조개팔찌도 나오는 것을 보면 백제와 연계하여 영산강 유역에 있었던 전방후원분과도 관련이 있던 인물로 추측할 수 있다.

### '임나일본부설'의 허구

소위 '임나일본부'설이란 왜가 4세기 중엽에 가야 지역을 군사적으로 정벌해 임나일본부라는 통치기관을 설치하고 6세기 중엽까지 200년간 한반도 남부를 경영했다는 학설로 '남선경영론(南鮮經營論)'이라고도 한다. 일제가 한반도 침략과 지배를 역사적으로 정당화하려고 조작해낸 식민사관 중에서, 한국사가 고대부터 외세의 간섭 속에서 이루어졌다는 타율성 이론의 대표적인 산물이다.

'임나일본부설'은 메이지시대에 에도시대의 국학을 계승한 쓰다[津田左右吉]·이마니시[今西龍]·스에마쓰[末松保和] 등에 의해 만들어졌다.

주요내용은 첫째, 『삼국지』「위서 왜인전」서두의 문구를 근거로 3세기 중엽에 이미 변진구야국(弁辰狗邪國), 즉 임나가라를 점유하고, 왜왕은 그 중계지를 통해 삼한에 통제력을 미치고 있었다.

둘째, 『일본서기』진구황후[神功皇后] 49년조의 7국 및 4읍 평정기사로 보아, 369년 당시 왜는 지금의 경상남북도 대부분을 평정하고, 전라남북도와 충청남도 일부를 귀속시켜 임나 지배체제를 성립시키고, 백제 왕의 조공을 서약받았다.

셋째, 광개토대왕비문의 신묘년 기사로 보아, 왜는 400년 전후해서 고구려군과 전쟁을 통해 임나를 공고히 하고 백제에 대한 복속관계를 강화하였다.

넷째, 『송서(宋書)』「왜국전」에 나오는 왜 5왕의 작호로 보아, 일본은 5세기에 신라·임나·가라에 대한 영유권을 중국 남조로부터 인정받았으며, 백제의 지배까지 송나라로부터 인정받고자 하였다.

다섯째, 『남제서(南齊書)』「가라국전」및 『일본서기』게이타이왕[繼體王] 때의 기사들로 보아, 일본은 5세기 후반에 임나에 대한 통제력이 완화되기 시작해 6세기 초반에는 백제에게 전라남북도 일대의 임나 땅을 할양해 주었고, 신라에게 남가라(南加羅) 등을 약탈당하기도 하면서 임나가 쇠퇴하였다.

여섯째, 『일본서기』긴메이왕[欽明王] 때의 기사에 의하면 540년대 이후 백제와 임나일본부는 임나의 부흥을 꾀했으나, 결국 562년에 신라가 임나 관가를 토멸함으로써 임나가 멸망하였다는 내용으로 되어 있다.

그러나 이 주장은 이미 양국 학계에서 인정하지 않고 있으며, 2006년 제1기 한일역사공동연구위원회에서 양국 학자들에 의해 완전히 부정되었음에도 아직도 일부 교과서에 그대로 기술하고 있다.

그렇다면 이 전방후원분들의 실체는 무엇일까? 영산강 유역의 전방후원분은 백제의 도읍지가 웅진 시기(475~538)에 한정되어 축조되었다는 점이고, 1세대에만 국한되어 나타난다. 이는 『일본서기』 유라쿠 23년(479)조 삼근왕(三斤王)이 서거한 후, 동성왕의 귀국을 츠쿠시코쿠[筑前國]의 군사 500인이 호위했다고 하는 기록과 연관이 있으며, 또한 이 고분들의 피장자의 유물들이 스오나다[周防灘] 연안, 기쿠치가와[菊池川], 무로미가와[室見川], 사가[佐賀]평야, 온가가와[遠賀川] 하류 지역 등에 출자를 둔 것을 보면 야마구치[山口], 기타큐슈[北九州] 지역 출신 왜인들의 무덤으로 볼 수 있다.

백제는 당시 고구려의 남하정책에 의해 도읍을 한성에서 웅진(475~538)으로 옮기고, 고구려와 대가야전에 필요한 군사력을 조달하려고 원병을 일본에 요청했던 시기이기도 하다. 또한 6세기 초부터 일본열도에서는 철 생산이 시작되었고, 그에 따라 가야 지역의 철 소재에 대한 의존도가 낮아지고, 대신에 국가 정비에 필요한 고등 종교인 불교와 유학 같은 선진 문물을 백제로부터 도입해야 할 필요성이 대두되었다.

한편, 가야 지역인 의령군 경산리, 운곡리, 고성군 송학동, 사천시

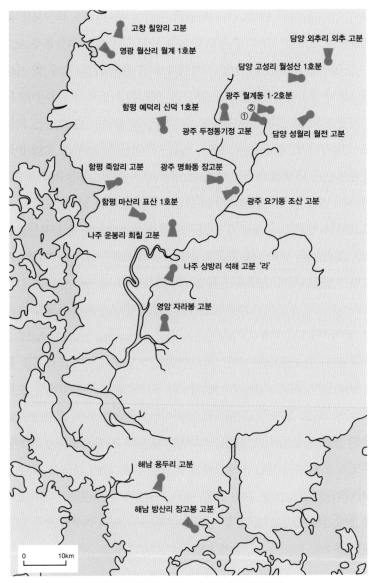

고창 칠암리 고분

영광 월산리 월계 1호분

담양 외추리 외추 고분

담양 고성리 월성산 1호분

함평 예덕리 신덕 1호분

광주 월계동 1·2호분
②
①

담양 성월리 월전 고분

광주 두정동기정 고분

함평 죽암리 고분

광주 명화동 장고분

함평 마산리 표산 1호분

광주 요기동 조산 고분

나주 운봉리 회칠 고분

나주 상방리 석해 고분 '라'

영암 자라봉 고분

해남 용두리 고분

해남 방산리 장고봉 고분

0    10km

전방후원분 분포지도(정기진, 「전남 서부 지역 전방후원분 축조세력검토」)

선진리, 거제시 장목 고분에서도 북부 규슈계 고분이 출현하는데, 이들 고분도 영산강 유역의 전방후원분같이 주변의 재지수장의 고분과는 달리 일시적으로 출현하고 사라진다. 이 고분들은 대가야와 관련된 왜인으로 보는데, 석실과 석관 등 부장 유물로 볼 때, 규슈의 지고쿠가와[筑後川] 유역과 히가와[永川] 유역 등과 관련된 호족 세력으로 추정된다. (박천수, 『고대한일교섭사』)

따라서 영산강 유역의 전방후원분과 가야 지역의 왜계 고분은 임나 4현과 대사, 기문 지역을 중앙에 두고 분산 배치되어 있고, 6세기 전반에 만들어졌다는 점과 모두 백제와 대가야의 권위를 나타내는 유물들이 나오는 것을 보면, 백제와 대가야, 백제와 고구려, 대가야와 신라 등의 공방전에 왜인들이 각각 용병으로 동원되었음을 시사한다고 볼 수 있다.

결국 북부 규슈 지역의 왜인들이 각각 백제 왕권과 대가야의 왕권 하에서 군사, 외교 분야에서 활약을 하며, 그 대가로 백제와 대가의 문물을 자신의 출신 집단과 일본열도 전역에 공급하는 역할을 한 것으로 추정할 수 있다. 따라서 임나일본부란 정치 권력의 실재 집단이 아니라 백제와 가야 지역에서 노동력과 군사력을 제공했던 한시적인 일본인 집단을 가리키는 일정한 용어 이상의 의미는 가질 수 없다고 본다.

# 제2장

# 교류의 주역

## 1. 일본열도로 건너간 사람들

### 도래 시기와 이유

고훈시대를 거치면서 한반도로부터 유입된 철과 제련술로 권력을 확대해가기 시작한 5세기에 이르러, 일본 왕권은 한반도에서 일본열도로 건너간 수많은 도래인의 활동에 의해 급속하게 성장해 갔다. 특히 야마토 왕권의 성장은 도래인들에 의해 이루어졌다고 해도 과언이 아니다. 어쩌면 한반도에서 건너간 도래인이 없었다면 일본의 역사와 문화 발전은 한참 지연되었을지도 모른다.

도래인(渡來人)이란 만주 지역과 한반도에서의 정치적 혼란과 변화에 따라, 적어도 기원전 2세기 전후에 시작하여 본격적으로는 4세기 후반부터 7세기 후반까지, 삶의 기반을 한반도에서 일본열도로 옮겨간 사람들을 말한다. 이들은 우연한 도래나 표착에 의해 일시적으로 왕래한 사람들이 아니라, 어떤 의지나 목적을 가지고 집단적으로 일본열도로 건너간 사람들이다. 그런데 이들에 대한 연구가 일본인에 의해 일본에서 먼저 시작되었기 때문에 일본의 관점에서 서술하여 한반도에서 바다를 건너 일본으로 건너온 사람들이란 의미의 도래인(渡來人)이란 용어로 불린다. 더구나 일제강점기에는 '황국사관'에 의해 '천황의 덕을 흠모하여 귀순한 사람'이라는 뜻으로 귀화인(歸化人)이라고도 했지만, 1970년대 중반부터는 김달수 씨 등의 재일 사학자들의 노력에 의해 귀화인이라는 용어는 쓰지 않게 되었다. 그러나 재일 사학자들도 역시 일본에 살았으므로 '도래인'이라는 용어로 정착되어 이제는 일반화된 용어가 되었다.

도래인의 발생 시기는 크게 기원전 2세기 전후, 4세기 후반~6세기, 7세기 후반의 세 시기로 구분한다.

첫 번째 시기는 기원전 2세기 전후인데, 요동 지역의 위만이 중국의 혼란을 피해 무리를 이끌고 고조선으로 망명하여 위만조선을 건국하던 기원전 194년경이다.

이 무렵 중국에서는 북경 일대를 연(燕)이 지배했고, 연의 동북방면, 즉 내몽골 동남부 지역에서부터 동으로 요서·요동을 거쳐 한반도에 이르는 지역에는 '비파형동검(琵琶型銅劍)'문화가 발달했다. 이 문화는 고조선·예맥 등의 사람들이 공유했는데, 연나라가 동북방으로 진출하자 비파형동검을 공유했던 조선·예맥 주민들이 직접적인 영향을 받게되었다. 그러던 중 기원전 2세기 말 한(漢) 나라가 성립되자, 연왕의 부하였던 위만(衛滿)이 1,000호를 이끌고 동으로 가 고조선에 망명했다. 당시 한과 고조선의 국경선은 압록강이었고, 한반도 북부의 압록강과 청천강 사이가 완충지역으로 진말 한초에 이곳에 망명한 중국계 유민이 다수 거주했다. 위만은 이들을 규합하여 2세기 초에 반란을 일으키고 왕검성을 공략하여 고조선의 왕위를 차지했다.

고(위만)조선은 이후 한으로부터 정치적 물질적 지원을 받아 주변의 임둔, 진번, 옥저 등을 복속하고 압록강 중류 지역으로 힘을 뻗치는 등 급속히 세력을 확대해나갔다. 한편, 이 시기 북방에서는 흉노가 세력을 확장해갔고, 고조선과 흉노가 한에 대항하여 연결을 도모하고자 했다. 이에 한은 흉노를 공격하여 대파하고, 이어 기원전 109년 고조선을 침공했다.

고조선과 한의 직접적 분쟁 계기는 고조선 남쪽의 집단들과 한 사이의 교류를 둘러싼 갈등이었다. 한은 종전부터 고조선에 남쪽에 있던 집단들에 대한 통제를 위임했는데, 고조선의 세력이 커지자 이들을 제어하고, 특히 흉노와의 연결을 차단하고자 직접 개입하려 했다. 이에 한은 전국에서 징발한 육군 4만 명과 해군 7,000명을 동원해 고조선을 공격했다. 마침내 기원전 108년 가을에 우거왕이 피살되고 왕검성이 함락되었다. 그리고 고조선의 땅에는 한사군(낙랑·진번·임둔·현도)이 설치되었다.

만주 지역과 한반도 북부 지역에 낙랑군 등 4군현이 설치되면서 중국계 유민과 기존 토착 사회 간 교역과 철기문화가 급속히 파급되어갔다. 그러나 한과의 대립 과정에서 고조선 유민들이 대거 남하했고, 그 여파로 인해 한반도 남부 지역에서 유민이 발생하여 일본열도로 이주해 가게 되었던 것이다. 물론 그 결과 한과 고조선의 선진문화가 한반도 전역과 일본열도로 확산되어 고대사회는 새로운 단계로 접어들게 되었다. 이들을 학계에서는 도래인 1세대라고 한다.

두 번째 시기는 4세기 후반~6세기이다.

4세기 후반은 고구려가 남하하여 한강 하류지역에서 백제와 전쟁을 벌인 시기이며, 5세기에 들어가면 고구려, 백제, 신라가 가야 지역으로 진출하고, 결국 가야가 멸망하던 시기이다.

고구려는 '광개토대왕비'에서 보듯이 4세기 말부터 임진강을 건너 한강 하류 유역까지 남하하면서 백제와 격렬하게 정복전쟁을 벌였다. 그 결과 백제는 도읍을 한성에서 웅진으로 옮겼다. 광개토대왕은 막강한 군사력을 앞세워 신라에 대한 영향력을 강화하고, 백제·왜와 우호관계에 있던 가야까지 공격했다.

웅진으로 천도한 백제는 한동안 침체 과정을 겪었으나 동성왕 대에 왕권을 회복하고, 신라 왕실과 혼인관계를 맺어 동맹을 강화했다. 동성왕의 뒤를 이은 무령왕도 백제의 도약을 위해 중국의 남조와 적극적으로 교류하는 한편 왜(일본)와의 우호관계를 돈독히 했다. 6세기 중반에는 도읍을 사비성(부여)으로 옮겼고, 일본에 불교를 전했다. 그러나 한강 유역을 빼앗긴 백제는 가야와 함께 신라를 공격했지만, 성왕이 전사하고 이후 한때 동맹국이던 신라를 상대로 치열한 싸움을 계속하게 되었다.

이 시기 신라는 지증왕 대에 나라 이름을 신라로 바꾸고, 법흥왕 대에는 율령을 반포했으며, 이차돈의 순교를 통해 불교를 공인했다. 그리고 금관가야를 복속하여 낙동강 너머 가야 지역으로 진출했다. 이어

6세기 중반 진흥왕 대에는 한강 유역에서 고구려와 백제를 물리치고 황해를 이용해 중국과 직접 교류할 발판을 마련했다. 나아가 대가야를 정복하여 가야 지역 전체를 장악했다.

가야는 당시까지도 중앙집권국가를 이루지 못하고 소국들이 각자 독자적인 정치기반을 유지하고 있었는데, 소국들은 백제와 신라에 의해 점차 정복되어 갔다. 신라는 5세기에 접어들어 가야지방으로 무력 진출을 꾀했고, 지금의 전라도 지역을 지배하게 된 백제도 서쪽으로 가야를 공격했다. 그 결과 이 지역의 가야 사람들은 전란을 피하려고 마을 단위로 바다를 건넜다.

일본 고대 사료인『풍토기』에는 시카마군[飾摩郡]의 아야베노[漢部] 마을 사람들은 '사누키국[讚岐國]의 아야히토[漢人]들이 와서 산다'라고 했고, 가라무로[韓室] 마을 사람들은 '선조의 집이 부자이고 가라무로[한반도 양식의 집]를 만들었다. 그래서 가라무로라고 부른다'라고 기록했다. 또 고치[巨智] 마을은 '가라히토[韓人]의 여러 산촌의 선조들이 이 땅을 요청하여 논을 개간했다'라고 기록했다. 이처럼 4~5세기 일본 열도에서는 국가나 민족의 개념이 아직 생겨나지 않은 상태로 토착민들은 도래인을 '옆 마을로부터 신기한 기술을 가지고 온 사람들'이라는 기분으로 받아들였고 그들과 공생했다고 생각된다.

특히 삼국과 가야 문화는 일본 고대 문화의 성립과 발전에 큰 영향을 주었다. 백제의 아직기와 왕인은 한자, 유학과 불교를 전했으며, 이 밖에도 건축, 의학, 천문, 미술 분야의 전문 인력을 파견하기도 했다. 고구려의 담징은 종이와 먹의 제조법을 전했고, 혜자는 쇼토쿠[聖德]

태자의 스승이 되어 고대국가 발전에 영향을 미쳤다. 신라는 다른 나라에 비해 상대적으로 일본과의 교류가 적었지만, 배 만드는 기술이나 제방 쌓는 기술 등을 전했다. 그리고 가야는 일찍부터 규슈 등 일본의 여러 지역과 교류하며 철기 문화와 토기 문화를 전파했다. 일본에서 가장 오래된 스에키토기도 경남 함안에서 출토된 토기와 똑같은데 이는 가야에서 건너온 도래인이 가져왔음에 틀림없다.

세 번째, 7세기 후반은 신라가 당나라와 연합하여 백제와 고구려를 멸망시킨 시기로 많은 고구려와 백제 유민이 일본열도로 건너갔다. 660년 7월, 나당연합군에 의해 백제가 무너지자 백제 사신으로부터 구원 요청을 받은 사이메이[齊明] 천황은 일본에 머무르던 의자왕의 아들 부여풍(扶餘豊)에게 백제의 부흥운동을 돕도록 했다. 그러고는 일본 전역에 배를 만들고 무기를 모으는 작업에 돌입한다. 그러나 사이메이천황이 갑작스레 사망하고, 이어 나카노에[中大兄]황태자의 지휘 하에 준비는 계속되었다. 663년 3월, 400척의 배에 2만 7,000명의 구원군이 후쿠오카를 출발해 서해안의 백강(지금의 전북 부안에 위치한 동진강)에 이르러 나당연합군과 4차례의 전투 끝에 모두 참패하고 말았다. 2만 7,000명의 구원군이 그 후 어떻게 되었는지, 얼마나 살아남았는지 알 수 없지만, 3,000여 명의 백제의 지배층과 함께 일본으로 퇴각하였다고 한다.

이들 3,000여 명의 백제 지배층 도래인들의 향방도 대부분 알 수 없다. 기록에 의하면 668년 덴지[天智] 천황에 오른 나카노에는 백제 관인 700여 명을 수도 근처인 오미가모[蒲生]로 집단 이주시키고, 이듬해에 좌평 여자신(餘自信)과 사택소명(沙宅紹明) 등에게 대금하와 귀실집사(鬼室集斯) 소금하의 관위를 내주고, 각기 법관대보와 학식두의 관직에 임명했다. 법관대보는 법전 편찬, 관료의 임면, 관료의 수훈관계를 관장하는 차관에 해당된다. 『일본서기』에 의하면, 사택소명은 '인격자로서 총명하고 예지가 있어 당시 수재라고 불렀다'라고 한다. 학식두는 교육부장관과 대학총장에 해당하는 요직이었다. 또 사택소명과 답본춘초[答体春初]는 천황 덴지의 아들에게 제왕학을 가르쳤다고 한다. 또 길의(佶宜)는 뛰어난 의술을 발휘해 천황의 시의를 지냈고, 낙랑하내(樂浪河內)는 토목에 재능을 발휘해 궁궐 건축에 관여했다. 이와 같이 망명해 온 백제계 도래인들은 7세기 후반이 되면 일본의 율령국가 형성기에 법제 정비와 천문, 역산, 음양, 의약, 병법, 조불(造佛), 야금(冶金) 등의 분야에서 지도적 역할을 했고, 한문학의 발전에도 큰 족적을 남겼다.

### 일본열도로 간 사람의 수는?

그렇다면 도대체 얼마나 많은 사람이 한반도에서 일본으로 갔을까? 인구 계산은 아주 어려운 문제지만 이에 대한 선행연구를 정리해보자.

이노우에 미쯔오[井上滿郎] 교수는 도래인의 인구에 대해 다음과 같이 서술했다.

"도래인을 양적으로 생각할 때 유일한 사료는 『신찬성씨록(新撰姓氏錄)』이다. 815년에 편찬된 것으로, 현존하는 것은 좌경(左京)·우경(右京)·산성(山城)·대화(大和)·하내(河內)·화천(和泉) 지역뿐으로 축약된 초본이어서 완전하지는 않으나 당시 씨족의 계보가 잘 집성된 사료다. 『신찬성씨록』에는 총 1,182씨가 수록되었고, 그것을 3종으로 구분했다. 황별(皇別), 신별(神別), 제번(諸蕃)인데 그 외에 확증이 없는 잡성(雜姓)을 더하면 4종이 된다. 이 중 씨족의 유래가 불분명한 잡성 117성을 빼면 3성의 합계가 1,065성이다.

그 내역은 황별 335씨, 신별 404씨, 제번 326씨이다. 황별이란 천황·황족의 자손이며, 저명한 씨족으로 치면 효원천황(孝元天皇)의 자손인 소가[蘇我]씨, 차아(嵯峨)천황의 자손인 겐지[源氏], 민달(敏達)천황의 자손인 다치바나[橘]씨 등이다. 신별은 신들의 자손이라 일컫는 씨족으로, 후지하라[藤原]씨, 오오토모[大伴]씨 등이다. 그리고 제번은 진(秦), 한(漢) 같은 중국 왕조, 그리고 백제, 신라, 고려(고구려), 임나(任那) 등의 특히 왕족을 조상으로 하는 씨족을 말하고 이것이 도래계 씨족이 된다. 따라서 인구 비율이라는 것은 '제번'계 씨족은 326/1065이 되어 거의 30%가 도래인이다. 물론 이는 씨족이 단위로 계산한 것이어서 개개의 인구 비율이라고 할 수 없고, 또 교토와 기나이[畿內] 지역만이기 때문에 전국 인구의 기준이 될 수 없지만, 나는 이것으로도 좋다고 생각한다.

즉, 인구의 1/3인 30%가 도래인이었다. 물론 여기서 도래인이라는 것이 보통 생각하는 '외국인'이라는 이미지와는 전혀 다르다는 것을 밝

혀둔다. 인류학자 가네다 겐이치[鎌田元一]의 연구를 인용하여 8세기 말 일본의 인구는 대략 600만 명인데, 이를 기준으로 보면 그중 200만 명 정도가 도래인이다."(『古代の日本と渡來人』)

도래인 수에 대한 또 다른 연구로 하니와라 가즈로[埴原和郎]는 긴키[近畿]와 주고쿠[中國] 지방 고훈[古墳] 사람들을 분석한 결과 다음과 같이 결론짓고 있다.

"긴키 지방의 고훈인은 죠몬 직계의 자손 1에 대해 도래인계 9의 비율로 혼혈한 집단이고, 주고쿠지방의 고훈인은 죠몬계 2에 대해 도래계 8의 혼혈이라고 생각하는 것이 타당하다. 혼혈의 영향이 적다고 생각되었던 간토지방의 고훈인의 경우에도 도래인의 피가 꽤 진하게 흐르고 있는 형적이 확인되었다."(『日本人の成り立ち』)

도래인의 비율이 이렇게 높다는 것이 믿어지지 않지만 이들의 견해가 일본학계의 정설임을 부인할 수는 없다. 실제로 이들 도래인들은 5세기부터 일본의 고대국가 형성과 발전에 결정적인 역할들을 하게 되었고, 이들은 한반도의 출신 지역별로 나뉘어서 각 지역에 자리를 잡았다. 교토 지역에는 신라계 하타씨[秦氏], 아스카 지역에는 가야계 아야씨[漢氏]와 백제계 소아씨[蘇我氏], 오사카에는 고구려계 오씨[吳氏]가 많이 정착했다.

## 하타씨[秦氏]

『신찬성씨록』에는 하타씨의 조상을 '진시황'의 3세손으로 '효무왕(孝武王)의 후예'라고 했다. 그러나 진시황의 성은 진씨(秦氏)가 아니라 영씨(瀛氏)이다. 어떠한 이유인지 모르지만 이들 집단은 일본열도에 와서는 각자의 성씨를 버리고 모두 중국 성을 취하고 '하타'라고 발음하면서 하나의 성으로 새 출발했다.

하타라고 부르게 된 유래에 대해서는 여러 학설이 있다. 『신찬성씨록』에는 이들이 '누에를 키우고, 비단을 짜서 천황에게 바치니, 천황은 부드럽고 따듯한 것이 살(肌膚, はだ, 하타)과 같다며 이에 성을 하타(波多)라고 내려주었다'라고 했다. 또 기직(機織)의 발음인 '하타오리'에서 나온 것이라는 주장도 있다. 그런가 하면 바다를 건너왔기 때문에 '바다'가 하타가 되었다는 주장도 있고, 이들이 고향으로 생각하는 울진의 옛 지명이 파단(波旦)이었는데, 파단의 일본음이 하타라는 주장도 있다. 그런데 1988년에 울진에서 '울진 봉평 신라비'가 발견되면서 거기서 파단이란 지명이 나오면서 이 주장이 다시 주목을 받았다. 어느 학설이 맞든지 진(秦)을 하타라고 발음하는 것은 하타씨 경우밖에 없다.

하타씨에 관해서 『교토대사전[京都大事典]』(淡交社, 1983)에는 다음과 같이 기술되어 있다.

'도래계 고대 씨족 중 최대의 씨족, 우즈마사 부근을 근거지로 했다. 조선반도의 동쪽 신라에서 5세기 후반경에 집단으로 건너와 일본의 국가 형성에 문화·기술 등을 통하여 공헌했다.

하타씨는 가쓰라강[桂川]에 큰 제방을 쌓아 사가노[嵯峨野] 지역을 농지화하는 데 큰 역할을 했고, 본거지 우즈마사에는 우지데라[氏寺]인 고류지[廣隆寺]가 있으며 여기에는 신라에서 온 목조미륵반가사유상이 안치되어 있다. 이들이 거주하는 범위는 교토 분지 전체에 걸쳐 널리 퍼져 있어, 후시미[伏見]의 이나리신사[稻荷大社], 가쓰라강 서쪽의 마쓰오[松尾]신사, 우즈마사의 누에신사[蠶の社] 등이 하타씨가 창건한 신사들이다. 또 헤이안쿄[平安京]라는 수도 건설도 하타씨의 원조에 의한 것으로 보이므로 고대 교토의 형성에 있어서 최대의 공로자라고 일컫고 있다.'

하타씨가 사가노 지역에 자리를 잡은 것은 5세기 후반이었다. 원래 이 지역은 가쓰라강이 흐르는데 강이 자주 범람하여 늪지대였다고 한다. 그런데 하타씨가 토목기술을 이용해 가쓰라강에 제방[大堰]을 쌓고 물을 끌여 들여 가즈노[葛野]의 황무지를 개간했다. 가쓰라강을 오오이가와[大堰川]라는 별칭으로 부를 만큼 하타씨가 쌓은 제방은 가쓰라강 주변을 풍요로운 경지로 변모시켰다. 가쓰라강을 끼고 있는 아라시야마[楓山] 일대는 지금도 교토가 자랑하는 최고의 관광지 중 하나다. 그 강을 가로지르는 도게쓰교[渡月橋] 부근에 큰 제방을 쌓았고, 이 근방에는 지금도 가쓰라강 서쪽 들로 물을 끌어가는 취수구가 있다. 1,500여 년 전에 만들어진 일본 제방의 선구라고 할 수 있다.

하타씨는 이러한 기술들로 막대한 부를 축적했고, 하타씨의 중심인물이었던 하타노 가와카쓰[秦河勝]는 천황가와 깊은 관계를 맺어 쇼토

교토 가쓰라강의 도게쓰교  강 건너 술의 신을 모시는 마쓰오[松尾]신사가 있다. 이 일대의 치수사업이 하타씨에 의해 이루어졌다.

쿠 태자[聖德太子]와도 가까운 사이가 되었다. 그는 610년 신라에서 사자가 왔을 때도 안내역을 맡았다.

622년에 창건된 고류지[廣隆寺]는 하타씨를 기원하는 원찰(願刹)로 하타노 가와카쓰가 쇼토쿠 태자에게서 받은 불상을 안치하려고 세웠다. 고류지라는 절 이름은 창건자인 가와카쓰의 실제 이름 고류[廣隆]에서 따왔다고 한다. 고류지는 그들이 살던 지역의 이름을 따서 우즈마사데라[太秦寺] 또는 게이린지[桂林寺]라고도 한다. 교토의 계림(桂林)은 경주의 계림(鷄林)과는 한자가 다르지만 가쓰라강[桂川]에서 고향인 경주의 계림을 생각했던 것은 아닐까.

고류지에는 한국의 국보 83호인 금동미륵반가사유상과 꼭 닮은 미륵보살반가사유상이 있다. 그런데 고류지의 반가사유상은 재질이 목재였고, 적송(赤松)으로 만들어졌다. 그런데 적송은 한반도의 울진 봉화 지역에서 자생하는 춘양목(春陽木)인 것으로 미루어 보아 한반도에서 만들어 일본에 전해진 것으로만 알려졌었는데, 일본에도 적송이 자생했다는 사실이 알려지면서 이 불상이 혹시 일본의 도래인이 만든 것이 아닐까하는 추측도 제기되었다.

어쨌든 이 하타씨들은 토목·제방·양잠·베짜기·양조·제철·제도(製陶)·목공 등 한반도에서 익숙했던 기술을 가지고 일본열도에 집단으로 도래하여 일본 고대사회를 발전시키는 데 큰 공헌을 했다는 것은 부정할 수 없는 역사적 사실이다.

## 아야씨[漢氏]

일본의 저명한 역사서적 전문출판사인 요시가와고분겐[吉川弘文館] 『대외관계사사전』(2009, 田中健夫, 石井正敏 편)에는 '아야씨'에 대해 다음과 같이 서술하고 있다.

'4~5세기 이래 오래된 중국계 귀화인의 씨족, 야마토노 아야[東漢氏]와 가와치오나마[西漢氏]가 있는데, 두 성 가운데 야마토노 아야씨는 여러 씨로 나뉘어 크게 발전했다. 두 성의 관계는 알 수 없으나 동한씨보다 서한씨가 나중에 도래한 것으로 알려져 있다.'

책 내용에 따르면, 모두 중국계 귀화인으로 서술했다. 이러한 서술 역시 역사 왜곡이며, 고대사에 관한 일본인의 꼬여 있는 인식의 한 단면이다.

『일본서기』470년의 기록에 의하면 구레노쿠니[吳國]의 사신이 17현의 백성을 데리고 왔는데, 그들 가운데 직물을 짜는 구레하토리[吳織]와 아나하토리[穴織]가 있었다고 한다. 그런데『일본서기』에 동한씨는 자칭 후한 영제의 자손이라 했기 때문에 한씨를 당연히 중국 한나라에서 온 사람들로 여겼지만, 앞의 하타씨 경우처럼 이들은 중국계가 아니라 한반도 도래인이었다.

당시 한반도의 남부에는 가야 연맹의 아라국이 있었다. 이 나라는 아라가야라는 이름 외에도 '변진아야'(『삼국지』위지 동이전)나 '아나가야'(『삼국사기』지리지)로 불렸다. 따라서 아야하토리는 '아라가야의 직물 짜는 여자', 아나하토리는 '아나가야의 직물 짜는 여자'로 다르게 읽었어도 같은 아라가야의 직물 짜는 여자를 가리키는 말이다. 이렇게 볼 때, 동한씨는 아라가야에서 도래한 사람이고, 서한씨는 그보다 늦게 건너온 가야 사람들을 가리키는 말이다.

『일본서기』에는 야마토국 가쓰라기(현 나라현 고세시)의 4개 마을에 사는 사람들이 아야씨의 선조라고 한다. 가쓰라기 지역은 야마토국의 대호족이 살던 곳으로, 그들의 저택이 있던 곳에서는 가야 토기와 철·동·은 조각 등 제련시설, 목공예, 목수, 직물 등의 유물이 대거 출토되고, 이를 통해 볼 때, 이곳의 아야히토(漢氏)는 가야에서 온 사람들이었음이 틀림없다.

## 소가[蘇我]씨, 유학과 불교 전래

유학이 일본에 처음 전해진 것은 정확하지는 않지만, 405년 백제의 왕인 일행 45명이 천자문과 논어를 가지고 갔을 때라고 한다. 당시 왕인 일행에는 도공(陶工), 야공(冶工), 와공(瓦工) 등이 함께했다고 한다. 『일본서기』에는 513년 백제에서 야마토국으로 오경박사가 건너왔다. 그리고 516년 다시 오경박사가 와서 교대했다. 오경이란 유교 경전인 『시경』·『서경』·『역경』·『예기』·『춘추』이다. 554년에도 오경박사와 승려가 갔으며, 역박사와 와박사, 채약사와 악인 등이 새로 부임해 왔다.

일본의 불교 전래는 『일본서기』의 552년 설과 『원흥사연기』의 538년 설이 있다. 어느 것이 정확한 지는 알 수 없으나 두 기록 모두 백제 성왕이 킨메이텐노[欽明天皇]에게 사신을 보내 불상과 불구, 경전을 보냈다는 사실은 다르지 않다. 이후 588년 백제에서 부처님 사리와 함께 승려 6명, 절 짓는 기술자 2명, 노반박사와 와박사 4명, 화공을 파견했다. 노반박사는 불탑의 맨 위 구슬을 장식하는 금속을 다루는 기술자이고, 와박사는 가마에서 기와를 굽는 기술자다. 이때 대호족이던 소

낙화암 고란사 벽화

가[蘇我]씨는 5명의 여승을 백제에 유학 보냈고, 아스카데라[飛鳥寺]를 건립하기 시작하여 596년에 완공했다. 백제에 온 5명의 여승에 대한 전설이 부여 낙화암 고란사에 가면 벽화로 전해진다.

일본열도의 고대사회는 야요이시대에서 고훈시대를 거치면서, 일정한 지역을 중심으로 동일한 조상을 가진 사람들이 집단을 이루고 동족집단을 구성했다. 이 동족집단을 우지[氏]라고 한다. 우지들은 모두 성(姓: 가바네)을 가지고 있었고, 성은 동시에 신분을 나타내기도 했다. 예를 들면 우지의 명칭은 거주지 명을 따서 이시가와우지[石川氏], 가쓰라기우지[葛城氏]라든가, 조상의 이름을 따라 구메우지[久米氏], 세습 직업을 따라 나가도미우지[中臣氏], 모노노베우지[物部氏] 등으로 불렀다.

현재의 오사카만으로 흐르는 야마가와[大和川]의 주변에는 이들 가쓰라기[葛城], 헤구리[評群], 와니[和珥] 등의 유력한 우지들이 혈연이나 지연을 통해 연합체를 형성하고 있었다. 이런 우지들이 주변의 소규모 우지들을 계속 연합하면서 세력을 키워갔고, 이 중 가장 대표적인 유지가 천손족(天孫族)으로 자리매김을 해갔다. 이들이 우지의 가장 윗자리인 우지가미[氏上]에 올라 정치적인 수장의 자격을 갖게 된다. 이를 오오가미[大王]라고 하는데 이것이 발전하여 천황이 되었다고 한다.

6세기 후반, 이런 천황에게 강력하게 영향력을 행사하여 일본 불교를 발전시킨 세력이 바로 백제계 도래인이었던 소가우지[蘇我氏]였다. 소가씨의 가계는 소아석천숙(蘇我石川宿)에서 시작하는데, 만지(滿智), 한자(韓子), 고려(高麗), 그리고 중흥조인 도목(稻目)을 거쳐, 마자(馬

子), 하이(蝦夷), 입록(入鹿)에서 끝이 난다. 그런데 학계에서는 만지는 『삼국사기』 백제본기 개로왕조에 등장하는 목협만치(木劦滿致)로 본다. 목협만치는 475년(개로왕 21) 9월, 고구려 장수왕의 남하정책에 수고 한성이 함락되자 왕자인 문주와 함께 신라에 구원을 청했던 인물이다. 그런데 그 이후 한반도에서 자취가 사라지고 만다.

아스카 지역에 근거를 둔 소가씨는 불교를 매개로 백제와 깊은 관계를 맺으면서 일본의 고대국가 확립에 중요한 역할을 하였다. 불교가 수입되면서 불교 세력의 확산은 정치권력 투쟁으로 전개되었고, 내부적으로는 천황가인 오오가미 세력과 우지 세력과의 대립 양상으로 확산하였다. 이때 불교 수용에 결정적인 역할을 했던 친황실계인 소가우지는 토호인 모노베우지[物部氏]와 신도(神道)의 제식을 주관하는 나가토미우지[中臣氏]의 보수 연합 세력과 싸움을 벌였다. 특히 소가노 오오마 이나베[蘇我大臣稻目]와 모노노베 오무라지오꼬시[物部大連尾興]는 불교 수용 여부를 두고 격렬한 권력투쟁을 벌였다. 그러나 백제의 후원에 힘입어 소가우지는 소가노 우마코[蘇我馬子] 시대에 이르러 강력한 정적인 모노베우지를 타도하고 587년에 불교를 공인받았다.

소가노우마코는 권력을 공고히 하기 위해 자신이 옹립했던 스슌[崇峻] 천황을 암살하고 조카인 스이코[推古]를 천황으로 세웠다. 이후 소가노 우마코는 조카인 쇼토쿠 태자에게 섭정을 맡기고 정치를 좌지우지했다. 쇼토쿠 태자는 소가씨와 협력체제를 유지하면서 불교를 기본이념으로 일본 고대국가의 초석을 다져갔다. 쇼토쿠 태자가 죽은 뒤에도 소가씨의 영향력은 한동안 계속되었다. 소가노 우마코의 아들 에미

소가씨의 무덤으로 전해지는 이시부타이

시[蝦夷]는 마치 자기가 천황인 것처럼 행세하며 정국을 농단했고, 그
아들 이루카[入鹿]는 쇼토쿠 태자의 장남을 비롯한 일족을 모두 제거
해버렸다. 결국 소가씨의 절대권력은 천황 중심체제를 확립하려는 개
혁파와 갈등을 일으켰고, 그 갈등은 소가씨의 몰락을 불렀다. 645년의
'다이카[大化] 개신'이 그것이다. 일본 고대국가 형성에 결정적인 역할
을 했던 백제 도래인 소가씨였지만, 결국은 역사의 무대에서 사라지
고, 지금은 거대한 돌무덤 이시부타이[石舞臺]만이 그 역사를 증언하
고 있다.

아스카의 낮은 산들로 둘러싼 분지에 신비스러운 위엄을 갖추고 있는 돌무덤이 있는데, 마을 사람들이 옛날부터 돌 위에 올라가 춤을 추는 등 놀았다고 해서 돌무대, 즉 이시부타이[石舞臺]라고 한다.

이시부타이 고분은 오랜 세월에 봉분이 다 벗겨지고 내부의 현실 또한 비바람에 노출되어 현재는 사람들이 출입할 수 있게 그대로 개방되어 있다. 1950년대에 나라현과 교토대학에서 학술조사를 실시한 결과, 이 고분은 현실의 길이가 7.6m, 폭 3.5m, 높이 4.7m의 횡혈식 고분으로 30여 개의 거대한 화강암으로 이루어진 사실이 밝혀졌다. 상부에 들어나 있는 덮개돌도 무게가 64t이나 되고, 그 아래 돌은 77t으로 총 무게가 2,300t에 이른다고 한다. 이 이시부타이가 바로 소가노 우마코의 무덤으로 알려진 일본 최대의 횡혈식 고분이다.

### 신라 향가와 만요슈[萬葉集]

향가(鄕歌)는 신라시대 고유의 노래로 고려시대까지 존재했던 한국 고유의 정형시가(定型詩歌)이다. 향가는 신라의 고유어를 한자의 음과 훈을 빌어서 표기했는데, 4구체·8구체·10구체 등 세 가지 형식으로 지었다. 현존하는 작품으로는 『삼국유사』에 14수, 『균여전』에 11수, 도합 25수가 전한다.

한편 『만엽집』은 고대 일본의 시가로 전20권, 4,536수를 담은 시가집으로, 책이름 그대로 많은 시가를 모은 책으로 만대의 후세까지 빛나라는 축복과 염원이 담겨있다고 한다. 시가를 지은 사람들은 왕실과 귀족, 병사, 승려 등에서부터 서민, 거지에 이르기까지 다양한 계층으

로 구성되었다고 한다.『만엽집』도 한자로 쓰여졌지만 한시(漢詩)는 아
니다. 한자의 음독과 훈독에서 읽는 음과 일본 고유어를 두루 혼용하
여 당시의 노래를 표기해 놓았다.

이처럼 신라 향가나『만엽집』의 시가가 모두 한자의 뜻과 음을 빌
려 자기 고유어를 표기했다는 공통점이 있다. 그래서 초기 향가 연구
자들 가운데는 향가의 기원이『만엽집』에서 유래했다는 설도 제기했
다. 그러나 근래에 이르러 신라 향가와『만엽집』의 구조가 완전히 일
치하며, 일본의『고사기』·『일본서기』·『만엽집』의 시가가 모두 신라
향가의 구성 체계와 같아서, 같은 방식으로 해독이 가능하다는 주장이
향가학자 김영회 교수(동국대학교 향가연구실장)에 의해 제기되었다.

신라 향가 연구는 1929년 일본학자 오쿠라 신페이[小倉進平] 교수
에 의해 시작되었다. 오쿠라 교수는 향가가 신라인들의 말을 한자의
음훈을 빌어서 시가로 표기했고,『만엽집』도 마찬가지 표기법으로 표
기되었다고 했다. 이 가설은 양주동 박사도 인정했고, 지난 100여 년
동안 많은 학자들이 이 가설의 입증을 위해 노력했다. 특히 박병식, 이
영희 교수 등은 한반도의 고대어로『만엽집』을 해석하여 일련의 저작
들이 베스트셀러가 되기도 했다. 그러나 이제까지의 연구들은 이 가설
을 완전히 이론화하지는 못했고, 모두 일정부분 해석이나 논리에 모순
이 제기되어 입증에 한계가 있었다.

그러던 중 김영회 교수는 당시 신라인들은 문장을 기록할 때, 한자
의 의미를 사용하면서 한자의 뜻을 우리말 어순에 따라 배열하는 방식
으로 문장을 만들었는데, 이는 임신서기석이나 경주 남산 신성비 등에

의해 입증되고, 그 방식으로 향가를 표기했다고 했다.

김교수의 해독법에 따르면 향가는 ① 노랫말: 최대한 많은 사람이 부를 수 있도록 유도하는 노랫말로 줄거리, ② 보언(報言): 노래 속에 감추어둔 작가의 진정한 뜻을 알려주기 위해 주위를 환기하는 행동이나 소리, ③ 청언(請言): 작가의 소원을 청하는 가사, ④ 입언(立言): 청을 들어주지 않을 경우 '죽여서 땅에 파묻어 버리겠다'라고 으르고 위협하는 행위를 담아두는 말 등을 포함하는 기본구조로 되어있다고 한다.

예를 들면, 『균여전』의 「청불주세가(請佛住世歌)」의 첫 구절을 보자.

皆 佛體 必于 化緣盡 動賜 隱 乃(개 불체 필우 화연진 동사 은 내)
모든 부처님께서 중생을 가르치는 인연을 다하고 적멸로 이동해 주다

이 문장에서는 「개 불체 화연진 동사」는 노랫말, 「필우」·「내」는 보언, 「은」은 청언이다. 노랫말은 이 문장의 줄거리이고, 보언 「필우」는 '반드시 탄식하라'고 지시어이고, 「내」도 노를 젓는 시늉을 하라는 지시어이다. 그리고 청언 「은」은 고대어 '은'에 해당되는 소리인데, 뜻으로는 '가엽이 해 주소서'라고 비는 내용이라고 한다.

김교수는 이러한 방법으로 향가 25수를 분석하여 다음과 같이 향가 창작법의 정리했다. 그 내용을 보면, ① 향가의 문자들은 표의문자(表意文字)로 기능한다. ② 문자의 배열은 한국어의 어순에 따른다. ③ 문장은 임신서기석의 서기체(誓記體)로 표기되어 있다. ④ 향가는 노랫말, 청언, 보언의 기능을 하는 문자들로 구성되어 있다. ⑤ 향가는 소

원을 이루어주는 힘을 가지고 있다고 믿었다. ⑥ 향가가 가진 힘은 특수한 장치를 통해 증폭되며, 여러 사람의 떼창(重口鑠金)과 떼춤(集團群舞), 또는 작품을 여러 개로 묶었다. ⑦ 향가와 관련된 고유명사는 작품의 창작의도와 긴밀히 연계되어 있어, 당시의 역사적 상황을 설명한다고 했다.

나아가 이러한 향가창작법을 『만엽집』에 적용하여, 4,516편 중 650편을 분석한 결과 한 편도 예외 없이 그대로 적용된다고 했다. 그리고 이 방법에 의해 모든 만엽집의 작품을 해석할 수가 있다고 했다. 그래서 그는 『만엽집』의 시가를 '만엽향가'라는 용어로 부르고 있다.

김교수가 분석한 만엽집의 제8번 노래를 예로 들어보자.

熟田津尒船乘世武登月待者潮毛可奈比沼今者許藝乞菜
숙전진니선승세무등월대자조모가내니소금자허예걸채

일본의 해석: '니키다츠[宿田津]에서 배를 출발시키려고 달을 기다리니 조수도 밀려왔네. 지금 저어 나갑시다'

김교수의 해석: '그대가 곡식이 익은 밭 나루터에서 저승 배에 오른다. 달이 떠오르기를 기다리는데, 밀물이 나란히 못으로 들어온다. 이제 그대가 편안히 저승에 가시기를 빌리라'

이 작품의 작자는 사이메이[齊明天皇]이다. 그리고 이 시기에 일본은 660년 멸망한 백제를 구원하기 위해 수군 2만 7,000명을 동원하여,

난파를 출발하여 지금의 에이메현의 숙전진(宿田津)에 정박하고 있었다. 그때 백제구원군의 수장 나카노 오노에[中大兄] 황태자는 천황의 부음을 들었다. 아마도 그 상황을 노래한 것이 아닐까.

이러한 시대적 배경을 생각하면 김교수의 해석은 당시의 역사적 상황과 함께 풍부한 내용을 전달해 준다.

현재로서는 어느 해석이 맞는지 판단하기 어렵지만, 향후 너무 흥미롭고 귀추가 주목된다. (김영회, 『향가루트』, 『천년향가의 비밀』) (『일본만엽집은 향가였다』)

## 목간(木簡)의 수수께끼

목간(木簡)은 발굴조사를 통해 땅속에서 발견되는 주로 먹으로 쓰인 나무 조각을 말한다. 한국에서 처음 목간이 발견된 것은 1975년 경주 안압지에서 통일신라 목간인데, 발굴 당시에는 그 내용이나 용도가 제대로 밝혀지지 않았다. 그 후, 1990년대 말부터 한국에서 대량으로 출토되면서, 일본 연구자들에 의해 일본의 한자문화가 중국에서 기원한 것이 아니라 고대 한반도의 여러 나라에서 개량된 한자문화가 일본열도에 전해진 것이라는 주장이 제기되었다.

한국목간학회 회장 이성시 교수(와세다대학)는 "고대 목간은 관청에서 매일 행해지는 행정운영에 다양하게 사용되고 있었고, 방대한 목간이 국가 사회를 움직이는데 사용되었기 때문에 목간에 나와 있는 문자, 어휘(단어), 문법, 문장표현, 문서양식 등은 단순히 한자문화의 문제만이 아니라, 그 배후에 정치·경제·사회·문화 전반에 걸쳐 있다. 또한 목간은 종이보다 내구성이 높고 휴대가 편이하여 통신 수단으로도 이용되어서, 우연히 출토된 한 개의 나무 조각에서 한반도와 일본 열도의 교류 모습이 드러나기도 하며, 이를 통해 기존의 고대 한일관계사에서 찾아볼 수 없었던 심오한 질적인 문제에 접할 수 있다"고 했다.

이교수는 8세기 초 황남동 출토 목간의 '량(椋)'자를 예로 들어 다음과 같이 설명하였다.

- 五月廿六日仲椋食口口之下椋口
- 仲椋有食廿二石

이 목간의 '중량(仲椋)', '하량(下椋)'은 창고의 등급을 나타내는 문자로 추정된다. 일본인에게는 '소량(小椋: 오쿠라)'라는 성이 있는데, 일본에서는 고대에서 '椋'자를 '오쿠라'라고 읽게 하여 창고의 의미로 사용하였다. 그리고 『만엽집』에도 '량(椋)'을 창(倉)의 의미로 사용되고 있는 가사가 몇 개 있으나, '량(椋)'자는 중국에서는 고대부터 현재까지 창고의 의미는 없고 '무쿠나무(푸조나무, 팽목)'의 의미가 있을 뿐이다.

'椋'이라는 문자는 일본에서는 8세기에 이르러 '량(椋)'자를 쓰지 않고, '곳집(倉), 곳간(庫), 간직하다(藏)'의 세 가지 문자로 바꾸었다. 701년에 일본은 대보율령(大宝律令)이라는 중국적인 법체계를 정비했고, 그에 따라 그때까지 한반도를 경유한 '량(椋)'자의 사용을 공식적으로 중단했다. 중국적인 한자 용법에 따라 곡식을 담는 것은 창(倉), 병기(兵器) 등을 담는 것은 고(庫)와 같이 한자 용법에 차이를 두게끔 되었다.

말하자면 그때까지 일본 고대국가의 쿠라는 한반도 국가들의 쿠라 제도를 그대로 답습했을 가능성이 있다.

원래 '椋'자는 고구려인이 고안한 문자였다. 408년 덕흥리 고분에서도 '량(椋)'자가 쿠라의 의미로 기록되어 있다. 이 글자의 형성과정에 대하여는 『三国志』「고구려전」에 고구려에서는 창고를 '桴京(부경)'이라고 썼다고 한다. 아마도 부(桴)의 목(木)행변에 중국어로 창고를 뜻하는 경(京)자를 합쳐 량(椋)자를 만들었을 것으로 생각된다. 두 개의 글자를 합쳐 새로운 글자를 만드는 방식은 한반도에서는 고대부터 이루어져 왔는데, '량(椋)'자도 그런 글자의 하나로 여겨진다. 그것이 7세기 말까지 일본에서는 그대로 사용되고 있었던 것을 알 수 있다.

또한 마찬가지로 '전(畠)'이라는 글자는 밭이라는 의미인데, 이 글자를 지금까지는 일본의 글자로 여겨왔으나, 7세기 초 나주 복암리에서 출토된 백제목간에 '전(畠)'이라는 글자가 논과 비교하여 사용되고 있는 목간이 출토되었다. 나주 복암리는 영산강 유역의 풍부한 논 지대인데, 이 목간은 이 지역에 논과 함께 밭이 있었음을 보여준다. 신라에서는 '전(田)'자를 밭이라는 의미로 써왔던 것 같고, 논에는 새로 '답(畓)'자를 만들어 쓰고 있다. 이 문자는 조선왕조 때까지 계속 사용되는데 백제인들이 만든 '전(畠)'자는 지금은 사용되지 않고 있다.


이교수는 또한 경상남도 함안에 있는 성산산성(城山山城)에서 발견된 하찰(荷札) 목간에 주목했다.

하찰은 짐에 붙이는 표이다. 하물표란 지방에서 도읍지로 물건을

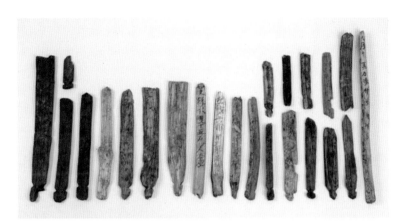

성산산성 제17차 발굴조사 출토목간

이동시킬 때, 그 물건이 언제, 누가, 어디서, 무엇을, 얼마나 많은 분량
을 보냈는지를 물건에 붙이는 목간이다.

　현재 함안에는 가야국 중의 하나였던 안라국이 소재하고 있었는데,
그 거점이 되었던 성산산성에서 현재까지 200여 점의 신라 목간이 발
견되었다. 그 목간들은 대부분 6세기 중반 안라국이 멸망한 이후 옛
안라국에 신라산성을 축조하기 위해 식량 등을 운반할 때 사용된 하물
표로 추정되고 있다.

　그 목간들 중에 하나 예를 들어보자. 목간에는 다음과 같은 문자가
쓰여 있었다.

　하물표에는 지명에 이어 인명·곡물명·곡물의 수량 등이 적혀 있는
데, 기본적인 표기법은 다음과 같다.

仇伐 于好口村 卑尸 稗 一石

(군명+마을명+인명+물품명+수량)

인명이 적혀 있는 목간 중에는 각 지역 수장에게 부여된 관위(外位)가 적혀 있는 것도 있다. 그 관위 표기를 단서로 대량으로 발굴된 목간들이 6세기 중반 목간을 중심으로 그 밖의 일부는 나중에 버려진 것이 포함되어 있을 것으로 추정된다.

이 목간들은 산성 동문 터 부근 성벽에 조성된 배수시설에서 출토되었는데, 대부분은 하단 좌우에 칼집을 넣은 하물표 형상이며 기본적인 기재 내용은 위에서 설명한 바와 같다. 마을 이름 위에는 '마을'보다 상위에 있는 행정단위인 '군'으로 추정되는 지명이 적혀있다. 낙동강 중·상류의 신라 통치 지역에서 가져온 하물표의 물품은 피(稗)가 압도적으로 많고 그 밖에 보리와 쌀 등이 있다. 하물표 목간의 사용은 성벽 축조에 앞서 피와 보리 등의 곡물이 소비된 식량으로 보이며, 다수의 인력을 동원할 때 집중적으로 지방에서 가져온 하물표로 추정된다.

그런데 이런 꼬리표 목간이 고대 일본에서는 7세기 말에 지방에서 궁이 있는 헤이죠쿄[平城京, 나라]에 세금으로 보낸 물품의 하물표에도 같은 형식으로 나타나고 있고, 기본적으로는 성산산성 목간의 서식과 같다. 다른 것이 있다면 보내진 연월일이 없는 것 정도이다. 이런 목간들은 하물표뿐만 아니라 경주 안압지에서 발견된 목간에서는 사슴·멧돼지·노루 등 식품하물표로도 이용되었고, 나아가서는 관청에서 문서나 장부를 작성할 때도 이용되었다. 이처럼 신라 지역에서 목간이 대거 발견되자 일본의 목간 연구자들은 일본열도에 비해 100년 이상 빨리 꼬리표 목간이 신라에서 이용되었다는 점에 주목하기 시작했다.

한편 백제 수도 부여 쌍북리 유적에서 출토된 목간에는 '那尔波連公(나이파련공)'이라는 인명만을 적은 물품 부표가 있다. 이 목간이 출토된 지역은 재정을 관장하는 관공서로 금강의 수상교통을 이용한 물자의 집적지의 하나였다고 추정되는 곳이다. 그런데 목간에 기록된 '니이파'[那尔波]는 오사카만의 난바[難波]를 가리키며 당시의 난바는 대외교류의 현관문이었으며, 외교에 종사하는 사람들은 우지명[ウジ名] 또는 이름에 난바[難波]를 즐겨 사용했다고 한다. 이 목간의 연대는 7세기 중반 경으로 추정되는데, 그 당시 왜국과 백제와의 밀접한 관계를 보면 백제의 수도인 사비에 머물렀던 왜계 백제관인이 작성한 목간일 가능성이 많다고 했다.

그리고 이 목간이 고대 일본 목간에 나오는 유례가 있는 이름만 적은 소형(121×17cm) 부찰이고, '니이파'의 표기가 『일본서기』에 수록된 '니이파'이고, '연공(連公)'은 고대 일본의 카바네[カバネ]표기라는 이유에서 이 목간은 왜국에서 보낸 물품 등에 붙여진 부표였을 가능성이 높다고 했다.

이러한 의미에서, 이성시 교수는 위의 신라 목간이나 백제 목간들을 7세기 후반 일본에서 발견되는 목간의 선행형태로 파악하고 있다. 특히 나주 복암리 백제 목간은 일본 헤이죠쿄[平城京] 목간의 원류라는 연구도 있다고 했다. 그 결과 일본의 한자문화가 신라·백제를 통해 수용되었음을 강조하면서, 한국 목간이 일본의 한자문화의 전파와 수용에 그치지 않고, 일본 고대 율령국가체제에도 영향을 미쳤다는 점을 강조했다. 나아가 일본 고대국가 형성의 도달점인 대보율령(大宝律令) 편찬도 수와 당보다는 오히려 신라나 백제의 영향을 받았음을 인정해야 하며, 일본 고대국가의 골격을 형성하는 밑거름이 되었다고 했다. (2022년 9월, 제122차 한일문화교류기금 문화강좌, 「고대한일문화교류-목간문화를 중심으로」)

## 2. 아스카 들판에 절을 짓다

### 아스카데라[飛鳥寺]

아스카데라는 588년 백제로부터 부처의 사리를 받은 소가노 우마코[蘇我馬子]가 발원하여 596년에 창건한 일본 최초의 사찰로 알려져 있다. 『일본서기』에 의하면, 소가노 우마코의 요청으로 백제가 588년에 불사리(佛舍利)와 승려 6명, 절 짓는 기술자, 노반박사, 와박사, 화공 등을 보내자 공사를 시작하여 596년에 완공했다고 한다.

605년에는 처음으로 동(銅)과 수(繡)로 장륙불상(丈六佛像)을 각각 한 구씩 만들었다. 당시 백제인 사마달 등의 자손인 구라츠쿠리[鞍作] 토리[鳥]에게 명해서 동 2만 3,000근, 금 759냥을 가지고 1척 6촌의 불상을 만들어 아스카데라에 안치하게 했다. 이때 고구려 영양왕이 황금 300냥을 보냈다는 내용이 '강코지연기[元興寺緣起]'에 나온다.

『부상략기(扶桑略記)』 593년 기록에는 "소가노 우마코가 아스카에

일본 최초의 절, 아스카데라

서 싸울 때 약속했던 바에 의해 아스카데라를 세웠다. 탑의 기둥을 세우던 날 소가 대신과 100여 명이 모두 백제 옷을 입었다. 보는 사람들이 모두 기뻐했다. 불사리를 탑 기둥의 초석함에 넣어 안치했다"라고 했다. 백제가 지원해서 지은 소가씨의 우지데라[氏寺]였던 셈이다.

아스카데라는 당시 국제 교류의 장이기도 했다. 595년 도일한 고구려 혜자(慧慈)와 백제의 혜총(慧聰)이 머물렀고, 602년에는 고구려 승려 승륭(僧隆)과 혜총(惠聰), 백제의 관륵(觀勒), 그리고 625년 건너간 고구려의 혜자(惠慈) 등이 전부 아스카데라에서 활동했다. 그중에서도 혜자는 20여 년간 쇼토쿠 태자를 가르치면서 고구려와 일본의 가교

역할을 했다.

한편, 최근 한일 양국의 역사학계에서 이 아스카데라의 원형(原形)이 백제의 왕흥사(王興寺)라는 의견이 정설로 굳어지고 있다. 와세다대학의 오하시 카즈아키[大橋一章] 교수는 왕흥사 유적을 확인한 뒤 "같은 계통의 기술자가 두 절을 지은 것으로 보인다"면서 "백제가 불상과 불경을 일본에 보냈으나 불교가 확산되지 않자 절을 짓기로 한 것 같다"라고 분석했다.

왕흥사는 6~7세기에 부여에 있던 절인데, 국립부여문화재연구소가 왕흥사 절터에서 출토된 금·은·청동 사리용기에 새겨진 문자를 분석한 결과, 이 절이 백제왕의 발원으로 577년 2월에 창건됐다는 사실을 밝혀냈다. 따라서 577년 11월, 아스카데라를 지으려고 일본에 파견된 백제 기술자들은 왕흥사를 지었던 사람들이라는 연결이 가능해지며, 두 사찰 간의 긴밀한 관계가 설득력을 가지게 되면, 아스카데라는 백제 왕흥사를 본떠 지었을 가능성이 매우 높다.

창건 당시 아스카데라는 3개의 금당이 탑을 둘러싸고 있는 대사찰이었으나 가마쿠라시대에 대부분 소실됐고, 현재의 본당도 에도시대에 재건된 것이다. 백제로부터 초빙된 기술자들은 이후 호류지[法隆寺] 등의 축조에도 관여했고, 이후 이들의 후손이 일본 전역에 퍼져나가 사찰 건립에 기여했던 것이다. 지금도 법당 앞마당에는 탑을 세웠던 자리에 초석이 표시되어 있다.

### 고류지[廣隆寺], 진하승(秦河勝)

고류지[廣隆寺]는 603년 건립된 교토 최고(最古)의 사찰로, 호류지[法隆寺]·시텐노지[四天王寺]와 함께 쇼토쿠 태자가 건립한 일본 7대 사찰 중 하나다.

『일본서기』에는 쇼토쿠 태자가 "내가 고귀한 불상을 가지고 있는데, 누군가 이 불상을 모실 자가 없는가"라고 묻자, 태자 개인 고문이자 당대 실력자였던 하타씨 가문의 하타노 카와카츠[秦河勝]가 자진해받았으며, 고류지의 전신인 호코지[蜂岡寺]를 창건해 이 불상을 모셨다고 전해진다.

하타씨는 야마토노 아야[東漢]씨와 함께 한반도에서 이주해 간 양대 이주 집단의 하나이다. 백제계 도래인들이 일찍부터 아스카 지역에

쇼토쿠 태자상                진하승 목상

자리를 잡은 데 비해 신라계의 하타씨는 경주의 지형과 기후가 비슷한 교토 분지에 정착했다. 그리고 간무[桓武] 천황은 하타씨의 도움을 받아 도읍을 나라[奈良]에서 교토[京都]로 옮겼다. 간무 천황의 어머니는 한반도계인 야마토[和]씨의 다카노노니이카사[高野新笠]로 알려져 있다. 간무 천황은 하타씨와 함께 중국의 당나라 수도 장안(長安)을 모방해 교토의 헤이안쿄[平安京]를 건설했다. 당시 하타씨는 이미 규슈[九州]·시코쿠[四國]·주코쿠[中國] 지방뿐만 아니라 전국에 퍼져 살고 있을 만큼 일본 최대의 호족으로 성장했다.

603년에 건립된 고류지는 818년 불에 탔고, 하타씨 출신의 도창승도(道昌僧都)가 재건했으나 1150년 다시 화마에 소실되었다. 그러나 여러 차례의 재앙에도 불구하고, 고류지에는 미륵보살반가사유상(彌勒菩薩半跏思惟像)을 비롯해, 십이신장상(十二神將像)·아미타여래좌상(阿彌陀如來坐像)·십일면천수관음상(十一面千手觀音像) 등 국보가 즐비하다.

그중에서도 미륵보살반가사유상은 일본이 가장 자랑하는 국보 중의 하나다. 일찍이 독일 철학자 칼 야스퍼스는 이 불상에 대해 "지구상의 모든 시간적 속박을 초월해 도달할 수 있는, 인간 존재의 가장 정결하고 원만하며 영원한 모습의 상징"이라고 최고의 찬사를 바쳤다. 그는 "이 불상만큼 인간실존의 영원한 평화의 이상을 확실히 구현한 예술품은 일찍이 본 적이 없다"라고 경탄해 마지않았다.

미륵보살반가사유상은 그 형태나 솜씨가 신라의 금동미륵보살반가상(金銅彌勒菩薩半跏像·국보 83호)을 쏙 빼닮았다. 그런데 일본의 한 학

생이 불상에 반한 나머지 껴
안으려다 손가락 하나가 부
러지는 사고가 발생하여 일
본열도가 발칵 뒤집히기도
했다. 그런데 아이러니하게
도 그 덕택에 불상의 재료가
적송(赤松)이고 한반도에 자
생하는 춘양목(春陽木)이라
는 사실이 밝혀졌다. 그러자
그 제작자를 두고 논란이 되

미륵보살반가사유상(좌)과 금동미륵보살반가상(우)

었는데, 결국은 신라에서 만들어 보냈거나 아니면 일본에서 신라의 도
래인들이 만들었을 것이라고 결론이 났다. 실제로 이 미륵보살반가사
유상이 한반도로부터 도래한 것이라는 기록이 고류지에 남아 있다.

　나는 2004년부터 '일본 속의 한민족사 탐방'을 위해 교사 학생들과
함께 고류지를 견학하는데, 고류지에 갈 때마다 매번 마음이 불편하
다. 그 이유는 고류지 일주문을 지나 경내에 들어서면 정면에 쇼토쿠
태자 법당이 있고, 그 옆에 절의 내력을 기록한 조그마한 비석이 세워
져 있다. 비석의 앞부분에는 고류지 창건 경유를 설명하는 내용이 있
는데, 앞부분의 일부가 지워져 있다. 비석의 앞부분을 그대로 번역해
보면 다음과 같다.

고류지와 창건경위를 밝힌 비석

廣隆寺

고류지는 推古天皇 11년(603) 聖德太子가         秦河勝 尊像
을 받아 창건된 山城国 최고의 사찰로 태자가 건립한 七大寺 가운데 하
나이다. ……

지워진 부분이 너무 궁금해서 관리인에게 몇 번을 물었지만, 자기
는 아는 바가 없다고 한다. 추측하건데 아마도 '신라로부터의 도래인'
이라는 6~7글자가 지워진 것이 아닐까 생각되지만 알 수 없다. 그 내

용을 밝히기가 껄끄러웠다면, 비석을 새로 세워도 될 것인데, 지운 부분이 선명하게 드러나는 비석을 그대로 두는 이유가 무엇인지 그 저의가 얄밉기만 하다. 이 절의 관광객 7~8할이 한국 사람이라던데 참으로 그 속내를 알 수가 없다. 이것도 아마 일본인의 고대사에 대한 콤플렉스가 아닐까.

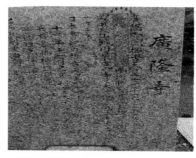

고류지 비석의 지워진 부분

### 호류지[法隆寺]

호류지[法隆寺]는 아스카 문화의 중심지이다. 일본이 자랑하는 세계 최고(最古)의 목조 건축물이며, 중국과 한반도의 불교 건축과 예술이 어떻게 일본화되었는지 잘 보여준다. 특히 한반도의 고구려·백제·신라 등 삼국 불교문화를 종합했다고 할 수 있을 만큼 여러 건축물과 불상, 그림 등이 그 역사를 증언하고 있다. 사라져버린 백제 건축의 전모를 보고 싶다면 반드시 호류지에 가 보기를 권한다.

호류지는 쇼토쿠 태자와 스이코[推古] 천황이 요메이[用明] 천황의 병이 낫기를 발원하며 607년 완성했다고 전해진다. 금당과 5층탑이 있는 서원(西院)과 유메도노[夢殿]가 있는 동원(東院)으로 이루어졌다. 서원은 쇼토쿠 태자가 직접 세운 사찰이고, 동원은 쇼토쿠 태자를 모신 사찰인데 헤이안시대에 이르러 하나로 합쳤다고 전한다. 이곳에는

호류지 5층탑

법주사 팔상전

현재 국보가 19점, 중요문화재가 36점이 있고, 1993년 12월 유네스코 세계문화유산으로 지정됐다.


### 담징과 금당벽화

호류지의 금당(金堂)은 벽화로 유명하며, 그 벽화를 고구려의 담징 (曇徵)이 그렸다고 전해져 우리에게도 친숙하다. 이 벽화들은 1949년 수리 중에 발생한 화재로 일부 비천상(飛天像)을 제외하고는 대부분 소실되어 지금은 사진을 기초로 재현한 모사품을 통해 원작을 추측해 볼 수밖에 없다.

금당은 사방에 난 문을 제외하면 기둥과 기둥 사이 벽면이 12면인데 이 벽면에 벽화들이 그려졌다. 이 중 가장 유명한 그림이 '아미타정토도(阿彌陀淨土圖)'이다. 중앙에 본존인 좌상의 아미타여래, 그 좌우에 입상의 관음보살과 대세지보살을 표현하고, 나머지 여백에 화불(化佛)들을 그렸다. 아미타여래의 머리 위쪽에는 화려한 천개(天蓋)를 표현했다. 구도는 철저한 좌우대칭이다. 어깨는 넓고 허리는 가늘며, 둥근 얼굴, 가늘고 긴 눈, 뚜렷한 입술 등으로 볼 때 당대(唐代)나 통일신라기의 불상 조각을 보는 듯한 느낌을 준다. 의습의 표현에서는 적극적인 음영법이 구사되어 서역적인 느낌을 드러낸다.

이런 양식은 중국에서 직접 전해진 것보다는 한반도를 통해 유입될 수밖에 없다. 왜냐하면 당시 일본의 항해술로는 당과의 직접 교통에는 어려움이 많았기 때문이다. 더구나 갈색·초록·노랑 등을 주조로 한 중앙아시아적 채색법과 철선묘를 위주로 한 기법은 고구려 고분벽화에서 많이 사용되기 때문이다. 또 벽화에 그려진 보살들의 목걸이는 기본적으로 백제 무령왕릉에서 출토된 것들과 같은 형태인데, 이런 목걸이는 고구

아미타정토도

려에서도 사용되었기 때문이다. 결론적으로 금당벽화는 고구려 담징의 작품이라고 단정하기는 어렵지만, 적어도 호류지가 조성될 즈음인 7세기 초에는 다카마쓰 고분벽화의 예에서 보듯 고구려계 회화의 영향력이 백제계 화풍을 누르고 일본을 지배했음을 보여준다.

### 일본의 자랑, 백제관음

호류지에는 아스카·나라 시대의 불상·그림 등 수많은 명품이 전시되어 있지만 가장 큰 감동을 주는 전시물은 무엇보다도 백제관음이다. 동원의 구다라[百濟]관음당에 전시되어 있는데, 2m가 넘는 크기의 이 목조 관음상은 머리에 드리우고 있는 투조보관(透彫寶冠)과 양옆의 수식(垂飾)에서부터 두 발을 딛고 있는 연화대에 이르기까지 모두 7세기 초, 백제 장인의 솜씨가 분명하다. 부드러운 얼굴과 눈썹의 선, 배를 앞으로 약간 내민듯한 유연한 자세, 백제 마애불상에서 볼 수 있는 '백제의 미소'는 이 관음상에 왜 구다라(백제)라는 명칭이 붙었는지 고개를 끄덕이게 한다.

구다라[백제]관음(좌)과 구세관음(우)

서원(西院)을 넘어 동원(東院)으로 들어서면 쇼토쿠 태자의 덕을 기릴 목적으로 739년에 건립한 유메도노[夢殿]가 눈에 들어온다. 이 안에 비불(秘佛)인 구세관음(救世觀音)이 안치되어 있으며, 1년에 두 번, 봄과 가을의 정해진 시기 외에는 공개하지 않는다. 백제관음과 함께 일본이 세계에 자랑하는 이 구세관음 또한 백제의 작품이라는 주장이 설득력 있게 제기되어 있다. 일본의 고대불교 관련 기록과 호류지 고문서에 따르면, 구세관음은 백제 위덕왕이 아버지인 성왕을 추모해 만들어 왜의 왕실에 보냈다고 전하고 있다.

## 고구려와 백제가 어울린 옥충주자

삼국시대 미술의 일본 전파와 관련해 중요시되는 보물 중 하나가 백제관음과 함께 전시되어 있는 옥충주자(玉蟲廚子)이다. 옥충(玉蟲)이란 비단벌레, 주자(廚子)란 불상을 모셔두는 방이나 집을 말하는데 불감(佛龕)이라고도 한다. 주자의 상부인 궁전부(宮殿部) 주변의 모서리인 금동제 테 밑에 비단벌레 날개를 깔아 장식한 데서 나온 명칭이다. 상부의 궁전부와 중간의 수미좌(須彌座), 하부의 기단 등 세 부분으로 이루어져 있다. 궁전부의 법당은 실제로 20배쯤 확대하면 금당과 비슷해지지 않을까 하는 느낌을 갖게 한다.

옥충주자는 우리나라 삼국시대의 회화·조각·공예·건축·미술의 영향이 투영되어 그 의미가 크다. 삼국 중에서도 백제의 영향을 받았다는 설과 고구려의 영향이 더 크다는 주장이 엇갈리고 있다. 백제설은 옥충주자의 건축양식에 근거를 두는데, 특히 궁전부의 겹지붕이 백제의 산수문전에 보이는 사찰 건물의 그것과 비슷하다. 또 아랫부분 수

옥충주자

옥충주자 하단 측면에 그려진 사신사호도

미좌 각주(角柱)를 장식한 금동 투조 장식이 백제 능산리고분에서 출
토된 왕관중심식(王冠中心飾)과 유사하다는 점도 이를 뒷받침한다.

한편, 옥충주자의 수미좌 4면과 궁전부 4비(扉, 문짝)에 그려진 불교
적 내용의 그림들은 고구려의 영향을 받았음을 강력히 시사한다. 예컨
대, 수미좌 앞면 '공양도(供養圖)'에 그려진 비구(比丘)와 비운(飛雲) 등
은 고구려 진파리 1호분이나 강서대묘를 비롯한 고구려 후기 고분벽
화를 빼닮았다. 궁전부에 그려진 천왕상과 보살상들은 그 자세나 의
습, 천 자락의 처리, 테를 두른 두광(頭光), 대좌의 연판문 등이 고구려
의 금동인왕상과 매우 비슷하다.

수미좌의 한쪽 면에 그려진 '사신사호도(捨身飼虎圖)'또한 고구려

고분벽화의 회화기법을 연상시킨다. 이 그림은 전생에 마가나타(摩訶羅陀)왕의 왕자로 태어났던 부처가 어느 날 형제들과 함께 성 밖 죽림(竹林)에 놀러갔다가 어미 호랑이가 일곱 마리의 새끼들과 함께 굶어 죽어가는 것을 보고 자기 몸을 제공하며 호랑이를 살렸다는 일화를 묘사하고 있다. 왕자가 산에 올라가 옷을 벗어 나뭇가지에 건 뒤 밑으로 다이빙하듯 뛰어내리는 모습과 호랑이의 먹이가 되는 장면이 동일 화면에 함께 표현되어 있다.

## 다카마쓰고분[高松塚]

아스카 지방 서남부에 위치한 다카마쓰[高松]고분은 일본열도 내에 가장 확실한 흔적으로 남아 있는 고구려계 유적이다. 다카마쓰고분은 무덤의 남쪽 경사면에서 땅을 파던 농부가 발견했는데, 정식 발굴은 1972년 인근 가시하라[橿原] 고고학연구소가 맡았다. 고분에서는 고구려 고분벽화에서 보는 사신도, 별자리 그림, 여인의 행렬도 등이 나와 일본에서는 전후의 최고의 고고학적 발견이라며 큰 화제가 되었다. 그러나 아쉽게도 이미 오래전에 도굴되어 수습된 유물은 소수에 지나지 않았다.

아스카의 남쪽 산자락에 올라 앉아 있는 다카마쓰고분은 직경 23m, 높이 5m의 흙무덤으로 외관상으로는 마치 공주 능산리고분의 봉분처럼 느껴진다. 고분 앞에는 전시관이 있어 고분 내부를 실물 크기로 복원해 놓아 안쪽으로 동굴 구멍을 그대로 들여다볼 수 있다. 고분은 회석(灰石)을 다듬어 석곽을 만들고 그 안에 목관을 안치한 뒤 가

다카마쓰고분

옥형 천장석으로 덮고 봉토를 씌운 원형의 횡혈식 석곽 봉토이다. 석곽의 규모는 작고 협소한데, 벽면에 회칠을 한 뒤 남녀 군상(群像)과 사신(四神), 일상과 월상을 채색을 써서 표현했으며, 천장부에는 하늘을 상징하는 별자리인 성수도(星宿圖)를 그려 넣었다.

이 고분이 발견되자 일본 학계에서는 수많은 학자가 피장자(被葬者)와 연대, 출토품, 벽화 등에 대해 다양한 의견을 제시했다. 피장자는 끝내 누구인지 확정되지 않았지만, 연대는 7세기 후반에서 8세기 초로 의견이 모아졌고, 고구려 미술의 전통을 계승하고 있다고 했다.

일본에서는 벽화가 있는 고분을 장식고분이라고 하는데, 규슈 북부

여인들의 군상(좌)과 현무도(우)  다카마쓰고분 벽화 사진이다.

에 몇 개가 있을 뿐이고, 그것 역시 주술적 성격을 띤 단순한 형태이다. 그런데 이 다카마쓰고분은 사면에 회칠을 한 후, 그 바탕 위에 정식으로 그림을 그린 완전한 채색 벽화이다.

석곽 북쪽 벽에는 현무(玄武)가 그려져 있다. 동쪽 벽에는 중앙 하부에 청룡(靑龍)을, 상부에 일상을 표현했으며, 그 오른쪽에 여인 군상을, 왼쪽에 남자 군상을 그려 넣었다. 서쪽 벽은 동쪽과 대칭을 이루듯 같은 구성을 지니고 있다. 중앙 하부에 백호(白虎), 상부에 월상(月像), 그 왼쪽에 여인 군상이, 오른쪽에 남자 군상이 자리 잡고 있다. 남쪽 벽에는 도굴할 때 뚫은 구멍이 남아 있을 뿐 주작(朱雀)은 보이지 않는다.

벽화의 내용을 보면, 벽면의 가장 중요한 부분에 사신도를 표현한 것을 알 수 있는데, 이는 강서대묘나 중묘, 통구 사신총 등으로 대표되는 고구려 후기 고분벽화와 동일한 형식이다. 인물상 중에서 돋보이는 것은 역시 동서 양쪽 벽에 4명씩 그려진 여인 군상이다. 노랑·빨강·초록 등 화려한 색깔의 품이 긴 저고리와 색동의 주름치마를 입고 있다.

이런 복식은 고구려 수산리 고분벽화와 덕흥리 고분벽화에 나타나는 전형적인 모습들이다.

동벽의 청룡은 혀를 길게 빼고 있는 모습이나 길고 유연한 몸체에서 고구려 강서대묘의 청룡과 대체로 유사하다. 백호 역시 눈을 부릅뜨고 입을 크게 벌린 모습, 바람에 날리는 어깨 부분의 긴 털들이 고구려 강서중묘의 백호를 보는 듯하다. 북벽의 현무는 다리가 굵고 짧은 거북을 역시 굵은 몸체의 뱀이 감고 있다. 타원형을 이룬 뱀의 꼬임새는 강서대묘의 현무도를 연상시키지만 고구려 것에 비해 생동감이 뒤진다.

청룡과 백호 위에 그려진 일상과 월상은 모두 직경 7.2cm의 원 안에 각각 금박과 은박을 붙여 나타냈는데, 고구려 고분벽화에서도 금박이 때때로 사용되었던 것과 관련해 주목된다. 원 밑에는 여러 개의 붉은 색 수평선을 긋고 이곳저곳에 청색과 녹색으로 산 모양을 나타냈다. 이런 원산(遠山)의 모습은 고구려 후기 벽화에도 비슷하게 나타난다. 다만 태양을 상징하는 삼족오(三足烏)나 달을 표현하는 계수나무 또는 토끼의 모습은 찾아볼 수 없고 금박과 은박으로 대체된 점이 다르다.

제
2
부


# 적 대

남북국, 고려


―――――――

| 680년 | 일본과 통일신라, 상호 사신 파견 |
|---|---|
| 698년 | 대조영 발해를 세움 |
| 701년 | 일본, 다이호 율령 제정 |
| 727년 | 발해, 일본에 처음 사신 파견 |
| 728년 | 일본, 발해에 처음 사신 파견 |
| 751년 | 신라, 불국사 건립 |
| 752년 | 일본, 도다이지 대불 완성, 신라 사신 김태겸 일본에 감 |
| 762년 | 일본, 신라 침공 계획을 세움 |
| 779년 | 신라, 일본에 마지막 사신 파견 (신라→일본, 33회) |
| 810년 | 일본, 발해에 마지막 사신 파견 (일본→발해, 13회) |
| 828년 | 신라, 장보고 청해진 설치 |
| 842년 | 일본, 신라 상인 입국 제한 |
| 870년 | 일본, 다자이후 관리가 신라와 통교하여 양국 관계가 긴장됨 |
| 882년 | 일본, 신라에 마지막 사신 파견 (일본→신라, 35회) |
| 910년 | 발해, 일본에 마지막 사신 파견 (발해→일본, 34회) |
| 918년 | 왕건, 고려를 건국 |
| 1019년 | 여진 해적이 한반도 동해안 일대, 울릉도, 기타큐슈 지역에 침입함 |
| 1051년 | 대마도관이 고려 표류민을 송환시킴 |
| 1079년 | 고려, 문종의 치료를 위해 일본에 의사 파견을 요청 |
| 1170년 | 고려, 무신난 일어남 |
| 1192년 | 일본, 미나모토 요리모토[源賴朝]가 가마쿠라[鎌倉] 세움 |
| 1223년 | 왜구가 금주를 약탈 |
| 1271년 | 삼별초, 일본에 첩장을 보냄 |
| 1274년 | 여몽군의 1차 일본 침략, 분에이노에키[文永の役] |
| 1281년 | 여몽군의 2차 일본 침략, 고안노에키[弘安の役] |
| 1333년 | 가마쿠라막부 멸망 |
| 1338년 | 일본, 무로마치[室町]막부 시작 |
| 1350년 | 고려, 경인왜구 시작 |
| 1389년 | 고려, 박위 왜구 진압을 위해 쓰시마 공격 |
| 1392년 | 고려 멸망, 조선 건국 |
| 1392년 | 일본, 아시카가 요시미츠[足利義滿] 남북조 통합 |

제1장

# 실상과 허상

## 1. 백제를 구하라

### 나당 군의 백제 공략

7세기 동아시아 삼국은 격동의 시기였다.

중국에서는 589년에 수나라가 5호16국의 혼란기를 통일했고, 598년에는 수륙 30만 대군을 이끌고 고구려를 공격했다. 그러나 수군은 만리장성을 넘지 못했고, 해상에서도 돌풍을 만나 좌절하고 말았다. 수양제는 포기하지 않고 612년에 다시 113만의 대군을 이끌고 고구려의 요동성을 포위하고, 2개월간 공격했지만 함락하지 못했다. 그러자 다시 30만으로 고구려 수도 평양을 향해 진격했으나 을지문덕 장군의 살수대첩으로 평양 30리에서 대패했고, 압록강을 건너 돌아간 군대는 겨우 2,700명에 지나지 않았다. 그 후에도 2차례나 고구려를 침공했으나 모두 실패하고, 전국에서 농민반란이 일어나, 618년에 멸망하고 말았다.

수를 이은 당도 645년 고구려를 침공했으나, 안시성에서 양만춘 장군의 거센 저항에 밀려 결국 포기했고, 647년과 648년에도 두 차례 군사를 동원했지만 모두 실패했다.

이러한 상황에서 신라는 백제를 공격하려고 일본 및 당과 연대를 모색했다. 645년 일본에서는 다이카[大化] 개신으로 백제 일변도였던 소가 정권이 무너졌다. 이듬해인 646년 일본에서는 다카무쿠노 겐리[高向玄理]를 신라에 파견했고, 647년 신라의 김춘추가 일본에 파견되었으나 다이카 세력은 여전히 친백제 정책을 취했다. 그러자 648년 김춘추는 셋째 아들 문왕을 당으로 데리고 가서 천자의 숙위를 청했다. 거듭되는 고구려 원정에 실패한 당 태종은 이를 받아들였다.

654년 왕위에 오른 무열왕 김춘추는 당의 율령체제를 본떠 체제 정비에 주력했다. 655년 고구려와 백제가 연합하여 신라 북쪽의 30여 성을 점령하자, 당은 신라의 요청으로 고구려에 원정군을 보냈지만 요동 지방을 넘지 못하고 실패했다. 그러자 신라는 다시 당과 연합하여 백제를 먼저 무너뜨리자고 제안했다. 드디어 나당 연합군이 660년 백제를 공격했다.

660년 3월, 소정방이 이끄는 당군 13만이 요동에서 서해를 건너 금강으로, 그리고 신라는 김유신이 이끄는 5만이 탄현(대전)을 거쳐 황산(연산)으로 진격했다. 백제의 계백 장군이 군사 5,000으로 신라군에 맞섰지만 대패했다. 이어 7월 13일 나당 연합군이 사비성을 포위하자 의자왕은 공주 웅진성으로 피하여 농성하다가 18일에 항복했다. 이로써 백제는 멸망하고, 의자왕과 태자·귀족 등 58명이 포로가 되어 낙양으로 호송되었다.

그러나 곧 복신과 도침, 흑치상지 등이 왜에 구원을 요청하는 한편 백제 부흥운동을 일으켰다. 당시 왜에서는 다이카 개신 이후 사이메이[齊明]가 즉위했고, 친백제 정책을 유지했다. 백제의 구원 요청을 받은 사이메이는 12월 하순 나카노오에[中大兄] 태자와 함께 규슈로 향했는데, 661년 7월 전염병으로 급사했다. 그럼에도 나카노오에 태자는 상복을 걸치고 즉위도 하지 않은 채 구원군을 편성했고, 662년 9월에는 백제 왕자 부여풍에게 5,000여 군사를 보내 백제 부흥운동을 지원했다. 이어 나카노오에는 즉위하여 덴지[天智] 천황이 된 후, 다음해 5월 2만 7,000여의 대군을 백제에 파견했다. 사이메이와 덴지는 6세기 이래 수많은 학자와 기술자, 승려를 파견하여 아스카문화 번창의 계기를 만들어준 백제 왕조의 멸망을 그냥 내버려둘 수는 없었던 모양이다.

그러나 왜에서 파견된 2만 7,000명의 구원군은 663년 8월, 백강(현재의 동진강 하구) 전투에서 크게 패했다. 『삼국사기』에는 "나당 연합군의 수군이 백강 어구에서 왜국 군사를 만나 네 번 싸워서 다 이기고 그들의 배 400척을 불태우니, 연기와 불꽃이 하늘을 찌르고 바닷물이 붉어졌다. 왜군은 대부분 궤멸했다"라고 적고 있다.

### 신라 방어를 위한 다자이후[大宰府]

왜의 원군이 백강 전투에서 대패하자 백제 부흥군은 재기의 힘을 완전히 잃게 된다. 『일본서기』에는 백제인들이 다음과 같이 한탄하는 내용이 나온다. "나라 사람들이 서로 일러 말하기를 주류가 함락되었다. 어찌할 수 없게 되었다. 백제의 이름이 오늘로써 끊겼다. 조상의

북부 규슈와 세토내해에 있는 조선식 산성

묘소가 있는 곳에 어찌 다시 갈 수 있겠는가." 3,000여 명에 이르는 백제 지배층이 이때 패전한 일본 수군과 함께 일본으로 돌아가는 배에 몸을 실었다 한다.

한편, 백강 전투에서 대패한 왜국은 나당 연합군의 역습에 엄청난 두려움을 느꼈다. 쓰시마와 이키, 쓰쿠시(규슈의 후쿠오카 일대)에 방위 군과 봉화대를 설치했다. 665년부터는 하카다만 연안에 있던 전진기 지를 철수하는 동시에 이곳에 방어요새를 만들기 시작했다. 백제 유민 들의 선진기술을 이용해 백제식 토성과 산성을 만들어 신라의 침입에 대비해갔다. 이때 만들어진 대표적인 성이 바로 다자이후로 가는 길목 에 있는 수성(水城)이다.

다자이후는 주위가 모두 산으로 막혀 있다. 수성은 적의 접근로가

다자이후 주변 지리　　　　　　　　　　　다자이후 전경

될 수 있는 곳에 쌓았고, 수성의 제방은 다져진 흙으로 쌓았다. 수성만
지키면 하카다로 상륙하는 어떤 군대도 이곳을 통하지 않고는 전진할
수 없게 된다. 그리고 수성과 함께 다자이후 주변에 오노성[大野城]과
기이성[基肄城]을 쌓았으며, 오사카에 이르는 세토내해 양쪽으로 산성
을 축조했다. 산등성이에 토루를 쌓고 골짜기에는 석축을 쌓는 방식이
었다. 산성에는 몇 군데에 문을 만들고 성안에는 건물을 세웠다. 일본
에서는 이때 쌓은 성을 '조선식 산성'이라고 한다.

다자이후가 언제 만들어졌는지 정확한 기록은 남아 있지 않다. 그
러나 다자이후의 건축과 수성의 축성은 백촌강 전투 패전 이후 이루어
졌다는 것이 통설이다. 다자이후 터에는 정청(政廳)인 거대한 집무소
자리가 남아 있다. 지금도 그 규모를 짐작케 하는 초석들이 산재해 있
다. 정청의 가장 중요한 건물인 정전(正殿)과 중문(中門)은 회랑으로 연
결되었고 그 안에 부속 전각(殿閣) 4개가 있었다. 의식은 회랑 안의 돌
을 간 마당에서 가졌던 듯하다.

다자이후는 규슈 지역을 다스리고 외교를 담당하며 관문을 지키는

역할을 했다. 발굴조사 결과, 다자이후의 신축은 백촌강 전투 패전 후인 7세기 중엽이며, 일본이 국가의 형태를 갖추기 시작한 8세기 초에 정연한 건물이 개축되고, 941년 스미토모[純友]의 난 때 타버린 것을 그 이후에 복구한 것으로 밝혀졌다. 다자이후는 한때 나라[平城京]와 교토[平安京]처럼 북쪽 중앙의 정청을 중심으로 바둑판같이 계획된 도시로 융성했었다.

## 2. '왜(倭)'가 '일본(日本)'이 되다

### 왜가 일본이 되다

『삼국사기』 신라본기 문무왕 10년(670)조에 '왜국이 이름을 일본이라 고쳤는데, 스스로 해 뜨는 곳에 가깝기 때문에 이렇게 이름을 붙였다'라고 기록했다. 698년조에는 '3월에 일본국 사신이 내조하였으므로 왕이 숭례전에서 접견했다'라고 했다. 또 중국의 사서인 『구당서(舊唐書)』 「측천무후기」에는 702년 '10월, 일본국이 사신을 보내 방물을 바치다'라고 기록했고, 같은 『구당서』 「일본국전」에는 '일본국은 왜국의 일종이다. 나라가 해 주변에 있다고 해서 일본을 이름으로 삼았다고 한다. 혹은 왜국 스스로 이름이 우아함을 싫어해서 새로 일본으로 했다고 한다. 혹은 일본은 옛 소국, 왜국의 땅을 병합했다고도 한다. 그들은 대부분 자긍심이 커서 실(實)로써 대하지 않는다. 그러므로 중국은 이를 의심한다'라고 되어 있다.

이 사료는 다음과 같은 의미에서 아주 중요하며 많은 시사점을 남겨준다.

첫째, 일본이라는 나라, 국가의 탄생을 의미한다. 즉, 나라 이름을 이때부터 왜(倭)에서 일본(日本)이라고 자칭했으며, 주변 나라들이 이를 인정했다는 것이다.

둘째, 일본이 자긍심이 지나치게 커서 허세를 부려 그 진실을 인정하기 어렵다는 인식을 하기 시작했다는 점이다.

그렇다면 당시의 일본 상황이 어떠했기에, 그리고 무엇에 근거해서 그러한 인식과 기록을 남기게 되었을까. 그것은 일본이 율령체제를 갖추고, 고대국가로 도약하는 과정을 통해 확인할 수 있다.

672년 왜국에서는 백제에 구원군을 파견했던 덴지가 죽자, 후계를 둘러싸고 임신(壬申) 난이 일어났다. 그리고 이 난에서 승리한 오아마[大海人]가 덴무[天武] 천황으로 즉위했다. 몸이 약했던 덴무가 2년 만에 죽고 그 뒤를 이어 지토[持統]가 즉위했다. 도읍을 후지와라쿄[藤原京]로 옮기고 본격적으로 율령체제를 정비해서, 그 다음의 몬무[文武] 때에 율령체제의 기본법전인 대보율령(大寶律令)을 완성하여 702년 율(律) 6권과 영(令) 11권을 반포했다.

그런데 대보율령의 영에 '제사에서 칭하는 이름은 천자(天子), 조서에서 칭하는 이름은 천황(天皇), 화이(華夷)에서 칭하는 이름은 황제(皇帝), 상표에서 칭하는 이름은 폐하(陛下)라고 한다'라는 규정을 명시했다.

또한 영의 규정에는 당을 인국(隣國: 이웃나라)이라고 하며 대등한 국가로 삼는 한편, 신라와 발해는 번국(蕃國)으로 하여 오랑캐 나라로 설정하여 조공국으로 간주했다. 그리고 심지어는 일본 열도의 동북 지역에 사는 사람을 에미시[蝦夷], 규슈 남부에 사는 사람을 하야토[隼人]라고 지칭하며 오랑캐로 간주했다. 그리하여 당이나 신라·발해와 빈번하게 외교적인 마찰을 일으켰고, 결국에는 파탄에 이르게 되었다. 실제로 일본은 당에 조공사인 견당사를 보내면서도 종속적인 위치에 서지 않으려고 했고, 한반도의 국가에 대해서는 종주국처럼 군림하려는 자세를 보였다. 일본의 이러한 이중적인 자세는 『일본서기』의 여러 곳에서 노골적으로 드러난다. 670년 왜에서 일본으로 국호를 변경하여 율령체제를 완성하고, 720년 역사서를 편찬하면서 그들이 말하는 소위 일본혼(日本魂)으로 자리 매김을 했던 것이다.

### '삼한정벌'과 '임나일본부'

720년 편찬된 『일본서기』가 천황 통치를 정통화하기 위한 역사서였음은 두말할 필요가 없다. 따라서 지금도 문제가 되고 있는 징구[神功]황후의 삼한 정벌과 임나일본부 이야기는 단순한 일화가 아니라 『일본서기』의 편찬 의도와 관계가 있다. 다시 말해 천황이 존재하고 권위를 가지려면 앞에 서술한 바와 같이 한반도의 국가들을 복속시키는 역사가 절대적으로 필요했다. 그래서 『일본서기』에는 왜국이 한반도의 고구려, 백제, 신라, 가야를 일관되게 복속시키고 조공을 받았으며, '임나일본부'를 두고 직접 지배한 것으로 기술했던 것이다.

『일본서기』 신공황후전의 삼한정벌의 내용은 다음과 같이 서술되어 있다.

9년 봄 2월에 족중언천황이 축자(築紫)의 강일궁에서 죽었다(崩). 이 때 황후는 천황이 신의 가르침을 따르지 않다가 일찍 죽은 것을 슬퍼하며 벌을 내리는 신의 존재를 알고는, 재보(財寶)의 나라를 얻고자 하였다. … 9년(200) 겨울 10월 기해삭 신축(3일)에 화이진(和珥津 ; 와니노츠)에서 출발했다. 이때 풍신(風神)이 바람을 일으키고, 해신(海神)은 파도를 치게 하였다. … 신라 왕은 뜻밖의 군사들이 나타나 장차 신라를 멸망시키려 하는 것이라 여기고 두려워 전의를 상실했다. 마침내 내가 정신을 차리고 들으니, '동쪽에 신국(神國)이 있는데, 일본(日本)이라고 한다. 또한 성왕(聖王)이 있는데 천황(天皇)이라고 한다. 그 나라의 군사는 신병(神兵)일 것이다. 어찌 군사를 내어 방어할 수 있겠는가'라고 말하고 백기를 들어 항복하였다. … 그리고 머리를 조아리고 '… 춘추로 말빗과 말채찍을 바치겠습니다. 또한 바다를 사이에 두고 멀리 떨어져 있는 것을 꺼리지 않고 해마다 남녀의 조(調)를 바치겠습니다'라고 말하였다. … 고구려와 백제 두 나라 왕은 도저히 이길 수 없다는 것을 알고는 스스로 영외로 나와서 머리를 조아리며 "지금 이후부터는 길이 서번(西蕃)이라 일컫고 조공을 그치지 않겠습니다"라고 말하였다. 이로써 내관가(內官家)로 정하였다. 이것이 이른바 삼한(三韓)이다.

신공황후의 삼한정벌의 기사는 『일본서기』에 수록된 순간부터 실체로서 일본 정사에 수록되고, 그 후 일본 지배층의 한반도 인식과 정책에 절대적 영향을 미치고 있다. 이 기사는 이미 창작된 설화라는 것이 학계의 정설이지만, 아직도 대한인식(對韓認識)의 절대적 위치를 점하고 있다. 그 결과 일부 교과서에서는 이를 역사 사실로 기술하여 양국 간 역사교과서 분쟁을 유발시키기도 했다.

칠지도의 진실

일본 학계에서는 백제가 일본에 조공했다는 사례로 『일본서기』 252년 9월조에 이소노카미[石上] 신궁의 칠지도(七支刀)에 관한 기록을 들고 있다.

'백제국에서 구저 일행이 일본에 왔다. 칠지도 한 자루, 거울 한 개, 그밖에 여러 가지 보물을 헌상하였다. 이후 매년 조공을 계속하고 있다.'

칠지도 특별전 포스터

이 사료는 현재, 양국 학계에서 논쟁이 되고 있는데, 첫째는 『일본서기』의 초기 연대(476년 이전)가 『삼국사기』의 연대와 120년 차이가 난다는 사실이고, 두 번째는 백제가 정말로 왜국에 조공을 했느냐의 문제이다.

칠지도는 현재 나라현 덴리시에 있는 이소노카미신궁에 보존되어 있다. 칠지도에는 금상감의 명문이 있는데, 평소에는 전혀 공개하지 않는다. 마침 2015년 1월, 규슈국립박물관에서 특별전시회가 있어 견학할 기회를 얻었다. 나는 전시실에서 마주 대하는 순간 한일 고대사의 세계 속으로 빨려 들어가는 듯한 신비로움을 느꼈다. 현재 학계에 알려진 명문은 앞면 34자, 뒷면 27자 총 61자다.

> (앞면) 泰和四年十一(?)月十六日丙午正陽 造百練銅七支刀 出 百兵 宜供供侯侯王□□□□作
>
> (뒷면) 先世以來 未有此刀 百濟王世子奇 生聖音故爲倭王旨造 傳示 後世

이 비문을 번역해 보면, '(앞면) 태화 4년(369) 11월 16일 병오일 정오, 백번 단련한 철로 칠지도를 만들었다. 모든 무기를 물리칠 수 있으니 전쟁을 몰아내고 예의 바른 군주에 어울린다. □□□□가 만들다. (뒷면) 옛날부터 이제까지 이런 칼은 없었다. 백제왕의 태자 기(귀수)가 도교사상을 가지고 살면서 왜왕 지를 위해 만들었으니 후세에 전할지어다'라고 되어 있다.

그런데 내용의 어디에도 백제가 일본에 조공했다는 사실은 확인할 수 없다. 다만 태화 4년, 369년은 백제 태자 귀수가 근초고왕 대(재위 346~375)의 인물이라는 사실만 알 수 있을 뿐이다. 그러나 일본에서는 칠지도의 연대를 여왕 히미코의 시대에 맞추려고 『일본서기』의 연대를 120년을 앞당겨, 칠지도를 백제가 일본에 조공했다는 증거로 삼는다. 하지만 칠지도의 명문에는 그 어디에도 백제가 조공했다는 사실을 유추할 흔적은 발견할 수 없다.

그런데 최근에 홍성화·박남수 교수가 태화 4년은 봉원(奉元) 4년으로 전지왕 대이며, 408년이라는 학설을 제시했다. 그들은 일본 학계에서 태화 4년을 주장하는 이유는 칠지도의 명문을 『일본서기』의 369년 기록과 맞추어 '임나일본부설'을 반증하는 자료로 삼고자 주장하는 것이라고 했다. 그러나 369년은 백제의 근초고왕이 평양성을 공격해 고국원왕을 전사시킬 만큼 전성기였고, 또 16일 병오의 간지가 408년 전지왕 4년 11월 16일이라고 했다. 두 교수는 앞면의 명문을 다음과 같이 해석한다.

태○ 4년(전지왕 4·408) 11월 16일 병오 정양에 백년철로 칠지도를 만들었다. 전장에 나아가 능히 백병을 피할 수 있다. 이 칼을 마땅히 후왕에게 제공한다. …(앞면). 선세 이래 이런 칼이 없었다. 백제 왕세자가 부처님의 가호로 태어났다. 왜왕을 위해 만들 것을 지시하니 후세에 전하여 보이라.(뒷면) (홍성화 교수)

봉원 4년(408) 11월 16일 병오 정양에 백련철 칠지도를 만드니, (칼이) 나오자마자 백병의 임금으로 후왕에게 주기에 마땅하다. …(앞면). 선세 이래로 이런 칼이 없었는데, 백제의 왕세자가 기생(奇生)의 말씀으로 왜왕을 위하여 지(旨)를 내려 만들었으니, 세(世)에 전하여 보이도록 하라(뒷면). (박남수 교수)

현재로선 『일본서기』에 맞춘 369년설이 맞는지, 또는 408년설이 맞는지, '백제 헌상설' 또는 '백제 하사설'이 맞는지 알 수 없지만 여러 정황이 '백제 조공설'이나 '임나일본부설'과 거리가 먼 것은 확실하다.

### 광개토대왕비

'임나일본부설'과 관련해 또 논란이 되는 것이 「광개토대왕비」의 신묘년 기사이다.

391년에 즉위한 광개토왕은 왕성한 정복전쟁을 통해 고구려 발전의 기초를 마련했고, 413년에 그 뒤를 이은 장수왕이 부왕의 업적을 기념하여 국내성(중국 지린성 지안)에 세운비가 광개토대왕비다. 비는 높이 6.3m, 가로 세로가 1.4~2m로 사면에 1,775자의 글자가 새겨져 있다. 이 가운데 1면에서 3면까지는 고구려 역사와 광개토왕의 업적이 연대순으로 기술되어 있는데, 왜에 관계된 기사는 제1면의 8행에서 9행에 걸친 소위 '신묘년' 기사이다.

그 기사는 다음과 같다.

> … 百殘新羅舊是屬民由來朝貢而倭以辛卯年來渡海破百殘□ □ 新羅
> 以爲臣民…

메이지시대 이후 일본에서는 이 부분을 야마토 조정이 한반도에 진출해서 백제와 신라를 복속시키고 임나일본부를 설치한 확실한 증거라고 주장해왔다. 이 문장을 해석해보면, 앞부분은 '백제와 신라는 예

광개토대왕비

부터 고구려의 속민이며, 고구려에 조공을 바쳐왔다'로 해석 자체에 어려움이 없다. 그러나 뒷부분이 문제인데, 일본에서는 '왜가 신묘년 (391)에 와서 바다를 건너와서, 백제 □□ 신라를 격파하고 이로써 신민으로 삼았다'로 해석하고, □□에 임나를 넣는다든지, 아니면 갱토 (更討)나 우벌(又伐) 등을 넣어 왜가 백제를 격파하고 다시 신라를 토벌하여 신민으로 삼았다는 식으로 해석을 하기도 했다.

　이러한 주장에 대해 반대하는 입장에서는 래도해(來渡海)와 파백잔 (破百殘) 사이에서 문장을 끊어 왜가 신묘년에 바다를 건너왔다. 그리고 고구려가 주체인 만큼 파백잔 이하의 주어는 고구려로 보아 고구려가 백제□□신라를 신민으로 삼았다던가, 아니면 파와 백잔 사이를

광개토대왕릉

끊어서 고구려가 바다를 건너가 왜를 격파했다고 해석했다. 그 외에도 여러 설이 있지만 이 비석의 주인공이 광개토대왕인만큼 고구려가 주체가 되어야 함은 재론의 여지가 없다.

광개토대왕 비문에 대한 논쟁은 여기서 그치지 않는다. 이진희 교수는 1890년대에 일본 육군참모부에서 석회 칠을 하여 비문 자체를 조작했다고 했고, 1905년 일본 육군참모부에서는 광개토대왕비에 집착해서 러일전쟁 후에 이 비를 도쿄로 옮기려는 계획까지 수립했었다고 했다.

이러한 여러 가지 해석에 대해 이성시 교수는 새로운 관점을 제시했다.

광개토대왕비는 고구려의 세계관에 입각해서 해석할 필요가 있음을 강조하면서, 비문에서는 기본적으로 고구려 중심 세계관을 전제로 재해석을 시도했다. 그래서 백제는 대립의 상대로서, 그리고 왜는 백제와 통모(通謀)하여 고구려를 위협하는 존재로서 더 나쁜 악역비도(惡逆非道)한 상대로 보았다는 것이다. 따라서 대립의 적인 백제는 철저히 무시하고, 그에 동조하는 왜는 더 증오의 대상되기 때문에 왜를 비하하면 할수록 반대로 광개토대왕의 위대성이 높아져가는 정치적인 효과를 얻을 수 있었다는 것이다. 흡사 현대의 한일관계에서 반일 감정을 부추겨 정치적으로 반사이익을 추구하는 속성과 다를 바 없다.

이러한 관점에서 본다면, 백제와 신라가 고구려의 속민이었다는 고구려의 일방적인 주장과 마찬가지로, 왜가 백제와 신라, 임나를 속민으로 삼았다는 주장 역시 객관적인 사실로 보기는 어렵다.


## 책봉체제의 실상과 허상

동아시아의 국제관계는 전통적으로 중국이 주변 국가들로부터 조공을 받고 책봉을 해주는 책봉체제를 바탕으로 이루어졌다. 그리고 주변국의 통치자들은 중국 왕조의 조공·책봉 관계를 이용하여 자신의 지배 영역에서 정치적 권위를 확립하고, 나아가 다른 주변국에 대해서도 또 다른 형태의 유사 책봉체제를 설정하려고 했다.

예를 들면, 앞서 고구려 광개토왕비에 '백제와 신라는 예로부터 속민으로 고구려에 조공을 해왔다'라던가, 장수왕 때 충주에 세운 중원 고구려비에는 신라 왕을 '동이매금(東夷寐錦)'이라고 했다. 동이는 신라를 동쪽 오랑캐 나라로 보는 것이다. 그리고 '고구려에서 신라 왕에게 의복을 하사했다'라는 내용도 나온다. 의복 하사를 통해 고구려가 신라와의 관계를 상하관계로 설정한 것이다.

한편, 일본도 마찬가지였다. 앞서 밝혔듯이 '일본'이란 국호와 '천황'의 용어를 쓰면서 일본이 수나 당을 대등한 이웃국가로, 그리고 신라와 발해를 조공국으로 간주했다. 물론 이것은 어디까지나 일본의 생각이었지 실제로 그러했던 것은 아니다.

예를 들면 『수서』 왜국조에는, "'해가 뜨는 나라의 천자가 해가 지는 나라의 천자에게 국서를 보냅니다. 건강합니까'라고 하자, 황제는 이것을 보고 불쾌했으며, '야만국의 국서인데 무례하구나. 두 번 다시 상대하지 말라고 했다'"라는 기록이 있다. 또한 당에서는 견당사를 여전히 '조공사'로 취급했고, 대우도 다른 나라의 조공 사절과 별다름이 없었다.

또한 752년에 파견된 견당사는 당 조정에서 조하의식을 거행할 때, 자신의 자리가 신라 사신보다 낮은 것에 항의하는 쟁장사건(爭長事件)을 야기했다. 『속일본기』에는 753년, 당의 봉래궁에서 당의 천자에게 토번·신라·대식국·일본이 조하를 하는 자리에서 원래 동쪽 열에 신라·대식국, 서쪽 열에 토번·일본의 순서로 자리를 배치했다. 일본이 신라가 일본의 조공국인데 일본보다 우위에 있는 것이 맞지 않는다고 항의하여, 서쪽 열에 토번·신라, 동쪽 열에 일본·대식국이 되었다고 기술되어 있다. 일부 일본학자들은 이를 두고 신라에 대한 우위를 말하고 있지만 오히려 당과 긴밀한 나라들을 서쪽 열에 두었고, 일본을 대식국 앞에 두어 일본의 반발을 무마한 것 말고는 아무런 의미가 없다. 일본의 항의로 자리가 바뀌기는 했지만 그것이 신라보다 우위라는 것도 아니고, 당과 동등하게 대우한 것도 아니다.

그래서 견당사들이 일본의 국서를 가지고 갔는가에 대한 의문이 제기되고 있다. 일본이나 당의 기록에는 국서에 관한 내용이 전혀 없다. 그 이유는 어쩌면 일본에서 중국에 국서를 가지고 갈 경우, 국서의 형식이 군신관계에서 쓰는 상표문(上表文)이어야 하므로, 일본에서는 그 것을 회피하려고 작성하지 않았거나, 또는 가지고 갔다 해도 그 사실을 숨기려 기록에 남기지 않았을 것이라는 견해가 있다.

그런데 735년에 작성된 당 현종의 칙서에는 "일본 국왕 스메라미코토[主明樂美御德]에게 칙(勅)한다. 그대의 나라는 예의의 나라로 신령이 돕는 곳이다"라고 쓰여 있다. 여기서 스메라미코토는 천황으로 부르기 전에 쓰였던 왕의 호칭이다. 말하자면 신라에서 국왕호를 쓰기 전에 호칭하는 거서간, 이사금 등과 같은 토속어인 셈이다. 그러니까 일본은 당에 대해 천황이라고 자칭할 수 없으니, 슬쩍 일본식 이름을 붙인 것이고, 당에서는 이 스메라미코토를 일본 왕의 본 이름으로 생각하고, '일본 국왕 스메라미코토'라고 했으니, 결국 칙서에 우습게도 '일본 국왕 일본 국왕'이라고 되풀이하여 적은 셈이 된다.

반대로 당의 사신이 일본에 갔을 때의 장면을 보자. 일본 조정에서는 778년에 일본에 온 당의 사신을 맞는 의식을 둘러싸고, "저쪽(당)은 크고, 이쪽(일본)은 작으니, 모름지기 번국(藩國)의 의식을 행해야 한다"라는 주장과 "해외의 일개 사절을 두려워해서 옛날부터 바르게 확정되어 있는 천자의 호칭을 낮추려고 한다. 이는 매우 불충·불효한 말이다"

라고 하며 언쟁을 벌였으나, 결국 천황이 "어좌에서 내려와 응대했다"라는 기록이 있다. '어좌에서 내려왔다'는 말은 결국 천황과 당 사신이 자리를 바꾸었다는 이야기로 당과 일본 간의 실상도 이와 같았다.

## 3. 통일신라와 일본

### 허구와 독선의 자의식

660년 백제를 멸망시킨 당은 663년 계림대도독부, 664년 웅진도독부를 설치하고, 668년 고구려를 멸망시킨 직후에 안동도호부를 설치함으로써 한반도 지배의 야욕을 드러냈다. 이에 신라는 고구려 유민들을 원조하여 당과의 전쟁을 유도하는 한편 668년 왜에도 사신을 파견했다. 백강 전투의 패배 이후 나당 연합군의 일본 침공을 우려했던 일본으로서 당과 신라가 적대관계가 되는 것은 더없이 다행스런 일이었다.

그래서 일본은 신라의 사신을 적극적으로 받아들이고, 당에도 다시 669년 견당사를 파견했다. 신라의 사신을 맞이한 일본은 신라 왕과 김유신에게 각각 배 1척씩과 비단 등을 보냈다. 이러한 일본의 반응은 백강 전투의 패배에도 불구하고 신라와 우호관계를 맺음으로써 자국의 안전을 확보하려는 행동이었음은 당연하다.

신라에서는 670년대 10년 사이에만 10회나 일본에 사신을 파견했고, 일본에서는 3회에 걸쳐 신라에 사신을 파견했다. 심지어 이 시기의 신라 사신은 고구려 유민들이나 고구려 부흥군의 사신을 동행하는 경우도 여러 번 있었다. 당시 일본에서 당에 파견된 사신을 견당사(遣唐使)라 하고, 신라에 파견된 사신을 견신라사(遣新羅使)고 했다.

그러나 신라와 일본의 사신 왕래가 매우 빈번했음에도 불구하고, 일본과 발해의 관계처럼 일본의 천황제를 내세우는 독선적 자의식은 양국관계를 경직시키는 요인으로 작용했다. 일본은 당에는 쓸 수 없었던 '천황' 칭호를 발해에 대해 강요했고, 신라에도 똑같이 적용했다. 신라에 보내는 국서에 '천황경문신라왕(天皇敬問新羅王)'이라 썼고, 신라 사신에게 상표문(上表文)의 지참을 요구했다. 그 이유는 '신라국이 와서 조정을 받드는 일은 오키나가타라시히메[氣長足媛](신공황후)가 그 나라를 평정하면서 시작되었고, 이로써 지금에 이르기까지 우리 번병(藩屛)이 되었다'고 했다.

신라는 당연히 일본의 요구를 받아들이지 않았다. 특히 당과의 관계가 호전되자 신라는 일본으로부터 조서도 받기를 거부하고, 일본의 계속된 상표문 요구도 받아들이지 않았다. 더구나 732년의 사신단의 물품을 조공품이 아니라 단순한 재물(財物)이라는 취급을 받았고, 반대로 734년에 일본에 갔던 신라 사신은 자신들을 '왕성국(王城國)의 사자라고 과시했고, 743년 사신단은 신라 물품을 토모(土毛: 값어치 없는 물품)라고 무시당했다. 신라 사신들과 일본 측의 이러한 다툼으로 신라 사신들은 결국 교토에는 입경하지도 못하고 규슈의 다자이후[太宰府]에서 되돌아오고 말았다. 이러한 불편한 관계에도 불구하고 양국 간의 교역을 이어가려고 했지만, 779년 결국 중단되고 말았다.

779년, 일본은 "표를 지니지 않은 자는 경계 안으로 들여보내지 말라" 하는 조(詔)를 내리고 다자이후에 온 신라 사신을 추방해버렸다. 당, 발해, 신라와 이루어지던 동아시아 국제관계가 현실을 외면한 허구의 독선적인 천황관에 의해 관념 세계에 빠져 들어가는 시기에 접어든 것이다. 율령체제에 의해 고대국가를 완성해가면서 일본이라는 국가관을 만들려고 편찬된 『일본서기』에 의해 허구의 '번국관(蕃國觀)'이 확고해져갔다.

그 가운데 발해는 그래도 실리를 좇아 일본의 요청에 응하면서 일본과의 외교를 계속했지만 926년 멸망했고, 그 뒤 일본은 스스로 신국(神國)이 되어 주변의 어느 나라와도 외교관계를 맺지 않는 상태였으며, 이는 조선에서 1429년 통신사가 파견되기까지 500년 이상 지속되었다. 그러나 그것도 천황이 아닌 막부 쇼군[將軍]이 일본을 대표하는 최고 권력자로 나선 것이고, 천황이 다시 외교 일선에 등장한 것은 1,000년이 지난 1868년 메이지[明治]유신 때이다. 그때 일본은 제국주의의 문턱에 천황을 내세웠고, 일본은 주변 국가에 다시 신공황후와 번국론을 내세우며 재무장했다. 이러한 점에서 일본에게 천황의 존재는 무엇일까. 다시 한번 되묻고 싶다.

### 장보고와 엔닌

통일신라와 일본 관계를 이야기할 때, 국가 간의 관계는 아니지만 민간 교류의 차원에서 장보고와 엔닌을 언급하지 않을 수 없다. 장보고의 원래 이름은 궁복(弓福)으로 전해지며, 일찍이 당나라 서주로 건너가 무령군 소장을 지냈다. 장보고(張保皐)라는 이름은 이때부터 사용한 것으로 알려져 있다. 장보고는 신라로 돌아온 이후, 828년 오늘날의 완도에 청해진을 설치하고 대사(大使)가 되어 해적을 소탕하고 한반도 서남부 해안 및 중국 일본을 연결하는 소위 '환중국해무역권'을 장악했다. 일본에서도 이에 호응하여 조정의 교역품을 확보하고자 다자이후에서 신라와 공적인 무역을 행하려고 제도를 정비했다.

당시 산동반도를 비롯한 중국 연안에는 신라 상인이 많이 거주하였다. 중국과 신라나 일본을 잇는 이들의 배는 도자기 등의 교역품만이 아니라 때로는 중국에서 불교를 배우려는 구법승들을 태워 바다를 건넜다. 그중에 대표적인 승려가 엔닌[円仁]이다. 엔닌은 838년 견당사의 일원으로 당나라로 건너가 그 후 약 10년 동안에 걸친 순례 체험과 고난의 연속이던 당나라에서의 생활을 『입당구법순례행기(入唐求法巡禮行記)』라는 기록으로 남겼다.

그 기록에 의하면 당나라에서 엔닌의 체재 기간을 연장하지 않자 산동성의 등주에 거주하는 신라 상인의 힘을 빌어 당나라에 체류하는 데 성공했고, 그 후 엔닌은 장보고가 창건한 적산법화원(赤山法華院)에 가서 겨울을 보낸 뒤, 오대산을 거쳐 장안에 이르는 긴 구법 여행을 떠났다. 또한 귀국길에도 다시 법화원에 들러 신라 상선을 타고 다자이후로 돌아갔다.

### 도다이지 대불

일본 화엄종의 총본산인 도다이지[東大寺]는 단일 규모로는 세계에서 가장 큰 목조 건축물이다. 그 안에는 역시 세계에서 가장 큰 청동 대불(비로자나불·毘盧遮那佛)이 있다. 무게만 425t, 높이가 16m나 되는 거대 불상 앞에 서면 그 위용에 압도되지 않을 수 없다. 일본 관광의 최우선 코스로 꼽는 도다이지는 비가 오나 눈이 오나 세계 각국에서 이 대불을 구경하러 온 사람들로 1년 내내 북적인다. 수학여행 철이면 전국에서 몰려든 학생들로 혼잡을 이루는 곳이기도 한다.

8세기 들어 일본열도는 율령체제가 성립되고 천황제가 확립됐다. 하지만 지배계급 내부에서 유력한 호족 간의 투쟁이 격화되어 반란이 자주 일어났다. 당시 도호쿠[東北]지방은 아직 개척이 진행 중이었으며, 그 외에도 각 세력이 지방에 흩어져서 독자적인 권한을 행사하고 있었기 때문에 지방 세력들의 반발을 무마해야 했다. 엎친 데 덮친 격으로, 흉작이 거듭되고 질병이 창궐했다. 위기에 처한 신흥국가 일본은 국가적으로 민심을 수습해야 했고, 왕실의 존엄성도 높여야 했다. 특히 적대관계인 신라에는 국력을 과시할 필요가 있었다. 이런 상황에서 백제·고구려 유민들의 집단 이주도 계속되었다.

이 같은 시대적 상황 속에서 쇼무(聖武) 천황의 발원으로 745년 가스가산[春日山]에 도다이지가 조성되기 시작한다. 쇼무 천황은 중앙집권 체제의 강화와 이데올로기의 통일을 위해 전국에 사찰을 지었고, 도다이지를 천황가의 우지데라[氏寺]로서 전국에 흩어져 있는 국분사(國分寺)의 총본산으로 건설했다. 동시에 도다이지와 대불의 완성은 신흥 일본국의 탄생을 대내외에 알리는 의미 깊은 사업이었다.

752년 4월 9일 완성된 도다이지 대불 앞에는 1만여 명이 참례를 위

도다이지와 대불

해 늘어섰다. 개안공양(開眼供養)에 참석하려고 각국에서 사신을 파견했다. 개안공양이란 불상의 눈을 그려 혼을 집어넣는 의식이다. 신라는 700명에 달하는 대규모 사절단을 파견했고, 발해 역시 3척의 배와 함께 사신을 파견했다. 당(唐)과 인도 등에서도 축하 사절을 보내는 등 개안공양은 국제적인 축제의 모습으로 진행되었다.

도다이지의 대불은 헤이안시대 말기인 1180년과 전국시대인 1567년, 두 차례 불에 탔다. 이후 재건축할 때 일본 사무라이 투구를 본따서 지붕을 개조하여 본래의 모습은 찾을 수 없다. 몇 년 전 도다이지 문고(文庫)에서 같은 화엄종 사원인 경주 불국사의 설계도면이 발견되었는데, 그 인연으로 도다이지와 불국사가 자매 결연을 맺었다. 실로 1,000년만의 재회였다.

## 가라쿠니신사와 양변 스님

도다이지 창건의 대역사를 추진하고 완성하는 데는 한반도에서 건너간 도래인들의 힘이 절대적이었다. 도다이지와 대불 주조의 발원,

가라쿠니[辛国]신사

설계와 제작을 지휘한 양변(良弁) 스님은 오우미(近江, 현재의 시가현) 지방에 정착한 백제계 씨족의 후손이었다. 그들 일족은 기꺼이 절 지을 터전을 제공했다. 일본 조정은 절의 경내에 신사를 지어 감사의 뜻을 표시했다.

그 규모가 크게 위축되긴 했지만 지금도 명맥을 유지하고 있는 가라쿠니(辛國, 원래는 韓國) 신사가 그것이다. 대불전의 동쪽 회랑에서 니가츠도[二月堂]로 통하는 오솔길 좌측에 자리 잡고 있다. 도다이지 경내에 이 신사 외에는 다른 신사가 없는 것으로 볼 때 가라쿠니신[辛國神], 즉 한국신(韓國神)이 도다이지의 수호신 역할을 했던 것으로 보인다.

양변 스님은 왕인 박사의 후손으로 알려진 교키[行基] 스님으로부터 사사를 받았다. 교키는 일본 민중 신앙의 창시자이다. 처음엔 절 건설에 반대했으나 태도를 바꿔 적극적으로 나섰다. 신도(神道)와 불교를 화합한 교키 스님의 역할이 없었다면 대불 주조는 불가능했을 것이다. 대불 조성에 드는 노역과 재정을 민중이 견뎌내지 못했을 것이기 때문이다. 그는 도다이지를 건립할 때 전국을 돌면서 재물을 모아 기부했고, 훗날 쇼무 천황의 신임을 얻어 승정의 자리에 올랐다. 선광(善光)의 증손인 백제왕 경복(敬福) 또한 도다이지 대불 도금에 필요한 황금 900냥을 조달한 것으로 유명하다. 선광은 다름 아닌 백제 의자왕의 아들로 일본에 정착해 백제왕(百濟王)씨의 시조가 된 인물이다.

## 쇼소인은 말한다

대불전 뒤편 강당 터에서 다시 서쪽으로 가면 일본 황실의 유물을 모은 보물창고인 쇼소인[正倉院]이 있다. 756년 쇼무 천황이 죽자 왕비가 그의 명복을 빌며 숟가락을 비롯해 칼·거울·무기·목칠공예품·악기 등 애장품을 49재에 맞춰 헌납한 것에서 시작된 쇼소인은 한국·중국·인도의 고대 유물을 포함해 소장품만 9,000여 점에 달해 일본이 세계 제일의 보고(寶庫)라고 자랑하는 곳이다.

다행히 한국에서는 2018년 3월 국립문화재연구소에서 '정창원 소

도다이지 내에 있는 쇼소인

장 한반도 유물' 국제학술심포지엄을 개최되어 일부나마 쇼소인 소장
한국 관련 유물의 실체가 소개되었다. 그 가운데 일부 유물은 이미 국
내에 소개된 적이 있지만, 삼국시대나 남북국시대의 유물도 다수 소개
되었다. 예를 들면 백제 의자왕이 선물했다고 하는 바둑판과 바둑알,
적칠관목주자, 신라 촌락 문서, 매신라물해 문서, 통일신라의 악기인
신라금, 비파, 유기그릇, 접시, 양탄자, 포장도 뜯지 않은 숟가락, 인삼,
먹 등이 그것이다.

　신라 촌락 문서(新羅村落文書)는 신라 민정 문서(民政文書), 또는 신
라장적(新羅帳籍)이라고 한다. 통일신라의 영역이던 서원경 지방(현 충
청북도 청주시) 4개 마을의 장부 기록으로, 8~9세기 통일신라 지방 촌
락의 경제 상황과 국가의 세무 및 각종 행정 정책을 알 수 있는 귀중한
사료이다. 이 문서는 1933년에 쇼소인 중창 소장의 유물을 정리하다
가 손상되었던 불경인 화엄경론의 표지를 수리하던 중 표지 안쪽에 붙

어 있던 종이로 발견되었다. 그 문서 중 4개 촌락 중 사해점촌(沙害漸村) 마을 문서의 내용이다. 그 내용은 다음과 같다.

'이 고을 사해점촌을 조사하니, 마을 크기가 5,725보이다. 공연수(호수)는 합하여 11호가 된다. 마을 사람의 숫자를 모두 합하면 147명이고, 그 가운데 전부터 계속 살아온 사람과 3년 사이에 태어난 자를 합하면 145명이다. 정이 29명(노비 1명 포함), 조자가 7명(노비 1명 포함), 추자가 12명, 소자가 10명, 3년간 태어난 소자가 5인, 제공은 1명이다. 여자의 경우 정녀 42명(노비 5명 포함), 조녀자 9인, 소녀자 8인, 3년간 태어난 소녀자 8명(노비 1명 포함), 제모 2명, 노모 1명이다. 3년간 다른 마을에서 이사 온 사람은 2명이다. 가축으로는 말이 25마리가 있고 그 가운데 전부터 있던 것이 22마리, 3년 사이에 보충된 말이 3마리이다. 소는 22마리가 있고 그 가운데 전부터 있던 것이 17마리, 3년 동안 늘어난 소는 5마리이다. 논은 102결 2부 4속이며 관모전이 4결, 내시령답이 4결, 연수유답이 94결 2부 4속이며 이 가운데 촌주가 그 직위로써 받은 논 19결 70부가 포함되어 있다. 밭은 62결 10부 5속이 있다. 뽕나무는 모두 1,004그루였으며 3년간 심은 것이 90그루, 그 전부터 있던 것이 914그루이다. 잣나무는 모두 120그루였으며 3년간 심은 것이 34그루, 그 전부터 있던 것이 86그루이다. 호두나무는 모두 112그루였으며, 3년간 심은 것이 38그루 그 전부터 있던 것이 74그루이다.'

이 내용을 통해 8~9세기 통일신라 사회의 모습을 재현할 수가 있다. 신라는 인구를 나이에 따라 6등급으로 나누었고, 가구를 상상호(上上戶)에서 하하호(下下戶)까지 9등급으로 나누었다. 또한 고대의 경제 체제를 노비에 의존하는 체제라고 생각하기 쉽지만 의외로 노비의 수가 적다. 노비의 수는 4개 촌을 다 합쳐서 25명으로, 총 인구 442명 중 5.4%다. 이처럼 미미한 비중은 당시의 농업사회에서 노비는 부차적인 존재였음을 말해준다. 그리고 이 노비들도 조선시대 노비와 달리 일반 백성과 똑같이 나라에 세금을 냈다.

4개 촌을 통틀어 남자 204명, 여자 258명으로 여자가 남자보다. 특히 노동력의 핵심인 정의 연령층에서 여자가 많았다. 이러한 현상의 근본적인 원인은 남자의 평균수명이 여자보다 짧았기 때문으로 짐작된다. 또한 인구수 변동 내용이 3년의 차이가 있는 점으로 미루어 3년마다 인구조사가 있었을 것으로 여겨진다. 그리고 문서에 표시된 토지의 종류는 연수유답, 관모답, 내시령답, 촌주위답, 마전 등으로 구분하여 기재했다. 또한 뽕나무의 수를 전부 기록한 것도 아주 특이한 의미를 지닌다. 이 시기의 문서가 전혀 남아 있지 않아 이 문서의 사료적 가치는 더 말할 나위가 없다.

매신라물해(買新羅物解) 문서는 752년 김태렴(金泰廉)을 대사로 하는 신라 사절단이 가져온 외래품을 사려고 일본 왕족과 귀족들이 담당 관청에 제출한 목록 및 구입신청서로서 신라와 일본의 무역 현황을 파악할 수 있는 귀중한 1차 사료이다.

이 문서에 따르면, 일본 귀족들은 신라에서 생산한 염료, 생활용품, 기물, 문화용품, 약제류 외에도 동남아시아, 인도, 아라비아, 중국 등

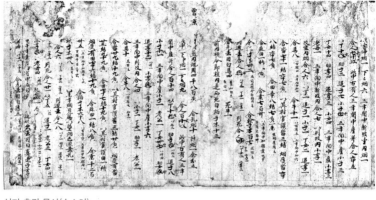

신라 촌락 문서(쇼소인)

신라 놋쇠 수저(쇼소인)

좌파리가반(쇼소인)

◀ 금동제가위(쇼소인)
▶ 경주 월지 출토 가위

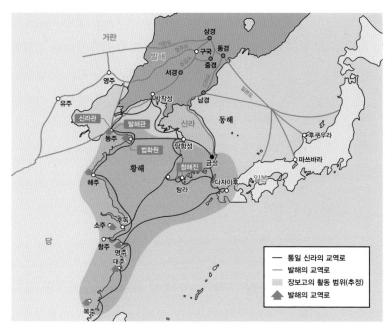

통일신라와 발해의 일본 교통로

에서 생산된 고가의 향료나 안료 등을 구입하고, 실(絲) 아니면 솜(綿), 실크(絹絁)로 값을 지불했다. 이 문서에 등재된 신라 물품은 향약(香藥), 약재, 불교용품, 식기류(접시, 밥그릇, 숟가락, 젓가락, 술병, 물병 등), 색료, 안료, 염료, 마구, 대, 촉대, 향로, 풍로, 병풍, 직물(비전, 화전, 간피, 숙포 등) 122종류나 된다. 이를 통해 당시 통일신라와 일본의 교역품을 가늠할 수 있다.

그 외도 쇼소인 유물 가운데는 백제 의자왕이 하사했다는 기록이 남아 있는 '적칠관목주자'와 '적칠문관목주자'가 있는데, '적칠문관목

주자'만이 남아 있다고 한다. 또 쇼소인의 칠공예품은 경주 월지에서
출토된 유물이나 공주 공산성에서 발굴된 옻칠 갑옷의 기법과 동일한
것이 확인되어 그 관계가 주목된다. 그리고 이들 유물 가운데 일부는
당, 인도, 페르시아 물품이 신라나 백제를 경유하여 일본으로 전해진
것도 있다.


## 4. 발해와 일본

### 장인과 사위의 관계

발해와 일본은 727년부터 양국의 사신의 왕래가 시작되었다. 발해
는 북쪽의 흑수말갈과 남쪽의 신라가 각각 당과 결탁하여 외교적으로
고립 상태에 처하자, 이를 타개하려고 727년 처음 일본에 사신을 파견
했다. 이때 발해국서에는 "무예가 아룁니다[武藝啓]"로 시작하며, 일본
군주를 대왕(大王)으로 표현했다. 이에 대해 일본은 "천황이 삼가 발해
군왕에게 안부를 묻는다[天皇敬問渤海郡王]"라고 했다. 이러한 자세는
신라에도 그대로 적용시켰다.

이어 739년과 753년에 2번째, 3번째 사신을 보냈는데, 이번에는 일
본 군주를 천황으로 표현했지만, 첫 번째처럼 아뢴다는 의미의 계(啓)
대신에 '발해왕이 말하다(渤海王言)'를 썼다. 외교의례상 일본이 원하
는 호칭을 쓰는 대신에 대등한 관계를 설정했다. 그리고 759년에도 황
제(皇帝)라 호칭했지만, 발해는 '고려국왕(高麗國王) 대흠무가 말하다

(大欽武言)'라고 썼고, 발해가 고구려의 계승국임을 자체했다. 그러자 일본은 다시 『고려구기(高麗舊記)』를 인용하며, 옛날 고구려는 일본에 대해 형제·군신의 관계를 내세우며 원병을 청하고 진하사(進賀使)를 보냈다고 하면서 지금은 칭신(稱臣)의 표문을 올리지 않았다고 했다. 물론 이 내용은 고구려 멸망 후 고구려 부흥을 내세운 보덕국의 안승(安勝)이 일본에 파견한 9차례의 사신을 말하는 것이어서 사실과 다르지만 이 내용도 모두 『일본서기』에 수록된 것이다.

그런데 일본은 759년부터 신라와의 관계가 악화되자, 신라정토계획을 추진했는데, 762년 발해는 신라를 공격하자는 일본의 요구를 거절했다. 그 계획이 무산된 지 10년 후, 763년에 일본에 파견된 발해사신에 대해 국서가 "전례에 어긋나고 무례하다"라고 하면서 사신을 질책하고 선물도 돌려보냈다.

국서를 둘러싼 이러한 갈등은 일본의 불만을 고조시켰고, 마침내는 국교 단절도 불사하는 강경책으로 치닫게 되었다. 그러다 발해가 10대 선왕(818~830) 때에 이르러 당의 세력이 약화된 틈을 타서 요동 지역에서 압록강 중류와 송화강 유역, 연해주 북방 지역에까지 이르러 소위 해동성국(海東盛國)이라고 불리는 단계가 되자, 형제·군신 관계를 강요하는 일본의 요구에 대해 스스로 천손(天孫)으로 자처하며 고구려 계승국임을 전면에 내세웠다. 또 종래의 상하관계를 내세우는 형제·군신관계보다는 구생(舅甥: 장인과 사위)관계로 재설정하면서 이 논쟁을 피해갔다. 여기서 장인은 발해이고 사위는 일본이다. 그러나 이것은 또다시 일본의 반발을 자아냈고, 이후 발해와 일본은 사신 파견 시기를 조정하면서 대립을 피해갔다.

8세기에는 발해 사신이 9월 전후하여 일본에 도착하여, 12월에 교토에 입경하여 천황에게 조하하고 이듬해 2월 돌아왔는데, 일본 체류 기간은 5개월 정도였다. 그러던 것이 823년부터는 발해 사신의 일본 도착 시점을 11월이나 1월로 늦춰졌고, 입경 시기는 4월 전후, 귀국은 5월로, 역시 체류 기간은 똑같이 5개월 정도였다. 이처럼 체류 기간이 같음에도 불구하고 사신 파견 시점이 늦춰진 이유는 무엇일까. 그 이유는 양국 간에 마찰을 일으켰던 천황의 알현을 위해 1월에 조하하는 것을 피하려는 조처였다고 한다.

정월에 이루어지는 천황 조하의식은 일반적인 입조(入朝)가 아니라 천황에 대한 하정(賀正)을 의미하여, 당의 율령제를 모사한 일본으로서는 자신들이 생각하는 번국들이 취해야 하는 필수 조건이었다. 따라서 정월 초하루 천황 앞에서 이루어지는 대조하(大朝賀) 의식은 천황과 신하들의 군신관계, 천황과 각 지역의 제후나 번국과의 정치적인 종속관계를 재생산하며, 천황의 정치적 위상을 구현하는 최고의 의례였기 때문이다.

결국 양국은 상대에 대한 인식의 차이에서 반복되어 발생하는 충돌을 피해 가는 방법을 모색했고, 그 결과 발해에서 일본에 파견하는 사절의 파견 시기를 조정했던 것이라는 것이 학계의 중론이다. 일본은 발해의 사신을 번국의 조공사로 탈바꿈시키고 싶었고, 발해의 선왕은 발해 중흥을 꾀하고 일본과의 관계도 개선해보고자 노력했을 것이다. 사신 파견 시기를 늦추어 조하의 시기를 넘김으로써 천황제를 표방하는 일본의 독선적인 자의식을 빗겨 가는 방법을 택했을 것이라는 주장이 설득력 있게 받아들여진다.

사신의 파견 시기를 늦추자 자연히 동해 항로도 변화가 나타난다. 8세기에는 발해 사신이 주로 에치코[越後] 이북, 즉 호쿠리쿠[北陸] 지방에 도착한 반면, 9세기에는 주로 오키[隠岐]나 이즈모[出雲] 지방에 도착했다. 즉, 8세기까지는 발해가 동해를 횡단하는 항해술이 없어서 동해에서 출발하여 북회항로(北回航路)를 이용해 호쿠리쿠 지방에 도착했고, 9세기에는 항해술의 발달과 함께 신라와의 관계가 완화되어 동해안 항로를 이용할 수 있었고, 나아가 강남교역권과의 접촉을 지향하여 남쪽인 산인 지역에 도착했다는 것이다. 그리고 동해를 종단하여 산인 지방에 도착하려면 겨울철 대륙에서 불어오는 북서풍을 이용하는 것이 유리하기 때문에 파견 시점도 늦출 수 있었다는 것이다.

한편, 선왕대 이후로는 발해 사신단의 규모가 100명 정도로 규정되었다. 문왕대에는 많을 때는 최대 325명까지 대규모였지만, 선왕대에 발해 왕권이 안정되면서, 종전에는 말갈 세력에 일종의 교역단을 포함시켰지만 말갈 세력에 대한 통제가 가능해지자 중앙에서 물자 분배의 체계를 일률적으로 규정하여 사신단의 규모를 그대로 유지했다.

### 교역품

발해에서 일본에 가져간 물품 중 가장 인기 품목은 첫째가 모피류, 둘째가 인삼이나 백부자 등 약초류, 셋째가 벌꿀 등 일용품이었다. 반대로 일본에서 발해로 가져간 물자는 명주나 견직물류가 대부분이었다. 그 외로 특별급부로 황금이나 수은, 금칠 등을 발해로 보냈다. 물자뿐만 아니라 일본의 무녀(舞女) 11명이 발해국에 보내지기도 했다.

일본에서 인삼이 문헌에 나타나는 것은 8세기부터다. 최초의 기록은 739년 7월, 발해 문왕의 사신 인진몽이 인삼 30근을 바쳤다는 기록이 있고, 754년 6월 선제추복(先帝追福)을 위해 도다이지[東大寺]에 봉납한 물품 가운데 '인삼 324근 2냥'이라는 기록이 있는데, 현재 이 인삼이 도다이지 쇼소인[正倉院]에 있다.

8세기 당시 일본에서도 당나라에서 수입된 의학서를 통해 인삼이 큰 효능을 가진 약재로 인식되고 있었다. 도다이지의 『종종약장(種種藥帳)』이란 책의 말미에는, '당내에 안치해서 노사나불에게 공양하고 만약 병 때문에 괴로워하는 사람이 있으면 이약을 써라'라는 내용이 있다. 또한 발해 사신이 일본으로 가져간 물품 중 가장 많았던 것이 담비 가죽을 비롯한 각종 모피였는데, 그 가운데 호랑이와 곰 등의 모피를 대량으로 일본으로 가져와 일본 지배층을 놀라게 했다. 그러나 몇 년에 한 번씩 배에 싣고 오는 모피의 양에는 한계가 있어 귀족 사회의 수요를 충족시킬 수 없었다.

기록을 보면 일본 귀족들 사이에 모피의 인기가 높아 앞다투어 구하려고 했음을 알 수 있다.

"번객(蕃客)이 가져오는 물품을 사사로이 교환하는 자는 법으로 다스리게 했다. 그러나 사람들은 외국산 물품을 좋아하여 다투어 무역하고 있다. 마땅히 엄하게 금하고 다시는 이같은 일이 없어야겠다. 만약

이를 위반하는 자, 백성은 곤장 100대로 정한다. 왕신가(王臣家)에서 사람을 시켜 매입하는 것을 금지한다. 고쿠시[國司] 가운데 아부함을 허용하는 자 또는 스스로 사들이는 자는 특히 중벌로 다스리니 위반하는 일이 없도록 하라." (『유취삼대격(類聚三代格)』권19)

919년 일본을 방문한 발해 사절단이 이듬해 5월 12일 연회에 참석했을 때, 일본 천황이 검은담비 가죽옷 8벌을 끼어 입고 나와 발해 사절단이 놀랐다는 기록이 있다. 그래서 과도한 모피 금지령이 내려진 것 같다.『연희식(延喜式)』에는 다음과 같이 모피 사용 기준이 써 있다.

- 5위 이상은 호랑이 가죽 사용을 허락한다. 단, 표범 가죽은 참의 이상과 참의가 아닌 3위에 허용한다. 이 밖에는 허용하지 않는다.
- 담비 가죽은 참의 이상에게 착용을 허락한다.
- 말곰 가죽으로 만든 말다레[障泥]는 5위 이상에게 착용을 허용한다.

요즈음 방식으로 보면 5품 또는 3품 이상의 고급 관리가 아니면 모피로 만든 옷을 입지 못했던 모양이다.

『연희식』 규정에는 일본 국내에서 포획된 소·돼지·사슴·곰 등 네 종류의 동물 모피는 신지관의 종교의식에 사용했고, 호랑이 표범의 모피는 갑주의 허리띠나 견장 등 말안장에 썼다고 한다.

## 문화 교류의 단면

한편, 발해 사절단 가운데는 일류 문인이 포함되어 있어서 일본 문인들과의 다양한 학문 교류가 가능했다. 예를 들면 훗날 일본 학문의 신이 된 스가와라노 미치자네[菅原道眞]는 882년 발해 사신 배정(裵頲)을 맞아 한시를 주고 받았다. 그리고 13년 후인 895년 이들은 다시 만나 옛정을 돈독히 했다. 그런데 908년에는 배정의 아들 배구(裵璆)가 발해 사신으로 일본에 갔고, 그 접대를 미차자네의 아들 아쓰시게[淳茂]가 했다. 부자가 대를 이어 가며 교류를 했던 셈이다. 그 외에도 양국 간에는 많은 문인의 교류가 성대히 이루어졌고, 이들이 교환한 시문은 현재 『관가문장(菅家文章)』·『문화수려집(文華秀麗集)』·『고야잡필집(高野雜筆集)』 등 일본 고대 문집에 수록되어 있다.

또한 발해 사신이 일본에 방문했을 때는 으레 연회가 베풀어졌고, 연회에서는 음악과 향연이 펼쳐졌다. 발해 사신 가운데는 악사가 포함되어 있어 연회에서는 발해 음악을 선보였다. 740년 이진몽(已珍夢)의 경우 직접 발해악을 연주하여 일본인들의 관심을 높이 샀고, 이 시기을 전후에 일본 악사 우치오[內雄]가 발해로 가서 발해 음악을 배우기도 했다. 우치오의 귀국 후 일본에서의 활동은 구체적인 기록이 없지만, 이후 발해 음악은 일본 궁정의 우방학의 한 부분으로 자리 잡게 된다. 1171년 편집된 일본의 전통악기 악보집 『인지요록(仁智要錄)』에는 3수의 발해악이 수록되어 있어 이미 이 시기가 되면 발해 음악이 일본 궁정악으로 정착되었음을 알 수 있다.

제2장

# 적대의 시작

## 1. 의사 파견을 요청하다

### 다원적인 관계

918년 건국한 고려는 건국 직후부터 북쪽의 거란(요, 916년 건국)을 경계하려고 중국의 오대(五代) 왕조와 외교관계를 맺었고, 960년 송이 건국되자 곧바로 사대관계를 추진하여 책봉을 받았다. 고려가 오대왕조·송과 적극적으로 외교관계를 맺기는 했지만, 이후 거란으로부터 3차례나 침입을 받았다. 거란의 뒤를 이어 1115년 여진이 금을 건국하자 한때는 금을 상대로 사대를 하고, 송과는 사대관계를 파기하기도 했다.

고려는 송과 활발하게 교류했다. 고려의 학자와 승려들의 왕래가 잦았고, 불교 서적을 수입했다. 또한 많은 송 상인이 고려에서 활동했는데, 이들의 중계무역을 통해 서남아시아의 물품이 개성 부근의 벽란도를 통해 들어오기도 했다. 벽란도는 국제무역항이 되었다. 거란과도 평화 시에는 국경지역의 각장(榷場)이라는 시장에서 교역이 이루어졌다. 거란은 왕이 타는 수레나 관복, 금은, 말 화살 등을 고려에 보냈고, 고려 역시 서적·비단·차 등을 거란에 보냈다. 또한 고려는 거란에서 간행한 대장경을 수입하기도 했다. 한편, 고려와 여진 사이에는 개별적인 교역이 이루어졌고, 금이 건국된 이후에도 외교관계를 통해 정치·경제 교류가 이루어졌다.

이러한 상황에서 고려는 건국 초부터 일본에 대해서도 적극적으로 외교 접촉을 시도했다. 건국 직후에 일본에 첩장(牒狀)을 보냈다고 하나 알 수는 없고, 확인되는 것은 937년, 939년, 940년이다. 일본사료 『일본기략(日本紀略)』에 의하면 "937년 8월, 고려 왕이 조공을 거절당한 것을 원망하며 방물을 가지고 조공할 것을 청했다"라고 한다. 또 "939년 3월, 고려국 첩장에 대해, 다자이후[大宰府]에서 고려 사신에게 첩장을 주어 돌려보냈다", 그리고 "940년 3월, 고려첩장에 대해 논의했다"라는 기사가 있는데, 그 구체적인 내용에 대해서는 알 수가 없다. 그 후 972년 10월, 다자이후에서 고려 남원부(南原府)의 사신이 쓰시마[對馬]에 도착한 사실을 조정에 보고했고, 이어 고려 김해부(金海府)의 사신이 쓰시마에 도착했다고 다시 알려왔다.

또 『이국첩장기(異國牒狀記)』 997년 5월에 고려에서는 3통의 첩장을 일본에 보냈다는 기록이 있다. 각기 일본국(日本國), 쓰시마 도사(島司), 쓰시마[對馬] 앞으로 보냈다 하는데, 그 첩장들에는 일본을 모욕하는 문구가 있어, 다자이후에서는 관내의 군사를 징집하여 요새를 지키도록 하고, 고려 첩장에 관해 의논한 결과, 회신은 보내지 아니하고 요새를 경계하며 기도를 행할 것을 정했다. 고려 첩장에 일본을 욕되게 하는 문구는 혹시 송(宋)의 모략이 아닌가하는 의견도 있다. 논의 결과는 다자이후에 명하여 고려국에서 예의를 거역했다는 것을 사자에게 전하여 본국에 알리도록 했고, 한편에서는 고려 사자를 처형하자는 의견도 있었다.

이런 기록들은 모두 일본 사료들에서만 나오고, 고려 측에는 전혀 기록이 없다. 어찌되었든 고려의 일본에 대한 외교적 노력은 모두 수포로 돌아가고, 일본과의 사이에 정식 외교관계는 이루어지지 않았다.

### 여진족이 침입하다

이러한 상황에서 1019년 3월, 여진족이 울릉도를 거쳐 북부 규슈지역을 기습했다. 일본에서는 이 사건을 '도이(刀伊)의 입구(入寇)'라고 한다. 이들은 흑룡강 지역에 거주하던 여진족으로 울릉도를 습격하고 이어 쓰시마와 이키, 이어서 4월에는 하카타[薄多]만 주변 지역을 습격했다. 여진족의 울릉도 침입에 대해 『고려사』에는 '1018년 10월, 우산국이 동북 여진의 침략을 받아 농사를 짓지 못해 이원구를 그곳에 파견하여 농기구를 주었다', '1019년 7월, 우산국 백성들로 일찍이 여진의 침략을 받고 망명하여 왔던 자들을 모두 고향으로

여진의 침략 경로

돌아가게 하였다'라고 하는 기록이 있다.

아마도 당시 일본을 침구했던 여진족은 이들 집단인 것으로 보이는데, 일본 사료 『소우기(小右記)』에는 다음과 같이 기록되어 있다.

"도적들의 배는 길이가 64척에서 96척 정도로 배 한 척에는 노가 30~40개가 있다. 배에 탔던 50~60명, 또는 20~30명이 힘을 자랑하고 나서면, 그 다음에는 활과 화살 방패를 지닌 자가 70~80명 가량이 따라나선다. 이런 무리가 10~20대나 되는데, 그들은 산에 오르고 들을 지나면서 소나 말, 개를 잡아먹으며 노소를 가리지 않고 모조리 베어 죽인다. 건장한 남녀는 끌고 가서 배 실은 수가 400~500이나 된다. 곡식과 쌀을 약탈한 것은 그 수효를 헤아릴 수 없을 정도이다."

그런데 일본에 침구했던 여진족이 귀환하느라 고려 연안을 지날 때 당시 고려 수군이 이들을 공격하여, 납치된 일본인들을 구하여 송환시켰다. 일본 사료에는 당시의 상황을 다음과 같이 기록했다.

"고려국의 병선 수백 척이 공격을 개시하여 적들을 치자, 적들은 있는 힘을 다해 싸웠지만 고려군의 형세가 맹렬하여 감히 당해내지 못했다. 왜냐하면 고려군의 선체는 높고 컸으며, 병기와 연장을 많이 쌓아 배를 엎어버리고 사람을 죽이므로 도적이 무리들은 그 맹렬한 기세를 이겨낼 수가 없었던 것이다. … 노가 한편에 7~8개가 되며, 선체에는 뿔을 달아서 적의 배에 부딪쳐 깨뜨리게끔 되어 있다. 배 가운데에는 철갑옷, 창, 갈퀴 등을 쌓아 놓고 병사들은 각기 그것을 손에 들고 있었으며, 또는 큰 돌을 쌓아 놓고 적의 배를 부수는 데 썼다."

고려 측의 이러한 호의에도 불구하고, 일본은 고려에 대해 아무런 외교적인 반응이 없었다.

### 금주에서 객관을 운영하다

이후에도 고려와 일본 간에 간헐적인 접촉은 계속되었다.

『고려사』에는 "1049년 11월, 동남해선병도부서사(東南海船兵都部署司)가 아뢰기를 쓰시마 도관이 수령 명임 등을 보내 우리나라의 표류인 김효 등 20인이 도착했다고 하니, 예에 따라 그들에게 물품을 하사했다", 또한 "1051년 7월, 일본 쓰시마에서 사신을 파견하여 일찍이 죄를 피해 도주했던 양한 등 3인을 돌려보냈다"라는 기록이 있으며, "1056년 10월, 일본국사(日本國使) 정상위권례(正上位權隷) 등원(藤原)과 조신(朝臣) 뇌충(賴忠) 등 30인이 금주(金州)의 관에 왔다"라고 했다.

특히 이 기록에서는 '일본국사'와 '금주의 관'에 주목하고 싶다. 물론 그 이전의 일본 관계에서처럼 중앙정부 간에 국서를 주고받는 것과 같은 관계는 보이지는 않지만 쓰시마나 다자이후와는 사신 왕래가 간헐적으로 이루어졌고, 금주(지금의 김해)에는 일본으로부터의 왕래자가 묵는 숙소[館]가 있었음을 알 수 있다.

이러한 사실을 뒷받침하는 구체적인 사료가 『고려사』 1073년 7월 기록에 있다.

"동남해 도부서에서 아뢰기를, '일본국 사람들인 왕측(王則), 정송(貞松), 영년(永年) 등 42명이 와서 나전(螺鈿), 안장(鞍橋), 도경(刀鏡), 갑연(匣硯), 상즐(箱櫛), 서안(書案), 화병, 향로, 궁시, 수은, 나갑 등 물품을 바치려 하고, 일기도 구당관 등정안국(藤井安國) 등 33명을 파견하여 역시 동궁과 여러 대신에게 토물을 바치려고 청합니다' 하니 왕이 그들에게 해로를 통해 서울로 오게 하라고 명하였다."

그리고 "9월에는 팔관회를 열고 왕이 신봉루에 나가서 풍악을 구경하고, 이튿날 연등 대회에서는 송, 흑수, 탐라, 일본 등 여러 나라 사람이 제각기 예물과 명마를 바쳤다"라는 기록이 있다. 이후에도 일본 승려, 상인, 표류민 등의 왕래 기록이 보인다.

### 의사 파견을 요청하다

그러던 중, 1079년 11월, 문종의 중풍 치료를 위해 고려에서는 외교를 담당한 예빈성에서 정식으로 일본에 첩장을 보내 의사 파견을 요청했다. 이 사실이 고려의 사료에는 나오지 않지만, 일본 사료 『조야군재(朝野郡載)』에는 논의 과정까지 상세한 기록이 남아 있다. 고려 예빈성의 첩장은 다음과 같다.

"예빈성은 엎드려 성지를 받았습니다. 듣자하니 귀국에는 풍질을 잘다스리는 의사가 있다고 하더이다. 이번에 상객 왕즉정(王則貞)이 고향인 일본으로 돌아가는 길에 국서를 맡기고, 아울러 그에게 풍질의 증상을 말해 두었습니다. 청컨대 그 쪽에서 용한 의사를 골라 내년 봄까지 파견하여 풍질을 고쳐주십시오, 만일 효험이 있으면 그 대가는 후하게 치르겠습니다. 기미년 11일 일 첩"

이 첩장을 받은 다자이후에서는 이듬해 3월, 중앙의 태정관에게 다음과 같이 보고했다.

"상인이 고려와 일본 사이를 왕래하는 일은 예전부터 흔히 있던 일입니다. 작년에 무역을 하러 고려로 건너간 일본 상인 왕즉정(王則貞)이 예빈성의 첩장 1통에 비단과 사향 등을 가지고 돌아왔습니다. … 외국에 관한 일이기 때문에 중앙정부의 결정을 기다리며 아직까지 물건도 조사하지 않았습니다. 우선 첩장을 첨부하여 보고 드립니다."

이러한 다자이후의 보고에 대해, 일본 조정에서는 여러 차례 회의를 거듭한 결과, '고려국의 첩장'이 다음과 같은 점에서 잘못이 있다고 문제를 삼아 결국에는 의사도 파견하지 않고, 선물도 돌려보내고, 상인 왕즉정은 처벌하라는 방침이 전달되었다. 당시 일본에서 지적한 고려 첩장의 문제점은 6가지였다.

① 첩장의 앞부분에 첩장을 일본에 올린다는 상(上)자를 쓰지 않은 점, 즉 고려국예빈성첩 대일본국대재부(高麗國禮賓省牒 大日本國大宰府)의 문장 중간에 올린다는 의미의 상(上)이 없다는 점.

② 첩장을 함에 넣어서 봉하지 않고, 첩장 그 자체를 봉하여 보낸 점.

③ 첩장의 끝부분에 있는 '기미년 십일월 일첩(己未年十一月 日牒)'이라고 날짜를 쓴 부분에 일본 연호를 쓰지 않고 간지를 쓴 점.

④ 날짜 일을 공백으로 한 점.

⑤ '복봉성지(伏奉聖旨)'라고 했는데, 성지란 송 같은 대국이 쓰는 용어로 번국인 고려가 써서는 안 된다는 점.

⑥ 일본으로 보내는 첩장을 상인인 왕즉정에게 위탁한 점 등 6가지 이유를 들었다.

그리고 이러한 내용을 골자로 한 아래와 같은 답장을 고려에 보냈다.

"귀국과는 우호관계를 맺은 지 오랜 기간이 지나 친교는 백대(百代)에 이를 정도이다. 지금 귀국 국왕이 병을 앓고 있어 외국에서 의사를 구하고 있는 것 같은데, 이러한 사실은 동정하지 않을 수 없다. 하지만 첩장에 기록한 말은 관례에 어긋난다. '처분(處分)'이라고 해야 할 것을 '성지(聖旨)'라는 말을 사용하고 있는 것은 변경에 위치한 국왕이 칭할 바가 아니다. 또한 변경에 있으면서 대국을 무시하는 것은 국가 간에 지켜야 할 법을 어기는 일이다. 하물며 일정한 지위에 있는 사신이 아니라 상인에게 첩장을 위탁해 보낸 것과 첩장을 봉합하지 않은 사실 또한 예에 어긋난다고 할 수 있다. 따라서 귀국의 첩장은 조정에 보낼 수가 없다. 어찌하여 편작(扁鵲)과 같은 명의를 귀국에 파견할 수 있겠는가? 귀국이 보내온 물건도 반환한다."

이처럼 일본 측의 대응은 매우 부정적이며 폐쇄적이었다. 과거 신라나 발해, 당에 대한 외교 자세와 비교할 때 훨씬 더 퇴보한 입장을 드러냈다. 반면 고려 사료에는 첩장의 내용을 찾을 수 없다. 그러나 일본 측의 사료에 의해서만 판단한다면 정식의 외교 루트가 없는 경우에 상인을 대신 이용한다든지, 송이나 요의 연호를 사용하지 않고 간지를 쓰고, 성지라는 용어를 쓰고, 효험이 있으면 상을 내려준다는 '상의하달(上意下達)'한다는 자세는 동시대의 복잡한 동아시아 정세 속에서 고려 나름대로 자주적이고 주체적인 외교 자세를 보여준다고 하겠다. 그리하여 송·요·금의 책봉체제에 들어가 있으면서도 국가적인 자립성을 견지하고 있었다. 예를 들면 팔관회 같은 국가적인 의례에 송이나 일본의 상인, 여진과 탐라의 사신이 참여한다는 사실만보더라도 고려 외교의 자세는 일본과는 완연하게 대비된다.

고려국의 의사 파견 요청이 무시된 후에도 일본과의 왕래는 종래의 방식대로 상인과 표류민 송환을 계속했는데, 1093년 7월, 고려국 안서도호부(安西都護府) 관할에 있는 연평도 순검군이 해적선으로 보이는 배 1척을 나포했다. 『고려사』에는 다음과 같은 기록이 있다.

서해도 안찰사가 아뢰기를 "안서도호부 관하에 있는 연평도 순검군이 해선(海船) 한 척을 포착했는데 거기에는 송나라 사람 12명과 왜인 19명이 타고 있었으며 활, 화살, 칼, 갑옷, 투구 등속과 수은, 진주, 유황,

법라가 적재되어 있었는바 이는 필시 그 두 나라 해적들이 공모하여 우리나라의 변방을 침략하려는 것이 틀림없었습니다. 그들의 가진 병기와 기타 물품들은 몰수하여 해당 관서에 넘기고 체포한 해적들은 영외로 유배하고 그 배를 잡은 순검군 군인들에게는 상을 주시기 바랍니다"라고 하니 왕이 그대로 따랐다.

고려에서 이들을 해적으로 판단한 이유는 활, 화살, 칼, 갑옷, 투구 등속과 수은, 진주, 유황, 법라 등 무기류를 싣고 있었기 때문일 것이다. 이 사건 이후 일본으로부터의 상인 등의 왕래가 급속히 감소한다. 그러던 중 1223년 4월, 1226년 6월, 1227년 5월 등 연이어, "왜가 금주를 약탈했다"라는 기사가 등장한다. 그리하여 고려에서 다자이후에 항의를 하자, 다자이소니 무토스케요리[武藤資賴]가 서를 보내 사죄했다. 이에 고려에서는 급제 박인을 보냈는데, 다자이소니는 박인 일행이 보는 앞에서 왜구 90인을 처형했다고 한다. 이후 왜구의 약탈이 잠잠해졌다고 『고려사』에는 기록되어 있다.

### 진봉형식의 교역

그 후 1263년 몽골의 침략이 한창인 와중에도 일본 상인, 표류민 송환은 계속되었고, 왜구의 약탈도 다시 발생했다. 『고려사』 1263년 4월 조에는 다음과 같은 기사가 있다.

… 대관서승 홍저(洪宁), 첨사부녹사 곽왕부(郭王府) 등을 일본국에

보내 해적을 금지할 것을 요구했다. 그 첩에 이르기를, '두 나라가 교통한 이래 매년 정상적인 진봉(進奉)은 한 번이고, 한 번에 배는 2척을 넘지 않도록 정하였다. 만일 다른 배가 다른 일을 빙자하여 우리의 연해 지방 촌락, 동리들을 소란케 할 때에는 엄격히 처벌하며 금지하기로 약정했다. 그런데 금년에 들어와 2월 22일, 귀국의 배 한 척이 이유 없이 우리 국경 내의 웅신현에 속한 물도에 침입하여 그 섬에 정박하고 있던 우리나라의 공납물 수송선들에 실었던 제반 화물과 쌀을 합쳐 120석과 명주 등 43필을 약탈해 갔다. … 지금 홍저 등을 시켜 첩을 가지고 가게 하니, 공식 통첩을 상세히 보는 동시에 사신들의 구두 전달을 잘 들어서, 위의 약탈자들을 끝까지 추궁하여 찾아내어 모두 징벌 제어함으로써 두 나라 간의 화친의 도리를 견고히 해주기 바란다.

이 사료에 의해 학계에서는 이 시기 고려와 일본과의 관계가 중앙정부 간에 공식적인 관계는 이루어지지 않았지만, 고려 중앙정부의 관리 하에 규슈의 다자이후나 쓰시마의 지방관서와 지속적인 관계가 유지되어왔고, 이 관계를 진봉관계라고 한다.

즉, 위 첩장의 내용 가운데, '두 나라가 교통한 이래 매년 정상적인 진봉(進奉)은 한 번이고, 한 번에 배는 2척을 넘지 않도록 정하였다(自兩國交通以來 歲常進奉一度 船不過二艘)는 기록은 매우 주목할 만하다.

그러나 언제부터 어떻게 이 진봉관계에 관한 약조를 했는지는 알 수 없다. 『고려사』 「세가」의 기록을 보면, 고려 일본 관계 기사는 999년 10월부터 위의 1263년 4월까지 총 51개의 기사가 나온다. 그런데 이 기사에 나오는 일본 지역은 그냥 일본이나 일본국 또는 지역이 표기된 경우는 주로 쓰시마[對馬島], 다자이후[大宰府], 축전주[築前州], 살마주[薩摩州] 등으로 기록했다. 그리고 대상을 표기할 때, 적대적이거나 피해를 준 경우는 국가나 지역을 왜(倭)나 왜국(倭國)이라 표기했고, 그 외의 통상적인 교류는 일본(日本) 아무개, 일본인(日本人), 일본상(日本商) 또는 일본 상인(日本商人), 일본 상객(日本商客) 등으로 표기했다. 그리고 공적인 경우 특이하게 일본국사(日本國使) 또는 대마도구당관(對馬島勾當官)으로 표기했다. 따라서『고려사』의 기사만 가지고 판단해도 당시 고려를 왕래하던 일본인들은 주로 상인이며, 관에서 개입한 경우는 쓰시마나 다자이후였음을 알 수 있다.

그리고 상인이 고려에 왕래하는 경우도 대개는 고려를 상국으로 대하는 진봉 형식의 교역이 이루어졌음을 알 수 있다. 따라서 무역 형태가 진봉 형식을 취하는 진봉무역이라고 할 수는 있겠지만, 고려와 일본관계를 진봉관계라는 틀로 규정하는 것은 무리가 있다고 본다.

그러던 중 1231년부터 1273년 삼별초의 항쟁이 종식되기까지 40여 년에 걸친 고려의 대몽항쟁과 여몽군의 일본 침공 이후 고려와 일본의 관계는 전혀 다른 양상으로 전개되었다.

## 2. 쇄국 일본, 굴절된 대외 인식

### 삼별초의 고려 첩장

고려의 몽골에 대한 치열한 항전은 당연히 몽골의 일본 침략을 지연시켰다. 1270년 몽골과 강화가 성립되었음에도 최씨 정권의 뒤를 이은 무신 세력은 수도를 개경으로 옮기는 것을 반대하며 몽골과 다시 대결하고자 했다. 이에 원종은 몽골의 군사를 강화도로 불러들여 무신 정권을 완전히 무너뜨리고 개경으로 환도했다. 그러나 무신정권의 기반이던 삼별초는 고려 정부와 몽골에 대항하며 근거지를 진도로 옮기며 항전을 계속했다.

삼별초는 무신정권 초기 최우가 창설한 고려의 정규군으로 30년간 대몽항전의 주축이었던 핵심 부대다. 삼별초를 이끌었던 배중손은 '개경 천도는 원에 완전히 굴복하는 것'이라며, 병선 1,000척으로 강화도를 탈출했다. 그는 왕족인 왕온(王溫)을 왕으로 추대하고 진도의 용장성에 본거지를 두고 전라도를 장악한 후, 경상도까지 진출했다. 각지의 농민도 봉기하여 삼별초군에 합류했다.

몽골의 쿠빌라이는 이미 1268년, 일본 침공을 선언하고, 고려에 징병과 정벌 군선을 명했으며, 여러 차례 일본을 초유(招諭)하는 사신을 파견했다. 그러나 일본에서는 조정이나 막부에서 전혀 답변을 하지 않거나 심지어는 처형을 하기도 했고, 이국경고번역(異國警固番役)제도를 정비하며 방비체제를 구축하였다.

곡창지대인 전라도를 중심으로 한 삼별초의 저항은 고려에서 군사와 군량을 징발하고 군선 건조 등을 필요로 했던 몽골에게는 치명적이었다. 그 결과 일본 침략은 미뤄질 수밖에 없었고, 삼별초의 진압이 급선무가 되었던 것이다. 1271년 몽골군의 공격으로 진도가 함락되자 삼별초는 다시 제주도로 이동해 저항을 계속하다가 1273년 4월, 몽골군에 의해 완전히 진압되었다.

그런데 1271년 5월, 삼별초는 진도 함락 직전에 일본에게 군사 원조와 연대 투쟁을 호소하는 통첩을 보냈다. 1977년 일본 도쿄대학 사료편찬소에서 발견된 이 사료를 '고려첩장불심조조(高麗牒狀不審條條)'라고 한다. 그 내용은 다음과 같다.

一. 지난번의 문영 5년(1268, 원종 9)의 장(狀)에서는 몽골의 덕을 찬양했는데, 이번 문영 8년(1271, 원종 12)의 서장에서는 "위취자(韋毳者)들은 멀리 내다보는 생각을 하지 않는다"라고 한다. 어찌된 일인가?

一. 문영 5년의 서장에서는 몽골 연호를 썼는데 이번에는 쓰지 않은 일.

一. 전의 서장에서는 "몽골의 덕에 귀부하여 군신의 예를 이루었다"하였는데, 이번에는 강화로 천도한 지 40여 년이나 되고 오랑캐를 따르는 것[被髮左衽]은 성현이 꺼린 것이라 하고, 또 진도로 천도한 일.

一. 이번 서장 앞부분에서는 (몽골을) 따르지 않아 전쟁이 일어난 까닭을 쓰고, 뒷부분에서는 "몽골이 고려를 부렸다"라고 하니 전후가 서로 다르다. 어찌된 일인가?

一. 풍랑으로 표류된 자들을 호송한다고 한 일.

一. 김해부의 병사 20여 명을 먼저 일본국으로 보낸다고 한 일.

一. 우리 본조(고려)가 삼한을 통합했다고 한 일.

一. 사직을 안녕케 하면서 하늘의 때를 기다린다고 한 일.

一. 수만의 말 탄 군사를 청한 일.

一. 흉악한 상소가 도착하더라도 너그러이 용서해 달라 한 일.

一. 예물을 드린다고 한 일.

一. 귀조(일본)가 사신을 보내 방문하라 한 일.


이 문서는 전부 12조로 구성되어 있다. 내용은 2부분으로 나누어진다. 제1~4조는 전회(1268)와 이번의 문서(1271)를 비교하여 다른 부분을 비교했고, 제5~12조는 이번 문서에서 이해되지 않는 부분을 열거했다. 그래서 문서명도 불심(不審), 즉 아는 것이 자세하지 않거나 의심스러움을 의미하는 용어를 붙였다.

연대기 『길속기(吉續記)』에는 1268년 몽골에서 고려를 통해 일본에 보낸 초유국서와 1271년 8월 삼별초가 보내온 첩장을 일본 조정에서 서로 비교하면서 날마다 협의하는 모습이 기록되어 있다.

예를 들면 이전 문서에는 고려가 몽골의 덕을 칭송하며 사대의 군신례를 맺었다고 했는데, 이번 문서에는 몽골을 야만적으로 지칭했다는 점, 몽골 연호를 쓰다가 그 연호를 쓰지 않은 점, 오랑캐의 풍속[被髮左衽]은 성현이 싫어하므로 이에 입각하여 진도로 천도하였다는 점, 몽골이 일본에 위협이 된다고 한 점 등이 나온다.

문제는 원본이 남아 있지 않은 상태에서 일본에서 이해가 되지 않는 부분만을 키워드로 정리한 문서라서, 이 문서만을 가지고는 전후 문맥을 알 수 없고, 전체 내용도 파악하기 어렵다.

어쨌든 당시 동아시아 정세나 몽골과 강화한 고려와 그에 반기를 든 삼별초의 상황을 정확히 파악하지 못했던 일본은 결국 이 요청에 답변을 하지 않고 규슈 지역의 고케닌[御家人] 무사들에게 지역 방어를 굳건히 하도록 명령하여 전쟁에 대비하도록 했다.

## 여몽군의 일본 침략

1274년 10월, 혼도(忻都), 홍차구(洪茶丘) 등이 원군 2만 명과 고려군 5,000명의 원정군을 900척의 배에 나누어 싣고 합포(合浦)를 출항했다. 그들은 먼저 쓰시마에 상륙하여 도주 소스케구니[宗助國]의 부대를 격파하고, 이어서 이키섬을 습격했다.

쓰시마의 이즈하라에서 버스로 1시간 정도 달려 서쪽 해안가인 고모다하마[小茂田濱] 신사에 가면 10월 5일, 여몽 함대가 사스우라에 상륙한 여몽군에 맞서 싸우다 도주와 함께 전멸한 병사들을 추모하는 위령비가 있는데, 안내판을 보면 당시 이 싸움에서 전사한 도주의 시체는 몸과 머리가 따로 묻혀 있다는 내용이 적혀 있다.

여몽군은 이키섬을 거쳐, 히젠[肥前] 미쓰우라[松浦]를 침공한 후, 이어 하카다[博多]만으로 쳐들어갔다. 다자이후에서는 무사들을 소집하여 몽골의 침입에 대응했지만 고전을 면치 못하고 다자이후의 미즈키[水城]까지 퇴각했다. 몽골군은 전투가 끝나자 모든 부대가 퇴각하

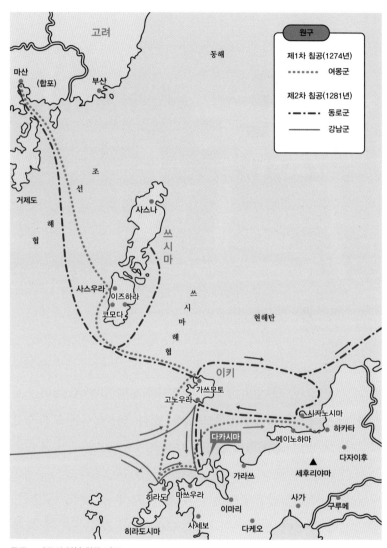

몽골·고려군의 일본 침공 경로

쓰시마 고모다하마신사

여 배로 돌아갔는데, 그날 밤 태풍이 불어와 몽골 병선 200척이 침몰되자, 남은 선박을 정리하여 합포로 철수했다. 일본에서는 이 침입을 분에이노에키[文永の役]라고 한다.

몽골 고려군의 제2차 침공은 1281년에 있었다. 이보다 앞서 몽골의 쿠빌라이는 2차례에 걸쳐 일본의 복속을 요구하는 사신을 파견했지만, 일본에서는 이들을 모두 살해하고 규슈지방의 고케닌 무사들을 동원하여 '이국경고번역(異國警固番役)'에 임하게 하고, 하카타만 연안 일대에 석벽을 쌓아 방위체제를 강화했다. 몽골은 제2차 침략에는 1차보

다 5배가 넘는 군을 동원했다. 제2차 침공군은 고려에서 남하하는 동로군 4만 명과 선박 900척, 그리고 남송의 수군을 중심으로 한 강남군 10만 명과 선박 3,500척으로 편성했다. 이들은 6월 15일에 이키에서 합류하여 하카타로 향하는 작전이었으나 강남군이 늦게 도착하여 7월 말이 되어서야 규슈 북안에 당도했다. 그런데 7월 30일 밤, 하카타에 상륙하기 전날 또다시 큰 태풍이 덮쳐 14만 대군 중 살아서 돌아간 자는 3만여 명에 불과했다고 한다. 이것을 일본에서는 '고안노에키[弘安 の役]라고 한다.

일본은 두 차례의 여몽군 침입을 모두 태풍의 덕으로 물리쳤지만, 재정이 파탄이 나서 가마쿠라 막부가 무너지고, 남북조의 쟁란이 시작된다. 그러나 일본에서는 이 태풍을 하늘에서 일본을 신국(신의 나라)로 생각하고, 신국을 지켜주려고 불어온 바람, 즉 가미카제[神風]라고 불렀다.

몽골의 일본 침략에 대해 종래 한국 사학계에서는 '여몽 연합군의 일본 정벌'이라고 표현했으나 남기학 교수는 여몽 연합군과 정벌이라는 용어는 재고할 필요가 있다고 했다. 그 이유는 연합이란 고려가 마치 몽골과 연합해서 일본을 침략할 국가적 의사가 있었던 것으로 비쳐질 수 있다는 것이다. 하지만 고려는 일본을 침략할 의사가 없었으며, 처음에는 일본을 설득하여 전쟁을 미연에 막고자 하는 외교적 노력을 기울였다는 것이다. 고려는 이 전쟁에 동원된 여진·한인·남송인과 같은 입장이었고, 자의에 의해 참여한 것이 아니라는 것이다. 실제로 1차에 고려에서는 군사 8,000명, 사공 6,700명, 전함 900척이 동원되었고,

2차에서는 군사 1만 명, 사공 1만 5,000명, 전함 900척, 군량 11만 석 등 많은 무기를 징발했고, 이들은 모두 강제로 동원된 것이었다. 따라서 고려는 몽골과 연합한 침략자가 아니라 반대로 이 전쟁의 최대 피해자라는 것이다.

또한 정벌이란 침략자가 피침략자인 상대를 폄하하는 의미인데, 예를 들면 임진왜란을 '조선 출병', 또는 '조선 정벌'로 표현하는 것과 같다는 것이다. 따라서 객관적인 학문용어로는 '여몽 연합군의 일본 정벌'이 아니라 '몽골의 일본 침략', 혹은 '몽골의 일본 침공'이 적합하다고 했다.

## 청정과 불결의 동심원

율령시대 이후 허구의 천황관을 주변 나라에 강요했던 일본의 대외 자세는 신라와는 836년 견당사의 안전을 요청하는 사신을 파견하는 것이 끝이었고, 발해와는 919년을 마지막으로 단절되었다. 그 후 발해를 멸망시킨 동단국(東丹國)에서 929년에 일본으로 사신을 파견했지만 일본이 거부했다. 당이 멸망한 후, 5대 10국 시기에 오월국에서 가끔 사자가 왔고, 송에서 조공을 요청하는 사자가 몇 번 왔지만 일본은 끝내 국교를 맺지 않았다. 또한 한반도에서도 후백제가 922년과 929년에 사자를 보냈지만, 2번 모두 거부했다. 그리고 고려가 통일한 후 937년, 939년, 940년에 연속해서 사자를 보냈지만, 일본은 모두 첩장(牒狀)의 서식이 번국의 형식을 갖추지 않았다는 등의 이유를 들어 국교를 맺는 것을 거부한 채, '쇄국(鎖國)'의 시대로 접어들었다.

일본이 고려에 대해 취한 태도는 대략 4가지였다. 첫째는 고려 국서에 대해 아예 묵살하는 경우, 둘째, 중앙정부가 직접 국사(國使)를 파견한 경우, 셋째, 중앙정부의 명으로 다자이후가 사자를 파견하는 경우, 넷째, 중앙과는 무관하게 다자이후나 쓰시마에서 사자를 파견하는 경우이다. 시기적으로 보면 건국 초기인 937년, 939년, 940년 고려 국서를 모두 거부했고, 1056년에는 일본 국사 파견, 1079년에는 다자이후를 경유했고, 나머지 대부분 경우는 다자이후나 쓰시마를 경유했다.

그렇다면 이 시기 일본의 소극적이며 폐쇄적인 외교 자세는 어디서 비롯된 것일까?

고려와 일본과의 관계는 기본적으로 국가와 국가 단위의 외교라는 것이 존재하지 않았던 시대이다. 무라이 쇼스케[村井章介] 교수는 이것을 '청정(淸靜)과 불결(不潔)의 동심원'이라는 세계관과 '일본을 신국(神國)'으로 생각하는 자국 인식 때문이라고 설명했다.

무라이 교수는 『연희식(延喜式)』을 인용하여, 일본의 영역 안은 깨끗한 청정지역이고 제일 끝부분은 더러운 지역이며, 불결한 것은 안에서 바깥으로 추방해야 한다고 생각했다는 것이다. 그리고 국가가 불결의 발생·전파·소멸의 과정을 규정하고 관리해서 반드시 청정하게 유지하지 않으면 안 된다고 했다. 그리고 청결의 중심에는 천황의 몸 그 자체가 있고, 천황은 자신을 청정하게 보호할 수 있도록 여러 겹의 타부(Taboo)로 둘러싸여 있다는 것이다.

그리하여 천황 신체의 청정이라는 것을 논리적인 출발점으로 하여 그것이 차츰 지역적인 범위로 퍼져가는데, 최초의 단위는 천황의 거소인 어소(御所)다. 그 다음이 어소를 포함한 도읍인 교토[京都]다. 그런데 이 도읍은 귀족들이 사는 곳이며, 이들이 불결에 접촉하는 것을 촉예(觸穢)라고 했다. 현재의 관점에서 보면 어처구니없는 일이지만 이들은 촉예에 대해 신경질적인 공포감이 있었다. 동일한 논리로 도읍 밖의 기내(畿內) 지역이 있고, 그 밖의 지역이 기외(畿外) 지역이며, 기내 지역은 기외 지역보다 상대적으로 청정한 지역이라는 인식도 있었다. 기내 지역과 기외 지역의 인식은 중세가 지나면 서국(西國)과 동국(東國)으로 바뀌며 자연히 교토 중심의 서국 지역이 동국 지역보다 청정하다는 인식으로 바뀌어갔다. 결국 교토를 중심으로 동심원적 범위를 설정하여 청정과 불결을 연상시켰던 것이다.

이런 식으로 파악해 가면 『연희식』에서 말하는 일본의 끝은 어디일까? 일본의 동쪽 끝은 외빈(外浜)이며 서쪽 끝은 귀계도(鬼界島)이다. 이곳은 범죄자를 유배 보내거나 안에서 발생하는 각종 괴물이나 도깨비 따위를 버리는 장소였다.

한 예로 『평가물어(平家物語)』에 나오는 귀계도의 내용을 보자. 원래부터 사람은 있지만, 보통사람과 닮지 않았으며, 피부가 검어서 소와 같다. 몸에는 털이 나 있고, 말을 해도 무슨 말인지 알기 어렵다. 남자는 모자[烏帽子]도 쓰지 않았으며, 여자는 머리를 묶어서 드리우지도 않았다.

그래서인지 중세 일본 남자들은 모두 모자를 쓰고 있다. 모자 없이 맨 머리로 지낼 수는 없었다. 그리고 여자들은 단정하게 머리를 묶어서 뒤로 늘어뜨려야 했는데, 귀계도의 여자들은 그렇게 하지 않았다.

몽고습래회사(蒙古襲来繪詞)

여기서는 교토 주변의 남녀와 다르다는 점을 일부러 강조하고 있지만, 그렇다고 해서 그들이 사람이 아니라고는 하지는 않았다. 경계 지역 밖에 사는 사람에 대한 인식이 이러했다.

이러한 인식으로 일본을 파악할 경우에 일본의 바깥은 어디가 될까? 그리고 바깥을 정하는 방식은 일본의 내부를 가장 청정한 천황의 몸에서부터 시작하여 동심원 모양으로 퍼지면서 점차 불결이 강해진다고 여겼다. 결국 가장 바깥 세계가 가장 불결한 공간이 된다. 요컨대 경계 밖은 불결이 가득한 공간이며, 그곳에 사는 사람들도 더러움에 찌든 사람이 된다. 그리고 그런 사람들에 대한 중앙부 사람들의 인식은 한편으로 멸시하는 동시에 그들은 사람이 아니기 때문에 몹시 무섭고 두려운 대상이기도 했다. 결국 그것을 구체화시킨 것이 바로 귀신이 된다.

예를 들면, 중세의 연극 「고우와카마이[幸若舞]」중에 「유리와카다이지[百合若大臣]」이라는 작품이 있다. 이 작품은 몽골 침략 이후에 만들어진 것으로 '무쿠리'는 몽골을 말하는데, 무쿠리와 싸우는 장면이 나온다. 그런데 그 장면에서 무쿠리가 어떻게 묘사되는지 삽화를 보면 무쿠리는 뿔이 달려 있고 입에서는 불을 내뿜는다. 요컨대 아무리 보아도 귀신으로 볼 수밖에 없는 존재로 묘사되어 있다. 현재 북해도에 살고 있는 아이누족을 가리키는 하이(蝦夷)에 대해서도 똑같이 묘사한다. 모두 귀신처럼 묘사하고 있는 것이다. 또한 이러한 인식은 몽골군의 일본 침략을 그린 「몽고습래회사(蒙古襲來繪詞)」에 그대로 반영되었다.

10세기 초, 우다[宇多] 천황은 "천자는 외국인에게 배알을 허락해서는 안 되며, 어쩔 수 없는 경우에는 발을 쳐서 막고 행해야만 한다"라는 유언을 남겼다고 한다. 또한 다이고[醍醐] 천황은 이국(고려)의 점쟁이가 본조의 수도에 들어와 있는 것은 '본조의 수치'라고 했다고 한다. 또 가마쿠라 막부의 다이라노 기요모리[平淸盛]의 병이 깊어져 송나라 의사를 부르려 했지만, 우다 천황의 유언 때문에 취소했다. 결국 이런 의식이 외국과의 교통을 막는 정책이 되었고, 국가 간의 외교 단절에 의해 내향적인 풍조를 더욱 견고하게 만들어 갔다.

이러한 인식 속에서 외교라는 것이 존재할 수 없음은 당연했다. 동심원의 가장 바깥쪽은 인간이 사는 곳이 아니라 귀신의 소굴이다. 귀신과의 사이에 외교라는 것이 성립할 수 없다. 실제로 9세기 무렵을 경계로 적어도 교토의 귀족들은 외국과 정식으로 국교를 맺지 않는 것을 원칙으로 삼았다. 그래서 외국에서 사신이 찾아와도 이런 저런 구실을

붙여서 쫓아냈던 것이고, 이후 이러한 상태가 적어도 15세기 초 무로
마치[足利] 막부의 아시카가 요시미츠[足利義滿] 때까지 지속되었다.

## 말법사상과 한반도 인식

일본과 한반도를 '청정과 불결'이라는 단순한 동심원적 지역 인식
으로 자리매김시킨 또 하나의 요소가 불교의 말법사상(末法思想)이다.

말법사상이라는 것은 석가가 죽은 후의 시대를 정법(正法), 상법(像
法), 말법(末法)이라는 세 시기로 파악하고, 인간 세상은 차츰 악화되어
가며, 말법에 이르면 이미 구할 방법이 없는 탁한 세상(濁世)에 이르고
만다는 일종의 불교적인 종말관(終末觀)이다. 일본에서는 11세기 중엽
부터 말법의 시대가 된다고 믿고 있었는데, 그 무렵부터 이러한 시대
관념이 널리 퍼지게 되었다. 그래서 거기에서 나오는 것이 소위 정토
교(淨土敎)인데, 탁세이니만큼 죽은 후에는 어떻게든 이상적인 세계,
아미타정토(阿彌陀淨土)에 다시 태어나고 싶다는 강렬한 동경을 품게
되어 평등원(平等院) 같은 건축물이 만들어지기도 했다. 평등원은 현재
일본 동전 10엔짜리의 앞면에 새겨져 있다.

당시 말법사상은 역사를 파악하는 방법인 동시에 공간을 파악하는
방법이기도 했다. 그래서 불교가 탄생한 '천축(天竺)' 즉 인도, 그리고
불교가 전해져 매우 번성했던 중국, 당시의 용어로는 '진단(震旦)', 그
리고 일본은 '본조(本朝)'라고 했는데, 이 천축, 진단, 본조가 세계를 파
악하는 공간 인식이었고, 그 순서에 따라서 가치가 정해졌다. 그래서
일본은 불교적인 세계에서는 가장 변두리에 있고, 더 나가면 바다밖에

없기 때문에 그 이상은 넓혀 갈 수가 없다는 것이다. 요컨대 일본은 불교적 세계의 가장 변두리에 위치해 있었고, 불법은 변두리인 만큼 더 이상의 확산도 어려웠다. 그러므로 이 말법사상에 의해 당시의 일본이 최악의 세상이라는 피할 수 없는 인식이 11세기 무렵부터 확산되어 갔다.

그리고 천축 → 진단 → 본조의 순서로 가치가 떨어진다고 보니까, 반대로 본조 → 진단 → 천축의 순서로 가치는 상승하는 것이고, 자연히 천축과 진단을 동경의 대상으로 삼는 관념이 등장하는 것은 당연하다. 즉, 일본의 바깥에서 좋은 세계를 보기 때문에, 앞에 말한 '청정 - 불결의 동심원'의 인식 방법과는 반대되는 것이다.

예를 들면 교토에 세료지[清凉寺]라는 절이 있다. 세료지의 본존불은 사람 키만한 석가여래입상(釋迦如來立像)인데, 일본의 국보이다. 그런데 이 불상은 도다이지[東大寺]의 승려인 조연(奝然)이 10세기에 송에서 가져온 것이다. 그런데 이 석가여래상의 복장(腹藏)문서가 발견되면서 이 석가상이 만들어진 과정을 알게 되었다. 그 문서에 따르면, 조연이 송에서 중국인 불상 조각가에게 중국에 있던 어떤 석가상과 똑같은 불상을 만들게 했다고 한다. 이를테면 일종의 복사품이었다. 원본이 된 불상 역시 유명한 것인데, 원래 천축에서 석가가 살아 있을 때의 모습을 그대로 조각한 것이 어느 시기엔가 중국에 전해진 것이라고 한다. 이것은 역사적인 사실이 아니라 전설이지만 당시에는 그렇게 믿었던 불상이다. 그 불상을 다시 복사해서 일본으로 가져온 것이다. 요컨대 세료지의 석가상은 생전의 석가 모습 그대로라는 인식을 갖게 되고, 그런 이유로 대단한 신앙을 불러일으킨 불상이기 때문에 사람들이 다투어 이 불상을 참배했다는 내용이 헤이안시대의 어느 귀족의 일기에 나온다.

그런데 흥미로운 점은, 헤이안시대 말기부터 이 불상이 복사품이 아니라 진품이라든가, 천축에서 중국에 전해진 석가상, 그 자체가 다시 일본으로 건너온 것이라는 이야기가 나오기 시작했다. 어떻게 해서 그런 일이 가능해졌는가 하면 당시 중국에서는 불상 복제품을 만들 때, 그 복제품에 연기를 쏘여서 오래된 것처럼 보이게 했는데 이 불상도 그렇게 만든 것이어서 진품으로 오해할 수가 있었기 때문이다. 그렇게까지라도 해서 세료지에 있는 석가여래상이 천축에서 온 바로 그 불상이라고 믿으려는 의식 상태가 있었던 것이고, 그러한 염원이 착시 현상으로 나타나는 것은 아니었을까. 나아가 살아 있는 석가모니 그 자체라는 해석도 가능해졌다. 요컨대 당시 사람들은 불교적인 세계 속에서 가장 변두리이며 나쁜 곳인 일본에서 살아 있는 석가모니의 모습을 보고자 했던 것이다.

더욱 흥미로운 사실은 세료지의 의심할 여지없는 복제품 불상, 이것을 세료지식 석가여래상이라고 부르는데, 12세기 가마쿠라시대를 정점으로 이 세료지식 석가여래상이 일본 전국에서 수십 구가 확인되고 있다는 사실이다. 이것은 세료지 불상의 모작을 모신 지방의 사찰에서도 살아 있는 석가모니가 출현할 수 있다는 것이 된다. 천축까지의 머나먼 거리, 혹은 유구한 시간의 흐름, 그러한 시공의 간격을 한꺼번에 뛰어넘어 말법의 혼탁한 세상에서 허덕이고 있던 사람들이 살아 있는 석가와 대면한다는 더할 나위 없는 행운을 체험할 수 있었던 것이다.

그런데 무라이 쇼스케 교수는 이 말세사상의 삼국(천축, 진단, 본조)에는 정작 불교를 전래해준 한반도가 빠져 있다는 점을 지적하면서, 그 이유를 한반도의 여러 국가를 일본보다 한 단계 낮은 위치에 두는 일종의 우월감 때문이라고 했다. 그리고 그 우월감을 떠받들고 있는 것이 일본은 신이 보호해주는 나라, 신국이라는 이른바 신국사상이라고 했다. 정말 어처구니없는 상상과 논리로 삼국(천축, 진단, 본조)이 모두 우리나라(일본)라는 착시를 만들고, 그리고 동심원의 축인 일본 신성관에 바탕을 둔 신국사상으로 고려를 귀신의 나라[鬼界]로 설정했다. 그리고 이같은 고려관은 고려와 몽골군의 일본 침략을 사건을 거치면서 더욱 증폭되었고, 결국에는 고려를 짐승처럼 여기는 노골적인 멸시관이 자리 잡아, 몽골인을 '무쿠리', 고려인을 '고쿠리'라는 용어로 공포와 멸시의 대상으로 만들었던 것이다.

이렇게 하여 일본을 특별히 신성한 지역으로 자리매김할 수 있었기 때문에, 앞에서 보았던 불법의 변두리로서 비참한 일본이라는 위치 인식을 극복할 수 있었고, 반대로 「삼국(중국·인도·일본)이 모두 우리 나라」라는 표현이 나오는데, 신국사상을 이용함으로써 변경인 일본을 있는 그대로 장갑을 뒤집듯이 '삼국을 모두 우리 나라'로 만들어버렸다. 참으로 안이한 방법으로 신국사상에 뿌리를 둔 일본 신성관이라고도 할 수 있는 사상이 중세 일본의 자기 인식이 되었다.

그러한 의식 속에서 고려의 위치를 설정하는데, 앞에서 언급한 외빈(外浜)과 귀계도(鬼界島) 중에 귀계도 밖에 류큐와 고려를 자리매김 시켰다. 즉, '귀계=고려'라는 표현 방법이 중세의 문학작품 속에 나오는데, 이러한 한반도관이 몽골 침입을 거치면서 더욱 증폭되어 한반도를 짐승처럼 여기는 노골적인 멸시관으로 자리 잡아갔다.

예를 들어 가마쿠라 말기에 성립했던 팔번궁(八幡宮)의 유래 중 하나에『팔번우동훈(八幡愚童訓)』이 있다. 팔번신은 오진 천황의 환생이며, 오진 천황은 신공황후의 아들이어서 팔번의 유래 중 가장 먼저 나오는, '신공황후의 삼한정벌' 이야기이다. 이 이야기에 따르면, 신라의 왕이 신공황후에게 항복하고 맹세를 하는데, '(신라는) 일본의 개가 되고, 일본을 수호해야 하며, 매년 80척의 공물을 바쳐야 하는데, 조금이라도 게을리 해서는 안 된다'라는 맹세를 한다. 이 말을 들은 황후는 바위에 글을 새겨 '신라국 대왕은 일본의 개다'라고 썼다고 한다.

이와 같은 대외관은 지배층의 생각으로 당시 일본의 지배적인 대외관이었다. 그들은 고대부터『일본서기(日本書紀)』신공황후전에 기록된 삼한정벌과 백제와 신라가 조공국이라는 역사적 지식이 관념 속에서, 말하자면 화석화하여 미래에도 영구불변한 것으로 여겼다. 그래서 고려시대에도 고려가 여러 차례 일본과 대등한 국교를 수립하려고 시도했지만, 일본 측은 그것을 무례하다고 여기고 결국 거절하고 말았던 것이다.

### 신국(神國)에 불어온 바람, 가미카제[神風]

여몽군의 침입 이전 이렇게 화석화되어가던 일본에서는 천황 조정

❶ 애염명왕상(愛染明王像) 나라의 서대사(西大寺)를 근거지로 계율의 부흥에 생애를 바친 승려 예존(叡尊)은 몽골의 위협 아래 열렬하게 이적항복(異賊降伏)의 기도를 바쳤다. 이 애염명왕상(1247)은 서대사의 비불(祕佛)로 유명하다. 그 모습이 적군을 몰아낼 것 같은 표정이다.
❷ 적국항복의 신필(宸筆) 가메야마[龜山] 천황은 몽골 침입 때에 피해가 컸던 하카다[福岡市]의 재건에 힘을 다했다. 현재 동궁에는 금박으로 된 "적국항복" 4자를 적은 신필이 37장 소장되어 있다. 누문(樓門)에는 금박의 4글자가 현판에 걸려 있다.

이든 막부든지 현실적인 상황 판단이 불가능했고, 정보 자체도 없었다고 볼 수밖에 없다. 당시 한반도나 중국 지역과도 나름대로 교역은 했지만 어느 나라와도 외교관계를 맺지 않았던 것이다. 이런 상황에서 삼별초 첩장의 의미를 전혀 이해하지 못했던 것은 당연한 일이었다.

여몽군의 침입에 대해 일본이 국내적으로 한 일을 보면 막부는 나름대로 서일본 지역 무사들을 중심으로 대비책을 모색했지만, 조정에서는 그저 사찰에서 "이국을 항복시켜 주십시오(異國調伏)"라고 기원하는 일이 전부였다.

결국 교섭을 통한 몽골과 고려에 대한 이해보다는 정체를 알 수 없는 두려운 존재로서 '무쿠리'와 '고쿠리'에 대한 적개심만 남았다. 그 결과 신들에 대한 기원이 효력을 발휘해 '가미카제'가 불었다고 믿게 되었고, 이 경험은 오로지 신국사상을 심화시키는 쪽으로 귀결되어갔다. 그래서 이때 신공황후의 전설이 강조되었고, 몽골 습래를 거친 가마쿠라 말기의 『팔번우동훈』에서는 먼저 공격을 받은 앙갚음이 '신라국의 대왕은 일본의 개다'라는 표현으로 거칠게 표현되었다. 나아가 몽골은 오로지 살육을 일삼는 야만이자 두려운 존재로 바라보는 시각이 근대에 이르기까지 전승되었던 것이다.

| | | |
|---|---|---|
| 1392년 | | 이성계, 조선왕조 건국 |
| 1404년 | | 일본, 아시카가 요시미츠[足利義滿] 일본 국왕사 파견, 교린관계 수립 |
| 1419년 | | 조선, 이종무 장군 쓰시마 공격 |
| 1426년 | | 조선, 삼포 개항 |
| 1428년 | | 조선, 박서생 최초의 통신사 파견 |
| 1443년 | | 조선, 계해약조 맺음 |
| 1471년 | | 조선, 신숙주『해동제국기』편찬 |
| 1510년 | | 조선, 삼포왜란 발생 |
| 1512년 | | 조선, 쓰시마와 임신약조 맺음 |
| 1555년 | | 왜구, 전라도 침입(을묘왜변) |
| 1585년 | | 도요토미 히데요시[豊臣秀吉] 관백 취임 |
| 1590년 | | 도요토미 히데요시 일본 전국 통일<br>조선, 황윤길 통신사를 일본에 파견 |
| 1592년 | 4월 | 일본, 도요토미 히데요시 조선 침략(임진왜란) |
| 1592년 | 5월 | 일본군 한양 점령 |
| 1592년 | 6월 | 일본군 평양성 함락 |
| 1593년 | 1월 | 조·명군 평양성 탈환 |
| 1593년 | 4월 | 명과 일본군 강화 교섭 |
| 1597년 | 1월 | 일본군 재침입(정유재란) |
| 1598년 | 8월 | 도요토미 히데요시 사망 |
| 1598년 | 11월 | 일본군 철퇴 |
| 1603년 | | 도쿠가와 이에야스[德川家康] 에도[江戶] 막부 시작 |
| 1604년 | | 조선, 탐적사 파견 |
| 1607년 | | 조선, 제1차 회답겸쇄환사 파견하여 일본과 강화 |
| 1609년 | | 조선과 쓰시마, 기유약조 체결 |
| 1636년 | | 병자호란, 병자통신사 파견, 통신사의 부활 |
| 1811년 | | 신미통신사, 역지통신, 마지막 통신사 파견 |
| 1868년 | | 일본, 메이지유신 |

제1장

# 약탈과 공존

## 1. 약탈자 왜구

### 왜구의 출현

14세기 중엽, 동아시아 해역에 왜구가 창궐하던 시기, 동아시아 삼국의 국내외 정세는 복잡했다. 중국에서는 1368년 주원장(朱元璋)이 명을 건국했고, 북방에는 원의 뒤를 이은 북원(北元)이 세력을 떨쳤다. 한반도에서는 1351년 공민왕이 고려 중흥을 모색했지만 친원파와 신흥사대부 간의 갈등으로 매우 혼미했다. 일본은 남북조시대(1333~1392)의 혼란기로 천황이 두 명이나 존재했다.

이 같은 혼란기에 일본 규슈 지역 및 쓰시마의 일본인이 한반도와 중국 연해 지역을 습격하여 약탈하며 해적질을 했다. 이 집단이 바로 '왜구(倭寇)'다. 고려 말, 왜구의 본격적인 노략질은 1350년부터 시작되었다.

왜구가 고성·죽말·거제 등지를 노략질했다. 합포천호 최선과 도령

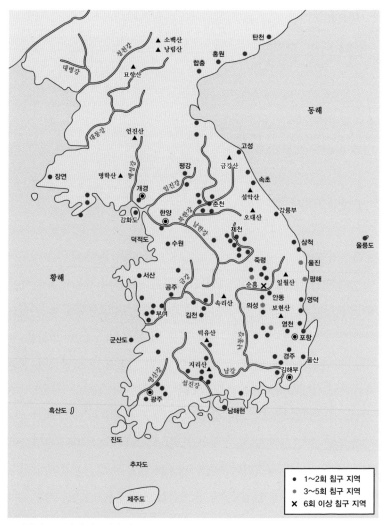

고려 우왕 1380년대 왜구 침탈 지도

1~2회 침구 지역
3~5회 침구 지역
6회 이상 침구 지역

178

양관 등이 이를 격파하고, 300여 명의 적을 죽였다. 왜구가 우리나라에 침입한 것이 이때부터 시작되었다. (『고려사』 권37, 충정왕 2년 2월)

1350년이 경인년이므로, 이때에 출몰한 왜구를 일반적으로 '경인왜구(庚寅倭寇)'라고 한다.

왜구의 규모와 침탈 횟수는 여러 설이 있으나, 적을 때는 몇십 척, 많을 때는 500척에 이르는 배를 끌고 한반도를 노략질해왔다. 도쿄대 사료편찬소에 남아 있는 『왜구도권(倭寇圖圈)』을 참고하여, 한 배에 10명 내지 20명이 탔을 경우, 적어도 5,000명에서 1만 명에 달한다. 침략 횟수는 나종우는 1350년부터 40년 동안에 518회, 이현종은 484회, 다나카 다케오[田中健夫]는 408회라고 했다. 특히 다나카 다케오는 왜구 침입이 가장 극심했던 우왕(1375~1388) 때는 378회로 연간 30회에 이른다고 했다.

## 왜구로 인한 수난

왜구의 침탈 지역은 주로 남해안 지역의 섬과 낙동강·섬진강 곡창 지대, 그리고 농산물의 집산지였던 조창(漕倉)을 대상으로 했는데, 전국 13개 조창 지역이 모두 약탈 대상지가 되었다. 왜구들이 강을 타고 내륙 깊숙이 침투했던 것이다.

왜구는 곡식만이 아니라 소와 말 등 가축을 약탈했고, 노동력으로 활용할 수 있는 사람을 납치하고, 부녀자와 어린아이를 살해했다. 심지어는 관청을 습격하고 방화했다. 특히 부녀자들의 수난이 심했다.

『삼강행실도』「신씨액적」

조선시대 세종 때 편찬한 『삼강행실도 (三綱行實圖)』에는 9건의 왜구 약탈 기사가 수록되어 있다. 그중 하나를 소개하면 「신씨액적(辛氏扼賊)」(신씨가 왜적의 목을 조이다)이라는 제목으로 다음과 같은 내용이 있다.

신씨는 영산(靈山) 사람이다. … 도적들이 쫓아와서 신사천을 쏘아 쓰러뜨리고 배 위로 올라와 다시 창으로 찌르고는, 신씨를 잡아 배에서 내려 데려가려 했다. 신씨가 불응하자, 왜적이 칼을 뽑아 신씨를 겨누니, 신씨가 크게 꾸짖어 말하기를, "도적놈아! 네가 나를 죽일테면 죽여라. 네가 이미 우리 아버지를 죽였으므로 하늘 아래 함께 살 수 없는 원수이니, 차라리 죽을지언정 너를 따르지는 않겠다" 하고, 드디어 적의 목을 누르고 발로 차서 넘어뜨렸다. 적이 성을 내어 살해하니, 그때 20세였다. 전법판서 조준이 그때 체복방왜사로서 이 사실을 갖추어 사관에 이첩하고, 조정에 아뢰어, 비석을 세워 사실을 기록하고 정표했다.

고려 조정에서는 이처럼 죄 없이 끌려간 피랍인 송환을 위해 노력했고, 1377년 9월, 정몽주가 송환한 피랍인만 수백 인에 이르렀지만,

전체적으로 돌아온 사람의 수는 고작 1,000명을 넘지 않았다

## 약탈당한 문화재

현재 쓰시마와 이키 지역에는 신라·고려 불상 80여 구가 전한다. 그런데 이들 불상은 대부분 이동 경로를 알 수 없으며 왜구에 의해 약탈된 것으로 추정된다. 한 예로 2013년 6월, 한국인 도굴단에 의해 쓰시마의 간논지[觀音寺]와 가이진[海神] 신사에서 도난당해 부산으로 반입된 2구의 불상이 있는데, 이 중 관음보살좌상은 아직까지 한국 법원에서 소유권에 대한 법적 다툼이 계속되고 있다.

이 관음보살좌상은 충남 서산 부석사에서 약탈당한 것임이 여러 가지 증거를 통해 증명된다. 우선 불상의 복장유물에서 나온 고문서(결연문)이다. 고문서에는 "천력 3년(1330) 2월, 불상을 조성하여 영원히 부석사에 모시려 한다"라고 하는 내용이 기록되어 있다. 이 내용은 불상이 원래 서산 부석사에 안치되었다는 사실을 말해준다. 둘째, 왜구가 1352년과 1381년까지 7차례에 걸쳐 서산을 침구했고, 1375년과 1381년 사이에 부석사를 불 질렀다는 『고려사』의 기사가 있다. 따라서 불상은 이 시기에 약탈당한 것으로 추정된다. 셋째, 불상의 손가락과 가사자락 끝이 화상으로 문드러져 있다. 불상에 남은 이 화상 흔적은 부석사의 화재나 왜구 약탈의 결과임을 강력히 시사한다. 넷째, 불상이 있는 쓰시마의 고즈나 지역이 원래 왜구의 일족인 고노씨[河野氏]의 근거지이며, 간논지를 짓고 불상을 안치한 자가 고노씨의 일족이라는 점이다.

이상을 종합해 보면, 이 불상은 1330년 2월 서산에서 제작되어 부석사에 안치되었는데, 1375년 9월부터 1381년 9월 사이에 왜구였던 고노씨족 일당이 부석사에 침입하여 절을 불태우고 불상을 약탈하여 쓰시마로 가져갔고, 그의 후손이 1526년 간논지를 짓고 부석사의 불상을 봉안했다는 사실이 드러난다. 현재 이 불상은 대전 국립문화재연구소 수장고에 보관되어 있다. 하루빨리 제자리를 찾아야 할 것이다.


## 2. 통교를 시작하다

### 사대교린 정책

1392년 이성계가 조선을 건국하여 고려에서 조선으로 왕조가 교체되었다. 이즈음 반세기 이상 복잡했던 동아시아 삼국의 국내 상황은 점차 안정을 되찾았다. 중국 대륙에서는 신흥제국 명에 의해 중원 지역이 통일되었고, 일본에서도 새로운 국가권력이 탄생했다. 이러한 각국의 정세 변화에 따라 삼국 모두 기존과 다른 국제 질서를 모색했다. 새로운 공존의 방법을 찾아 그 질서 안에서 공생하기 위함이었다. 그것은 중국 중심의 '중화적 세계 질서'였다.

학계에서는 중화적 세계 질서를 '사대자소(事大字小)'의 외교 규범과 '조공책봉(朝貢冊封)'의 외교 행위로 이루어지는 전근대 동아시아 외교 시스템인 '책봉체제'로 정의한다. 니시지마 사다오[西嶋定生]는 책봉체제를 다음과 같이 서술했다.

'책봉체제'란 고대 동아시아 세계라고 하는 완결적인 역사문명권을 성립시켰던 정치적 구조이다. 시간적으로는 한과 당의 사이, 공간적으로는 중국, 조선, 일본, 베트남에 형성되었다. 그리고 한자의 사용, 율령, 유교, 불교의 수용 등은 언뜻 문화의 전파 현상 같지만, 실은 이 체제의 정치질서로 확대되었다. 그리고 전근대 동아시아의 국제관계는 언제나 이 '책봉체제'라고 하는 질서 형식을 바탕으로 형성되었다.

(「동아시아와 책봉체제」,『동아시아사논집』제3권)

이같이 '책봉체제'는 중국과 책봉을 구하는 나라 사이의 대내외적·정치적·사회적인 사정에 의하여 만들어졌다. 물론 중국 중심의 제도라는 한계성을 가지고는 있지만, 힘의 불균형 상태에 있던 동아시아의 정세를 안정시켜가는 제도화된 질서 형식이었다.

다시 말해, 조공과 책봉이란 대국과 소국 간에 예를 갖춘 외교 행위로, 중국과 이웃 나라 간에 정치적, 군사적 요인으로 조성되는 긴장을 완화 내지는 억제하는 외교적인 수단이었다. 그리고 이와 같은 책봉체제를 바탕으로 중국과 이웃한 나라들 간에는 교린관계라는 또 하나의 관계가 형성되어, 동아시아의 국제 질서를 만들어갔다. 따라서 중국과 이웃한 나라들이 사대·자소와 조공·책봉을 기반으로 하는 책봉체제에 편입되었다고 해서 그것이 곧 국가 주체성이 없거나 중국의 지배를 받았다고 해석하는 것은 동아시아 국제관계의 보편성을 무시하는 해석이다.

## 조선과 일본, 명의 책봉을 받다

1392년, 우연의 일치지만 한반도와 일본, 양 지역에서 모두 새로운 정권이 탄생했다. 한반도에서는 이성계가 조선 왕조를 건국했고, 일본에서는 아시카가 요시미츠[足利義滿]가 무로마치 막부를 열었다. 새로운 정권을 수립한 양국은 모두 신흥 제국 명과의 관계 수립을 위해 책봉을 청하는 사절을 파견했다. 그러나 조일 양국 모두 명으로부터 책봉을 받는 일이 쉽지 않았다.

조선은 명의 '생흔 3조'와 '모만 2조'의 트집으로 책봉을 받는 일이 쉽지 않았다. '생흔 3조'란 만주 지역의 부랑민이 조선을 위해 중국 소식을 전한다는 것, 조선이 행례를 가장하여 요동에 사람을 보내 요동 변장을 유인한다는 것, 여진인 가족 500여 명을 유인하여 압록강을 건너 조선에 가게 했다는 세 가지 트집을 말한다. '모만 2조'란, 입으로는 칭신하여 입공으로 보내는 말이 모두 쓸모가 없고, 국호 개정을 허락하는 사신을 보내었는데 소식이 없다는 것의 두 가지 업신여김을 말한다.

그러던 중 양국의 대립적 관계는 호전되어 명에서 1403년 4월에 책봉 고명과 금인을 조선에 전달했다. 그리하여 1395년부터 시작된 명과의 책봉 교섭이 8년 만에 이루어지게 되었다.

한편, 이 시기에 일본도 동아시아 세계에서 외교적으로 일본을 대표하는 통일 정권으로 인정받고, 교역을 통해 경제적인 부를 축적하려는 목적에서 중국 및 조선과의 통교 관계를 수립하고자 했다.

그래서 일본은 1401년 5월부터 책봉을 받을 목적으로 명에 사절을 파견했다. 그 결과 1403년 11월, 영락제로부터 하사받은 '일본국왕지인'이 새겨진 금인과 조서를 가진 책봉사가 일본에 파견되어 정식으로 책봉을 받게 된다. 책봉사가 일본에 도착하여 이것이 막부 쇼군에게 전달된 것은 이듬해인 1404년 5월이었다.

### 대등한 교린관계

조선과 일본이 명으로부터 책봉을 받자 명과 조선, 일본 삼국 간에는 책봉체제라는 외교 질서를 형성했다. 조선과 일본은 책봉이라는 공통분모를 가지고 교린이라는 새로운 국제관계를 성립시켰다. 이를 단적으로 보여주는 표현이 '일본국왕(日本國王)'이라는 호칭이다. 양국이 모두 책봉체제에 들어간 직후인 1404년(태종 4, 오에이 11) 7월, 일본에서는 막부 쇼군의 사신을 조선에 파견했다. 이 사실에 대하여 『태종실록』은 다음과 같이 기록했다.

> 일본에서 사신을 보내어 내빙하며, 토산물을 보내왔는데, 일본국왕 원도의였다.
>
> (『태종실록』, 4년 7월 기사)

조선에서는 막부 쇼군에 대해 '일본국왕'이라는 칭호를 쓰고 있으며, 1404년 10월부터는 쇼군이 보낸 사신을 '일본국왕사(日本國王使)'라 했다. 조선과 일본은 이때부터 비로소 국가 대 국가의 '대등한 우호 교린'을 생각했고, 이러한 교린관계 수립은 동아시아 외교 질서의 안정

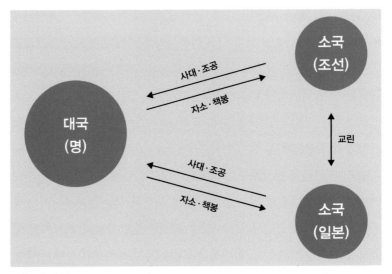

사대교린 개념도

및 정착이라는 차원에서도 역사적인 의미를 갖는다. 조선은 개국 이후 전 기간, 일본뿐만 아니라 류큐[琉球], 안남(安南) 등과의 관계가 모두 이에 해당된다. 소위 '중화적 교린체제'의 확립이라고 말할 수 있다.

### 통신사를 파견하다

조선이 건국된 후에도 일본과 마찰을 빚었던 가장 큰 문제는 왜구였다. 이에 대해 조선은 고려 말 양면 정책을 계승하여 군사적인 방법보다는 그들을 회유하여 통교자로 전환시키려는 외교적인 노력을 경주했다.

그리하여 조선은 태조 즉위 직후인 1392년 11월 승려 각추(覺鎚)를 아시카가 요시미츠 쇼군에게 파견하여, 왜구 금압과 함께 피로인의 송환을 약속받았다. 조선 국왕의 사절이 쇼군과 직접 접촉한 것은 이때가 처음이고, 이때부터 규슈 지방을 비롯하여 이키, 쓰시마 등 조선과 근접한 지역의 중소 영주들과도 사절 왕래가 이루어지기 시작했다.

태조 연간(1392~1398) 조선에서는 일본에 5차례 사절을 파견했고, 그 명칭은 회례사(回禮使)로 왜구에게 붙잡혀 간 피로 조선인들을 돌려보내준 것에 대해 예로 답한다는 의미였다.

회례사에 이어 1398년 12월, 쇼군의 사자가 다시 조선에 파견되어 피로인을 송환시키고, 조선에서는 이 사절에 대한 답례로 이듬해 8월에 최운사(崔云嗣)를 보빙사(報聘使)라는 명칭으로 파견했으나 이 사절은 바다에서 풍랑을 만나 되돌아오고 말았다.

그러다가 1404년 조선과 일본 모두 중국의 책봉체제에 편입하게 되자, 이후부터 쇼군 사절의 명칭은 일본국왕사로 일원화되었다. 그러나 조선 사절의 명칭은 여전히 보빙사·회례사·통신관·회례관 등이었다가, 통신사(通信使)의 명칭이 처음 사용된 것은 1428년 12월 박서생(朴瑞生)을 정사로 한 사행부터였다.

그렇다면 통신사는 어떠한 의미일까. 통신사란 한마디로 '믿음을 통하는 사절'을 뜻하는데, 곧 사신을 보내어 믿음의 교린관계를 완성한다는 것이었다. 조선에서는 막부 쇼군에게 사절을 보낼 때마다, 교린을 강조하는 국서를 보냈다.

『조선왕조실록』에 쓰여진 교린의 용례를 보면, 교린은 믿음(信)·도리(道)·의리(義)·예의(禮)를 의미하며, 구체적으로 교린지신(交隣之信),

교린지도(交隣之道), 교린지의(交隣之義), 교린지예(交隣之禮) 등의 용어로 표현되었다. 이와 같이 교린이란 신의·도리·의리·예의라는 유교적 가치와 기준을 가지고 예에 합당하게 국제관계를 맺어가는 것이며, 통신사는 이러한 이념을 실천하기 위한 외교 사절로 일본에 파견되었던 것이다.

### 조선 전기의 통신사들

1428년(세종 10) 12월, 정사 박서생, 부사 이예, 서장관 김극유로 편성된 최초의 통신사가 파견되었다. 이들은 아시카가 요시노리의 쇼군 취임을 축하하고, 아시카가 요시모치를 문상하며, 서국의 여러 호족, 특히 오우치 모치요[大內持世]에게 왜구 통제를 요청하는 것이 목적이었다. 그들은 이듬해 6월, 교토에서 쇼군을 알현하고 그해 12월 한양으로 돌아왔다.

귀국 후에 이들이 세종에게 보고한 내용을 보면 일본의 실정을 상세하게 관찰한 것을 알 수 있다. 우선 통신사에 대한 막부의 대우가 부실했다고 불만을 토로했고, 아시카가 정권이 매우 약했다는 것, 불교를 존숭하며 농촌에서는 물방아를 이용하고 있으며, 금은, 동과 철의 생산이 자유로워 그것으로 돈을 주조하고 여행의 편의와 납세에 이용하고 있다는 것 등 정치와 경제, 문화에 관한 내용을 두루 보고했다.

또 왜구에 대해서는 출신지별로 분류해 그 실정을 언급했다. 세토[瀬戶]내해의 해적들은 오우치씨[大內氏]와 무나가타씨[宗象氏]에게 속해 있고, 왜구에게 잡혀간 많은 조선인이 일본에서 도망쳐 돌아오고 있기 때문에 송환에 대한 계획을 세울 필요가 있다는 것을 보고했다.

1439년(세종 21) 7월, 정사 고득종, 부사 윤인보, 서장관 김예몽이 두 번째 통신사로 파견되었다. 이들은 교토에서 12월에 쇼군을 알현하고, 이듬해 5월 한양으로 돌아와 복명했다. 주된 목적은 일본과의 교린관계를 거듭 확인하고, 계속되던 왜구 침입 금지를 요청하는 동시에 서일본 지역의 여러 호족이 보내오는 사자의 수를 제한하는 문제를 쇼군에게 부탁하는 것이었다. 당시 조선 왕조는 일본에서 오는 사자가 늘어나서 접대에 골머리를 앓고 있었다.

1443년(세종 25) 2월, 정사 변효문(卞孝文), 부사 윤인보, 서장관 신숙주가 세 번째 통신사로 파견되었다. 전 쇼군의 문상과 새 쇼군의 습직 축하를 위해서였다.

일본 사료인 『강부기(康富記)』에 의하면, 6월 19일 통신사 일행 50여 명은 행렬을 맞추어 피리, 북, 비파, 정고를 울리면서 쇼군 저택으로 들어갔고, 정사 이하 정관은 기둥 밖에서, 군관 이하는 뜰에서 쇼군에게 사배례를 행했다. 세종 국서는 승려가 받아서 쇼군의 책상에 놓았다. 수백 명의 군신이 정원에 앉아 있었다. 나중에 쇼코쿠지[相國寺]에서는 조선 의례에 의한 제례를 행했고, 관령 이하 여러 대신이 배석한 가운데 전 쇼군의 제문이 봉헌되었다. 아시카가 요시카츠 쇼군은 어리다는 이유로 참석하지 않았지만, 모비(母妃)와 함께 남몰래 보았다고 한다.

귀로에 이요(현 에히메현)라는 지역에서 호송하는 자들에게 습격을 받는데, 소지한 물품이 쇼군과 관령들이 조선의 국왕에게 보내는 예물이라고 설명했으나 그들이 듣지 않자, 금전을 건네주고 난을 피했다고 한다. 아카마가세키(현 시모노세키시)에서는 청경사(請經使) 고곤이 쫓아와 어린 쇼군이 죽고 그 동생이 습직했다는 소식을 전했다. 이키에서는 7인의 피로인을 찾아 체찰사 이예로 하여금 쇄환하게 했다. 그리고 쓰시마에서는 도주와 협의하여 세견선(歲遣船) 문제를 비롯한 통교 규정이 논의되었는데, 이 내용이 후에 계해약조(癸亥約條)로 체결됨으로써 조선 초 왜구 문제 및 제반 통교 규정이 일단락되었다. 계해약조의 주된 내용은 쓰시마로부터의 세견선을 매년 50척으로 한정하되 사송선(使送船)의 권한을 모두 도주에게 집중시킨다는 것이다. 이후 조선 전기의 한일 관계가 안정 단계에 접어들었다.

이 통신사행에 수행했던 서장관 신숙주(申叔舟)는 이때 일본 사행의 체험을 바탕으로 『해동제국기(海東諸國記)』를 편찬했다.『해동제국기』가 이후 조선 왕조의 대일 정책이나 일본에 파견된 통신사의 지침서가 되었다는 것은 주지의 사실이다.

10월 13일, 옥포로 귀국한 통신사는 여행의 경과를 세종에게 치계했다. 조정에서는 귀로 중 쇼군이 바뀐 일에 대해 다시 통신사를 파견할 것인가를 두고 논란이 분분했으나 뒤쫓아 온 청경사 편에 예물만 보내고, 통신사 파견은 일단 연기하기로 했다.

이후 통신사를 다시 파견하는 것에 관한 논의가 여러 차례 있었고, 1460년, 1475년, 1479년 3차례에 걸쳐 통신사를 파견했지만 사행 도중 조난을 당하거나, 일본에 내란이 일어나거나 정사가 갑자기 병을 얻는 등의 이유로 모두 중단되었다. 통신사의 파견은 1590년 임진왜란 직전에 가서야 다시 이루어졌다.

조선 전기에 조선 국왕이 막부 쇼군에게 사절을 파견한 것은 1392년부터 1590년까지 총 19회인데, 이에 반해 막부 쇼군이 조선에 사절을 파견한 것은 1397년부터 1589년까지 총 70회에 달한다. 쇼군의 호칭에 따라 사절의 이름을 일본이 책봉을 받기 전에는 대상국사(大相國使) 또는 대장군사(大將軍使)라 했고, 책봉을 받은 1404년부터는 일본국왕사(日本國王使) 또는 일본국사(日本國使)로 불렀다. 조선 전기 조선 국왕과 일본 쇼군의 사절 파견 횟수는 다음 표와 같다.

조선 전기 조선 국왕과 일본 쇼군의 사절 파견 횟수

| 구분 \ 왕대 | 태조 | 정종 | 태종 | 세종 | 문종 | 단종 | 세조 | 예종 | 성종 | 연산 | 중종 | 인종 | 명종 | 선조 | 계 |
|---|---|---|---|---|---|---|---|---|---|---|---|---|---|---|---|
| 회례사, 빙례사 등 | 5 | 1 (1) | 5 (1) | 4 | | | | | | | | | | | 15 (2) |
| 조선통신사 | | | | 3 | | | (1) | | (2) | | | | | 1 | 4 (3) |
| 일본국왕사 | | 1 | 12 | 10 | 1 | | 7 | | 9 | 4 | 12 | 1 | 8 | 5 | 70 |

* ( )는 사신이 파견되었으나 임무를 수행하지 못하고 도중에 중지된 경우임.

조선이 총 19회, 일본이 70회로 양국의 사절 파견 횟수가 크게 차이가 나는 것은 무슨 이유일까. 그것은 양국의 사절 파견 목적이 기본적으로 달랐기 때문이다. 조선은 양국 간의 우호 교린에, 일본은 경제적이거나 문화적인 이득을 얻는 데에 그 목적이 있었다. 일본국왕사는 통교나 하사품에 대한 경제적인 욕구와 대장경 구청을 이유로 사절을 파견했기 때문에, 각지에서 일본국왕사로 위장한 위사(僞使)를 많이 파견했다. 아직까지 70회의 일본국왕사 중 어느 사절이 진짜이고, 어느 사절이 가짜인지 진위를 명확히 가릴 수 없다. 아마도 절반 이상은 위사로 추정된다.

## 다원적인 관계를 정비하다

조선에서는 왜구 문제 해결을 위해 쇼군에게 여러 차례 사신을 파견했다. 그러나 외교사절의 파견이 곧바로 조일 교린체제의 완성을 의미한 것은 아니었다. 왜냐하면 당시 일본은 쇼군에 의한 국내 통치가 완전히 이루어지지 않았으며, 조선에 대한 직접적인 외교 능력도 없었기 때문이다. 조선의 시각에서 막부 쇼군은 많은 통교자 중 하나일 뿐 총괄자는 아니었다. 또한 왜구 및 급증해가는 통교자 등 일본을 상대로 해결해야 할 문제가 여전히 남아 있었다. 따라서 조일 관계의 안정은 이러한 다원적이며 중층적인 관계를 어떻게 정비해 가느냐에 달려 있었다.

조선이 일본과 교린체제를 완성해간 방법은 조선 국왕과 일본 쇼군을 통신사와 국왕사의 왕래를 통해 대등한 관계의 틀 속에 엮어가는 한편, 쇼군 이외의 다른 여러 계층을 통교 규정에 의해 기미관계에 편입시켰다. 기미(羈縻)란 말의 재갈이나 소의 고삐를 말하는데, 이는 재갈과 고삐를 이용해 말과 소를 부리는 것을 의미한다.

그렇다면 쇼군 이외에 다른 계층과는 어떻게 교류했을까. 『해동제국기』의 「조빙응접기(朝聘應接紀)」 제사정례는 일본으로부터의 도항자를 모두 4개 부류로 구분했다. 일본 쇼군의 사절인 일본국왕사, 대영주급인 거추사(巨酋使), 규슈 절도사·쓰시마 도주, 소영주 급인 소추사(小酋使)·쓰시마 수직인 등이다. 즉, 조선에서는 쇼군의 사절인 국왕사와는 대등 교린을 하며, 그 외의 나머지 계층을 크게 세 그룹으로 나누어, 이들이 통교를 원하는 경우 조선이 만든 여러 규정을 따르게 하여 이들을 조선 중심의 기미관계에 편입시켰다.

조선이 실시한 통제 규정은 포소 제한·수직·서계·도서·문인·조어 금약·세견선정약 등으로 매우 다양하다. 이러한 제도의 실시와 정착은 1407년 포소의 통제부터 시작하여 1443년 계해약조에 의해 일단락될 때까지 상당히 오랜 기간에 걸쳐 정비되었다.

각종 통교 규정

| 통제 규정 \ 연도 | 1400 | 1410 | 1420 | 1430 | 1440 | 1450 |
|---|---|---|---|---|---|---|
| 포소 제한 | | 2곳 | | 3곳 | | |
| 수직 | 향화왜인 | | | | 동교왜인 | |
| 서계 | | | | | | |
| 도서 | | | | | | |
| 통신부 | | | | | | |
| 문인(노인) | | | | | | |
| 고초도조어 금약 | | | | | | |
| 세견선정약 (계해약조) | | | | 규슈 탐제 | 쓰시마 도주 | |

통교규정 가운데 수직(受職)이란 조선으로부터 관직을 받는 것인데, 조선에 투화 또는 귀화하여 관직을 받는 '귀화왜'와 일본에 거주하

면서 조선의 관직을 받는 '통교왜'의 두 가지가 있다. 이들을 수직왜인이라고 하는데, 수직왜인은 1396년 구륙의 수직이후 1510년 삼포왜란에 의해 통교 관계가 일시 정지될 때까지 총 90명에 달하고 있으며, 이들 중 쓰시마인은 52명이었다. 조선은 이들 수직왜인들에게 연 1회 조선 국왕을 알현하는 특권을 부여함으로써 조선의 정치, 외교 질서에 편입시켜 그들을 간접적으로 통제하여 간다는 방책을 취했다.

다음으로 쓰시마 도주가 발행하는 문인(文引)이 있다. 이 제도는 1438년 경차관 이예가 쓰시마 도주와 약조하여 일본으로부터 도항하는 모든 선박에 대해서 쓰시마 도주로 하여금 선박의 대소, 사자, 선부의 숫자를 적은 문인을 휴대하도록 한 것에서 시작되었다. 이 문인제도에 의해 쓰시마 도주의 특권이 확립되었다. 그리하여 1440년대부터는 문인제도가 조선과 일본의 통교에서 가장 중요한 기능을 발휘하게 되었고, 도주는 문인발행권을 통하여 일본 측의 대조선통교권을 장악하게 되었다.

### 계해약조를 맺다

세견선정약은 1424년에 규슈 탐제에게 봄과 가을 2회의 견사를 허용한 것이 시초지만, 이를 제도적으로 확립한 것은 1443년(세종 25) 조선과 쓰시마 도주 간에 맺은 계해약조(癸亥約條)이다. 주된 내용은 쓰시마도주의 세견선을 매년 50척으로 한정하고, 삼포에 머무르는 자의 체류 기간을 20일로 하고, 상경인의 배를 지키는 자는 50일로 하며 이들에게도 식량을 지급한다는 것이다. 세사미두는 200석으로 하고, 특별한 사정이 있을 때는 특송선을 파견할 수 있도록 하며, 고초도에서 고기잡이하는 자는 지세포만호에게 문인을 받고 와서 어세를 내야 한다는 내용으로 되어 있다. 물론 쓰시마 도주의 입장에서는 지금까지는 마음대로 세견선을 보내왔기 때문에 불리한 것이기도 했지만, 조선 측의 통제책에 따르지 않을 수 없었다.

조선은 이렇게 통교 제도를 지속적으로 보완하고 정비하여 약탈자 왜구를 평화적인 통교자로 전환시킬 수 있었고, 각종의 규정을 두어 그들의 무제한적인 왕래를 제한했다. 그리고 모든 도항자는 사송선의 형식을 취하게 했다. 도항자의 우두머리는 야인(여진족)이나 류큐 사절처럼 상경하여 경복궁에서 국왕에게 조례를 행했고, 교역은 진상과 회사의 형태로 이뤄졌다. 이러한 제규정은 1443년 변효문 통신사를 통해 쓰시마 도주와 계해약조를 체결하게 함으로써 완성했다.

조선은 이 같은 과정을 통해 고려 말부터 한반도를 약탈해왔던 동아시아 해역의 왜구 문제를 해결해갔다. 이후 『조선왕조실록』에서 왜구 약탈 기사를 찾을 수 없다.


## 3. 공존의 장(場), '재팬타운' 삼포

### 왜인들이 몰려오다

조선 전기 조선에 온 일본인이 얼마나 되는지 정확한 수는 알 수가 없다. 그러나 『조선왕조실록』에 기록된 통교자에 관한 기록을 도표화하면 통교 횟수가 4,800여 회에 이른다.

이 통계는 연도에 따라 큰 변화가 있다. 조선 전기 200년간 연평균 24회 이상 왕래했고, 가장 빈번했던 성종대(1469~1494)에는 연평균 58회에 달했다. 한 예로 1439년(세종 21) 예조에서 쓰시마 도주에게 보낸 서계에 의하면, 한 해에 조선에 오는 일본인이 1만 명이나 되었고, 그들에게 지급한 쌀이 거의 10만 석에 이르렀다고 한다. 또한 1471년에 편찬된『해동제국기』의 기록을 보면, 한 해에 입국한 선박 수가 220척이나 되고, 입국 왜인 수가 5,500명 내지 6,000여 명, 순수한 접대비만 해도 2만 2,000석에 달했다.

조선 전기, 일본 각지에서의 통교 횟수

| 연도<br>지역 | 1392~1419 | 1420~1443 | 1444~1471 | 1472~1510 | 1511~1592 | 계 |
|---|---|---|---|---|---|---|
| 막부 | 14 | 7 | 12 | 11 | 26 | 70 |
| 혼슈·시코쿠 | 44 | 43 | 91 | 143 | 26 | 347 |
| 규슈 | 94 | 178 | 184 | 370 | 19 | 845 |
| 히젠·이키 | 112 | 91 | 355 | 605 | 3 | 1,166 |
| 쓰시마 | 155<br>(35%) | 492<br>(60%) | 607<br>(48%) | 1,056<br>(48%) | 75<br>(50%) | 2,385<br>(49%) |
| 기타 | 13 | 7 | 5 | 2 | 2 | 29 |
| 계 | 432 | 818 | 1,254 | 2,187 | 151 | 4,842 |

한문종,「조선전기 대일외교정책 연구」

'재팬타운' 삼포

1426년, 염포(울산)·부산포(부산)·제포(진해)의 삼포 제도가 정비되면서, 조선에 도항해 오는 모든 왜인들은 이 세 곳의 항구를 통해 조선에 입항했다. 이들 왜인은 입항 목적에 따라 사송왜인(使送倭人), 흥리왜인(興利倭人), 항거왜인(恒居倭人)으로 분류한다.

사송왜인은 사자의 명칭을 띠고 도항해 오는 자를 말하며 객왜(客倭)라고도 했다. 흥리왜인이란 무역을 위해 도항해 오는 자를 말하는데 상왜(商倭) 또는 판매(販賣)라고 했다. 또한 왜구로 침입하여 귀순하거나 처음부터 귀화를 목적으로 도항해 오는 왜인이 있었는데, 조선에서는 이들에게 토지나 가옥을 주어 조선에 안주하게 했다. 이들을 항왜(降倭), 투화왜(投化倭) 또는 향화왜(向化倭)라 불렀는데, 모두 조선에 눌러 살았으므로, 항거왜인이라 했다.

그러나 항거왜인의 수가 급증하자, 조선에서는 쓰시마 도주에게 삼포 왜인을 쇄환할 것을 촉구했고, 도주는 자기 관하의 60명을 제외하고 쇄환하겠다고 답해왔다. 이어 조선에서는 도주의 협력 하에 제포에서 253명, 염포에서 96명, 부산포에서 29명, 총 378명의 왜인을 쓰시마에 송환했고, 나머지 206명은 체류를 허가했다. 그러나 삼포인구는 1466년 1,650명, 1475년 2,300여 명, 1494년 3,105명으로 계속 증가했다.

이들 항거왜인들은 삼포에 흥리왜인이나 사송왜인의 체류 공간인 왜관과는 별도로 왜인 마을을 형성하여 항구적인 왜인촌으로서의 거주 공간을 확보했다. 오늘날로 치면 가히 '재팬타운'이라고 부를 만하다. 이렇듯 1426년 삼포 제도가 확립되면서, 1510년 삼포왜란에 의해 폐쇄되기까지 80여 년간 소위 '삼포시대'가 전개되었다. 삼포가 조선의 '재팬타운'으로 존재한 것이다.

1471년 신숙주가 편찬한 『해동제국기』는 일본 역사를 기록한 「일

동래부산포지도       웅천제포지도       울산염포지도

본국기」,「유구국기」 및 사신 접대에 관한 「조빙응접기」 등으로 구성되어 있는데, 책머리에 〈해동제국총도〉, 〈일본본국도〉 등 여섯 장의 일본 지도와 〈웅천제포지도〉, 〈울산염포지도〉, 〈동래부산포지도〉 등 삼포 지도 세 장을 수록했다.

이 가운데 〈웅천제포지도〉를 보자. 지도의 중앙 부분에 이엉지붕을 얹은 집들이 촌락을 형성하고 있다. 촌락의 위치는 현재의 진해시 제덕동 괴정리이다. 왜인촌의 오른편 산기슭에는 네모의 틀 속에 절 이름이 쓰여 있는 사각형 모양이 11개나 그려져 있다. 지금은 밭으로 변했지만, 원래 절터였다. 왜인 마을 북쪽 정중앙에는 왜관이 표시되어 있다.

왜관 터는 현재 돌로 된 기단이 2층으로 되어 있어, 그 위에 꽤나 큰 건물이 있었음을 짐작케 한다. 왜관은 왜인촌의 대표가 거주하던 관사였고, 사송왜인이나 흥리왜인들이 무역이나 외교 업무를 보던 곳이므로, 왜인촌의 중심지이다.

왜관에서 조금 왼편 위쪽으로 고개가 있는데, 웅신현(熊神峴)이다. 고개 앞에 '양(梁)'이라는 표기와 건물 구조가 그려져 있는 것을 보면, 이곳이 웅천과 제포의 경계로 왜인들의 출입을 단속했을 것이다. 또 영청(營廳)이 있는데, 경상우수영이다. 현재의 제덕리이며, 주변으로 제포성의 성벽이 남아 있다. 현재 이곳은 모두 모두 매립되어 아파트가 들어서 있다. 1997년부터 2년간 부산 동아대박물관에서 제포만 일대를 수중 발굴했는데, 당시 배가 출입하던 통로에 수중 목책이 설치되었음이 확인되었다.

웅신현 고개를 넘어서 북쪽으로 가면, 웅천읍성이 있다. 현재의 성내동에 해당되는데, 지도의 웅천관(熊川官)이다. 직사각형의 성으로 주위가 3,514척이다. 1991년에 이곳을 조사한 진해시의 『웅천읍성보고서』에 의하면 남북 약 335m, 동서 약 235m의 직사각형으로, 북쪽의 성벽은 국도 2호선에 의해 소실되었으나 동쪽과 서쪽의 성벽은 거의 완전하고 남쪽 성벽은 일부만 남아 있다. 지도 아래쪽의 육지는 거제도로 지세포, 옥포, 영등포는 모두 수군만호(水軍萬戶)의 소재지이다. 옥포에는 현재 대우 옥포조선소가 있다.

이 〈웅천제포지도〉를 보면, 제포 왜인촌은 웅신현 너머 포구를 중심으로 촌락을 형성했는데, 그 출입로는 웅신현으로 통제하고, 주변을 웅천읍성, 경상우수영청, 3개의 수군진으로 둘러싸고 있다. 조선의 경계가 얼마나 삼엄했는가를 짐작할 수 있다. 『해동제국기』는 편찬 당시 제포 왜인촌에 거주했던 항거왜인의 수를 호수는 308호에 인구는 남녀노소 합하여 1,722명이라고 적고 있다.

삼포는 세 곳 모두 유사한 지형 조건을 가지고 있다. 바다가 육지 안으로 들어간 곳에 포구가 위치하고, 내륙으로 통하는 중요한 위치에 영청이 위치하여 통제하고 있으며, 그 길은 또 가까운 읍성을 지나가고 있다. 배가 정박하기에 좋을 뿐만 아니라, 치안과 국방도 충분히 계산에 넣은 입지 조건이다.

삼포에 있던 왜인들은 어떤 생활을 했을까. 사송왜인과 흥리왜인들은 그 우두머리들이 상경하여 조선의 왕을 알현하고 돌아오는 동안, 삼포에서 무역을 했다. 상경 왜인들에게 상경 및 동평관 체류 기간이 정해졌던 것처럼, 이들도 등급에 따라 왜관에 머물 수 있는 기간이 정해져 있었다. 또 상경 왜인들과 마찬가지로 삼포에 남았던 왜인들에게도 체류 기간의 모든 비용이 조선 정부에 의해 지급되었다. 국왕사는 체류 기한에 제한이 없었지만, 거추사는 상경 전에는 15일, 상경했다가 돌아온 후에는 20일로 기한을 정했다. 또한 사송왜인과 흥리왜인들에게는 도항 이후 조선에 체류하는 동안 선박 수리 지원 등을 비롯해 필요한 모든 물자를 제공했다. 이는 조선 측으로서는 경제적으로 상당한 부담이 되었다. 한 예로, 1490년부터 3년간 삼포에서 쓴 비용이 4만 500여 석이라고 한다.

삼포에 체류하는 왜인들의 일상생활에 대해서는 『태종실록』에 다음과 같은 기록이 있다.

부산포에 와서 거주하는 왜인이 혹은 상고(商賈)라 칭하고 혹은 유녀(遊女)라 칭하면서 일본 객인과 흥리왜선이 정박하면 서로 모여서 지대하고 남녀가 섞여 즐기고, 다른 포에 이르러 정박하는 객인도 또한 술을 사고, 바람을 기다린다고 핑계하고 여러 날 날짜를 끌면서 머물러 허실을 엿보며 난언하여 폐단을 일으킵니다.

(『태종실록』, 18년 3월 임자)

포소에는 장사꾼들을 상대로 한 유녀까지 있었음을 알 수 있다. 이 유녀들은 항거왜인에 포함된 인원일 것이다. 이처럼 항거왜인들은 사송왜인이나 흥리왜인을 상대로 접객이나 상행위를 했고, 그 외에는 농업이나 어업에도 종사했다.

온천욕을 즐겼다는 기록도 보인다. 부산포의 왜인들은 동래온천, 제포의 왜인들은 영산온천을 즐겼는데, 실록에는 왜인들의 온천 이용에 대해 언급하고 있다.

왜인들이 (온천에) 목욕하러 오는 자는 그 지방에서 조치하게 하는데, 만호로 하여금 그 질병의 경중을 보아서 중하면 5일간 유하게 하여, 목욕이 끝나면 즉시 도로 돌려보내게 하고, 거짓말로 병을 핑계하여 속이고서 서계를 받아 가지고 오는 자는 서계와 예물을 모두 돌려주고 받아들이지 말도록 하소서.

(『세종실록』, 22년 정월 임술)

일본인의 온천을 좋아하는 습관은 예나 지금이나 마찬가지였던 듯하다.

그뿐만 아니라, 삼포 지도를 보면 포소 내에는 절도 14개나 있고, 승려도 55명이 거주하는 것으로 되어 있어, 일상적인 종교생활도 하고 있었음을 알 수 있다.

항거왜인들은 흙으로 벽을 쌓고, 이엉으로 지붕을 덮은 집을 짓고 살았다. 땅은 좁고 사람은 많았기 때문에, 집이 물고기의 비늘같이 촘촘히 들어서 있어 불이 나면 곧장 번지고 말았다. 1474년 정월, 화재가 발생했다는 보고를 접한 신숙주는 만호영이 촌락과 붙어 있고, 벽도 없기 때문에 관청의 모습을 갖추고 있지 않을뿐더러 연소될 위험이 있으므로, 주위를 장벽으로 둘러싸고 문을 설치하기를 별도로 청하기도 했다.

### 한양으로 가는 왜인들

삼포에 입항하는 왜인들은 배 한 척마다 기본적으로 정관, 부관, 선장, 선부로 인원을 구성했다. 현대적인 표현으로 비유하자면 정관은 외교사절단장, 부관은 무역책임자인 셈이다. 도항 왜인들이 삼포에 입항하면 정관은 왜관에서 입항 수속을 했고, 수속이 끝나면 예조에서 파견한 경통사와 향통사의 안내를 받아 한양으로 상경했다. 그리고 나머지 사람들은 부관의 통솔 하에 무역을 행했다. 사절의 등급에 따라 정해진 상경 인원은 국왕사자 25인, 여러 추장의 사자 15인, 규슈 절도사와 쓰시마 특송사자는 각 3인인데, 짐이 5바리[馱]가 넘으면 1인을 추가할 수 있지만 5인을 초과하지 못하도록 했다.

상경이 허락되면, 이들은 정해진 상경로를 통해 한양으로 갔다. 상경로는 크게 육로와 수로가 있었다. 수로는 낙동강과 한강을 이용했고, 14일에서 21일이 걸렸다.

상경 중에 상경 왜인들을 위한 연회를 베풀었는데, 이를 노연(路宴)이라고 한다. 노연 역시 사신 등급에 따라서 각기 차이가 있었다. 국왕사의 경우는 다섯 번, 제추사에게는 네 번, 규슈 절도사 및 쓰시마 도주의 사절에게는 두 번, 그 외는 한 번의 연회를 베풀어 여행의 피로를 달래주었다. 그러나 이들 상경 왜인 때문에 민중이 겪는 고통과 부담도 적지 않았다.

조선시대에 외국의 사신이 한양으로 들어오는 경우, 왜인은 반드시 광희문(光熙門)을 통해서 입경하도록 되어 있었다. 따라서 왜인들은 광주에 이르게 되면 두무깨(豆毛浦: 현재의 옥수동)나루로 한강을 건넌 다음, 살곶이다리를 건너 지금의 왕십리를 거쳐 시구문으로 알려진 광희문을 통해 도성 안으로 들어왔다.

한양에 입경한 왜사들은 일단 왜인들의 전용 숙소인 동평관(東平館)에 여장을 푼다. 당시 한양에는 입경하는 외국 사신을 위한 여러 객사(동평관, 태평관, 북평관)가 있었는데, 왜인들은 동평관에 묵었다.

동평관은 1409년 2월에 처음 지어졌다. 18세기에 그려진 〈수선전도(首善全圖)〉를 보면, 한양의 남부 낙선방 왜관동(倭館洞)에 위치해 있었다. 현재의 중구 인현동 2가 192번지 일대로, 충무로4가 파출소 북쪽에서 덕수중학교 앞에 이르는 중간 지점이다.

왜인들의 동평관 체류 기간은 짐의 양에 따라 정했고, 대개 한 달

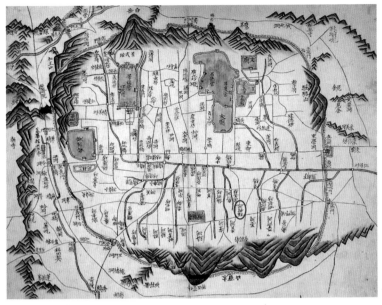

수선전도의 왜관동(서울역사편찬원)

이내였다.

상경한 왜인들은 그들의 상경 목적이 끝날 때까지 동평관에서 지냈다. 머무는 동안 조선 측에서 정한 규율에 따라 행동이 제한되었음은 물론이다. 동평관에 머무는 왜인들은 조선으로부터 5일에 한 번씩 식량과 연료 등을 무상으로 지급받았다. 이들에게는 예조에서 정해진 규정에 의해 연회를 베풀어주었으며, 3일에 한 번씩은 주간에 술대접을 했다.

숙배일에는 경복궁 근정전 앞뜰에서 국왕을 배알했다. 국왕에게 숙배할 때는 조선에서 하사한 관복을 입고, 사절의 등급에 따라 정해진 위치에서 알현했다. 일본국왕사와 유구국왕사는 종2품 서열이었다. 숙배가 끝나면 가져온 물건들을 진상했다. 조선에서는 회사의 형식으로 하사품을 주고, 경회루에서 연회를 베풀었다. 연회가 끝나면, 동평관으로 돌아가서 예조와 미리 약조된 공무역을 했다. 동평관에서 정해진 체류 기일이 지나면 길을 되돌아 삼포로 돌아가는데, 역시 정해진 규정에 따라서 환송연으로 하정(下程)과 별하정(別下程)이라는 연회를 열어주었다.

조선 정부는 무슨 이유에서 이렇게 많은 왜인을 상경시켜 복잡한 절차와 비용을 들여 이들을 접대했을까. 왜인들이 상경하여 행하는 가장 큰 의식은 역시 국왕을 알현하고 숙배하는 일이었다. 이것은 중국에서 한대 이후 일반화된 조공과 같은 성격을 가진 것이다. 숙배는 왜인이나 여진인이 조선에 취하는 외교적인 신례(臣禮) 행위로, 조선에 복속한다는 의미를 지닌다. 조선에서는 명을 제외한 주변국에는 교린 정책을 취해 왔는데, 일본의 막부 쇼군과는 조선 국왕과 대등관계를 맺었지만, 그 외 일본의 여러 세력과 류큐, 여진에 대하여는 기미관계라고 하는 조선 우위의 특수한 관계를 설정했다.

따라서 조선과 통교무역을 원하는 모든 자에게 조선이 정한 규정에 따라서 입국하여 국왕을 알현하는 외교적인 절차를 밟게 함으로써, 조선을 대국(大國)으로 섬기는 자세를 취하게 했다. 특히 수직왜인의 경우는 연 1회 삼포를 통해 조선에 입국하여 상경한 후, 조선 국왕을 알현하는 것을 의무화했다. 그리고 반드시 이 절차에 따라야만 공무역을 할 수 있도록 허락했다. 따라서 이들은 공무역을 위해서라도 상경하여 국왕을 알현해야만 했다.

## 무역품의 종류

삼포에는 앞서 본 것처럼 많은 경우, 연간 5,000~6,000명, 많은 경우는 1만 명의 왜인이 왕래했고, 이들 대부분은 무역을 목적으로 했다. 당시 조선에서 일본으로 가져간 물품 중에는 목면이 가장 많았고, 그 외에 비단, 인삼, 호랑이와 표범 가죽 등과 불경 등이 있다.

당시 일본 각지에 많은 사찰이 세워졌는데, 일본국왕사와 영주들은 그곳에 안치할 대장경을 비롯한 경전류와 불화, 동종 등을 필요로 했다. 무라이 쇼스케[村井章介]의 연구에 따르면 1394년부터 1539년까지 불경을 청구한 횟수는 78회였고, 50질 이상의 대장경이 왜인들에게 하사되어 일본에 전해졌다고 한다. 그리고 이 중 상당수는 지금도 일본의 사찰에 보관되어 있다. 예를 들면 1482년 일본국왕사 에이쿄(榮弘)가 조선에서 받아갔던 대장경이 현재 도쿄 시내 조죠지[增上寺]라는 절에 소장되어 있다.

무역품 중 가장 많은 것은 목면인 면포였다. 당시 일본이 가져간 면포는 1475년에 2만 7,200필, 1488년 여름에는 3개월 사이에만 10만 필이었다. 1523년 일본국왕사는 10만 필, 1525년 일본국왕사는 8만 5,000필, 1542년 일본국왕사는 6만 필을 한 번에 가져갔다. 일본에서 조선산 면포가 따뜻하고 감촉이 좋은 고급 의류 소재로 선호되었기 때문이다.

그러나 조선의 면포 생산에도 한계가 있어서, 1467년에 공납된 면포는 20만 필에 지나지 않았다. 생산량이 늘어난 1458년에도 72만 필에 지나지 않았기 때문에 일본 사절에게 주는 면포를 어떻게 줄일 것인가가 조선 조정의 골칫거리였다. 그러던 중에 1550년 무렵부터는 일본에서도 목화 재배가 가능해져 면포가 생산되기 시작했지만, 18세기 중엽까지도 해마다 수만 필의 면포를 조선에서 수입해 갔다.

반면 일본으로부터 조선에 제일 많이 들여온 물품은 구리였다. 예를 들면 1428년 쓰시마에서 2만 8,000근이 들어왔고, 1489년 거추사였던 쇼니[小貳]의 사자가 2만 근을 가져왔다. 당시 조선에서는 놋쇠그릇이나 동전, 금속활자 등을 주조할 구리가 많이 필요했다. 또한 염료로 쓰이는 소목(蘇木), 활의 재료가 되는 물소 뿔인 수우각(水牛角), 화약 원료인 유황, 그리고 후춧가루 등이 일본을 통해 들어왔다. 이 중 수우각은 동남아산이고 후춧가루는 인도산으로, 왜인의 중계무역에 의해 조선으로 들어온 것이다.

### 삼포시대가 막을 내리다

양국 간에 무역이 호황을 이루면서 삼포에는 왜인의 수가 급증했고, 그에 따라 여러 가지 폐단이 발생했다. 1455년 7월, 경상도관찰사는 제포에 관한 보고에서 항거왜인들이 생선이나 소금을 판매한다는 구실로 웅천 백성과 빈번하게 왕래하면서, 서로 친해져 술이나 고기를 접대하면서, 야음을 틈타 밀무역이 늘고 있다고 보고했다. 결국에는 국가 기밀이 누출되는 일을 걱정하는 상태까지 된 것이다.

1426년 삼포 개항 당시 대략 30호로 약정했던 제포 항거왜인의 수는 1466년 300호에 1,200여 명이 되고, 1494년에는 347호에 2,500명으로 늘어났다. 포화상태에 이른 제포의 왜인들은 왜인촌을 벗어나 인근의 조선 마을로 뻗어갔다. 삼포가 비대해질수록 조선 측의 부담은 늘어만갔다. 1486년 11월에는 왜인에게 1년에 주어야 하는 면포가 50만 필이나 되어 감당하기 어렵다고 했고, 왜인들이 근처의 토지를 자꾸 점유한다고 했다. 심지어는 가난한 조선 농민들이 왜인의 고리대를 쓴 대가로 그들의 소작농이 되기도 했고, 이해관계에 의한 싸움이 잦아지고, 살인극까지 빚어졌다.

1506년 연산군의 뒤를 이어 중종이 즉위하자, 드디어 삼포에 대한 본격적인 통제가 실시된다. 통제의 계기가 된 것은 1508년 11월, 제포 근처 가덕도에서 왜인이 조선인을 피살한 사건이다. 이듬해인 1509년 3월에는 전라도 보길도에서 제주도 공마(貢馬) 수송선이 습격당하는 사건이 벌어진다. 이런 와중에 4월에 쓰시마 도주가 사망하자, 삼포의 왜인들은 조선의 통제에 반발하여 쓰시마섬과 연계해 난을 일으킨다. 1510년 4월 4일, 제포의 왜인들은 웅신현을 넘어 웅천읍성을 공격하여, 조선인 272명을 살해하고 민가 800여 호를 불태웠다. 4월 19일, 조선 관군에 의해 웅천읍성이 탈환되고, 왜군 300여 명을 참살하면서, 삼포왜란은 보름 만에 진압되었다. 그리고 곧바로 삼포가 폐쇄되었다.

1407년 부산포와 제포의 개항으로 시작된 삼포시대가 100여 년 만에 막을 내리고, 일본과는 외교관계를 단절하게 된다. 소위 '재팬타운' 삼포는 이렇게 해서 역사를 마쳤다.

삼포왜란에 의해 전면 폐쇄되었던 삼포는 1512년 제포 한군데만 다시 개방되었고, 1521년 부산포가 추가되어 두 곳이 운영되다가, 1544년 사량진왜변에 의해 다시 폐쇄되었다. 1547년 정미약조에 의해 부산포 왜관은 재개되었으나 규모가 가장 컸던 제포 왜관은 완전 폐쇄되고 부산포 왜관이 조선에서 가장 크고 유일한 곳이 되었다. 조선 정부는 경상좌수영, 동래부사, 부산첨사가 있는 동래가 왜관을 통제하기에 웅천의 제포보다 지리적으로 낫다고 판단했다.

이후에도 한양의 동평관과 부산포 왜관은 일본과의 공식적인 통교 루트로서 운영되었으나, 1592년 임진왜란이 일어나면서 일본과의 모든 관계는 단절되었다. 일본의 침략으로 두 나라가 전쟁 상태에 빠져들고 말았다.

제2장

# 전쟁과 평화

## 1. 임진왜란, 불구대천의 원수

### 조선을 침략하다

1592년 4월 13일, 일본은 15만 8,000명의 침략군을 9개 부대로 편성하여 부산 동래를 침범했다. 일본군의 침략 당시 모습은 육군사관학교 육군박물관에 소장된 〈부산진순절도(釜山鎭殉節圖)〉와 〈동래부순절도(東萊府殉節圖)〉에도 잘 묘사되어 있다. 100년 이상 전국시대를 겪으며, 전란 속에서 단련된 일본군의 조직력과 철포대의 위력 앞에 조선군은 대응 한번 제대로 못 하면서 무너졌다. 일본군의 침략 소식을 접한 조선 조정은 이일과 신립을 도순변사로 임명하여 전선에 출동시켰으나 이일은 상주에서 패하여 도망갔고, 신립도 충주에서 패배해 순절했다.

충주에서 신립이 패전했다는 보고가 들어오자, 조정에서는 난을 피해 왕의 파천을 논의했고, 그동안 미루어왔던 광해군의 세자 책봉을 단행했다. 결국 일본군의 진격을 막을 수 없었던 상황에서 선조는 4월

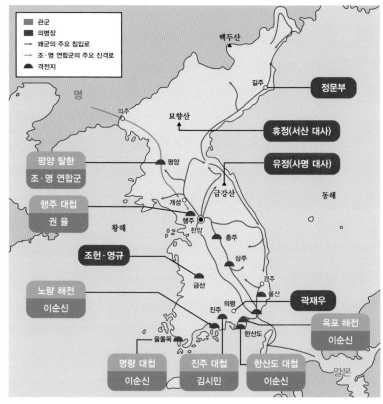

임진왜란 전황도

30일, 한양을 떠나 피란길에 올랐다.

　5월 2일, 고니시 유키나가[小西行長]의 제1군이 동대문으로 입성했고, 뒤이어 3일에는 가토 기요마사[加藤清正]의 제2군이 남대문으로 입성했다. 부산에 상륙한 날로부터 불과 20일 만이었다. 이렇게 빨리 일본군이 한양 도성에 입성할 수 있었던 데에는 조선 조정에서 미처 전쟁을 대비하지 못한 것에도 원인이 있지만, 무엇보다 조선 전기 200년 간 삼포를 통해 입국했던 일본인의 상경로가 그대로 일본군의 진격로 로 이용되었기 때문이다. 이러한 이유로 조선 후기에는 단 한 번, 1629 년 광해군 모친의 문상 때를 제외하고는 일본인의 상경은 일체 금지되 었다.

한양을 함락시킨 일본군은 개성에서 두 방향으로 나누었다. 고니시 의 제1군은 평양으로 진격하여 6월 16일 평양성을 점령했다. 그리고 제2군은 함경도로 북진하여 회령에서 임해군과 순화군 두 왕자를 포 로로 잡았다.

### 히데요시의 서한

규슈 나고야성에서 승전보를 접한 도요토미 히데요시[豊臣秀吉]는 승리에 취해, 금방이라도 바다를 건너와 조선을 거쳐 베이징에 들어갈 생각으로 아들 도요토미 히데쓰구에게 다음과 같은 서한을 보냈다.

조선의 한양이 이달 22일에 점령되었다. 이 때문에 나는 조선으로 건 너가는 일을 더욱 서두르고 있다. 이번에야말로 틀림없이 전 중국을 남 김없이 복종시킬 생각이다. 따라서 너는 중국의 관백으로 그 땅으로 건 너가거라.

세계를 나누어 가진 세 나라, 곧 일본·중국·인도 가운데 나에게 거 스르는 자는 아무도 없다. … 일본의 고요제이[後陽成] 천황을 중국의 수 도인 베이징으로 옮길 것이니, 그것이 실현되기를 바라는 까닭에 필요한 준비를 해주면 좋겠다. … 앞서 말한 것처럼 너를 중국의 관백에 임명한다. 그리고 조선 국왕의 자리에는 기후의 재상을 앉히게 될 것이다.

(루이스 프로이스, 『일본사』)

그러나 일본군의 초전 승리는 평양을 점령하기까지 2개월 정도였고, 이후 전쟁이 끝나는 1598년 11월 철병을 끝낼 때까지 내내 고전을 면치 못했다.

개전 초기에 조선 관군은 조직적인 저항도 못하고 일본군에 밀렸지만, 곧 각지에서 의병이 궐기해 일본군의 후방을 교란했다. 각 지방의 민중으로 구성된 의병들은 그 지방에서 영향력을 지닌 유생이나 양반, 또는 전직 관료가 이끌었다.

최초의 의병은 경상도 의령 지방에서 궐기한 곽재우 부대였는데, 이 부대는 점차 행동 범위를 현풍·창녕·영산으로 넓혀서 일본군의 보급로였던 경상 우로와 낙동강 수로를 차단했다. 이어 성주 지방에서 김면, 고령·합천 지역에서 정인홍 등이 의병을 일으켰고, 전라도에서는 고경명·김천일 부대가, 충청도에서는 조헌 등이 의병장이 되어 일본군에 대항했다. 또한 황해도 중심의 관서 지방에서는 서산대사, 강원도 중심의 관동 지방에서는 사명대사가 이끄는 승병이 궐기했다. 그리고 두 왕자가 붙잡힌 함경도에서는 정문부와 관민들이 합세하여 의병을 일으켜 경성을 수복하고, 길주·쌍포 등지에서 일본군을 격파했다.

무엇보다도 이순신 장군의 지휘를 받는 수군의 활약이 컸다. 일본군 육상부대의 목표는 평양에서 의주로 나아가 명을 공격하는 것이었는데, 그러기 위해서는 보급로 확보가 제일 중요했다. 의병 활동에 의해 육상 보급이 원활하지 못하게 되자, 해상 보급로를 모색할 수밖에 없었던 일본 수군은 남해를 돌아 서해안으로 북상하려고 했다. 그러나 개전 초기부터 이순신 함대는 거제도·옥포·합포·사천 등지에서 연전연승을 했고, 특히 1592년 7월 8일에는 한산대첩에서 와키자카 야스하루[脇坂安治]의 수군을 괴멸했다. 거북선을 이용한 진법과 거북선의 화포는 일본 수군의 전의를 상실케 했다. 그 결과 일본군은 황해를 통한 군수물자 보급이 불가능해졌다.

한편, 조선으로부터 원병 요청을 받은 명은 1592년 12월 말에 이여송(李如松)을 동정제독에 임명하여 4만 4,000명의 명나라 군을 조선에 파견했다. 이어 명과 조선의 연합군은 1593년 1월 8일, 평양성을 탈환하고 남진을 시작했다. 그러나 한양 부근 벽제관에서 일본군의 기습을 받아 참패한 이여송은 전의를 상실하고 개성으로 돌아가 버렸다.

당시 한양 부근에서 일본군에 치명적인 위협이 된 것은 행주산성에 주둔하고 있던 권율이 이끄는 1만 명이 안 되는 조선군이었다. 1593년 3월 14일에 3만여 명의 일본군이 행주산성을 포위하고 공격했으나, 산성 위에서 떨어지는 화살과 투석에 일본군은 패퇴했다.

조선의 추운 겨울과 식량 부족으로 곤궁에 처한 일본군은 전쟁을 계속할 전의를 상실하고 강화회담을 모색했다. 드디어 일본군은 4월 18일부터 한양에서 상주와 부산 방면으로 철수하기 시작했다. 일본군이 패퇴한 후, 한양의 모습은 참담하기 그지없었다. 명군과 함께 한양으로 돌아온 유성룡은 『징비록(懲毖錄)』에 다음과 같이 기록했다.

4월 20일, 한양이 회복되었다. 내가 명군을 따라서 성에 들어가 성안을 둘러보니, 유민들은 백에 한 명도 생존해 있지 않고, 남은 사람도 모두 굶주려 피골이 상접하고 피로에 지쳐 얼굴색이 귀신과 같았다. 때마침 햇살이 매우 뜨거워 여기저기 널려 죽은 사람과 말의 시체에서 나는 악취가 성안에 가득 차서 지나치는 사람은 코를 잡고 가는 상태였다. 공사(公私) 건물은 모두 무너지고, 다만 왜적이 머물고 있던 숭례문 동쪽부터 남산 기슭 일대만 조금 남아 있을 뿐이었다. 종묘와 삼궐 및 종루의 각사, 관학 등대로 북쪽에 있었던 것들은 흔적도 없이 잿더미만 남아 있었다. 나는 우선 종묘에 참배하고 통곡했다.

침략은 결국 1년 만에 원점으로 돌아갔는데, 일본군의 손실도 컸다. 예를 들면 1만 8,700명이었던 제1군 고니시 부대는 퇴각 시에 6,626명이 남았는데, 약 65%를 잃은 것이었다. 그러한 상황에서도 경상도 남안에 집결한 일본군은 전라도의 곡창지대를 확보하려고 1593년 6월 21일, 진주성을 포위하고 총공격을 개시했다. 치열한 전투가 벌어졌지만 진주성은 끝내 일본군에게 함락당했다. 당시 성안에는 6만~7만 명의 조선 군인과 민간인이 있었는데, 일본군은 이들을 모두 참혹하게 살해했다. 임진왜란 기간 중 최대의 전투였고, 가장 많은 사상자가 나왔다.

## 7가지의 강화 조건
진주성에서 전투가 있기 한 달 전인 1593년 5월, 명의 강화 사절이 고니시 유키나가의 안내로 도요토미 히데요시가 있던 규슈의 나고야 성에 도착했다. 당시 히데요시가 제시한 7가지의 강화 조건은 다음과 같았다.

① 명 황제의 공주를 일본 천황에게 시집보낼 것

② 감합무역(勘合貿易)을 부활시킬 것

③ 일·명 양국은 우호를 약속하는 문서를 교환할 것

④ 조선 팔도 중 한강 이북 4도와 한양은 조선에 돌려주고, 남쪽 4도는 일본에 할양할 것

⑤ 북쪽 4도를 조선에 돌려주는 대신에 조선의 왕자와 대신을 일본에 인질로 보낼 것

⑥ 포로로 잡은 두 왕자를 조선에 돌려보낼 것

⑦ 조선의 대신은 일본을 배반하지 않을 것을 맹세할 것

이러한 강화 조건은 명이나 조선에서는 받아들일 수 없는 내용이었다. 그러나 회담을 주선한 고니시와 명의 사절 심유경(沈惟敬)은 히데요시의 의사와 관계없이 강화를 성립시키고자 협상을 계속했다. 고니시는 자신의 심복을 명 사절에 동행시켜 베이징에 파견했는데, 강화의 7가지 조건이 명 정부에 전달되었다는 사실은 어디에서도 찾아볼 수 없다.

오히려 명에서는 1596년 8월, 명 황제가 히데요시를 일본 국왕으로 임명한다는 책봉사를 일본에 파견했다. 더구나 감합무역도 인정하

지 않는다고 통보했다. 동시에 명의 요청에 따라 조선통신사도 동행했다. 히데요시는 명의 책봉사 파견을 자신의 요구가 관철된 것으로 생각하고, 오사카성에서 명 책봉사를 향응하는 대연회를 베풀었다. 그리고 조선통신사는 조선 왕자를 인질로 동행하지 않았다는 이유로 만나주지도 않고 쫓아버렸다. 그러나 의도와는 다른 내용이 담긴 명의 책봉문을 확인하는 순간 히데요시는 화가 머리끝까지 치밀어 그 책봉문을 찢어 버렸다고 하는데, 그 원본은 현재 오사카시립미술관에 소장되어 있다.

결국 히데요시가 요구한 7개 강화 조건 중 성사된 것은 하나도 없었다. 3년간이나 계속된 강화 교섭이 수포로 돌아가자 히데요시는 재침략을 준비하기 시작했다.

### 정유재란과 양란의 종결

1597년 2월, 일본군은 조선에 잔류한 병력을 합친 14만 명을 제8군으로 재편성하여 재침을 단행했다. 이를 한국에서는 정유재란, 일본은 게이초의 역[慶長の役]이라고 한다. 정유재란에서 일본군이 주요 공격 대상으로 삼은 곳은 전라도 지역이었다. 임진왜란 당시 발을 들여놓지 못했던 지역으로, 전쟁에 필요한 식량을 확보하고자 전라도를 먼저 점령한 후 북상하는 계획이었다. 또한 한강 이남의 4도를 지배할 거점으로 왜성을 쌓도록 했다. 그리고 정유재란 때에 도요토미 히데요시는 전과 보고로 조선군의 코와 귀를 잘라 소금에 절여 보내라는 명령을 하달했다. 코베기 자료를 보자.

교토에 있는 귀무덤

판관은 대장이므로 머리를 그대로 보내고, 그 외에는 전부 코를 잘라 염석회를 써서 항아리에 가득 채우고, 남원의 50여 구획의 그림과 아뢸 말씀을 첨부해서 일본에 진상했다. 잘린 코의 수는 총 3,726개였다.

(오카와치 히데모토, 『조선물어(朝鮮物語)』)

당시 일본군은 조선에서 총 21만 4,700여 개의 코를 15개의 상자에 나누어 보냈고, 그것을 히데요시에게 보고한 뒤 장사를 지냈다고 한다. 지금도 교토에 가면 히데요시를 기리는 도요쿠니 신사가 있는데, 그 앞에 귀무덤인 미미즈카[耳塚]가 있다. 이것이 바로 정유재란 때 베어 간 조선인의 코와 귀를 묻은 무덤이다.

해가 바뀌어 1598년이 되면서 도요토미 히데요시의 병세는 급속히 악화되었고, 결국 8월 18일 모든 것을 도쿠가와 이에야스[德川家康]를 비롯한 휘하의 장수들에게 맡기고, 아들 도요토미 히데요리를 부탁하면서 숨을 거두었다. 히데요시는 임종할 때, 다음과 같은 시를 남겼다.

이슬로 떨어져 이슬로 사라지는 나의 몸일까. 나니와[難波] 일들은 꿈에 또 꿈인 것을….

그의 죽음은 정말로 꿈에 또 꿈을 쫓았던 허망한 인생의 종말이었다. 더구나 그의 뒤를 이은 도요토미 히데요리도 1603년 32세의 나이에 히데요시가 총애한 측실이었던 모친과 함께 오사카 성 뒤뜰에서 자살로 생을 마감했다.

도쿠가와 이에야스를 비롯한 장수들은 히데요시의 죽음을 비밀로 한 채, 일본군의 철수를 명령했다. 일본군이 철수하면서 가장 고전을 했던 곳은 전라도였다. 이순신 장군은 고금도에 진을 치고, 순천성에서 철수하는 고니시군을 기다렸다. 육상에서

오사카 성 뒷편의 히데요리의 자살터

는 조·명 연합군이 순천성을 포위하고 있었다. 일본군은 고니시군을 철수시키려고 거제도에서 500척의 배를 파견하여, 노량해협에서 일대 격전을 벌였다. 임진왜란 7년의 마지막 전투로, 이 노량해전에서 구국의 영웅 이순신 장군이 전사했다. 1598년 11월 18일이었다. 그 틈을 타서 고니시군은 탈출했고, 11월 26일 일본군의 마지막 부대가 부산에서 철수하면서 7년에 걸친 일본의 침략 전쟁은 막을 내렸다.

## 전쟁의 상흔

7년간에 걸친 무모한 침략 전쟁으로 인한 살육·약탈·방화·파괴의 상흔은 조선 전 지역에 치유될 수 없는 원한의 씨를 뿌렸다.

인적 피해의 경우, 임진왜란 당시 조선의 인구를 대략 1,200만 명 정도로 보고 있는데, 이 가운데 200만 명 정도의 사상자가 발생한 것으로 보고 있다. 그리고 전란 중 전국 328개 읍 가운데 182개 읍이 일본군에 의해 유린되어 전 국토의 절반 이상이 황폐화되었다. 인적 피해는 침략 당사자인 일본군도 만만치 않았다. 일본군은 2차에 걸쳐 약 30만 명이 동원되었는데, 거의 20만 명 이상의 손실을 입었다.

경제적인 피해도 엄청났다. 전 국토가 유린되는 가운데, 토지대장에 등록된 결수는 전전 150만 결에서 전후 50만 결에 지나지 않았다. 농토의 3분의 2가 유실되었다. 그뿐 아니라 문화재의 손실은 영원히 회복할 수 없는 재앙이었다. 한양의 경복궁, 창덕궁 등 모든 궁궐과 광화문에 있던 육조거리의 관청들이 불에 타 없어졌다. 지방에서도 불국사 등 많은 사찰과 문화재, 사고(史庫)가 소실되었다. 고니시군에 종군하여 한양에 1차로 입성했던 군승(軍僧) 덴케이[天莉]는 당시 경복궁의 모습을 다음과 같이 전하고 있다.

> 궁전은 모두 초토화되어 항우가 진나라 도읍을 불 질렀던 것처럼 되었다. 길옆에 물시계만이 화재가 난 후, 한 그루의 불에 탄 나무처럼 서 있을 뿐이다.
>
> (『조선일일기(朝鮮日日記)』)

경복궁의 웅장한 건물은 모두 불타버리고, 단지 돌로 된 물시계였던 보루각의 자격루만이 덩그렇게 서 있었던 모양이다. 서적이나 도자기, 미술품의 손실도 이루 헤아릴 수 없다. 현재 일본에는 50여 개의 조선 종이 있다. 조선 전기에 일본 사신들이 청해서 가져간 것도 있지만, 그중 상당수는 임진왜란 때 약탈된 것이다.

## 도자기 전쟁

문화재 약탈 가운데, 가장 주목할 부분이 도자기 약탈이다. 그래서 임진왜란을 도자기 전쟁이라고 하는 사람도 있다. 일본군은 계획적으로 조선에서 도공들을 납치해 갔는데, 제2군에 소속되었던 나베시마 나오시게[鍋島直茂]가 제일 유명했다.

조선에서 끌려간 도공들은 집단을 이루며 한곳에 살았다. 그 대표적인 지역이 나베시마 나오시게의 영지였던 규슈의 아리타[有田]였다. 이곳은 일본에서 최초로 조선인 도공에 의해 일본 백자가 생산된 곳으

아리타의 도조 이삼평 비

로 널리 알려져 있다. 아리타의 백자가 유명하게 된 까닭은 도자기 생산에 필요한 흙과 땔감, 물을 갖추고 있기 때문이다.

　16세기 중반, 일본에서는 와비차[侘び茶]라는 다도[茶道]가 유행했다. 이 때문에 임란 당시 일본에서는 고급 도자기에 대한 수요가 증가했고, 이것을 조선 도공들이 만족시켜주었던 것이다. 고려다완으로 알려져 있는 조선의 막사발과 같은 모양의 찻사발이 인기가 있었다. 상

품성도 대단해서, 아리타에서 생산된 도자기가 1651년부터는 네덜란드의 동인도회사를 통해 유럽으로 수출되면서 막대한 수입을 올렸다. 규슈 지역에서 만들어진 도자기는 이처럼 엄청난 경제력을 지닌 것이었고, 그 생산자는 전쟁에서 끌려간 조선의 사기장들이었다.

현재 아리타 주민 가운데는 마쓰모토[松本], 후루타[古田], 이와나가[岩永], 히사토미[久富] 등의 성씨가 많은데, 이들이 모두 조선인 도공의 후예라고 한다. 그중 대표적인 인물이 이삼평(李參平)이다. 이삼평은 1594년경에 공주 부근의 금강에서 일본에 납치되었고, 후에 일본 도자기의 시조가 된 인물이다. 나베시마에 의해 일본으로 끌려간 그는 가라쓰[唐津] 근방에서 도자기를 굽다가, 아리타에서 백자 생산에 필요한 흙을 발견하여 1605년경에 덴구다니요[天狗谷窯]를 만들었는데, 이것이 일본 자기의 시초가 되었다고 한다.

아리타에는 이삼평을 신으로 모신 도잔신사와 1917년 세워진 '도조 이삼평의 비(陶祖李參平碑)'라고 새겨진 기념비가 있다. '도조(陶祖)'는 도자기 시조라는 뜻이다. 규슈 지역에는 아직도 많은 조선도공의 후예가 그 맥을 이어 가고 있다. 남원 지역에서 끌려간 도공 심당길의 14대손 심수관(沈壽官) 씨도 대표적인 사례이다.

## 『동국신속삼강행실도』에 그려진 비극

임진왜란 당시 여성과 아이들이 겪은 수난 또한 최대의 비극이었다. 여성을 집단으로 성폭행한다든지, 죽이는 일이 다반사였다. 임진왜란 후에 순절자를 포상하기 위해 1617년(광해군 9)에 『동국신속삼강

동국신속삼강행실도의 김씨단두와 이씨단지(서울대 규장각)

행실도(東國新續三綱行實圖)』를 간행했다. 등재된 사례는 효자 67명, 충신 11명, 열녀 356명으로, 열녀의 수가 효자와 충신의 숫자보다 4배나 많다. 이것만 보더라도 여성들이 얼마나 많은 수난을 당했는지 가늠할 수 있다.

『동국신속삼강행실도』에 수록된 그림 가운데, 「김씨단두(金氏斷頭)」라는 그림에는 한 여인이 아기를 안고 있는데, 주변에서 왜군이 여인의 목을 베어 그 목이 마당에 나뒹굴고 있다. 또 「이씨단지(李氏斷肢)」는 이씨가 묶인 채로 사지가 잘린 모습을 그리고 있으며, 「배씨삼참(裵氏三斬)」은 왜군이 배씨부인의 몸을 세 동강을 낸 모습을 그리고 있다. 모두 무슨 말로도 형언할 수 없는 참혹한 모습이다.

나가사키에 인접한 곳의 일본인들은 포르투갈 사람들이 노예를 사고 싶어 한다는 사실을 알고 있었다. 그 때문에 상인들은 그들에게 조선 사람을 팔기 위하여 일본의 여러 지역을 돌아다녔을 뿐만 아니라, 조선인이 잡혀 있는 지역에서 그들을 구매하는 한편, 조선인을 포획하기 위해 직접 조선으로 갔다. 그리고 일본인들은 조선인을 포획하는 과정에서 많은 사람을 잔인하게 죽였고, 중국 배에서 이들을 포르투갈 상인에게 팔았다.

(1598년 9월 4일자 기록)

이렇게 잡아온 사람들 중에는 건장한 남자나 노약자보다는 아무래도 젊은 여인이 많았다. 일본 천주교에서 조선의 성녀로 칭송받고 있는 '오다 줄리아'도 끌려간 조선 소녀였다. 어린아이들도 많았는데, 베스트셀러 소설 『베니스의 개성상인』도 7세 때 일본군에게 끌려간 조선 소년이 노예로 팔려 이탈리아에 가서 상인으로 대성하는 이야기로, 조선인이 노예로 매매되었던 역사적 사실을 소재로 하였다.

임진왜란과 정유재란 7년간 이어진 일본의 잔혹 행위는 조선인에게는 지울 수 없는 일본인에 대한 이미지를 남겼다. 말 그대로 하늘 아래에서 같이 살 수 없는 원수, 이른바 '불구대천의 원수'로 각인된 것이다.

## 2. 통신사의 부활, 돌아온 평화

### 동아시아 삼국 상황

임진왜란이 끝난 직후의 삼국 상황은 매우 급박했다. 7년간의 전쟁으로 전 국토가 유린된 조선은 일본으로 끌려갔던 피로인의 쇄환 등 전후 복구가 급선무였고, 무엇보다 북방인 만주에서 여진이 성장하는 것에 대비하지 않을 수 없었다. 명은 무리한 군사 동원으로 군세가 지속해서 약화되었다. 이후 만주에서 여진(금)의 성장을 억제하지 못해 결국에는 청으로 왕조가 교체되는 결과를 가져왔다.

일본에서는 새 막부가 수립되었다. 새로 수립된 도쿠가와 막부는 국내 정치를 안정시키는 한편, 명이나 조선의 보복을 걱정하지 않을 수 없었다. 특히 전쟁으로 식량 공급의 줄이 끊어진 쓰시마의 경우, 조선과의 무역 재개는 섬의 사활이 걸린 문제였다. 따라서 삼국 모두 대외적으로 새로운 국제 질서를 만들려는 노력을 모색했다.

조선과 일본의 강화에 앞장선 건 쓰시마였다. 조선 국왕으로부터 매년 하사받던 쌀도 콩도 들어오지 않게 되고, 또 무역도 단절되었으니 조선과의 접촉을 서두르는 것은 너무나 당연했다. 쓰시마의 사신이 부산에 건너온 기록을 보면, 가장 빠른 것이 1599년 6월로 전쟁이 끝난 지 1년도 채 되지 않아서이다.

당시 쓰시마 사신의 서계는 도요토미 히데요시의 뒤를 이어 그의 아들이 쇼군직에 오른 것을 알리고, 명의 사신 5인과 조선 피로인 유오·정희득 등 15인을 송환한다는 것, 앞으로도 피로인을 송환하고자 하니 이 뜻을 예조판서에게 전해달라는 내용이었다. 이후에도 쓰시마에서는 10여 차례에 걸쳐 피로인을 송환해 오면서, 끈질기게 강화를 요청했다. 그러던 중 1603년 10월 사쓰마에 억류되어 있던 하동 유학 김광이 귀국했다. 김광의 송환은 쓰시마의 요청에 의해 도쿠가와 이에야스가 직접 허락한 것으로, 이에야스의 집권과 강화 의욕에 대한 내용을 직접 조선에 전달하기 위해서였다.

김광은 귀국 후 상소를 통해 일본의 동향을 전했다. 그 내용은 조선이 화호를 하지 않으면 일본이 재침할 가능성이 있다는 것이었다. 김광의 상소에 의해 국내의 동요가 적지 않았다. 당시 비변사에서는 김광의 상소를 심각하게 받아들여, 일본의 재침설과 화호 요구에 대한 진위를 확인할 사절단을 파견하는 것을 구체적으로 논의했다. 그리고 드디어 일본 국정도 탐색할 겸 사절을 파견하기로 결정했다.

그러나 사절 파견을 앞두고 명칭이 문제가 되었다. 왜냐 하면 '통신사'는 이전의 교린관계에서 파견되었으므로 더 이상 그 명칭을 사용할 수 없었다. 결국 사절 명칭은 적을 정탐한다는 의미의 탐적사(探賊使)로 했다. 그런데 아군과 적군을 의미하는 '대적할 적(敵)'이 아니라, 도적을 의미하는 '도적 적(賊)' 자를 썼다. 당시 일본에 대한 조선의 대일 감정이 여실히 드러나는 대목이다. 그리고 임진왜란 때 의병승으로 일본군과 싸웠고, 또 강화 회담의 경험이 있던 사명대사를 이 사절의 정사로 임명했다.

1604년(선조 37) 6월, 탐적사 일행이 쓰시마 도주 앞으로 보내는 예조참의의 서계를 휴대했다. 그리고 만약 쓰시마 측이 탐적사에게 막부에 가줄 것을 요구하면, 사행의 궁극적인 목적이 일본 국정을 탐색하는 것이었기 때문에, 못 이기는 척 하면서 동행하도록 지시했다. 이들은 1605년 3월, 교토에서 도쿠가와 이에야스를 만났고 4월에 피로인 3,000여 명과 함께 귀국했다. 귀국 후 쓰시마에서는 거듭 강화의 조속한 타결을 요청했다.

그러나 침략을 당했던 조선의 입장에서 일본의 강화 요청을 무조건 받아들일 수는 없었다. 그래서 조정에서 논의한 결과, 다음 2가지의 강화 조건을 요구했다. 첫째는 강화를 요청하는 쇼군의 국서를 먼저 보내오되, 쇼군의 호칭은 '일본 국왕'으로 할 것이었고 둘째는 임란 당시 선릉과 정릉을 도굴한 범인을 잡아서 보내는 것이었다.

### 명분과 실리

조선 측이 요구한 위의 2가지 강화 조건은 한일관계사에서 매우 중요한 의미를 갖는다. 첫 번째 조건에서 쇼군 명의의 국서를 먼저 보내오라는 것은 도쿠가와 이에야스가 전쟁에 참여하지는 않았어도 일본이 조선을 침략했다는 사실을 인정하라는 의미이다. 또 일본 국왕호를 사용하라는 것은 도쿠가와 이에야스가 일본의 최고통치자로 인정받으려면 명으로부터 책봉을 받아야 하며, 조선 국왕이 일본 국왕과 대등한 입장에서 강화를 하겠다는 것이다. 그것은 동시에 조일 양국의 강화를 통해 명을 중심으로 한 동아시아의 국제 질서를 다시 회복하겠다는 의미이기도 했다.

두 번째 조건은 왕릉 도굴범인 범릉적(犯陵賊) 소환이었다. 1592년 4

월 13일, 부산으로 침입한 일본군은 과거 일본 사신의 상경로를 이용하여 20일 만에 한양에 이르렀다. 그리고 한양에 주둔했던 일본군의 한 부대가 현재의 지하철 2호선 선릉역 부근에 있던 왕릉을 도굴했다. 선릉역에서 도보로 10분쯤의 거리에 2개의 왕릉이 있는데, 성종과 정현왕비의 선릉(宣陵)과 중종의 정릉(靖陵)이다. 당시 조선에서 범릉적의 문제를 제기한 것은 범릉 행위가 개인적인 범죄가 아니라, 조선이란 국가를 상대로 한 범죄인만큼 응징해야 한다는 의미를 가지고 있었다.

조선에서 제시한 2가지 강화 조건은 1606년 8월 전계신을 통해 쓰시마에 전달되었다. 그런데 이 조건은 의외로 빨리 받아들여져 불과 1개월 만인 9월에 도쿠가와 이에야스 쇼군의 국서와 범릉적인 쓰시마인 두 사람을 압송해 보내왔다. 조선에서는 제시한 두 조건이 예상보다 빠르게 실행되자, 의혹을 가지고 국서와 범릉적의 진위에 대해 논의했다.

국서는 개작된 것이었고, 압송된 죄인들도 진범임이 확실치 않았지만, 조선 측은 그것들이 거짓임을 알고 있었다. 그러나 조선의 요구가 관철되었다는 명분과 교섭의 주도권을 조선이 갖는다는 외교적인 실리를 취해, 당초 계획대로 사절을 파견하기로 했다. 하지만 사절단의 명칭을 통신사로 할 수는 없었다. 처음부터 일본의 진심이 미심쩍어 통신이라는 말을 사용할 수 없으니, 일부는 통유사(通諭使)로 하자는 제안도 했다. 선조는 인접국에 가르친다는 의미의 '유(諭)' 자를 쓰는 것은 적절치 않으니, 일본의 강화 요청에 회답하는 의미의 회답사(回答使)로 하자고 했다. 그런데 당시 조선의 실정에서 임란 때 납치된 피로인 송환 문제도 국내적으로 아주 중요한 과제였다. 결국 조선에서는 사신이 출발하기 불과 일주일 전에 사절단의 이름을 '회답겸쇄환사'로 결정했다.

### 회답겸쇄환사의 파견

1607년(선조 40) 제1차 회답겸쇄환사는 7년간의 임진왜란 종결과 강화를 목적으로 파견되었다. 정사 여우길, 부사 경섬, 종사관 정호관 이하 504명으로 구성된 일행은 1607년 1월 12일, 한양을 출발하여 부산에서 바다를 건너 쓰시마 – 이키 – 세토내해 – 오사카를 지나 요도가와[淀川]로 거슬러 올라갔다. 요도부터는 육로로 교토와 도카이도[東海道]를 거쳐, 5월 24일 에도에 도착하여 숙소인 혼세이지[本誓寺]로 들어갔다. 6월 9일 국서전명식을 행하고, 14일 도쿠가와 히데타다[德川秀忠] 쇼군의 회답서를 받고 에도를 출발하여, 슨푸에 들러 도쿠가와 이에야스를 만났다. 돌아오는 길에 후쿠오카의 아이노시마[藍島]에서는 항로를 변경하여 규슈 나고야[名護屋]에 들러 200여 명의 피로인을 쇄환했다. 그리고 이키와 쓰시마를 거쳐 부산에 도착했고, 7월 17일 한양으로 돌아왔다.

이 사행의 특징은 우선 사행원 가운데 임진왜란 때 투항한 항왜들이 십수 인 포함되었다는 점이다. 두 번째는 에도성에서 쇼군 도쿠가와 히데타다의 파격적인 환대를 받았다는데, 히데타다는 송별연에서 기쁨을 감출 수 없다며, 직접 젓가락을 들어 요리를 권했다고 한다. 아마 히데타다는 회답겸쇄환사에 의해서 두 나라 사이에 전쟁이 종결되고 강화가 이루어졌다는 사실을 충분히 이해한 것 같았다.

또한 귀국길에 사행의 임무를 충실히 수행하고자 각지에서 피로인을 송환하는 노력을 했고, 그 결과 1,418명을 쇄환했다. 그러나 일본 국왕호가 없는 회답서를 받아왔으며, 국왕의 명령 없이 철포를 구입했다거나 수행원이 밀무역을 하고 사신이 뇌물을 받았다는 이유 등으로 귀국 후 삼사가 처벌받기도 했다.

이 사행의 결과 일본 측은 조선 국왕으로부터 일본의 통일 정권으로 인정받음으로써 국내는 물론 국제적인 위용을 더하게 되었고, 조선과 다시 교린관계를 맺음으로써 조선과의 불화를 해소하고 동아시아 사회에 연계하여 국제적 고립을 벗어날 수 있었다. 한편, 쓰시마 도주는 강화 사절을 초빙한 공로로 규슈 내에 영지를 받고 이후 번주(藩主)가 되었다. 조선은 대일 평화로 의해 전쟁 복구와 재건에 전념할 수 있었고, 피로인의 쇄환으로 민심의 수습도 가능했다. 또한 대외적으로는 북방 여진족의 팽창에 대비할 수 있는 국방상 이점도 챙길 수가 있었다.

1617년(광해군 9) 제2차 회답겸쇄환사는 정사 오윤겸, 부사 박재, 종사관 이경직 이하 428명으로 편성했다. 1617년 5월 하순 한양을 출발하여 8월 21일 교토에 도착했다. 마침 쇼군 도쿠가와 히데타다가 교토에 체류 중이어서, 국서전명식은 8월 26일 후시미[伏見]성에서 행했다. 며칠 후 쇼군의 회답서를 받고 교토를 출발해 귀국길에 올랐다. 피로인 쇄환을 위해 아이노시마에서 히젠에 들렀다가 10월 18일 부산에 도착했다.

이 사행의 특징은 우선 교토에서 국서를 교환했다는 점이다. 처음에 일본에서는 히데타다의 혼인을 이유로 사절 파견을 요청했지만 조선은 전례가 없다고 거절했다. 그러나 도요토미 세력의 완전 멸망, 도쿠가와 이에야스의 죽음, 쓰시마 무역선의 정지 등 왜정을 파악하기 어렵다는 위기감에 의해 일본 국정 탐색의 필요성이 생기자 결국에는 도쿠가와 정권의 '오사카 평정 축하'를 명분으로 파견했다.

쇼군은 피로인 송환을 굳게 약속했지만, 정작 쇄환된 피로인은 321 명으로 전회에 비해 현저하게 줄었다. 일본이 내세운 이유에 의하면, 피로인들은 일본에 온 지 20년이나 되어 이미 모국어도 잊었고 이곳에서의 생활도 익숙해졌으며 일본 주군의 은혜 또한 잊기 어렵다는 것이었다. 또한 쇼군 회답서에 일본 국왕의 호칭이 없어 정사가 강력히 항의하여 국왕호를 쓴 쇼군의 회답서를 다시 받아 귀국했는데, 그 회답서는 나중에 밝혀졌지만 개작된 것이었다.

이 사행의 의의는 일본은 도쿠가와 이에야스의 죽음 이후 정정이 불안한 가운데 통신사를 요청하여 정권 강화에 이용했다는 것이고, 조선은 사절 파견을 통해 일본 국정을 탐색하여 도쿠가와 히데타다 정권이 안정되었으며 조선을 재침할 의사가 전혀 없다는 것을 다시 확인했다는 점에 있다. 그 결과 점차 고조되어가는 여진족과의 긴장에 대한 방책에 전념할 수 있게 되었다. 그리고 피로인 쇄환이 상당히 어렵게 되었다는 인식을 하게 되었다.

1624년(인조 2) 제3차 회답겸쇄환사는 '쇼군 습직 축하'의 명목으로 일본에 파견되었다. 쇼군 습직 축하를 명분으로 사신을 보내는 것은 조선 전기에도 전례가 있었고, 이괄의 난 이후 북방의 여진족 위협이 더욱 늘어났으며, 또 부산에 거주하는 일본인이 1,000여 명이나 되어 왜관을 둘러싼 쓰시마번의 움직임도 심상치 않았기에 조선은 일본에서 통신사 요청이 있자 서둘러 파견을 결정했다.

정사 정립, 부사 강홍중, 종사관 신계영 이하 460명으로 구성된 사절단이 8월 20일 한양에서 출발했다. 10월 2일 부산을 출항하여 12월 12일 에도에 도착했다. 12월 19일 에도성에서 국서전명식이 이루어졌고, 12월 24일 에도를 떠나 3월 24일 한양으로 돌아와 인조에게 복명을 했다. 이 사행도 '회답겸쇄환사'라고 칭했지만, 실제로 쇄환된 피로인은 146명에 그쳤고, 이로써 피로인 쇄환은 공식적으로 막을 내렸다.

이 사행은 일본에게는 새 쇼군 도쿠가와 이에미쓰[德川家光] 정권이 이웃 나라의 국제적 승인을 받아 정권 안정에 기여했다는 것, 조선에게는 인조 초기에 남북으로 불안한 대외 정세 속에서 왜관 문제를 해결함으로써 남쪽을 안정시키고 북방 대비에 전념할 수 있었으며, 피로인 쇄환 문제도 일단락 지었다는 것에 의의가 있었다. 이 사행의 파견은 조선의 입장에서는 지극히 국내 문제 해결의 연장선상에서 이루어진 외교 활동이었다.

임진왜란에 의해 강제로 피랍된 피로인 가운데 쇄환인원은 강화가 이루어지기 전에 7,000여 명, 강화 후 3차례의 회답겸쇄환사에 의해 1,885명으로 9,000여 명도 되지 않았다. 그후에도 쇄환은 계속되어 1636년에도 산발적으로 있었고, 전쟁이 끝나고 50년 가까이 지난 1643년에도 14명의 피로인 쇄환이 있었다.

## 국서 개작 사건

1607년 회답겸쇄환사의 파견과 1609년 기해약조에 의해 조일 관계가 회복은 되었지만, 이후에도 2차례의 회답겸쇄환사의 파견 때마다 국서 개작은 계속되었고 이는 결국 들통이 나고 말았다.

국서 개작의 가장 큰 이유는 '일본 국왕호' 때문이었다. 앞서 서술한 것처럼 일본 국왕호의 사용은 양국의 대등한 교린뿐만 아니라 동북아 국제관계에 중요한 의미를 갖는다. 즉, 조선에서는 쇼군이 명의 책봉을 받아야만 쓸 수 있는 일본 국왕호를 칭해야만 일본의 최고통치자로 인정하겠다는 것이다. 그래야 조선의 회답서에서도 일본 국왕을 칭함으로써 양국의 대등한 관계가 이루어지기 때문이다. 그러나 당시 일본은 명의 책봉을 받을 수 없었다. 그래서 조선의 이러한 요구를 쓰시마에서 국서 개작이라는 변칙적인 방법으로 해결했던 것이다.

임진왜란 이후 국서 왕래는 1607년 강화를 요청한 쇼군 국서부터 1624년 제3차 회답겸쇄환사 때의 쇼군 회답서까지 1회에 3건씩, 최소 9차례 이상으로 본다. 한 번 문서에 손을 대면 이전의 잘못을 감추기 위해 조작을 반복할 수밖에 없기 때문에, 국서 개작 또한 거듭되었다.

1607년 제1차 회답겸쇄환사인 강화 사절이 가지고 간 조선 국왕의 국서가 어떻게 개작되었는가를 보자. 제1차 회답겸쇄환사 부사였던 경섬의 『해사록(海槎錄)』에 수록된 국서와 일본 사료인 『외번통서(外蕃通書)』에 실린 국서를 비교하면 확연하게 개작된 부분을 확인할 수 있다.

두 사료의 국서를 비교하면, 원본에서 지워진 글자의 수는 총 24자이며, 새로 써 넣은 글자는 18자이다. 우선 서두에 조선의 국왕이 답신을 보낸다는 의미의 '봉복(奉復)'이 '봉서(奉書)'가 되었다. 봉복이란 먼저 서신을 받고 그에 대한 회답을 보낸다는 의미이고, 봉서란 먼저 글을 올린다는 의미이다. 조선에서는 먼저 쇼군 국서를 받았기 때문에 봉복이라고 했으나, 쓰시마에서는 이를 봉서라고 고쳤다. 이것은 앞의 도쿠가와 이에야스 국서가 진본이 아니었음을 뜻한다.

또한 국서 개작 예물의 품목과 수량을 적은 별폭에서도 이루어졌다. 『고사류원(古事類苑)』에 의하면, 조선에서는 1604년 탐적사의 예에 따라서 물건의 수를 간소하게 하였으나, 쓰시마의 관계자들이 조선 사신과 의논해서 예물을 추가했다고 한다. 그리고 개작된 국서에 사용한 조선 국왕의 인신(印信)은 쓰시마에서 위조했고, 국서 개작에는 조선 사절도 가담한 것으로 기록하고 있다. 그러나 조선 기록에는 쓰시마 측에서 개작된 국서를 원본과 바꿔치려고 몹시 애쓰는 모습을 발견할 수 있다. 국서 바꿔치기는 결국 사절단이 에도에 입성한 후, 쇼군을 알현할 즈음에 가서야 겨우 이루어졌다고 부사 경섬은 『해사록』에 기록했다.

국서 개작 사건은 쓰시마 번주 소요시나리[宗義成]와 그의 가신 야나가와 시게오키[柳川調興] 사이에 일어난 권력 다툼으로 폭로되었는데, 1631년 야나가와가 번주로부터 받고 있던 지행(知行: 조세징수권)과 세견선의 권리를 반납하면서 발생했다. 번주는 야나가와를 '불신(不臣)'으로, 야나가와는 번주를 '횡포(橫暴)'로 서로 막부에 고발했다. 막부에서 이 사건을 조사하기 시작했고, 그 과정에서 그동안 수차례에 걸쳐 자행된 국서 개작이 모두 폭로되었다. 이 폭로 사건을 일본에서는 '야나가와잇겐[柳川一件]'이라고 한다.

막부는 이 사건을 통해 대조선 외교체제를 개편하는 계기로 삼았다. 우선 사건의 처리 과정에서 쓰시마 번주의 지위를 확립시켜 줌으로써 대조선 외교를 쓰시마 번주 소씨[宗氏]로 일원화했다. 가신 야나가와는 사형시켰고, 외교 문서를 개작한 외교승 겐포[玄方]는 모리오카로 유배를 보냈다. 그리고 조선과의 통교에 관한 모든 일을 종전처럼 쓰시마에 일임하지 않고, 반드시 막부의 사전 지시를 받도록 했다. 이후 막부는 조선과의 외교 문서를 직접 취급하는 승려를 그해 10월부터 교토의 오산(五山)에서 2년 임기의 윤번제로 쓰시마 이테이안[以酊庵]에 파견하는 '이테이안윤번제'를 실시하게 되었다. 이로써 조선과 일본 사이에는 막부 쇼군 – 쓰시마 번주 – 동래부사 – 예조 – 조선 국왕이라는 외교의 지휘 계통을 확립되었다. 일본 학계에서는 이 시스템을 '대군외교체제(大君外交體制)'라고 한다.

### 통신사가 부활하다

국서 개작이 폭로되던 시기의 동아시아 국제 정세는 급박하게 돌아갔다. 조선은 1627년 정묘호란에 의해 여진족인 후금과의 사이에 '형제지맹'을 맺었고, 후금이 성장해 선양에서 청으로 국호를 바꾸고 베이징의 명을 공략해 들어가던 시기였다. 이러한 상황에서 조선은 국서 개작 사건의 진상과 일본의 새로운 대군외교체제의 진의를 살피지 않을 수 없었다. 그 결과 쓰시마의 요청만으로 전례에 없던 '태평 축하'

를 명목으로 사절 파견을 결정했다. 그리고 사절의 명칭을 통신사로 했다. 결국 일본과의 우호 교린과 국정 탐색을 위해 통신사를 부활시켰던 것이다.

일반적으로는 조선 후기 12회에 걸쳐 파견된 조선 사절을 모두 통신사라고 하지만, 정확히 말하면 초기 3회는 '회답겸쇄환사'였고, 1636년부터 1811년까지의 9회가 '통신사'였다. 통신사의 명칭은 조선에서는 앞에 간지를 붙여 '병자통신사', '임술통신사' 등으로 불렀고, 일본에서는 자기들의 연호를 써서 '형보통신사', '문화통신사' 등으로 불렀다.

1636년(인조 14) 병자통신사는 정사에 임광, 부사에 김세렴, 종사관에 황호를 비롯해 478명으로 편성했다. 일행은 1636년 8월 11일 한양에서 출발하여 10월 6일에 부산에서 출항했다. 에도성에서 12월 13일에 국서전명식이 있었고, 12월 30일 에도를 출발하여 이듬해 3월 9일 한양에 돌아와 인조에게 복명하고 임무를 마쳤다.

이 사행에서의 특이사항은 닛코[日光]에 있는 도쿠가와 이에야스의 묘소인 도쇼구[東照宮]에 간 것이다. 국서전명식 때에 도쿠가와 이에미쓰가 도쇼구 참배를 요청했는데, 삼사는 거절했으나 쓰시마 번주의 입장을 고려해서 도쿠가와 이에미쓰 쇼군의 회답서에 기록한다는 조건으로 수락했다. 도쇼구 치제는 이후 1643년, 1655년 통신사행 때에도 계속되었다.

쇼군의 새로운 칭호인 '대군(大君)'과 연호 사용도 문제가 되었다. 대군의 칭호를 조선 국서에는 요청해 놓고 자국의 회답서에는 쓰지 않은 것이다. 조선 측에서는 외교상 예의를 범한 것이라며 여러 차례 논쟁했지만, 노중의 답서에는 썼다는 점에서 양해가 되었다. 그리고 그동안 일본 국서에 썼던 연호는 명의 연호였으나 명이 쇠락해가는 상황에서 명의 책봉은 더이상 무의미하므로 문제 삼지 않기로 했다.

병자호란의 와중에서 시행된 통신사의 파견이었지만, 조선은 일본의 대군외교체제의 진의를 파악했고, 일본 국정을 탐색했다. 일본에 대한 불신은 여전했지만, 명 중심의 중화 질서가 무너져가는 상황에서 탈중화의 교린체제로 양국 관계를 새로이 시작한 시기였다.

### 탈중화의 교린체제

1636년 병자통신사를 계기로 개편된 교린체제는 일본과의 외교와 무역에 큰 변화를 가져왔다. 외교 면에서는 우선 일본에 보낸 국서와 서계의 양식이 변했다. 국서의 경우 1643년까지는 명의 연호를 쓰고 있으나, 1655년에는 간지만을 써서 연도를 나타내고 있다. 서계의 경우 1644년 12월까지는 명의 연호를 썼고, 1645년 정월부터는 간지만을 썼다.

현재 국사편찬위원회는 「대마도종가관계문서」로 1614년부터 1867년까지 조선에서 쓰시마에 보낸 각종 서계 9,442점을 소장하고 있는데, 1614년 4월의 서계(NO. 1)부터 1644년 12월의 서계(NO. 628)까지는 모두 명나라 연호를 썼고, 1645년 1월의 서계(NO. 629)부터 1867년 9월(NO. 9426)까지 모든 서계가 1건의 예외도 없이 명 연호 대신 간지를 쓰고 있다. 그 이유는 명이 멸망하여 계속해서 명의 연호를 쓸 수 없었고, 청의 연호는 적대감으로 거부했기 때문이다. 또한 청의 책봉을 받는 처지에서는 조선 스스로 독자적인 연호를 쓸 수 없으니 간지를 썼던 것이다. 간지 사용의 외교사적인 의미는 대일 외교가 청의 간섭을 받지 않고 독자적으로 행해졌으며, 청을 배제한 교린관계를 전개하고 있음을 보여주는 것이다.

또한 국서 개작 사건이 종결되면서 조선에서는 쓰시마 번주에게 '문위행(問慰行)'을 정례화했다. 문위행이란 예조참의 명의로 쓰시마 번주에게 파견하는 사절로, 번주가 에도참부를 마치고 돌아왔거나 후계자가 습직하는 경우 등에 위문을 명목으로 보냈다. 문위행은 조선 후기에 총 54회 파견했다. 통신사가 막부와의 우호관계를 위한 사절단이었다면, 문위행은 통교 실무자인 쓰시마 번주와의 관계를 위한 사절단으로 모두 조선의 중앙에서 직접 파견했다.

한편, 무역에서는 쓰시마에 대해 1637년부터 연례팔송사(年例八送使)를 정례화시키고, 겸대(兼帶) 제도를 실시하였다. 이는 외교권이 약화된 쓰시마의 입장을 교역 면에서 강화시켜준 것이다. 연례팔송사란 쓰시마에서 오는 모든 무역선을 8개의 사절단으로 나누어 매년 1, 2, 3, 6, 8월 중에 각각 순번에 따라 여덟 번 도항하게 하는 것이다. 겸대 제도는 별도로 세견선이나 특송선을 하지 않고 2월과 3월에 가는 팔송사에 겸대시켜 도항 절차를 간소화하는 것이다. 그리고 여덟 번의 사절단에는 반드시 1명씩 정관을 동승하도록 했고, 정관은 모두 예조와 동래부사 앞으로 보내는 서계를 지참하여 사절의 형식을 갖추도록 했다. 모든 통교자는 진상 사절의 형식을 갖추어야 교역이 허가되었기 때문이다.

한편, 이러한 조일 교린체제의 개편은 명청 교체기에 종래 명 중심의 중화적 교린체제에서 탈중화의 교린체제로의 길을 모색해나간 것을 의미하는 것이었다.

### 세력 균형의 외교 정책

1643년(인조 21) 계미통신사는 정사 윤순지, 부사 조경, 종사관 신유 이하 477명으로 편성했다. 2월 20일 한양에서 출발하여 4월 10일 부산에서 출항했으나, 정사선 등 배 3척이 풍랑을 만나 파손되어 되돌아왔다가 4월 24일 다시 출항했다. 전회의 노정대로 여행을 계속하여 7월 8일 에도에 도착하여 7월 18일 국서전명식을 가졌다. 그리고 닛코 도쇼구에도 다녀왔다. 계미통신사는 8월 5일 이에미쓰의 회답서를 받고 에도에서 출발하여 10월 29일 부산으로 돌아와 11월 21일 인조에게 복명했다.

이 사행의 특이사항으로는 일본이 전례 없이 쇼군 후계자의 탄생을 축하해달라는 목적으로 통신사 파견을 요청했다는 점이다. 조선에서는 이례적인 요청에 대해 영의정 이성구, 동래부사 정호서 등이 전례가 없다고 처음에는 반대했으나, 결국에는 최명길을 비롯한 수락론이 과반수를 넘어 통신사 파견을 수락했다. 그 이유는 청에 대한 견제와 일본에 대한 불안 때문이었다. 조선은 병자호란 이후 청과 새로운 사대관계를 맺었지만, 청을 배제하고 독자적으로 일본과의 교린관계를 유지하면서, 정기적으로 청에 보고하는 '왜정자문(倭情咨文)'을 이용하여 청·일 사이에서 외교 균형을 취해왔다. 이런 상황에서 일본이 전례 없는 요청을 했지만 조선의 외교적 실리를 위해서는 일본과 분란을 일으킬 이유가 없다고 판단했던 것이다.

이것은 조선의 안전을 주변 국제 세력의 균형에 의지하려는 방책이며, 청과 일본 사이에서 조선의 존재감을 높이는 것이었다. 전례 없던 '쇼군 후계자 탄생 축하'라는 명목의 사절 파견 요청에 조선이 응했던 이유는 이런 복잡한 국제 정세와 조선의 세력 균형 정책이 배경이 되었던 것이다.

## 제술관을 동행하다

1682년(숙종 8) 병인통신사는 정사 윤지완, 부사 이언강, 종사관 박경후를 삼사로 일행 473명이 5월 8일 한양에서 출발하였다. 6월 18일 부산에서 출항해서 에도에 도착한 것이 8월 21일이다. 8월 27일에 국서전명식을 하고, 9월 12일 에도를 떠나 11월 16일 한양으로 돌아왔다.

일본에서는 3대 쇼군 도쿠가와 이에미쓰가 사망했지만, 친자식이 없어 동생인 도쿠가와 쓰나요시가 쇼군직을 계승했다. 조선은 1680년 경신환국으로 당쟁이 본격화되었다. 중국에서는 오삼계난이 일어났고, 그 영향으로 원명항청(援明抗淸)의 논쟁이 일기도 했다. 이러한 상황에서 쓰시마로부터 통신사 요청이 왔다. 동생 도쿠가와 쓰나요시가 습직하여 쇼군직을 탈취한 것이 아닌가 의심이 들었지만 '쇼군 습직 축하'는 전례가 있었으므로 논쟁 없이 수락되었다.

이 사행의 특이사항은 통신사의 사행 중 조선인과 일본인 학자, 문인 간의 필담이 성행하기 시작했다는 점이다. 김지남은 사행록『동사일록(東槎日錄)』에서 일본인 중에 글과 그림을 구하는 자가 많았는데, 자신처럼 필력이 없는 사람에게도 종이를 쌓아놓고 요구하여 아주 고역이었다고 불평을 했다. 일본 각지에서의 이런 상황은 통신사와의 문화 교류에 대한 기대가 높아졌음을 보여준다.

중국과의 문화 교류가 불가능한 상황에서 중국 문화를 정통으로 접한 조선 문화와 접촉하길 간절히 원했던 것은 아닐까. 그래서인지 이 사행부터 별도의 제술관(製述官)이 동행했다. 제술관은 중국 사행에는 없는 특별한 직책으로, 당대 최고의 학문과 문장의 대가를 별도로 임명하여 삼사를 수행하며, 시문과 서화에 관한 일본인의 요청에 부응토록 했다. 이 사행에서는 성완이 제술관으로 동행했다.

## 대등한 외교관계를 구축하다

1711년(숙종 37) 기해통신사는 정사 조태억, 부사 임수간, 제술관 이방언 등 500명이 5월 15일 한양에서 출발했다. 그런데 5월 하순쯤 숙종 국서에 도쿠가와 이에노부[德川家宣] 쇼군의 이름자인 '선(宣)' 자가 있다며 일본 측에서 고쳐 써 달라고 하여 시간이 지체되었고, 7월 5일에야 부산에서 출항하여 11월 1일에 에도에서 국서전명식을 거행했다. 쇼군의 회답서는 11월 11일에 받았다. 그런데 이번 사행의 최대 분쟁인 범휘(犯諱) 사건이 다시 발생했다. 범휘란 국왕의 이름자를 사용하는 것으로, 쇼군의 회답서에 중종의 이름자인 '역(懌)' 자가 있었던 것이다.

정사 조태억은 처음부터 죽음을 두려워하지 않고 항의했다. 수일간 격론이 오갔으나 일본 측은 조선 국왕의 국서에도 3대 쇼군의 이름자인 이에미쓰[家光]의 '광(光)' 자가 있다고 하면서 변경할 의지가 없다고 했다. 결국 범휘 사건은 양국이 각자의 국서와 회답서를 고쳐서 귀국 중에 쓰시마에서 교환하는 것으로 막을 내렸다. 이 문제가 조선 조정과 일본 막부 간의 직접적인 충돌로 확대되면 그동안 쌓아온 양국의 우호 교린이 붕괴될 것이라는 인식이 작용했던 것이다.

　사실 이 사행은 시작부터 이례적이었다. 통신사가 일본에 가기 직전, 일본 측에서는 사전에 아무런 협의 없이 아라이 하쿠세키[新井白石]가 제안한 통신사 행례 양식의 변경을 통보해왔다. 쇼군의 호칭을 대군에서 국왕으로 바꾸고, 왕복 노정에서 통신사에 대한 접대를 5개소로 줄이고, 쇼군 후계자와 노중에 대한 서계나 예물을 중지하는 등 간소하게 할 것을 통보했다. 전례를 깨는 파격적인 조치였다. 일본에서는 대군은 조선에서 국왕의 적자를 가리키는 용어이므로 대등하지 않다고 주장했다. 여기에는 통신사의 접대 비용을 줄여보겠다는 계산이 또한 깔려 있었다.

　이 문제도 조선에서는 전례를 무시한 막부의 일방적인 결정이라는 반발이 극심했으나, 지난 사행의 정사 윤지완의 주장이 받아들여졌다. 그는 "일본이 처음에 국왕이라고 칭했다가 뒤에 대군으로 고쳐 조선도 따랐다. 그래서 지금도 국왕이라고 개칭하는 것을 금할 수 없다. 하쿠세키가 주장해서 조선이 따른다는 염려는 일의 성패를 두고 고려해야 하므로 고쳐 써서 가져가는 것이 좋겠다"라고 했다. 일본과의 관계를 현실적으로 직시한 현명한 주장이었고, 숙종도 이 의견에 수긍했다.

결론적으로 이 논의는 일본 측에서 변경을 알려온 방법과 수순에 반대하는 것이며, 국왕호의 호칭은 조선 측에서도 대등한 외교적 관계를 뜻하므로 환영하는 변경이고, 궁극적으로는 상대국의 입장과 양국의 우호 교린을 위해서는 받아들여야 한다는 것이다. 이러한 점에서 이 사행은 양국의 관계를 대등한 관계로 재설정하고 현실적으로 간소화하며 궁극적으로 양국 간의 평화를 지속해갔다는 점에 의미가 있다.

## 소통과 교류의 통신사

1719년(숙종 46) 기해통신사는 정사 홍치중, 부사 황선, 종사관 이명언을 포함한 475명이 1719년 4월 11일에 한양에서 출발하여 6월 20일에 부산에서 출항했고, 9월 27일 에도에 도착하여 아사쿠사의 히가시혼간지[東本願寺]로 들어갔다. 10월 1일에 국서전명식이 있었고, 10월 5일에는 마상재 공연을 하고, 10월 15일 에도를 떠나 12월 21일 쓰시마에 도착했다. 이후 부산을 거쳐 이듬해 1월 24일 숙종에게 복명하고 사행을 마쳤다. 그리고 청으로부터 일본 사정에 밝은 자를 선발하여 연행사에 동행하라는 요청이 있자, 왜학당상을 파견하여 당시 일본의 정세를 자세히 보고했다.

이 사행의 특이사항은 우선 통신사의 행례 양식을 1711년 이전의 양식으로 되돌렸다는 점이다. 쇼군의 호칭을 국왕에서 다시 대군으로 바꾸고, 쇼군 후계자와 노중에 대한 예물과 서계를 부활하고, 중도에서의 향응 제한도 폐지했다. 1711년의 행례 양식 변경이 쇼군의 권위와 일본의 존재감을 확립하려는 일방적인 조치였다는 일본 내의 자숙하는 분위기 때문이었다. 일본의 이러한 통신사 파견 요청에 대해, 조선은 흉작으로 국고의 세수가 감소하고 역병이 유행하여 국내적으로 어려운 상황이었지만 반대 없이 그대로 응했다.

한편, 조선에서는 일본의 일방적인 행례 변경과 분쟁을 우려하여 독자적으로 '자아서급절목(自我書給節目)'이라는 규약을 만들었다. 예를 들면 일본에서의 중도 체류 기간을 줄일 것, 통신사 수행원과 일본 측 인사 사이에 다툼이 일어나면 조선 측은 삼사가 처벌하고 일본 측 인사는 쓰시마번이 처벌할 것, 향응과 지공 등의 접대는 1682년의 예에 따를 것 등의 내용이었다. 일본과의 전통적인 대등호례(對等互禮)를 지키려는 조선의 의지를 드러낸 것으로 평가된다.

또한 일본에서는 통신사가 지나가는 여러 번에서의 접대와 향응이 구제도대로 이루어져 각지에서의 문화 교류가 활발했다. 제술관 신유한은 "우리나라의 시문을 구하려는 일본인은 귀천이나 현명한 자와 우둔한 자에 구별 없이 조선 문사를 신선과 같이 추앙하지 않는 자가 없고, 천리 길을 멀다 않고 숙소에 와서 기다렸다"라고 기록했다.

한 예로, 기해통신사는 오사카에서 10일 정도를 머물렀는데 이때 만든 필담창화집에는 100여 명의 일본 문인이 등장한다. 1711년에 250여 명이 나오는 것에 비하면 적지만, 오사카에서만의 통계이므로 엄청난 숫자임에 틀림없다. 여기에 등장하는 일본 문인들을 보면 막부 및 각 번의 고관은 물론 일반 문인뿐 아니라 10대 초반의 어린 동자도 많이 등장한다.

1747년(영조 23) 정묘통신사는 정사 홍계희, 부사 남태기, 종사관 조명채 등 477명이었다. 11월 28일 한양에서 출발했고, 이듬해 2월 12일 부산에서 출항하여 5월 21일 에도에 들어 갔다. 6월 1일 국서전명식을 하고, 6월 3일 마상재 공연을 한 다음, 6월 13일 에도를 떠나 윤 7월 12일 부산항에 입항하여 그달 30일에 국왕 영조에게 복명했다.

이 사행을 전후하여 조선과 일본 두 나라의 국내 사정은 좋지 않았다. 일본에서는 세금 징수가 확대되어 민란인 하쿠쇼잇키[百姓一揆]가 자주 일어났고, 조선에서는 역병이 돌고 기근이 심했다. 이러한 상황에서 일본에서는 쇼군 도쿠가와 요시무네가 노령으로 은퇴하고, 도쿠가와 이에시게에게 쇼군직을 물려주었다. 조선에서는 영조가 국왕으로 즉위했는데, 내정으로 탕평책을 써서 당쟁을 타파하고 법령을 정비하여 『속대전』을 발간하고 농정과 문치주의에 힘쓰는 한편, 외교적으로는 부경사(赴京使) 제도를 충실히 했고 일본과도 교린에 힘썼다.

예를 들면 1742년에 쓰시마에서 큰 화재가 일어나 도민이 기아에 빠진 것을 알고, 번의 요청이 있기 전임에도 불구하고 쌀과 인삼을 보냈다. 그리고 통신사 파견 요청에 대해서도 교린의 도는 전례를 중시한다는 원칙에서 수락했다. 사행 인원 또한 일본에서는 제번의 부담을 고려하여 350명을 요청했지만, 전례를 지킬 것을 주장하여 결국에는 477명으로 했다.

그런데 이 사행에서는 이전과 달리 사건 사고가 많았다. 와니우라로 들어가던 중 부사선에서 화재가 나서 십수 명이 상해를 입었다. 이때 선박과 예단이 소실되어 복선으로 부사선을 대체했고, 새로 보충선과 예물을 추가로 보내 도중에 합류하도록 했다. 그뿐 아니라 오사카에서 죄를 짓고 조선으로 도망쳤던 사람이 사행원으로 참가하여 사행 도중 오사카에서 자신의 이전 잘못을 사죄하고 보상하는 일도 있었다.

그렇지만 이 사행은 전반적으로 매우 호의적인 분위기에서 마무리되었다. 이 사행 전후 조선 측의 태도를 보면 일본에 대한 경계심은 여전했지만, 재침에 대한 우려나 적개심이 이전보다 완화되었음을 알 수 있다. 이는 조선통신사의 파견이 동아시아 외교 안정에 기여하고 교린의 기본인 평화와 우호를 실현했음을 보여주는 것이다.

1763년(영조 39) 계미통신사는 정사 조엄, 부사 이인배, 종사관 김상익을 비롯해 477명으로 편성했다. 이들은 1763년 8월 3일 한양에서 출발해 10월 6일 부산에서 출항했고, 이듬해 2월 16일 에도에 도착하여 히가시혼간지에 들어갔다. 2월 27일 국서전명식을 마친 후, 3월 11일 에도를 떠나 7월 8일 한양으로 돌아와 영조에게 복명했다. 조엄이 일본에서 고구마를 들여온 것은 잘 알려진 일인데, 바로 이 1763년 계미사행 때의 일이다.

이 사행만큼 힘든 사행은 없었다. 우선 사신의 편성부터 문제였다. 처음 임명된 정사 조명채가 유배를 당했고, 교체된 정산순 또한 일본행을 멀고 험하다고 기피하여 김해로 유배되어 결국 정사로 조엄이 다시 임명되었다. 나라에 기근이 심해 예단도 어렵게 마련되었다. 출항 후에는 선상 사고로 1명이 사망했고, 쓰시마에서는 중증 환자가 발생했으며, 아이노시마에서는 풍랑에 의해 배가 침수하고, 오사카에서는 소동 1명이 병사했다. 그리고 막부는 통신사행이 국서전명식에서 쇼군에 사배례하기를 요구했고, 전명식의 연향에서는 빈 잔을 받아 마시는 시늉만 하게 했다. 양식을 간소화하려는 의도였지만, 삼사들에게 굴욕감을 안겨주었다.

돌아오는 길도 순탄하지 않았다. 오사카에서 자살한 자가 있었고, 4월 7일에는 수행원인 도훈도 최천종이 쓰시마번 통사에게 살해당했다. 이 사건은 5월 2일 통신사 수행원 54명이 입회한 가운데 쓰시마번 통사의 참수로 막을 내렸다. 처음에 막부에서는 이 사건을 조선 조정에 정식으로 통보하려 했지만, 쓰시마번의 노력으로 사건은 더 확대되지 않고 어디까지나 사적인 다툼으로 처리하여 현장에서 수습이 되었다. 귀국 후 왕에게 복명하는 자리에서도 거론이 되었지만, 영조도 사적인 다툼의 범위 내에서 처리할 것을 명했다.

한편, 문화 교류는 여전히 성대히 이루어졌다. 문인들의 필담창화는 물론이고 화원들의 교류도 활발했다. 지난번 사행 때 화원 이성린과 오오카 슌보쿠[大岡春朴]의 경우처럼 이번 사행에서는 화원 김유성과 이케노 다이가[池大雅]의 만남이 있었다. 양국 지식인과 예술가들 간의 필담창화는 소통과 교류를 상징하는 유산으로 남았다.

### 마지막 통신사

1811년(순조 11) 신미통신사는 마지막 통신사였다. 행례의 형식이나 내용 면에서 모두 이례적이었고, 국서전명식이 에도가 아닌 쓰시마에서 이루어졌다. 이른바 '역지통신(易地通信)'이었다.

일본에서는 1787년 4월, 11대 쇼군 도쿠가와 이에나리[德川家齊]의 습직이 이루어졌다. 이에 따라 2년 후에 통신사를 파견하는 것이 전례였다. 그러나 막부는 통신사 파견 시기를 연기해 달라고 요청했다. 이유는 여러 가지였다. 당시 일본에서는 대흉작과 서민의 빈곤화가 계속되어 민란이 잦았는데, 이러한 시기에 막대한 재력을 기울여 통신사를 맞이하는 것이 곤란하다는 것이 일차적인 이유였다. 한 연구에 의하면 통신사를 접대하는 데에 드는 비용은 막부의 1년 예산인 100만 냥이었다고 한다.

막부의 결정에는 아라이 하쿠세키 이후에 싹트기 시작한 '조선멸시관'이 또한 작용했다. 특히 나카이 지쿠잔[中井竹山]은 역지통신을 추진한 노중 마쓰다이라 사다노부[松平定信]의 의견을 다음과 같이 말했다.

멀리 떨어져 있는 한인을 만 리나 항해하여 오게 하는 것은 경사스러운 일이다. 그러나 옛일을 생각하면 천년이나 속국이었던 소이(小夷)를 시세에 따라 인교를 맺고 예로 대하는 것은 있을 수 있는 일이지만 … 원래부터 보잘것없는 사절을 지금은 속국이 아니더라도 이렇게까지 천하의 재율(財栗)을 기울여 영접할 것은 없다.

『초아위언(草芽危言)』권4)

그래서 일단 사신 파견은 연기되었고, 막부는 1798년 쓰시마 번주에게 역지통신의 의사를 조선에 전달하게 했다. 전례와 규범을 중시하던 조선으로서는 당연히 이를 거절했다. 그러나 1809년 역관들의 회담을 통해 역지통신이 막부의 기본 방침임과 일본의 재정 궁핍이 심각하다는 것이 확인되고, 국내에도 기근이 덮쳐 사행에 드는 경비 마련에 부담을 겪는 상황이었기에 순조의 허락이 떨어졌다.

순조의 허락은 막부의 요청에 응한다는 명분과 비용의 절약은 조선에도 유리하다는 합리적인 판단에서 이루어졌다. 명분과 실리를 고려한 판단이었다. 통신사 파견 연기가 결정된 지 20년 만의 결정이었다.

이러한 과정을 거쳐 정사 김이교, 부사 이면구를 비롯한 328명이 2월 12일 왕명을 받고 한양에서 출발했다. 일행은 3월 29일 쓰시마 이즈하라에 도착했고, 에도로부터 막부의 사신이 도착한 후, 5월 22일 조선 국왕의 국서를 전달하고, 6월 15일 쇼군의 회답서를 받은 후, 6월 25일 쓰시마를 떠나 7월 27일 한양에 돌아와 복명을 했다.

어쨌든 조일 양국은 여러 우여곡절 끝에 이례적이었지만 양국 모두가 현실적 상황에서 타당하다고 생각한 역지통신을 성립시켜, 쓰시마에서 양국 사절단의 대표자가 우호의 상징인 국서를 교환했다. 그러나 이 역지통신은 조일 간 전통적인 교린체제에서 볼 때, 이미 그 궤도를 벗어나 변질된 형태로 전개되어 가고 있었다.

그 후에도 1837년에 제12대 쇼군 이에요시[家慶], 1853년에 제13대 쇼군 이에사타[家定], 1858년 이에모치[家茂], 1866년 요시노무[慶喜] 등 일본에서 4차례나 쇼군 습직 때마다 그 장소를 쓰시마에서 오사카로, 그리고 다시 쓰시마로 장소를 바꾸어 역지통신을 합의했지만, 1868년 메이지유신에 의해 막부 정권이 무너지고 결국은 이루어지지 않았다. 그리고 개항기에는 강화도조약(조일수호조규)에 의해 수신사

(修信使)를 파견하는 것으로 바뀌었다.

1811년 이후, 통신사행이 이루어지지 못한 데에는 복잡한 사정이 있다. 경제적 궁핍과 일본의 조선 멸시관도 그 이유였지만, 19세기에 접어들면서 조선과 일본 모두 서구 세력의 영향을 받게 되었고, 동아시아 국제 환경도 변했기 때문이다.

서구 세력의 위협은 통신사 왕래보다 훨씬 절박하게 인식되었다. 교린체제에 의한 연대감 구축보다도 서구 세력에 어떻게 대처할지가 훨씬 중요한 과제였다. 따라서 전통적인 교린체제 유지는 더 이상 양국 관계에 그렇게 큰 의미를 가질 수가 없었다. 이 같은 국제 상황이 결국 통신사 파견의 연기와 역지통신이라는 교린체제의 변질을 가져오게 했다.

왜구에 의한 약탈을 삼포를 통한 공존으로, 임진왜란에 의한 전쟁을 평화로 이끌어간 조선통신사의 시대는 이렇게 막을 내렸다.

## 통신사의 길

통신사는 원칙적으로 조선 국왕이 일본 쇼군에게 파견한 사절로, 이들은 조선 국왕의 국서와 예물을 지참하였으며, 신의를 통한다는 의미의 '통신사' 명칭을 사용했다. 사절단의 삼사(정사·부사·서장관)는 중앙의 관리로 임명했으며, 조선 전기와는 달리 회례나 보빙의 의미가 아니라, 막부 쇼군의 습직 축하나 긴급한 외교문제를 해결하기 위한 목적으로 파견했다. 통신사의 인원과 기간은 각 회마다 약간의 차이가 있지만, 400여 명이 넘는 대 인원이었고, 평균 9개월이나 걸리는 긴 여정이었다.

통신사의 파견 절차는 먼저 일본에서 새로운 막부 쇼군의 승습이 결정되면, 쓰시마 도주는 막부의 명령을 받아, '관백승습고경차왜(關白承襲告慶差倭)'를 파견하여 조선에 그 사실을 알려온다. 그리고 곧이어 다시 통신사 파견을 요청하는 '통신사청래차왜(通信使請來差倭)'를 파견한다. 이에 따라 조선에서는 예조에서 논의한 뒤, 통신사 파견을 결정한 후, 이 사실을 부산의 초량왜관에 알려 쓰시마에 통보하도록 한다. 통신사가 서울을 출발하여 부산에 도착하면 다시 쓰시마에서 파견된 '신사영빙차왜(信使迎聘差倭)'의 안내를 받아 쓰시마에 도착한 후, 쓰시마 도주의 안내와 호위를 받으며 쇼군이 있는 에도[江戶]까지 왕복한다. 이들이 임무를 마치고 쓰시마로 돌아오면 그곳에서 부산까지는 다시 '신사송재판차왜(信使送裁判差倭)'가 이를 호행하여 무사히 사행을 마치도록 했다.

경복궁(조선 후기는 창덕궁)에서 국왕의 어명을 받은 통신사 일행은 일본 쇼군에게 보내는 국서와 예물을 소지하고 한성(서울)을 출발하여 에도(도쿄)까지 가서 쇼군을 알현하여 조선 국왕의 국서를 전달하고 쇼군의 회답서를 받은 뒤, 갔던 길을 다시 되돌아 한성까지 돌아와 국왕에게 복명하면 통신사의 임무를 마치게 된다.

왕명을 받은 통신사 일행은 숭례문을 나와 남관왕묘를 지나 용산에서 한강을 건너 양재를 거쳐 부산으로 향했다. 1763년 통신사행의 서기 원중거의 『승사록(乘槎錄)』에 수록된 도로 총목록은 다음과 같다.

- 영재 30리 - 판교 25리 - 용인 35리 - 양지 50리 - 죽산 60리 - 무극 40리 - 숭선 35리 - 충주 50리 - 안보 50리 - 문경 40리 - 유곡 40리 - 용궁 40리 - 예천 40리 - 풍산 40리 - 안동 30리 - 일직 30리 - 의성 40리 - 의흥 55리 - 신녕 40리 - 영천 40리 - 모량 50리 - 경주 30리 - 구어 45리 - 울산 40리 - 송당 50리 - 동래 60리 - 부산 20리

합하여 육로 1,095리

- 사수포(佐須浦: 사스나) 480리 - 대포(大浦) 20리 - 서박포(西泊浦: 니시도마리) 50리 - 금포(今浦) 50리 - 대마부(對馬府: 이즈하라) 180리 - 풍본포(風本里: 가쓰모토) 480리 - 남도(藍島: 아이노시마) 350리 - 남박(南泊) 180리 - 아카마세키(赤間關: 시모노세키) 30리 - 실우(室隅) 300리 - 조관(竈關) 50리 - 진화(津和) - 해로포(海老浦) 30리 - 겸예(鎌刈: 시모카마가리) 30리 - 충해(忠海) 100리 - 도포(稻浦) 90리 - 일비(日比) 140리 - 우창(牛窓: 우시마도) 140리 - 실진(室津: 무로쓰) 100리 - 병고(兵庫: 효고) 180리 - 하구(河口) 100리

합하여 해로 3,190리

- 대판(大坂: 오사카) 30리 - 평방(平方) 50리 - 정성(淀城: 요도가와) 40리

합하여 강로(江路) 120리

- 왜경(倭京: 교토) 40리 – 대진(大津: 오쓰) 40리 – 수산(守山) 50리
 – 팔변산(八幡山) 45리 – 언근(彦根: 히코네) 55리 – 금수(今須)
 60리 – 대원(大垣) 40리 – 우기(于起) 50리 – 명고옥(名古屋: 나
 고야) 60리 – 명해(鳴海) 45리 – 강기(岡崎) 40리 – 적판(赤坂) 40
 리 – 길전(吉田) 30리 – 황정(荒井) 50리 – 빈송(濱松) 40리 – 견
 부(見付) 40리 – 현천(懸川) 40리 – 금곡(金谷) 40리 – 등지(藤枝)
 30리 – 준하부(駿河府) 50리 – 강고(江尻) 30리 – 길원(吉原) 70
 리 – 삼도(三島: 미시마) 60리 – 상근령(箱根嶺: 하코네) 40리 – 소
 전원(小田原: 오다하라) 400리 – 대의(大礒) 40리 – 등택(藤澤) 40
 리 – 신내천(神奈川: 가나가와) 45리 – 품천(品川: 시나가와) 45리
 – 강호(江戶: 에도) 35리

합하여 육로 1,330리

수로와 육로를 합해 5,735리, 왕복 11,470리다. 10리를 4km로 환산해 보면 11,470리 × 4km = 4,588km이다. 편도만 해도 2,000km가 넘는 대장정이다.


## UNESCO 세계기록유산

2017년 10월, '조선통신사에 관한 기록', 정확히 말하면 '17~19세기 한일 간 평화 구축과 문화 교류의 역사'가 'UNESCO 세계기록유산'에 등재되었다.

통신사의 왕래로 두 나라의 국민은 증오와 오해를 풀고 상호 이해

조선통신사의 길

를 넓혀, 외교뿐만이 아니라 학술, 예술, 문화 등 다양한 분야에서 활발한 교류의 성과를 낼 수 있었다.

이들 기록에는 비참한 전쟁을 경험한 양국이 평화로운 시대를 구축하고 유지해가는 방법과 지혜가 응축되어 있으며, 성신교린을 공통의 교류 이념으로 삼아 대등한 입장에서 상대를 존중하는 두 민족 간의 교류가 구현되어 있다는 점에 주목하여 '조선통신사 관련 기록물 333점을 「외교 기록」·「여정 기록」·「문화 교류 기록」 등 세 종류로 분류하여 등재했다.

등재기록물 목록

| 국가 | 외교 | | 여정 | | 문화 교류 | | 계 | |
|------|------|------|------|------|------|------|------|------|
| 한국 | 2건 | 32점 | 38건 | 67점 | 23건 | 25점 | 63건 | 124점 |
| 일본 | 3건 | 19점 | 27건 | 69점 | 18건 | 121점 | 48건 | 209점 |
| 계 | 5건 | 51점 | 65건 | 136점 | 41건 | 146점 | 111건 | 333점 |

### 외교 기록

외교 기록이란 '조선과 일본의 국가 기관이 작성     공식 기록과 외교 문서'를 말한다. 예를 들면 '조선통신사 관     관련된 전반적인 내용을 포함하는 통신사등록(通信使謄錄)     조선 왕조가 편찬한 기록'이 여기에 해당한다. 그뿐 아니라 '조     국왕이 일본의 도쿠가와 장군에게 보낸 조선국서(朝鮮國書)     교 문서'가 이 범주에 들어간다.

외교 기록을 등재한     는 '이들 기록과 문서에 양국 정치 권력자가 선린 우호를      하고 그것이 지속되기를 바라는 의사가 반영되어 있으며,     의 통신(通信)의 원칙과 방법이 빠짐없이 기재되어 있는     문이었다.

외교 기록 가운데 한국 측 자료는 『통신사등록』과 『변례집요』 2건 32점이다.

『통신사등록』은 예조에서 펴낸 것이므로 예조 등록이라고 할 수 있다. 등록이란 등사하여 수록한 책자를 말한다. 다시 말해서 일본 관계 업무를 주관하던 예조가 통신사와 관련하여 다른 관아와 서로 주고받은 공문서를 등사한 기록이다. 12회의 사행 중에 1607년, 1617년, 1624년, 1636년의 4차례 사행 기록은 정묘호란과 병자호란 때에 소실되었는지 남아 있지 않다. 부산광역시사편찬위원회에서 『통신사등록』을 2013년부터 한글로 번역하여 2017년 말 현재 14책 가운데 11책을 국역 출판하였다.

『변례집요』는 제목에서 알 수 있듯이 변방의 사례를 요약한 것을 모은 책이다. 여기에서 말하는 변방이 일본을 가리키는 것임은 물론이다. 『변례집요』는 18책이 전하는데, 그 가운데 1, 2책만 민족문화추진위원회에서 번역 출판하였다.

일본 측 외교 기록은 3건 19점인데, 모두 조선국서와 별폭이다.

먼저 교토대학에 소장된 『조선국서』는 1607년과 1617년 조선의 통신사가 일본으로 갈 때 휴대한 것이다. 그런데 이것은 모두 쓰시마에서 원본을 위조하여 작성한 것이다. 이 자료는 조선과 일본 사이에 단절된 국교를 회복하고자 쓰시마번에 의해 개작(改作)된 것이기는 하지만, 실제 이 문서가 외교 문서로서 기능을 했고, 그 결과 두 나라의 국교가 재개되었다는 점에서 비록 위조된 문서지만 등재 대상에 포함시켰다.

한편, 도쿄대학에 소장된 『조선국서』 15점은 국서 본서 6통과 별폭 9통으로 구성되어 있다. 이 가운데 14점이 진서(眞書)이며 1점은 위서(僞書)로 밝혀졌다. 위서는 진서와 재질과 무게에 차이가 있어 가짜라는 사실이 밝혀졌지만, 그 위서에 의해 임란 후 국교가 재개되었다는 점에 주목하여 등재하기로 양국이 합의했다.

또한 야마구치 현립박물관에 소장된 자료는 1711년 통신사행 때 통신사가 죠수 번주[長州藩主] 모리 요시모토[毛利吉元]에게 선물한 예물의 종류와 수량을 적은 목록이다. 이 예물은 통신사가 개인적으로 전달한 것으로 죠수번이 시모노세키[下関]에서 통신사 일행에게 후한 접대를 해준 것에 대하여 통신사 측이 감사의 표시를 한 것이다. 그런데 여기서 한 가지 흥미로운 것은 이 목록에 기재된 예물이 인삼을 제외하고는 모두 현재까지도 현물로 보존되어 있다는 점이다. 목록과 거기에 적힌 예물이 실물로 함께 존재하는 사례는 야마구치박물관에 소장된 이 자료가 유일하다고 한다. 이 자료가 일본의 국가 중요문화재로 지정된 까닭도 바로 여기에 있다.

### 여정 기록

여정 기록은 한국 측 38건 67점, 일본 측이 27건 69점이다. 이 가운데 32점이 『사행록(使行錄)』이다. 당연한 이야기지만 일본 측에는 통신사가 기술한 기행문은 없다. 한국 측의 사행록들은 민족문화추진위원회에서 이미 『해행총재』로 묶어서 국역본으로 출판하였다.

한국 측이 등록 신청한 사행록 이외의 자료는 3종의 행렬도와 3종의 그림이다. 「1624년 인조 2년 통신사 행렬도」와 「1636년 인조 14년 통신사 입강호성도」 2종은 모두 일본 측에서 행렬도가 발견되지 않는 상황에서 아주 귀중한 자료이다. 또 하나 「숙종 37년 통신사 행렬도」는 일본의 쓰시마번의 어용화가가 그린 것으로 국사편찬위원회 소장이다.

그중 대표적인 것이 「사로승구도」이다. 「사로승구도」는 1748년 수행화원이었던 이성린이 부산에서 출발하여 에도에서 막부 장군이 베푼 연향 장면에 이르기까지 사행길의 중요 포구와 성읍, 산천 및 연로 광경을 30면에 나누어 그린 기행실경도와 기록화의 특성을 지닌 것이다. 또한 변박의 「왜관도」, 김명국의 「달마도」, 박안기의 「수노인도」도 걸작이다. 특히 「달마도」는 달마대사가 육조시대에 포교를 위해 갈댓잎을 꺾어 타고 양쯔강을 건넜다는 전설적인 이야기를 형상화한 것인데, 이 작품은 김명국이 일본에서 떨치고 누린 명성과 인기를 실감케 한다.

일본 측의 「여정 기록」은 그 형태와 내용으로 분류해 보면, 「향응」·「기록화」·「감상적 회화」 3종류이다. 「향응」의 기록은 6건 37점이다.

도쿠가와 시대의 일본은 중앙 정권인 막부가 외교권을 완전히 장악하고 있었지만 실제 실무 집행에 대해서는 막부의 지시에 의해 각 번이 치르기로 되어 있었다. 그래서 조선통신사의 왕복 통행이나 영접의 임무를 각지의 번에 일임하는 것이 보통이었다. 따라서 임무를 맡게 된 각 번에서는 행사를 원활하게 집행할 뿐만 아니라, 다음 세대를 위해 실무 경험을 정확하게 기록할 필요가 있었다. 그래서 접대를 담당한 번과 연도의 각 번은 그 모습을 정확하게 세부 상황까지도 기록하도록 하였다. 그리고 그 기록들은 번정사료(藩政史料)로서 현재에도 각지에서 보존되고 있으며, 역사 사료로서 다양하게 활용되고 있다.

이번에 등록된 4건 35점의 자료는 조슈번[山口縣]의 13점, 후쿠오카번[福岡縣]의 15점, 오와리번[愛知縣] 1점, 고쿠라번[福岡縣]의 6점이다. 그것들은 모두 각지의 공영 도서관 등의 관리 시설이 소장한 문서나 또는 그들 시설에 기탁된 것들이다.

두 번째는 기록화로 신청한 자료 17건 27점이다. 이 그림 자료들은 행렬도(行列繪卷), 해로선단도(海路船團圖), 여행의 모습, 향응 요리, 마상재도(馬上才圖) 등 5가지이다.

행렬도는 모두 육로를 행진하는 통신사를 그렸기 때문에 아주 사실적이며, 최초의 3점은 쓰시마번의 에도 거주 어용화가가 쓰시마번의 명령으로 약 40명의 화가를 동원해서 완성한 것이다. 「1711년(정덕원)의 행렬도」(오사카 역사박물관 소장), 그리고 그해 「귀로 행렬도」(고려미술관 소장) 및 「종대마수호행귀로행도」(고려미술관 소장)로 이루어졌다. 이때 제작된 그림은 원래는 14권이 있었다고 하는데, 그 후 분산되어, 현재 소장처는 일본 내에서는 위에서처럼 분산되어 있다.

「향응 요리」의 그림은 조선통신사에게 제공되는 식사의례의 모습을 엿볼 수 있다. 식사는 통신사의 신분에 따라 준비해야 했다. 일본 각지에는 그 요리의 종류와 순서(獻立 式膳) 및 의례에 따른 요리에 관한 기록이 지금도 다수가 남아 있다. 그중에서 쓰시마번의 「칠오삼성부조출순지회도(七五三盛付繰出順之絵図)」는 통신사 일행이 에도성에서 국서의 봉정 의식이 끝난 뒤에 열리는 향연의 자리에 나오는 요리의 순서와 요리의 재료를 상세히 기록한 것이다. 식재료의 외에 식기, 장식 등도 자세히 묘사되어 있다. 실제로 먹는 요리는 이러한 그림과는 별도로 호화로운 식단이 마련된다.

「마상재도」는 3대 장군 이에미츠[家光]가 특히 원하고 실현시킨 것으로, 에도에서의 빙례 기간 중에 계속된 마상재의 묘기는 장군과 다이묘들뿐 아니라 에도성 시민의 눈에도 접할 기회가 있었는데, 그 모습을 그린 그림 중 2건을 신청했다. 그중 하나는 「마상재도권」으로, 18세기 중반으로 여겨지는 작품이다. 또 하나의 작품은 고려미술관에 소장되어 있고 비침 무늬 그림과 원근법을 도입한 기법이 이용되고 있으며 현장감 넘치는 회화 작품으로, 사람들의 감상을 의식하여 그렸다. 그 외에 「감상적 회화」로 「비파호도」·「조선통신사소동도」·「조선통신사환대도풍도」 등이 있다.

또한 일본에서 신청한 통신사 자료 가운데 오사카 역사박물관 소장의 신기수 컬렉션에 주목해야 한다. 오사카 역사박물관에는 유명한 재일 사학자 신기수 선생이 평생 소장하고 있던 조선통신사 관련 자료를 기증받아 신기수 컬렉션을 운영하고 있다.

### 문화 교류 기록

통신사행을 계기로 만난 양국의 문사들은 '시문'·'필담'·'서간'을 통해 서로 정감을 나누고 관심사를 주고받았다. 시문을 매개로 한 교류는 같은 운자(韻字)를 사용하여 시문을 주고받는 '창화(唱和)', 일본인의 누각이나 문집 등에 시기서발(詩記序跋) 등을 지어주는 '증여', 일본인이 지은 시를 고치거나 평가해주는 '교정' 등으로 다양하게 나타난다. 그리고 필담과 서간을 통해서는 문학론과 문학비평 및 학술 사상에 대한 교류도 활발하게 이루어졌다. 오늘날 전하는 수많은 필담창화집이 바로 그 교류의 산물이다.

이들 문화 교류의 기록 가운데 특히 도모노우라의 복선사대조루의 자료나 시즈오카의 청견사 유묵 48점, 교토 상국사 지쇼인[慈照院]의

조선인내조도(고베 시립박물관)

〈한객사장〉 등은 매우 가치 있는 작품들이다. 또한 도쿠가와 이에야스[德川家康]의 묘소가 있는 니코[日光] 대유원의 효종 친필 '영산법계숭효정원(靈山法界崇孝淨院)'도 주목할 만하다.

이들 자료 가운데 시문은 시전(詩箋)·시축(詩軸)·족자(簇子)·괘폭(掛幅)으로, 글씨는 액자서첩(額字書帖) 등으로 남아 있는데, 모두 조선통신사를 통한 양국의 시서 교류가 활발하고 다양하게 전개되었음을 보여준다. 이는 조선통신사와의 교류를 자랑스러워하고 소중히 간직하려는 일본인의 마음이 반영된 결과물이기도 하다.

조선통신사 기록물의 'UNESCO 세계기록유산' 등재는 2014년부터 부산문화재단과 일본 NPO법인 조선통신사연지연락협의회의 10

여 차례 회의를 통해 민간 차원에서 이루어낸 큰 성과이다. 이 점에서 양국 간에 이루어낸 순수한 문화교류사업으로서의 가치가 크다.

이 기록물들은 교류 당사자 상호의 신뢰와 우의는 물론 양국의 우호관계 구축과 문화 발전에도 크게 기여했음을 증명하는 자료이기도 하다. 통신사 기록물들은 오늘날 일그러진 양국 관계의 해법을 찾는 데도 지혜를 제공한다. 통신사는 '만남'을 통해 서로 소통하면서 오해와 편견을 극복하고, 활발한 문화 교류를 통해 상호 이해는 물론 양국의 평화 공존까지 구축할 수 있는 귀중한 역사 유산이기 때문이다.

UNESCO 기록유산 등재는 현시점에서 미래지향적인 양국 관계를 재창출하는 계기로 삼을 수 있는 소중한 문화유산으로 한일 간의 미래를 창조하는 씨앗이며, 평화 구축과 상호 이해에 크게 공헌할 것이다.

| | | |
|---|---|---|
| 1875년 | | 일본, 강화도 침입, 운요호사건 |
| 1876년 | | 조선, 일본과 수호통상(강화도)조약 체결 |
| 1882년 | | 임오군란 일어남 |
| 1884년 | | 갑신정변 일어남 |
| 1894년 | 4월 | 동학농민운동 일어남 |
| 1894년 | 8월 | 청일전쟁 일어남 |
| 1895년 | 10월 | 명성황후 시해사건, 을미의병 일어남 |
| 1897년 | 10월 | 대한제국 성립(이하 한국으로 칭함) |
| 1904년 | 2월 | 러일전쟁 일어남 |
| 1904년 | 8월 | 제1차 한일협약체결 |
| 1905년 | | 을사조약(제2차 한일협약) 체결, 통감부 설치 |
| 1907년 | 6월 | 한국 헤이그밀사 파견 |
| 1907년 | 7월 | 정미7조약 체결(제3차 한일협약) |
| 1907년 | 8월 | 정미의병 일어남 |
| 1909년 | 10월 | 안중근, 하얼빈에서 이토 히로부미 사살 |
| 1910년 | 8월 | 일본, 한국병탄 |
| 1910년 | 10월 | 조선총독부 설치 |
| 1910년 | | 조선총독부 개청, 토지조사사업 개시 |
| 1919년 | 2월 | 도쿄에서 한국 유학생들 「2·8독립선언」 발표 |
| 1919년 | 3월 | 한국에서 3·1 운동 일어남 |
| 1919년 | 4월 | 상하이에서 대한민국임시정부 수립 |
| 1920년 | 6월 | 대한독립군 북간도 봉오동에서 일본군 격파 |
| 1920년 | 8월 | 김좌진 등이 북간도 청산리에서 일본군에 승리함 |
| 1923년 | | 일본에서 간토 대지진 직후 재일 한국인 대학살 일어남 |
| 1928년 | | 6·10 만세운동 일어남 |
| 1929년 | | 광주학생항일운동 일어남 |
| 1932년 | | 이봉창, 도쿄에서 일왕에게 폭탄 던짐 |
| 1936년 | | 동아일보, 손기정 선수 일장기 삭제 사진 게재 |
| 1937년 | | 일본, 한국에서 황국신민의 서사 제창 개시, 중일전쟁 시작 |
| 1938년 | | 일본, 한국에서 육군특별지원병 모집 |
| 1939년 | | 한국에서 국민동원(징용과 징병 시작) |
| 1940년 | 2월 | 일본, 한국에서 창씨개명 실시 |
| 1940년 | 9월 | 대한민국임시정부, 충칭에서 한국광복군 창설 |
| 1941년 | 12월 | 일본, 아시아태평양전쟁 일으킴(하와이 진주만 공습) |
| | | 대한민국임시정부, 일본에 선전포고함 |
| 1944년 | 4월 | 한국에서 징병제 실시 |
| 1944년 | 8월 | 여자정신대 근로령 공포 |
| 1945년 | 8월 15일 | 일왕 항복 선언, 식민통치로부터 해방 |

# 제1장

# 침탈의 가면

## 1. 상반된 대외 인식

### 위정척사사상과 정한론

19세기를 전후하여 조선인과 일본인의 대외 인식을 지배한 사상적 조류는 '위정척사사상(衛正斥邪思想)'과 '정한론(征韓論)'으로 불리는 '조선침략론'이다.

위정척사사상은 정학(正學)을 세우고, 사학(邪學)을 배척하자는 사상으로, 정학이란 소중화 내지는 조선중화주의에 의해 정착된 주자학 일존주의의 도통과 학통을 말한다. 대표적인 인물은 이항로(李恒老)이다. 이항로는 중국에서 명이 멸망한 후, 조선은 정통 유학의 전통을 유지·발전시켜야 하는 유일한 나라이고, 중화문명의 정통성은 '요-순-우-탕-문-무-주-공-맹-주-장-정-주(堯舜禹湯文武周孔孟周張程朱)'에서 조선에 계승된다고 했다. 그리고 중화문명의 실체는 조선이 가지고 있으며 조선에서 찾아야 한다는 조선중심주의의 가치관이었다. 소위 조선중화주의(朝鮮中華主義)였다.

이렇게 볼 때, '조선중화주의'는 명의 멸망에 의해 중국 대륙에서 '중화'가 소멸함에 따라, 조선이 자기를 '중화'로 재규정한 자존적인 자기 확인 인식이라는 긍정적인 측면이 있다. 그러나 '조선중화주의'에 바탕을 둔 대외 인식은 자기중심주의의 고립주의로 경직화되어, 청 및 일본에 대해 늘 현실적인 대응 능력을 둔화시키는 장애요인이 되었던 점을 부인할 수 없다.

한편, 조선 후기 일본인의 조선관은 '임나일본부'설에 의해 조선을 '조공국'으로 보는 인식이다. 과거 무로마치 막부의 조선에 대한 우월감이나 도요토미 히데요시의 조선 침략도 기본적으로 그 맥락을 같이한다. 그러나 조선 전기까지만 해도 이러한 인식은 한정된 권력층에 머물러 있었고, 한편으로는 조선인에 대한 문화적 열등 의식도 내재되어 있었다.

특히 임진왜란에 의해 많은 조선의 전적이 탈취되어 일본으로 들어가고, 또한 피로인들에 의해 주자학이 교습되면서, 일본 지식인들 사이에는 조선을 문화적 선진국으로 보는 인식도 고조되었다. 예를 들면 일본 주자학을 확립한 후지와라 세이카[藤原惺窩], 하야시 라잔[林羅山], 야마자키 안사이[山崎闇齊] 등은 이퇴계에게서 큰 영향을 받았으며, 피로인으로 잡혀간 강항, 홍호연, 이진영이나 통신사의 방일 때에 이루어진 일본 유자들과의 문화적인 교류를 통해 잘 나타난다. 그러나 조선 문화에 대한 존경이나 숭배의 감정이 조일 관계에 그대로 나타난 것은 아니었다. 조선에 대한 일본인의 관심은 주자학이나 인쇄·도자기 기술 등 문화적인 것에 한정하였을 뿐이었다.

그리고 17세기 후반에 이르면 '일본형 화이의식'과 일본의 '국학(國學)'이 발달하면서, '조선 멸시관'으로 변질되어 권력층뿐만 아니라 학자 전반에 지배적인 조선관으로 파급되어갔다. 이러한 사상적 경향은 막부 말기에 이르러 '정한론'이 되고, 결국 조선 침략의 사상적 배경을 이루게 되었다.

도쿠가와 시대 초기부터 조선 멸시관을 내세운 구마자와 반잔[熊澤蕃山]은 조선을 일본보다 열등하다고 인식하고, 그 근거를 신공황후의 삼한정벌(三韓征伐)에 두었다.

또 야마가 소고[山鹿素行]는 일본의 삼한정벌을 찬미하면서, 조선은 일본을 두려워하는 소국이라고 멸시하며 이렇게 말했다.

> 조선·신라·백제는 모두 일본의 번신(藩臣)이었다. … 고려도 본조의 속국이었고, 문과 무 모두 외조(外朝, 중국)에 비할 바가 못되니, 중화(中華, 일본)와는 비교도 안 된다. 그뿐만 아니라 중조(中朝, 일본)의 문무를 두려워한다. (『山鹿素行全集』「中朝事實」)

특히 그는 일본을 중화라 하고, 조선을 속국, 그리고 중국을 외조라고 부를 만큼 이미 국수주의화 되어 있었다. 이러한 논리는 동아시아 세계를 일본 중심으로 재인식하는 '일본형 화이의식(日本型華夷意識)'의 발로라고 볼 수 있다.

문제는 이러한 인식을 가진 인물들이 막부의 대외정책 결정에 중요한 역할을 하는 점이다. 그리하여 이후 '일본형 화이의식'은 인접국(조선)과의 상호 이해나 민족적인 연대감을 차단시켜갔다.

1711년 아라이 하쿠세키[新井白石]의 통신사 빙례 규정의 개정은 이러한 인식이 노골적으로 표면화된 대표적인 사건이다. 나아가 조선 멸시관은 18세기 후반에 이르러 일본 내의 대기근과 통신사의 정치·외교적 의미의 감소에 따라, 장군 습직을 축하하는 통신사 파견이 관례를 깨고 연기하면서, 더욱 고조되어 결국에는 역지통신이라는 교린 체제의 변질을 가져왔던 것이다.

### 정한론의 대두

조선 멸시관은 이후 하야시 시헤이[林子平]로 이어지고, 러시아의 남하와 그에 대비한 해방론(海防論)이 주장하는 '조선 침략론', 소위 '정한론'으로 탈바꿈하게 된다.

> 진무테이[神武帝]는 통일의 대업을 이루고서 인통(人統)을 세웠다. 신공황후는 삼한을 신복시켰고, 태합(太閤: 도요토미 히데요시)은 조선을 토벌하였으나, 조선이 지금에 이르러서는 본방에 복종하지 않는다. (『林子平全集』「海國兵談」)

그는 이렇게 조선 침략을 찬미한 후, 네덜란드와 같은 나라도 군비를 확충해 식민정책을 한다고 했다. 그러고는 조선·류큐·북해도 침략의 필요성을 역설했고, 동양에는 대일본, 서양에는 대영제국이 세계에서 가장 큰 두 부국과 강대국이 될 것으로 호언장담했다. 이 시기가 되

면 조선 침략은 일본의 해방(海防)을 위한
해외 침략론으로 확대되고, 나아가 해외
침략을 통해 일본을 부국화하고 해외로
발전한다는 이론적 기초를 만들어갔다.

요시다 쇼인[吉田松陰]

이러한 사고는 결국 근대 일본의 사상
적 조류를 국내 모순의 개혁과 서구의 위
협, 그리고 일본의 발전을 위해 조선을 그
탈출구로 하는 정한론으로 현실화되었다.

이러한 조선 침략론은 요시다 쇼인[吉田松陰]에 이르면 더욱 명백해
진다. 그는 정복사관에 입각해 양이(攘夷)를 주장하며, 천황제(天皇制)
의 복귀를 역설했다. 더구나 이제는 조선뿐이 아니라 전 아시아에 대
한 탈취를 주장했다.

러시아·미국과 일정하게 도모해 결연히 이것(동아시아 제국)을 쳐부
술 것이다. 신의를 오랑캐에게 잃으면 안 된다. 다만 규칙을 엄격히 하
고 신의를 두텁게 하고, 그 사이에 국력을 길러 얻기 쉬운 조선·만주·
중국을 쳐올라 간다. 교역에서 러시아에 잃는 바는 조선과 만주에서 보
상받아야 한다. (『吉田松陰全集』「獄是帖」)

이것은 곧 서구와 수교해 그 압력을 잠시 완화시키고 국력을 키워
동아시아 제국을 침략해 서구에 의해 잃은 것을 조선에서 찾는다는 논
리로, 이후 일본의 조선 및 아시아에 대한 침략은 이러한 논리선상에

하기에 있는 쇼카손주쿠[松下村塾]학원

서 전개되어갔음이 자명해 보인다.

요시다 쇼인의 제자 대부분이 그런 생각을 전수했다. 제국주의 일본의 일등공신인 가도 다카요시[木戸孝允], 훗날 조선 침략을 주장하던 야마가타 아리토모[山縣有朋], 조선통감부 초대 통감이 된 이토 히로부미[伊藤博文]까지 모두 요시다 쇼인을 따라 정한론자가 되었다. 이들 중 이토 히로부미를 포함한 이노우에 가오루[井上馨], 엔도 긴스케[遠藤謹助], 야마오 요조[山尾庸三], 이노우에 마사루[井上勝] 등 5인은 영국에 밀항하여 유학을 마치고 귀국하여 훗날 메이지유신과 일본 근대화의 주역이 되었다. 일본에서는 이들을 죠슈화이브 사무라이(長洲 5人의 武士)라고 영웅시한다.

정한론은 가츠 가이슈[勝海舟]에 이르러 더욱 구체화되면서, 막부 말기와 메이지유신 초기의 대한정책을 결정해갔다. 그는 1863년 쓰시마번의 대조선 교섭의 실무자였던 오시마 도모노초[大島友之允]와 기토 다카요시[木戸孝允]의 방문을 받고 논의하며, 유럽 열강에 대비하여 아시아 제국의 조속한 연합, 특히 해군의 확충이나 학문·기술 교류의 필요성을 조선이나 중국에 설득하자고 하는, 소위 아시아연대론 혹은 공동방위론도 제안했다.

그러나 이러한 구상도 일시적이었을 뿐 러시아의 남하가 구체화하자, 러시아의 조선 침입이 일본의 안전에 위태로움을 지적하고, 이를 방지하기 위해 조선에 원조와 충고를 하되, 만약 거절하면 "때에 따라서는 군사적인 위세로써 복종시킬 수 있다"라고 해 결국 정한론을 주장하였던 것이다. 가츠 가이슈[勝海舟]의 이러한 주장은 1868년 메이지유신 이후 메이지 정부의 대외정책으로 그대로 계승, 실행되어 갔다.

### 메이지유신과 서계 변경

1868년 3월 도쿠가와 막부가 무너지면서 성립한 메이지 정부는 직접 조일 간의 외교를 관리할 능력이 없었다. 그리하여 메이지 정부는 쓰시마 번주 소우 요시사토[宗義達]에게 메이지유신을 조선에 전하도록 지시했다. 그러나 쓰시마번에서는 이 기회를 이용해 정한론자인 오시마 도모노초[大島友之允]가 중심이 되어 조일 외교체제의 개편과 쓰시마번의 재정 원조를 획책했다. 그러고는 윤 4월 번주의 명의로 조일 외교의 쇄신을 구하는 상서(上書)를 정부에 제출했다.

부산 왜관과 오륙도

　상서에서는 종래의 조일 외교무역체제를 비판하면서, 쓰시마번은 식량을 한토(韓土)에서 받아먹으며, 조선에 대해 번신의 예를 취한다고 불평했다. 그리고 조선 측은 쓰시마에 공작미 등 물화를 의도적으로 지연시킨다는 점, 그 외에도 조선에서 받은 도서(圖書)를 사용하는 등 굴욕적인 형식을 취한다는 점, 무역의 쇠퇴에 의해 쓰시마번의 재정이 궁핍해 방위 능력이 결여되고 있다는 점, 종래의 제도를 개혁해 일본의 국위를 세우며, 조일 관계를 쓰시마번에게만 맡기지 말고 전국적인 대처를 해갈 것을 주장했다.

　일본에서 왕정복고를 알리는 서계는 두 차례에 걸쳐 조선에 전달되었다. 우선 왕정복고(王政復古)와 서계에 찍는 도서를 변경한다는 사실, 그리고 이 사실을 정식으로 통보하는 사절을 가까운 시일 안에 파견한다는 내용이다. 이들 서계는 모두 쓰시마 도주의 명의로 되어 있었다.

그해 12월, 부산 왜관에서 이 서계의 등본을 받은 왜학훈도 안동준(安東晙)은 서계 중에 황실봉칙(皇室奉勅) 등의 자구가 있는 것과 또 조선에서 내려준 도서를 폐하고 마음대로 신인(新印)을 찍은 것은 격식에 맞지 않는다고 하여 즉시 거부했다. 이후 이 사실을 동래부사에게 보고했고, 동래부사는 중앙에 보고했다. 이에 조정에서는 1년여의 협의 끝에 의정부를 통해 쓰시마 도주의 직함이 바뀌고 조신(朝臣)이라고 쓴 것, 예에 특히 위배되는 것 등을 고쳐서 다시 보내오도록 하면서, 300년 약조의 본뜻을 지키도록 지시했다.

즉, 일본이 종래대로 교린관계를 원한다면 양국 간의 '약조'에 의해 수백 년간 계속해온 종래의 형식을 취하라는 것이며, 일본의 국제(國制)가 변했다고 해도 그것은 일본 측의 사정에 불과하다는 입장이었다.

이러한 사실이 일본에 전해지자, 침한의 구실을 찾던 메이지 정부의 대한정책은 강경파의 정한론이 득세하게 되었고, 통신사에 의해 다져진 교린관계는 급속도로 붕괴되어갔다.


왜관 점령, 침략의 전주곡

메이지유신을 알리는 서계를 거부한 후, 조일 간의 교섭은 매우 혼미한 상태에 이르게 된다. 메이지 정부는 1870년 5월 쓰시마 번주 소우[宗氏]를 해고하고, 직접 대조선 외교에 나섰다. 당시 메이지 정부의 외교 지침은 조선과 이미 수백 년에 걸쳐 교린에 의한 우호관계를 유지해왔지만, 미국과의 관계가 우선한다는 것이다. 또한 가까운 장래에 조선이 개국할 것을 예상하고 그때에 일본이 불리함을 자초하지 않도록 했다. 이러한 지침은 1871년 신미양요 때 미국의 편에 서 있던 일본의 입장을 보면 확연해진다.

그러던 중 조일 교섭이 교착상태에 빠지자 1872년 5월, 부산 왜관의 관수가 관원들을 이끌고 왜관에서 나와 동래부사에게 직접 교섭을 요청하였다. 그러나 동래부사는 '왜관난출(倭館欄出)' 행위에 대한 책임을 물어 관수의 직무를 정지시키고, 일대관(一代官)으로 하여금 관수를 대행하도록 했다.

결국 조일 관계는 교착상태에 빠지게 되고, 메이지 정부에서는 그동안 추진해 왔던 외무성의 왜관 점령 작전을 단행하기에 이른다. 드디어 1872년 9월, 메이지 정부의 외무대승 하나부사 요시모토[花房義質]는 군함 가스가[春日]와 기선 유코마루[有功丸]에 보병 2개 소대를 승선시켜 왜관을 자신들의 대외공관으로 취급하여 접수(接受)한다고 했다.

갑작스런 일본 군함의 출현은 사태를 더욱 악화시켰다. 하나부사는 왜관 관수에게 새로이 외무성 직속의 관사라는 직함을 주어 교섭을 요청했지만, 조선에서는 관사 이하 왜관원을 인정하지 않고, 왜관에 대한 식량 지급과 교역을 중지하는 철공철시를 단행하고, 모든 상행위를 금지하는 포고문을 왜관 수문에 게시함으로써 관계를 전면 단절했다.

왜관은 조선 초 설치될 당시부터 그 목적이 왜를 회유하고자 조선에서 세운 상관이다. 그리고 건축비와 체재하는 왜관원에 대한 모든 비용을 조선에서 부담하여 쓰시마 도주의 책임 하에 그 사용을 허가한 데 지나지 않는다. 그러나 메이지 정부는 이를 마치 자신들의 대외공관인양 접수한다고 하면서 왜관을 점령했다. 메이지 정부의 왜관 점령은 접수가 아니라, 교섭 사절로 위장한 무력 침략이다. 임진왜란 이후 250여 년간 통신사 왕래로 지켜온 우호교린을 배신한 행위이다.

## 2. 근대화의 시련과 갈등

### 강화도사건과 조일수호조약

1873년 12월, 조선에서는 대원군이 실각하고, 고종과 민비를 중심으로 새 정권이 들어섰다. 그즈음 일본 외무성에서는 왜관 점령 이후의 현안을 타개하려고 1874년 8월부터 다시 교섭을 시작했으나, 서계 양식과 황상(皇上) 등의 문제로 인해 양국 관계는 다시 교착상태에 빠졌다.

그러자 일본 정부는 1875년 5월, 군함 운요호[雲揚號]를 부산에 입항시켜 시위를 벌였지만 별효과를 거두지 못했다. 운요호는 일단 나가사키로 돌아간 다음 그해 9월 강화도에 접근해 포격하는 사건을 일으켰다. 강화도의 좁은 해협으로 진입한 운요호는 먼저 초지진을 포격하고, 이어 영종도에 육전대를 상륙시켜 영종진을 점령했다. 이 전투에서 조선군은 30여 명의 사상자가 발생했고, 일본은 총포를 포획한 후

철수했다.

강화도사건은 그동안 서계 양식과 자구 문제로 굴욕을 당했다고 생각한 오쿠보[大久保] 정권이 '심려원모(深慮遠謀)'하여 일으킨 도발이었던 것이다. 운요호 사건이 일본 국내에 전해지자, 일본에서는 개전론(開戰論)이 크게 일어났다. 일본 정부는 조선에 대해 운요호에 포격을 가한 책임을 물으려 구로다 기요타카[黑田淸隆]에게 군함 6척과 병사 260명을 주어 사절로 파견했다.

조선 정부는 일본과의 전쟁을 피하고, 박규수 등의 개화 주장을 수용하여 조약을 일부 수정하는 선에서 1876년 2월, 조일수호조규(강화도조약)를 체결했다.

만국공법을 전제로 맺은 강화도조약 제1조 '조선은 자주국이다'라는 조항은 정한론(征韓論)을 부정하는 것임과 동시에 청과의 종속관계를 부정하고 향후 조선으로 진출하려는 발판을 마련하려는 의도였다. 그리고 '일본과 평등한 권리를 가진다'라는 조항은 조선과 일본이 동등한 조건이라고 했지만, 실상은 일본에게 유리한 불평등조약으로 이후 맺은 수호조규 부록과 무역 규칙에는 일본인이 조선에서 수입하는 물품과 조선에 수출하는 교역품에 대해 조선 정부는 관세를 부과하지 못하게 했고, 일본 상인은 개항장인 부산과 원산 두 항구에서 일본 화폐를 사용할 수 있게 하는 등 일본에 일방적으로 유리하게 규정했다. 조선 시장은 이미 일본의 식민지 시장 같았다. 왜냐하면 일본 상인들은 일본보다 싼 상품(곡물이나 금)을 일본 화폐로 구입하여 일본 국내에서 높은 가격으로 팔 수 있었기 때문이다. 또 조선에서는 국내 경제에 없어서는 안 될 곡물이나 금이 일본으로 빠져나가도 조약의 제약 때문에 막을 수가 없었다. 결국 곡물의 대량 유출은 국내의 쌀 부족과 가격 폭등을 불러왔고, 1882년 임오군란 등 정치적 혼란이 일어나는 원인이 된다.

강화도조약을 통해 드러난 일본의 조선 침략 외교는 이후 1910년 한일병탄에 이르기까지 일관되게 전개된다. 강화도조약이 조인되었던 강화도 강화읍의 연무당 옛터에 세워진 비석에는 다음과 같은 글이 새겨져 있다.

> "한일 간의 수호조약을 강요하여, 우리는 이에 부산, 원산, 인천을 개항하고 서구문명을 수입했다. 그러나 실제는 도적에 문을 열어준 것과 마찬가지로, 일본의 정치적·경제적·군사적 침략이 시작되었다. 마침내는 망국의 고통스런 역사를 맞이했다. ……
>
> 우리는 여기서 스스로 깨달은 바가 있다. 그것은 자신의 힘을 기른 후에야 고난을 잘 이겨낼 수 있다는 것이다. 그 의미를 돌에 새겨 자손만대에 영원히 전한다."

이후 조선은 경험해보지 못한 시련을 겪게 되었다. 개항기 한일관계가 어떻게 시작되었는가를 한국만이 아니라 일본도 다시 돌이켜 봐야 할 역사적 사건이다.

## 웅비론(雄飛論)의 실체

19세기 중엽을 전후하여 서구열강 세력의 동아시아 국제 질서에 대한 압력으로 인해 전통적인 중국과 주변 국가 사이의 책봉체제는 동요하기 시작했고, 결국은 대부분의 국가가 열강의 식민지로 전락해갔다. 동아시아 국제 질서의 해체라는 위기에 직면하여 청은 당연히 책봉체제를 재편하여 연대를 강화하려 했고, 주변국 역시 청과의 연대를 통해 외부로부터의 압력에 대처하려고 했다. 그러나 동아시아 지역에 위치해 있으면서도 일본은 이 기회를 이용해 전통적인 동아시아 국제 질서의 해체를 촉진하고, 자국의 이익만을 위해 분주하게 해외로 세력을 확장해나갔다. 이러한 일본의 해외 팽창론을 당시 일본의 지식인들은 웅비론(雄飛論)이라 했다.

지금도 그러한지는 모르겠으나 필자가 2005년 5월, 제1기 한일역사공동연구위원회 한국 측 대표로 고이즈미 총리 관저를 방문했을 때, 접견실 한쪽 벽면에 한자로 '용이 구름을 타고 나른다'는 '비룡승운(飛龍乘雲)'이란 큰 글씨를 보고, 섬뜩했던 기억이 난다.

메이지 정부의 웅비론은 크게 두 가지로 구분되는데, 하나는 군사적 침략론이고, 다른 하나는 경제적 진출론이다. 서양의 제국주의 논리와 같다. 그런데 당시 중국이나 조선에서는 이런 주장은 찾을 수 없다. 그렇다면 왜 유독 일본에서 이런 논리가 만들어지게 되었을까.

그 해답은 앞서 언급한 하야시 시헤이[林子平]의 『삼국통람도설』과 『해국병담』의 내용에 있다. 그는 서양 세력이 동아시아 지역으로 몰려옴에 따라 일본의 안전을 보장할 수 없게 되었다는 것이다. 즉, 섬이라

제1기 한일역사공동연구위원회 총리접견사진, 관저에 걸린 웅비 사진(왼쪽 2번째 필자)

는 일본의 지형적 조건이 과거에는 천험의 요새였으나, 이제는 사방에서 공격받을 수 있게 되었다는 것이다. 그래서 일본이 이런 위험에서 벗어나려면 주변의 3국, 조선·류큐(오키나와)·에조(북해도)에 공격해 들어가야 하며, 이를 위해 전 인민이 그 지리를 알아두어야 한다고 했다. 이미 인근지역에 대한 군사적 침략 발상이 자리를 잡게 된다.

또 한 축인 경제적 진출론은 혼다 도시아키[本多利明]의 주장이다. 그는 중국이나 조선이 운송과 교역에 불리한 산국(山國)인데 비해, 일본은 사면이 바다로 둘러싸인 해국(海國)이라는 천혜의 조건을 갖고 있다는 점을 강조한다. 이 해국 인식은 모든 웅비론자에게 공통적으로 보인다.

혼다 도시아키는 도해(渡海)·운송(運送)·교역(交易)이야말로 나라를 부강하게 하는 비책이라고 하면서 광범위한 대외무역을 촉구했고, 일본이 사할린이나 연해주, 만주국 등 북방 지역에 진출하여 금광 개발, 곡물 재배 등을 통해 막대한 국부를 쌓아올릴 수 있다고 했다.

이처럼 일본의 웅비론자들은 '웅비'의 대상을 전부 주변국에서 찾았다. 조선시대 긴 세월 동안 지속해온 교린국과의 우호관계는 전혀 고려의 대상이 되지 않았고, 주변 지역에 대한 공격적인 팽창정책이 훗날 일본에 끼칠 악영향이나 부담 등은 전혀 고려되지 않았다.

강화도조약 이후 전개되는 근대 일본의 대외정책은 이러한 사상적 토양에서 크게 두 가지 모습으로 성장해갔다. 하나는 유난히 침략적이며 공격적이었다는 점, 또 하나는 그것이 아주 가까운 이웃나라인 조선·중국 등 근린 국가에 대해 그러했다는 점이다.

## 이이제이(以夷制夷)와 서구 열강에의 개항

강화도 사건 이후 일본의 강압적인 요구에 대해 조선은 거부적이었지만, 청나라는 조선에 개항을 권고하는 쪽으로 조선을 설득했다. 이홍장(李鴻章)의 권고는 조약을 체결하는 데 중요한 요인으로 작용했다. 당시 이홍장은 열강의 압력, 특히 러시아의 위협을 피하려면 일본과의 분쟁을 피하고, 오히려 서구 열강들을 서로 견제시키는 편이 유리하다고 생각했다. 전통적인 '이이제이(以夷制夷)' 정책이었다. 그러나 일본에 개항한 조선이 여전히 서구 열강에는 문호를 개방하지 않자 이홍장은 다시 조선 정부에 미국 등과 조약을 체결하라고 권고했다.

그 이유는 일본의 칼끝이 조선으로 향할 것임을 예측하고, 이를 막으려면 서구 열강과 국교를 맺어 일본을 견제해야 한다고 판단했기 때문이다.

고종과 민씨 정권 내부의 개화파들은 1880년에 들어서면서 정부기구를 개혁하여 개화정책을 실시했고, 군대도 일본군을 교관으로 하는 '별기군'을 창설하여 서양식 훈련을 실시했다. 그리고 일본과 청에 수신사와 조사시찰단, 영선사를 파견했다. 특히 제2차 수신사 김홍집이 가져온 황준헌의 『조선책략(朝鮮策略)』에는 러시아를 주요 위협 대상으로 삼고 일본뿐만 아니라 미국과도 국교를 맺어 근대화를 추진해야 한다는 주장이 실려 있었다.

그리하여 1882년에는 조미수호통상조약이 체결되었지만, 이 역시 영사재판권, 치외법권, 최혜국 대우 등을 규정한 불평등조약이었다. 조선은 이어서 영국, 독일, 러시아, 프랑스 등 여러 나라와 외교관계를 맺었다. 이로써 1880년대 중반에는 서양 열강들과 통상을 시작했고, 부산·원산·인천에 이어 서울·양화진·경흥·진남포·목포·평양·군산·마산·성진·용암포·청진·신의주 등 전국을 차례로 개항하였다.

이같은 조선 정부의 개화정책은 한편으로 민중의 조세 부담을 가중시켰고, 또한 쌀·콩 등이 일본으로 유출되어 곡물 가격이 폭등하자 민중들의 생활은 점점 궁핍해져갔다. 그리하여 정부의 개화정책과 통상 확대에 불만을 품게 되었다.

이러한 상황 속에서 위정척사(衛正斥邪)사상을 가지고 있던 유학자들은 엄청난 반발을 하면서 개화정책 및 개화파들을 비판했고, 정부는 이들을 일방적으로 탄압했다. 반발은 구식군대에서도 일어났다. 군제개혁으로 설치된 '별기군'은 구식군대와는 달리 특별대우를 받았고, 구식군대는 이들과 차별대우를 받으면서 급료마저 받지 못했다. 이에 불만을 품은 구식군대가 1882년 한양에서 난을 일으켰고, 민중들도 삽시간에 이에 가담하여 일본 공사관을 습격했다. 이는 개항 이후 일본으로 쌀이 유출됨에 따라 물가가 상승해 생활이 궁핍해졌고, 일본 상인들의 횡포에 대한 반일 감정에 기인했다.

이들은 정부 고관과 일본인 교관을 살해했고, 일본 공사는 나가사키로 피신했다. 조선 정부는 청에 원병을 청하는 한편 민중의 지지를 받던 흥선대원군에게 전권을 주어 수습하도록 했다. 전권을 위임받은 대원군은 개화정책을 폐지한다고 선언했다. 보고를 받은 일본 정부는 조선에 거류하는 자국민을 보호한다는 구실로 군함과 군대를 조선에 보냈고, 조선이 청의 독점적 영향을 받는 것을 막으려고 조선 정부에 책임을 추궁했다. 그러나 청도 신속하게 군대를 파견하여 임오군란을 부추겼다는 이유로 흥선대원군을 청으로 압송했다.

그러자 조선은 임오군란을 수습하려고 일본과 제물포조약을 체결했다. 이 조약은 조선이 군란의 책임자를 엄벌하고 일본에 보상금을 지불하도록 규정했다. 일본은 이 조약을 계기로 한성에 군대를 배치하고 상인을 침투시켰다.

한편, 군대를 파견하여 임오군란을 진압한 청은 조선을 압박하여 조청상민수륙무역장정을 체결했다. 청이 한성 일원에 청군 3,000여 명을 배치한 가운데 맺은 이 조약은 청 상인의 한성 등지에서의 활동과 기선의 한강 운항을 허가하는 등 매우 불리한 내용을 담고 있었다. 반면 일본은 청에 대항하려고 군사력을 강화하고, 조선에서 세력을 확장하고자 개화 세력에 접근했다.

임오군란을 겪으면서 조선의 개화파들은 온건파와 급진파로 분열되었다. 사실 청에 대원군의 납치를 요청한 것도 김윤식, 어윤중 등 온건개화파였다. 이들은 이러한 혼란을 틈타 일본이 세력을 키우려 들지 않을까 염려했다. 김옥균 등 급진파들은 청군의 간섭과 대원군 납치에 대해 "일시의 위급함을 구하려고 국권을 청국에 팔아버리는 것"이라고 반대했다.

임오군란 뒤 김옥균은 일본이 이룬 문명개화와 경험을 조선 개화의 모델로 삼으려 했다. 그는 청과의 책봉관계를 청산하고 '독립 개화'를 이루려고 일본과 적극적으로 손을 잡고자 했다. 그리고 1882년 9월, 수신사 박영효 일행의 고문 자격으로 일본에 가서 정계와 재계의 주요 인물들을 만나 개혁에 필요한 자본 원조를 요청했다. 특히 외무대신 이노우에 가오루[井上馨]를 통해 일본 정부에 협력을 구하고, 후쿠자와 유키치[福澤諭吉]를 통해 민간 협력을 구했다. 일본 정부는 '조선의 자주적 근대화 운동에 부정적인 자세'를 가지고 있었음에도 불구하고 김옥균에 대해 우호적이었다. 당시 후쿠자와 유키치는 동양에서 가장 먼저 선진국이 된 일본이 조선의 근대화를 도와주고 함께 서양의 침략을 막는다는 이른바 '동양맹주론(東洋盟主論)'을 다음과 같이 주장했다.

"일본은 이제 동양의 여러 나라 중에서 문명의 중심이 되었다. 그렇기 때문에 서양에 대항할 수 있는 것은 일본뿐이다. … 지금 서양 제국이 동양으로 진출하고 있는 모습은 마치 불이 집으로 번져오는 것과 같은 모양이다. 특히 발전이 늦은 조선은 그 불을 막을 수 없는 목조 가옥과 같다. 따라서 일본은 무력으로 조선을 보호하고 문명국으로 인도해야 한다."

(『시사소언(時事小言)』 1881년 9월)

이처럼 당시 후쿠자와 유키치에게 조선은 평등한 이웃나라가 아니라, 일본이 무력으로라도 지도해야 할 후진국이었다. 이러한 인식은 갑신정변 이후에 더 분명히 드러난다.

때마침 1884년 봄 베트남에서 청과 프랑스군의 전쟁이 벌어지자, 청은 조선 주둔군의 절반을 철수했다. 일본의 다케조에[竹添進一郎] 공사는 "일본 정부는 독립당(개화파)을 도와서 조선의 개혁과 진보를 성공시킬 것이다"라고 개화파를 부추겼다.

12월 4일, 우정총국 개설 축하연 도중에 불길이 치솟았다. 탈출하던 민씨 정권의 민영익이 칼에 맞으면서 쿠데타가 시작되었다. 개화파는 국왕을 창덕궁에서 별궁으로 옮기고 일본군의 출동을 요청했다. 이튿날 신정부의 내각 명단이 발표되고, 6일 오전에는 신정부의 주요 방침이 시내 곳곳에 게시했다.

신정부의 주요 방침

① 청에 대한 조공과 허례의 폐지

② 납치된 대원군을 돌아오게 할 것

③ 문벌을 폐지하고 인재를 등용할 것

④ 인민 평등권 제정

⑤ 세제 개혁과 국가 재정의 확립

⑥ 관제·군제의 정리

⑦ 국가 재정에 합의제 실시

⑧ 탐욕하고 부정한 대신, 관리, 토호의 엄벌

⑨ 순사제도를 확립하고 치안을 유지할 것


그러나 그날 오후 3시 청군 1,300명이 창덕궁을 공격했고, 정세가 불리해진 다케조에 공사는 일본군의 철수를 명령했다. 결국 정변을 주도했던 김옥균, 박영효 등 9명은 일본으로 망명하려고 인천으로 피신했고, 이로써 갑신정변은 완전히 실패로 끝났다. 소위 '3일 천하'라고 일컫는 역사적인 사건이다.

김옥균 일행은 일본 공사 관원과 함께 인천에 정박하고 있던 일본 배에 올랐다. 그런데 갑신정변 뒤에 새로 구성된 정부에서는 김옥균 등을 인도하라고 요구했고, 놀랍게도 다케조에 공사는 김옥균 등에게 배에서 내릴 것을 명령했다. 이에 김옥균 등은 일본의 야박함을 원망하면서 자결을 시도했지만, 선장의 호의로 위기를 모면하고 일본에 도착했다. 김옥균은 일본 도착 후, 그동안 친분이 있던 이노우에 가오루 등과 접촉을 시도했지만 거부당했다.

갑신정변이 실패하자, 후쿠자와 유키치도 등을 돌렸다. 그는 일본의 원조를 통한 조선 근대화의 방향을 단념하고, 이제는 '탈아론(脫亞論)'을 주장했다.

> 일본은 이미 조선과 중국의 문명화를 기다려 아시아를 번영시킬 여유가 없다. 오히려 아시아를 벗어나서 서양의 문명국과 행동을 같이해야 한다. 조선이나 중국을 대할 때도 이웃나라라고 해서 특별하게 대우할 필요가 없다. 서양인이 조선, 중국을 대하는 것과 똑같이 하면 되는 것이다. 악우(惡友: 조선, 중국)와 친하게 지내는 사람은 비난에서 벗어날 수가 없다. 나는 아시아 동방의 악우와는 절교를 해야 한다고 생각한다.
>
> (『시사신보(時事新報)』 1885년 3월)

처음에는 일본이 구미 열강에 대항하려면 청과 조선과 협력해야 한다고 하면서 조선의 개화파들을 자신이 세운 학교에 유학시키는 등 편의를 제공했다. 그러다 조선의 개화정책이 여의치 않게 되고 일본이 청에게 밀리게 되자 구미 열강과 같은 자세로 전환할 것을 촉구했고, 갑신정변 이후는 '탈아론'이 '아시아 멸시관'으로 전환했다.

이러한 분위기에서 일본 정부는 갑신정변 뒤 청과의 전쟁을 대비하여 군비를 확장하는 한편, 조선이나 청과 충돌을 피하는 정책을 취했기 때문에 일본에 있는 김옥균 등은 귀찮은 존재에 불과했다. 결국 김옥균은 일본 정부에 의해 도쿄에서 1,000km나 떨어진 오가사와라[小

笠原]섬에 유폐된 후 건강이 악화되자, 다시 삿포로로 옮겨져 4년간 유폐되어 10년간 유배생활을 하게 되었다.

1894년 3월, 그는 조선의 개혁을 위해 무언가 활로를 찾으러 상해로 갔으나 결국은 조선 정부에서 보낸 자객 홍종우에 의해 살해되어 비운의 삶을 마쳤다. 김옥균이 죽자 일본 정부는 언론기관을 총동원해서 그의 시신을 처리하기에 앞서 청국을 비난하며 일본 국민의 반청 감정을 충동질했다. 일본에서 거행한 김옥균의 장례식에는 2,000여 명 가까운 사람이 운집했다. 살아 있는 김옥균은 귀찮고 번거로운 존재였지만, 시신은 대단한 이용 가치가 있다고 생각한 것이다. 비운의 혁명가 김옥균은 이렇게 죽어서까지 일본 제국주의자들에게 이용만 당했고, 주검으로 돌아온 김옥균은 다시 마포의 양화진에서 능지처참형에 처해졌다. 김옥균이 죽은 지 4개월 뒤 청일전쟁이 일어났다.

## 일본에 송출된 쌀과 금

1875년 개항 직전 부산에만 90여 명이 거주하던 일본인은 8년 후인 1883년에는 부산, 인천, 원산을 합쳐 2,500명에 달했다. 그들은 영사재판권의 보호를 받으면서 아주 난폭하게 장사를 했다. 거류지는 일본의 각지에서 온 많은 사람으로 북적대었다. 직업은 각양각색이었는데, 무일푼의 유랑자나 궁핍한 자들이 일확천금을 노렸다. 그들은 조선 국내의 행상권을 획득하려고 무리를 지어 내륙 오지로 무대를 넓혀갔다. 일본인들은 조선인을 상대로 고리대를 많이 했는데, 이를 통해 토지를 잠식해 들어갔다. 일본에서 조선에 많이 들어온 물품은 영국산 면직물이 많았고, 그 외에도 구리·석유·설탕·성냥·술·우산 등 사치품도 많았다. 반대로 일본으로 가져간 물품은 쌀·콩 등 곡물이 가장 많았고, 그 밖에 목화·소가죽·약재·해산물 등 원료와 반제품이 많았다. 또 막대한 금과 은이 일본으로 유출되었다.

일본의 경제적 침탈로부터 가장 피해를 입은 사람들은 조선의 농민이었다. 조선에서는 곡물이 대량으로 일본으로 송출됨에 따라서 곡물이 부족해지고 가격이 급등하여 심각한 식량난을 겪게 되었고, 금은 등의 유출 증대로 조선 경제에 큰 타격을 주었다.

일본 상인의 약탈적인 상행위로 조선 국내에서는 배외의식이 고조되었다. 1889년과 90년에 일본에 흉년이 계속되자 조선 쌀의 수입은 더 늘어만갔고, 일본 상인에게는 막대한 이익을 가져다주었다. 물론 이 시기 조선에서도 흉년이 들었으나 쌀 유출은 끊임없었다. 일본 상인의 쌀 유출에 맞서 조선의 지방 관리들은 쌀·콩 등의 해외 유출을 금지하는 방곡령을 선포했다. 이미 1883년 통상장정에서 '1개월 이전에 사전에 통고하여 곡물 수출을 금지할 수 있다'라는 규정에 따라 한 것임에도 원산 지역에서 큰 손실을 본 일본 상인들은 조선 정부에 배상을 요구하여 배상금을 받아내기도 했다. 결국 방곡령은 유명무실하게 되고 더 많은 조선 쌀이 일본으로 반출되었다.


전봉준이 일어서다

개항 이후 일본의 경제 침략과 지방관의 부정부패로 인해 신음하는 상황에서 서구 세력과 연결된 서학(기독교)에 대항한다는 의미의 '동

잡혀가는 전봉준(좌)과 동학 간부 20여 명의 이름을 적은 사발통문(우) (동학농민혁명기념재단)

학(東學)'이 창시되어 서서히 민중 사이로 확산되었다. '사람이 곧 하늘(人乃天)'이라는 사상을 바탕으로 인간평등을 주장하고 봉건왕조체제를 부정하는 혁명적 사고를 가진 종교였지만, 보국안민(輔國安民 : 나라의 독립과 국민생활을 안정시킴)을 주장하며 외세의 침략에 반대했다. 이러한 슬로건은 가혹한 정치와 경제에 고통받는 농민들에게 급속히 퍼져나가 동학 교단을 중심으로 한 종교운동이 농민을 중심으로 한 정치운동으로 전환되어갔다.

1894년 2월, 전라도 고부군에서 군수의 수리세 강제 징수에 반대하는 1,000여 명의 농민이 동학교도인 전봉준의 지도 아래 봉기했다. 조선 정부가 이를 탄압하자, 농민군은 '권귀(權貴)를 멸하라'는 반봉건과 '왜이(倭夷)를 축멸한다'는 반일·반침략의 요구와 기치를 내걸고, 각지에서 정부군을 무찌르고 전주를 점령했다. 농민군의 봉기는 정부를 상대하는 전쟁으로 발전하여 조선 정부는 심각한 위기에 직면했다.

전주 점령에 놀란 조선 정부는 농민군을 진압하려고 6월 청에 원군을 요청했다. 청은 갑신정변 때 맺은 톈진조약에 따라 조선에 출병한다고 일본에 사전 통보하고, 2,000여 명을 아산만에 상륙시켜 충청도 일대에 주둔시켰다. 그러자 일본 정부도 조선이 요청하지 않았음에도 6,000여 명의 군대를 공사관과 거류민 보호를 명목으로 조선에 파견했다.

조선 국내에서 양국의 충돌을 염려한 농민군은 국정 개혁을 조건으로 정부에 화의를 제안했고, 정부도 이를 받아들여 '전주화약'이 성립되었다. 다음 날 농민군은 전주에서 철수하여 해산하고, 전라도 53개 군에서 이를 실행할 농민자치기관인 집강소를 설치했다. 전봉준을 비롯한 농민 대표자들이 지방행정을 개혁하는 데 참여했고, 지방 정치지만 농민의 요구가 반영된 것은 획기적인 변화였다.

전주화약 뒤에 조선 정부는 청일 양국에 철병을 요구했다. 청도 이 요구에 응했지만, 일본은 아무 성과 없이 철수할 수는 없다면서 청에게 두 나라가 함께 조선의 내정을 개혁하자고 했다. 그러나 청은 내정 개혁은 조선의 국내 문제라며 거부했다. 그러자 이미 전쟁 준비를 해왔던 일본은 단독으로라도 개혁을 하겠다고 했고, 결국 양국의 충돌은 불가피해졌다.

7월 23일, 일본군은 경복궁을 습격하여 고종을 감금하고, 친일 정권을 수립했다. 이어 25일 일본 함대는 풍도 근처에서 청국 함대를 기습 공격하고, 8월 1일 청에 선전포고했다. 청일전쟁이 시작된 것이다. 일본의 공격으로 시작된 청일전쟁은 당시 일본 국내의 메이지 정부 비판을 밖으로 돌리려는 의도로 무리하게 추진되었다.

개전 후 일본에서는 자국민의 사기를 진작시키고자, 천황이 출석하는 제국의회에서 임시 군사예산과 정부를 격려하는 건의를 만장일치로 가결했다. 그 결과 많은 국민이 전쟁에 동조했고, 전쟁 수행을 위한 '거국일치체제'가 만들어졌다. 그리고 근대 일본을 대

청일전쟁 전개도

표하는 사상가의 한사람인 우치무라 간조[內村鑑三]는 청일전쟁에 대해 'Justification of the Corean War' 즉 '정의로운 전쟁'이라고 국제사회에 호소했다. 그리고 전쟁의 목적이 조선의 '독립'과 '치안'을 지키는 데 있다고 선전했다. 그러나 전쟁이 승리로 끝난 후 그가 주장한 정의로운 전쟁은 침략전쟁이 되었고, 나중에는 자신이 부끄럽다고 했다.

일본군은 평양과 황해 전투에서 승리하고, 요동반도와 뤼순·다롄을 장악했다. 다음해 2월에 웨이하이웨이[威海衛]를 점령하며 전쟁은 일본의 승리로 끝났다.

청일전쟁의 전장은 한반도였다. 한성의 점령과 아산, 성환, 평양에서의 전투를 비롯해 부산, 인천, 원산에 일본군이 상륙하여 조선의 식량, 물자, 인마를 징발했다. 조선 민중은 이에 대해 일본군에 협력하는 관청을 습격하는 등 반발했으며, 동학교도들은 전라도 일대에 집강소

이홍장과 이토 히로부미의 시모노세키조약 조인 모습(위키피디아)

를 설치하고 폐정 개혁 정책을 실시하며 전봉준을 중심으로 농민군을 결성하여 다시 봉기했다. 약 2만 명의 농민군이 공주 부근 우금치에서 조선 정부군과 일본군 연합부대와 격전을 벌였으나 근대적인 병기로 무장한 일본군에게 패하고 전봉준도 붙잡혀 처형되었다.

이렇게 해서 조선 스스로 자주적인 내정 개혁을 목표로 했던 1884년의 갑신정변도, 1894년의 갑오농민전쟁도 결국은 청과 일본의 무력 개입으로 인해 좌절되고 말았다.

청일전쟁에서 승리한 일본은 시모노세키조약에서 강화조약을 맺어 청으로 하여금 조선의 종주권을 포기하도록 하고, 요동반도와 타이완을 양도하도록 했고, 배상금 3억 엔을 지불하도록 했다.

그러나 강화회담 직후, 러시아·독일·프랑스 삼국의 간섭에 의해 요동반도를 청에 반환했다. 청일전쟁과 삼국 간섭에 의해 일본은 아시아에서는 강국이 되었다는 우월감과 중국과 조선에 대한 멸시감 등이 고조되었고, 서구 삼국에 대해서는 상대적으로 열등감이 생겼다.


## 명성황후 시해

1895년 10월 8일 새벽, 경복궁에 난입한 일본 낭인 집단에 의해 조선국 왕비인 명성황후가 시해되는 사건이 일어났다. 이 사건에는 일본군 수비대와 공사관 경찰, 그리고 한성신보의 일본인 사원과 대륙낭인 등이 동원되었고, 조선훈련대 제2대대가 합류했다. 10월 8일 이른 새벽, 경복궁에 난입한 이들은 저항하는 시위대장 홍계훈, 궁내대신 이경식을 살해하고, 나아가 명성황후를 시해하고 숨이 끊어지지도 않은 명성황후를 끌어내어 장작더미에 석유를 뿌리고 불태워버렸다. 참으로 끔찍하고 천인공노(天人共怒)할 사건을 저지른 것이다. 어느 국가에서 타국의 깡패들이 왕비를 죽이고 더구나 시신까지 불태운단 말인가…. 있을 수 없는 일을 저지른 것이다.

명성황후 시해 직후, 일본 공사 미우라 고로는 일등영사 우치다 사다쓰치[內田定槌]에게 사건에 대해 함구령을 내렸으나, 사건 직후 미국인 교관 다이(W.M.Dye)와 러시아인 전기기사 사바틴(Sabatine)에 의해 사건의 전말이 폭로되었다. 미우라는 당초 궁궐 내부의 분쟁에 의해 일어난 사건이라고 잡아뗐지만, 결국 사건 전모가 알려졌고, 일본 정부는 10월 17일 미우라를 해임하고, 고무라를 변리공사로 임명했다. 미우라 공사 등은 소환되어 재판에 회부했지만 '증거불충분'으로 전원 무죄가 선고되었다.

조선에서는 이 사건으로 인해 반일 감정이 극도로 고조되었고, 위정척사파를 중심으로 각 지역에서 의병이 봉기하여 친일개화파 군수 및 일본인들을 공격하여 일본군 수비대와 교전을 벌였다. 또한 명성황후 시해 사건 이후 조선 정부는 친러정책을 추진하여 고종이 러시아공사관으로 파천했고, 러시아 진출이 활발해졌다.

이때 미국에 망명 중이던 서재필이 귀국하여 최초의 한글 신문인 『독립신문』을 창간했고, 독립협회를 창설하여 국민의 자주독립 의식을 고취하는 계몽운동을 했으며, 만민공동회를 개최하여 의회를 설립할 것 등 국정 전반의 개혁을 정부에 요구했다.

정치 개혁에 대한 내외 여론이 고조되는 가운데 고종은 1897년 경운궁으로 돌아와, 연호를 광무(光武), 국호를 대한(大韓)으로 바꾸고 황제에 즉위하여 자주독립국임을 내외에 선포하였다. 대한제국은 정치적으로는 급진적인 개혁을 비판하며 구제도를 통해 왕권의 복권과 강화를 꾀했고, 경제적으로는 양전사업을 실시하여 국가 재정을 안정시키고, 상공업을 장려하여 전기, 철도, 섬유 등의 분야에서 근대적인 공방과 회사를 설립했다.

그러나 정치적으로는 입헌군주제와 의회주의를 지향한 독립협회와의 갈등이 고조되어 갔고, 경제적으로는 강화도조약 이래 축적해온 일본 거류민(1898년 현재 1만 5,000여 명)의 경제적 기득권과 러시아·영국·미국 등에 빼앗긴 광산채굴권, 금광채굴권, 삼림벌채권, 철도부설권 등 각종 이권 침탈을 막아내기에 역부족인 상태였다.

## 러일전쟁

청일전쟁 후 일본은 동아시아에서 제국주의 반열에 오르게 되고, 향후 러시아와의 대결을 예상하고 대규모로 군비 확충을 해나가면서, 러시아를 상대로 '만한교환(滿韓交換)'의 외교정책을 추진했다. 러시아는 1900년 의화단을 진압한 후에도 만주에서 철군하지 않았는데, 일본은 이에 대응하여 1902년 영일동맹을 체결하여 러시아를 견제하면서 대한제국(이하 한국으로 칭함)을 독점적으로 지배하고자 했다. 그리고 일본은 만주로의 진출을 모색하였다. 그리하여 한국과 만주를 둘러싼 러일 간의 대립이 격화되어갔고, 일본 정부 내부에서도 러시아에 대한 주전론과 비전론이 대립했으나 대세는 주전론으로 기울었다. "어떠한 경우에라도 실력으로써 한국을 일본 세력 아래에 두지 않으면 안 된다"라는 방침이 관철된 것이다. 러일전쟁은 결국 러시아와 일본의 두 제국주의에 의한 한국 쟁탈전이었다.

러일의 대립 속에서 한국 정부는 두 나라가 전쟁할 경우, '중립'을 주장했다. 한국이 중립국으로서 국제적 승인을 얻으면 한국 내에서 러일 양국의 교전을 막는 동시에 전쟁을 피하고 독립을 유지할 수 있을 것이라고 생각했다. 일본은 이를 반대했고, 한국은 1904년 1월 전시중립을 선언하고 각국의 승인을 받으려고 노력했지만 허사가 되었다.

1904년 2월, 일본은 육군을 인천에 상륙시키고, 한성을 군대로 제압하고, 인천 연안에서 러시아 함대를 습격한 후, 러시아에 선전포고했다. 2월 하순에는 한국 정부에 한국 내의 군사 거점을 확보하기 위한 토지 수용과 편의 제공 등을 강요하는 '한일의정서'를 강제로 조인했다. 그리고 병참을 수송한다는 명목으로 부산에서 한성을 거쳐 신의주에 이르는 한반도 종단철도를 단시일에 건설했다. 또한 전략적 요충지에 군사기지를 설치하여 한국 제압의 첫발을 내디뎠다. 한국 민중은 각지에서 전신선을 끊거나 철도 건설을 방해했지만 일본군은 이러한 방해 행위에 사형을 적용하는 군법으로써 단속했다.

1904년 8월, 일본 정부는 한국에 대한 정치, 외교, 군사, 재정, 교통, 통신, 산업 등 제 분야에서 한국 내 이권을 확실히 하려고 '제1차 한일협약'을 체결하고, 소위 '고문정치'에 의해 한국의 재정과 외교를 장악했다. 러일전쟁을 수행하면서도 착실히 한국에 대한 지배권을 확보해 갔던 것이다. 재정고문에는 일본인 메가타 다네타로[目賀田種太郎], 외교고문으로는 미국인 스티븐스(D.W.Stevens)를 임명했다.

러일전쟁은 청일전쟁보다 대규모 전쟁이었다. 또한 만주에서의 러시아 세력의 독점을 경계했던 영국과 미국 또한 일본이 전쟁에 불리

해지는 것을 원치 않았다. 실
제로 러일전쟁 비용 17억 엔
중 8억 엔을 영국과 미국에서
모집한 외채로 충당했기 때문
에 1905년 3월 봉천회전(奉天
會戰) 이후 막대한 인전 물적
자원이 소모되자 전쟁 지속에
대한 불안감을 갖기 시작했다.
그러던 중 5월 말 동해상에서
발틱함대가 괴멸적인 타격을

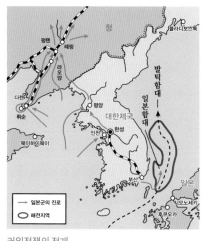

러일전쟁의 전개

받게 되자. 강화의 기운이 높아졌고, 6월부터 미국이 중재에 나섰다.

　1905년 7월, 일본 수상 가쓰라 다로[桂太郎]는 미국 육군장관 윌리
엄 태프트(William Howard Taft)의 일본 방문을 계기로 미국의 필리
핀 지배를 인정하고, 일본의 한국에 대한 우선적 지배를 상호 인정하
는 '가쓰라-태프트 밀약'을 체결했다. 그리고 8월에는 '제2차 영일동
맹'을 통해 영국의 인도 지배를 인정하고, 일본이 한국을 '지도, 보호
및 감리조치'를 취할 권리가 있음을 승인받았다. 그리고 이를 바탕으
로 러일강화조약(포츠머스 조약)에서는 일본의 한국 제압을 기정 사실
화함으로써 일본의 한국 지배가 명기되었다. 일본의 한국 지배는 이제
열강의 승인 하에 국제적으로 공인된 셈이다. 결국 일본은 러일전쟁에
서 승리함으로써 한반도 외에도 사할린 남부, 요동반도, 만주 남부로
세력을 확장하여 제국주의 국가의 반열에 오르게 되었다.

# 3. 국권 침탈

## 을사늑약

일본 정부는 영국·미국·러시아에게 한국 지배를 승인하게 한 후, 1905년 11월에는 한국 정부와 을사늑약(제2차 한일협약)을 체결했다. 그리고 그 다음해 2월에는 통감부를 설치했고, 초대 통감으로 이토 히로부미[伊藤博文]가 취임했다. 을사늑약은 일본의 한국에 대한 '보호조약'으로 한국 외교에 관한 권리, 통감이 아무 때나 대한제국 황제를 만나는 권리, 한국 주둔 일본군의 사용권 및 일본인 고문을 지휘하고 한국 시정에 관한 중요 법안 및 정책을 결정할 수 있는 권리를 가짐으로써 내정 전반을 지배할 수 있게 되었다.

보호조약은 일본 헌병대의 포위 속에서 이토 히로부미의 주관 하에 강제로 체결되었는데 이 자리에서 이완용·박제순·이근택·이지용·권중현 등 5인의 찬동 하에 체결되었다. 한국에서는 이들 5인의 매국관료를 '을사오적(乙巳五賊)'이라고 한다.

1907년 6월, 고종 황제는 이준·이상설·이위종 3인을 네델란드 헤이그에서 열리는 제2회 만국평화회의에 참석시켜 을사늑약이 무효함을 국제사회에 호소하도록 했다. 그러나 외교권이 없었던 대한제국의 특사는 회의 참가를 거부당해 뜻을 이루지 못했고, 분격한 이준은 헤이그에서 순국했다.

일본 정부에서는 이 사건을 협약 위반이라고 하면서 7월 20일, 총리대신 이완용과 친일단체 일진회와 결탁하여 고종을 퇴위시키고 순종을 즉위시켰다. 그리고 7월 24일에는 이토 히로부미와 이완용 사이에 제3차 한일협약인 '정미7조약'을 체결했다. 이 조약에 의해 한국 정부는 법령 제정과 중요한 행정처분, 중앙과 지방의 고위관료 임면을 통감의 승인을 받아야 했고, 협약에 부속된 비밀각서에 의해 한국 군대의 해산이 결정되었다. 결국 외교와 내정의 모든 결정권이 통감의 손으로 넘어가게 되어 한국에 대한 지배권이 확립되었다.

한성에서는 고종의 퇴위와 정미7조약에 반대하여 수만 명이 참가한 항의 집회가 열렸고, 여기에 해산된 대한제국의 군대가 가담하여 일본의 침략에 맞선 적극적인 민족 항쟁으로 전개되면서 항일 의병전쟁으로 확산되어갔다.

## 항일 의병전쟁

일본의 침략에 대한 의병 활동은 가장 적극적인 민족 항쟁이었고, 일본을 상대로 한 무력 항쟁이었다. 이점에서 의병 활동은 단순한 운동의 차원이 아니라 일본을 상대로 한 무력 투쟁이었으며 전쟁이었다. 항일 의병전쟁은 크게 1895년의 을미의병과 1907년 정미의병으로 구분한다.

을미의병(乙未義兵)은 명성황후 시해사건과 단발령의 강제 시행에 분격한 유생들이 근왕창의(勤王倡義)의 기치 아래 친일 내각의 타도와 일본 세력의 구축을 목표로 일으켰다.

1895년 8월 20일 명성황후가 시해되고 뒤이어 왕후폐위조칙이 발표되자 유생들은 '토역소(討逆疏)' 등을 올리고, 친일 정부의 폐위 조치에 반대하고, 일본군을 토벌·구축하여 국모의 원수를 갚을 것을 주장하였다. 8월 22일 서울 창의소(倡義所)에는 고시문이 나붙기 시작하고, 10월 중순을 전후로 충청남도 회덕·유성·진잠 등지에서 문석봉(文錫鳳) 등이 토적(討賊)의 뜻을 선포하고 의병을 일으키면서 시작되었다. 이러한 분위기에서 단행된 단발령은 유생들과 일반 백성의 반일·반정부 기운을 더욱 고조시켰다. 1896년 1월에는 경기·충청·강원도 등 각지에서 본격적으로 일어났고, 2월에는 경상도 북부와 강원도 북부, 그리고 함경도 북부까지 확대되었다.

전국 각지에서 봉기한 을미의병은 대개 그 지방의 유림을 중심으로 구성되었고, 갑오경장의 새로운 법령을 시행하는 관찰사·군수 혹은 경무관·순검 등을 친일파로 지목하여 처단하거나 문책하고, 또 그들을 진압하려는 관군 및 일본군과 항전하였다. 아울러 전선·철도 등 일본군의 군용시설을 파괴하거나 일본군 주둔지를 공격하기도 하였다.

경기도에서는 이천과 여주에 창의소를 설치하고, 1월 15일을 전후로 봉기하여 남한산성 서남 일대에서 세력을 떨쳐 2,000여 명에 이르렀는데, 박준영(朴準英)이 대장, 김하락(金河洛)이 군사 겸 도지휘(軍師兼都指揮)가 되었다. 2월 25일 의병부대가 남한산성에 입성하자, 안성 의병 수백 명과 춘천 의병 3,000여 명도 남한산성으로 집결한다는 소문으로 친일 정부를 긴장시켰다.

강원도 춘천에서는 이항로(李恒老)의 문인 이소응(李昭應)이 의병 1,000여 명을 규합하여 춘천부를 점거하고 관찰사 조인승(曺寅承)을 처치하였다. 강릉에서는 여주 유생 민용호(閔龍鎬)가 원주 등지에서 의병을 모아 활동함으로써 의병운동이 본격화되면서, 영동9군창의진(嶺東九郡倡義陣)이 편성되었다.

충청도 홍주에서는 김복한(金福漢)·이설(李偰)·안병찬(安炳瓚) 등이 기병하여 한때 그 일대를 지배하였고, 제천에서는 유인석(柳麟錫)이 서상렬(徐相烈)·이필희(李弼熙) 등과 함께 기병하여 호좌창의진(湖左倡義陣)을 편성하였다. 그 뒤 창의진은 경기도와 강원도의 일부 의병과 합류하면서 병력이 4,000명에 이르렀다.

그들은 단양군수와 청풍군수를 체포하여 처치한 뒤 충주부를 점거하여 관찰사 김규식(金奎軾)을 처단하였다. 이때 유인석은 격고내외백관(檄告內外百官)을 공포하여 나라의 모든 관리는 친일 행위를 중지하고 의병을 후원하여 나라를 지켜야 한다고 주장하였다.

경상도의 경우 산청에서는 곽종석(郭鍾錫) 등 200명의 유생이 의병진을 편성하여 안동부를 점령하고 권세연(權世淵)을 의병대장으로 추대하였다. 그 뒤 10여 일 동안 사방에서 모여든 의병이 무려 4만 명에 이르렀다.

그러나 훈련을 받지 못한 의병들이었기 때문에 관군의 공격을 받자 사방으로 흩어졌고, 김천과 성주에서는 허위(許蔿) 등이 의병을 일으켜 금릉 등지를 점령하고 대구에 다다랐으나 관군의 공격을 받아 해산하였다.

전라도의 의병 봉기는 다른 지방보다 약간 늦은 3월에 시작되었는데, 나주의 기우만(奇宇萬) 등은 각처의 의병을 광주로 집결시켜 호남창의군을 편성하였으나 역시 관군의 공격을 받고 해산되었다.

전국 각처에서 일어난 의병 봉기에 당황한 친일 정부는 여러 차례 조칙을 반포하고 선무사(宣撫使)를 파견하는 한편, 서울 수비의 주력부대를 지방으로 출동시켜 진압을 서둘렀으나, 고종의 아관파천에 의해 친일 정권이 무너지고, 일시적으로 친러 정권이 들어섰다.

친러 정권은 혼란한 시국을 수습하기 위해 친일 내각의 요인들을 '역당(逆黨)' 또는 '국적(國賊)'으로 단죄하고 단발령을 철폐하는 한편, 의병 해산을 권고하는 조칙을 내렸다. 이와 더불어 갑오년 이래의 동란(動亂)과 개혁으로 인한 경제 파탄과 민생고의 극심함을 고려하여 그동안 적체된 각종 미수·미납의 공세(貢稅)를 일체 탕감한다는 조처도 취하였다.

이러한 일련의 조처들에 의해 의병 봉기의 대의명분은 약화되고 1896년 3월 이후 의병 활동은 점차 쇠퇴하였다. 그러나 정부의 회유정책을 거부한 유인석과 민용호 부대는 만주지방으로 거점을 옮겨 항일운동을 계속했다.

정미의병(丁未義兵)은 1907년 6월 헤이그 특사를 빌미로 고종을 강제로 퇴위시키고 순종을 즉위시켜 한국 식민지화에 더욱 박차를 가하려던 일제가 정미7조약을 강제로 체결하여 한국 통치권의 대부분을 장악하고, 나아가 군대해산을 단행하면서 이에 대한 반발로 시작되었다.

해산군인들은 군대해산조칙이 내려진 당일 서울의 시위대 대대장 박승환(朴昇煥)이 자결했다는 소식을 듣고, 일본군과 시가전을 전개하면서 대일항전을 개시하였다. 그 뒤 각 지방의 해산군인들도 잇달아 봉기하였다.

정미의병의 전국적 활동 상황을 개략적으로 살펴보면 다음과 같다.

먼저 8월 2일 원주진위대 군인들이 무기고를 점령한 뒤 그곳 민병과 합세하여 원주시를 장악하였다.

민긍호·박준성·손재규 등 원주진위대 해산군인들은 각자 의병진을 편성, 강원도·충청북도·경기도 일대에서 활약하였다. 이강년과 신돌석 등은 경상북도 북부 일대에서 각각 항일 유격전을 펼쳤다.

경기도에서는 허위가 연기우를 부장으로 하는 강화분견대 군인들을 포섭하여 임진강 유역의 포천·연천 등지에서 강력한 항전 기반을 형성하였다. 그리고 호남 지역에서는 기삼연이 장성에서, 전해산이 나주에서, 김태원·심남일은 함평에서, 문태수는 무주에서, 이석용은 임실에서 각각 의병을 일으켰다. 특히 문태수·이석용 의병진은 일본군의 포위망을 뚫고 종종 경상남도 안의·거창 방면까지 진출하여 이 지역 의병 봉기의 도화선이 되었다.

또한, 전라북도와 충청남도의 접경지를 중심으로 한 공주·회덕·연산·진잠 등지에서는 김동신이 유력한 의병진을 편성, 활약하였다.

한편, 황해도에서는 박정빈·이진룡이 주축이 되어 평산에서 봉기하였고, 평민 출신 김수민 의병장이 이끄는 의병진이 경기도 장단에서부터 황해도 서흥 일대에 이르기까지 막강한 세력을 형성하고 있었다.

평안도의 경우에는 김여석 의병진이 덕천·맹산 일대에서 활약하였으며, 채응언은 함경도·평안도 접경지대에서 항일전을 수행하였다. 함경도 의병 항일전은 홍범도·차도선 등이 삼수·갑산 등지에서 산포수와 광산 노동자들을 규합하여 강력한 의병진을 편성하였다. 최재형

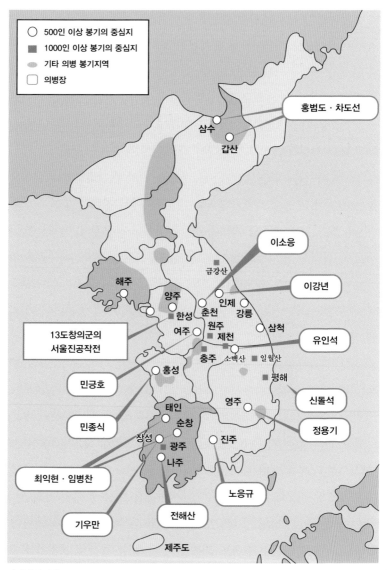

은 경원에서 이범윤·엄인섭·안중근 등과 함께 의병진을 편성, 일본군과 신아산전투를 수행하기도 하였다.

정미의병이 전국으로 확대, 발전함에 따라 1908년 초 이인영(李麟榮)을 주축으로 전국 의병진이 연합하여 서울진공작전을 추진하기까지 하였다. 원주에서 봉기한 이구재·이은찬 등의 추대로 관동의병장(關東義兵將)이 된 이인영은 전국 의병진의 연합을 호소하는 격문을 각지의 의병장들에게 보냈다. 이에 호응한 각 도의 의병들이 양주의 대진소로 모여들면서 총 48진, 1만여 명에 달하였다.

이인영을 총대장으로 하는 13도창의군(十三道倡義軍)은 서울진공작전을 수립하고, 1908년 1월 허위가 이끄는 300여 명의 선발대가 동대문 밖 30리 지점까지 이르렀으나, 일본군의 선제공격을 받고 후속 부대와의 연락이 단절되면서 패퇴하고 말았다. 결국 서울진공작전은 무산되고, 의병들은 각 지역으로 분산되어 독자적인 항일전을 수행해갔다.

정미의병이 전국으로 확대되고 항쟁이 더 격화되어가자, 일제는 야만적인 초토화작전을 전개, 의병 활동 지역 안의 촌락들을 소각하고 주민들을 대량 살육함으로써 의병 항일전의 근원을 봉쇄하려 하였다.

특히, 후기로 접어들면서 호남 일대의 의병 항쟁이 치열해지자, 일제는 1909년 9월부터 약 2개월에 걸쳐 이른바 '남한대토벌작전'이라는 대공세를 펼쳤다. 이 토벌작전에 의해 전라도 지역에서는 의병장 100여 명, 의병 4,000여 명이 체포되고 처형되는 등 막대한 피해를 입었다. 그 결과 정미의병은 1909년 후반기부터 점차 약해져갔고, 의병들은 새로운 항쟁의 근거지를 만주나 연해주로 옮겨 독립군 활동을 전

개했고, 1910년을 지나면서부터는 전면 항일전으로서의 의미가 상실
되고 말았다.

## 안중근 의거

일본의 침략이 노골화되자 침략정책의 선봉 역할을 한 인물들에 대
한 보복이 이루어졌다. 외교고문이었던 미국인 스티븐스가 미국 오클
랜드역에서 장인환, 전명운에 의해 처단되고, 이토 히로부미가 하얼빈
역에서 사살되었으며, 이완용이 서울에서 피습되었다.

1879년 황해도 해주 출신인 안중근(安重根)은 열렬한 가톨릭 신자
로서 1907년 정미7조약이 체결되자 국권회복운동을 위해 블라디보스
토크로 망명했다. 그곳에서 한국에서 이주해온 이주민을 모아 의병부
대를 조직하고, 특파독립대장 겸 아령지구군사령관이 되어 함경북도
경흥 회령 일대에서 일본군을 공격했으나 패전한 후, 다시 연해주로
피신했다.

그 후 이상설·이범석 등을 만났고, 노브키에프스크에서는 국민회·
일심회 등을 조직하고, 블라디보스토크에서는 동의회를 결성하여 애
국사상을 고취하고 군사훈련을 담당했다.

1909년 3월 2일, 김기룡·엄인섭·황병길 등 12명의 동지가 모여 단
지회(斷指會, 일명 단지동맹)라는 비밀결사를 조직했다. 안중근·엄인섭
은 침략의 원흉 이토[伊藤博文]를, 김태훈은 이완용을 암살하기로 모의
하고, 왼손 네 번째 손가락을 단지(斷指)하여 맹세를 서약했다.

9월에 블라디보스토크에서 『원동보(遠東報)』와 『대동공보(大東共

報)』의 기사를 통해 이토가 러시아의 대장대신 코코프체프(Kokovsev, V.N.)와 하얼빈에서 회견하러 만주에 오는 것을 알고, 안중근은 우덕순·조도선·유동하와 저격 방법을 모의하고 만반의 준비를 하였다.

10월 26일, 이토를 태운 특별 열차가 하얼빈에 도착하여 코코프체프와 만났다. 열차 회담을 마친 이토가 차에서 내려 러시아 장교단을 사열하고 환영 군중 쪽으로 발길을 옮기는 순간 안중근은 이토를 저격했고, 현장에서 체포되었다.

체포된 안중근은 러시아 검찰관에게 자신은 한국의용병 참모중장이며 31세라고 스스로 밝혔고, 거사 동기에 대한 질문을 받자 이토가 대한의 독립주권을 침탈한 원흉이며 동양 평화의 교란자이므로 대한의용군사령의 자격으로 사살한 것이라고 당당하게 선언했다.

이후 관동도독부 지방법원에서 여섯 차례의 재판을 받은 후, 1910년 2월 14일 사형을 선고받고, 3월 26일 오전 10시, 뤼순감옥[旅順監獄]의 형장에서 순국하였다. 안중근은 재판 과정에서 이토를 사살한 이유를 다음과 같이 항변했다.

"나는 대한 의병 침모중장으로서 적국의 우두머리를 처단했을 뿐이다. 내가 죽거든 시체는 하얼빈 공원 부근에 묻어 두었다가 우리나라가 독립이 되거든 고국으로 옮겨 달라. 나는 죽는 게 아니라, 천국에 가서 대한 독립을 위해 일할 것이다."

이어서 이토의 죄를 15개 항목으로 나열했다. 1895년 을미사변을

일으켜 명성황후를 시해한 짓, 1905년 황실을 위협해 강제로 을사늑
약을 맺게 한 짓, 1907년 정미7조약을 강압하고 고종 황제를 폐위한
짓, 한국의 산림과 하천·광산 등을 강탈한 짓, 나라의 주권을 되찾으
려는 수많은 의병을 폭도로 살육한 짓, 친일파를 통해 '일본이 한국을
보호 한다'고 거짓말을 퍼뜨린 짓, 한국의 삼천리강산을 욕심내 일본
의 것이라 선언한 짓 등을 열거하고 마지막으로는 '동양 평화를 파괴
해 수많은 인종의 멸망을 초래한 짓'이었다.

그는 옥중에서 '동양평화론'을 썼다. 비록 완성하지는 못했지만, 제
국주의 열강의 침입을 막으려면 한·중·일 삼국이 협력해야 한다고 했
고, 구체적인 방안으로 일본이 뤼순을 청나라에 돌려주고 3국이 공동
으로 관리하는 군사항구를 만들고 평화회의를 조직하자고 했다. 또 3
국 청년으로 구성된 군대를 만들고 이들에게 2개국 이상의 언어를 배
우게 하자고 했고, 공동 중앙은행을 설립해 공동 화폐를 만들자고 했
다. 당시에도 현실화하는 데 한계가 있었지만 3국 평화를 위한 이상적
인 제안이었음에 틀림이 없다.

사형 집행 전 두 동생과 신부 앞에서 유언을 하고
있는 안중근의사

사형 선고를 받은 아들에게
안중근의 어머니 조마리아는
형을 면회를 가는 두 아들에게
"네가 항소를 한다면 그것은 일
제에게 목숨을 구걸하는 짓이
다. 네가 나라를 위해 여기에 이
른즉 다른 마음 먹지 말고 죽으

라. 옳은 일을 하고 받는 형(刑)이니, 비겁하게 삶을 구하지 말고 대의에 죽는 것이 어미에 대한 효도다"라는 마지막 당부를 전했다고 한다. 그리고 안중근은 두 아우에게 "내가 죽거든 시체는 우리나라가 독립하기 전에는 반장(返葬)하지 말라. …… 대한 독립의 소리가 천국에 들려오면 나는 마땅히 춤을 추며 만세를 부를 것이다"라고 유언하였다고 전해온다. 안중근의 일생은 애국심으로 응집된 것이었다. 안중근의 행동은 총칼을 앞세운 일제의 폭력적인 침략에 대항한 살신의 항거였고, 당시 한국이 처한 현실을 보여주는 대표적인 역사적 사건이다. 그러나 안중근의 유해는 아직 찾지 못해 조국의 품으로 돌아오지 못하고 있다.

## 애국계몽 운동

일본의 무력 침탈에 대해 무력으로 대항한 것이 항일 의병항쟁이었다고 한다면 실력을 양성하여 근대국가를 건설하자고 했던 것이 애국계몽운동이었다. 애국계몽운동은 청소년을 비롯해 광범위하게 국민들에게 애국정신을 고취하고, 교육과 실업 진흥에 주력했다.

이들은 국권을 회복하려면 국민을 계몽하고 산업을 육성하여 민족의 실력을 길러야 한다고 주장했다. 그리하여 대한자강회, 신민회 같은 단체들을 만들었고, 학교를 세우고, 교육과 언론 활동을 통해 민족의식을 고취했다.

미국에서 돌아온 안창호(安昌浩) 등이 중심이 되어 만든 신민회(新民會)는 교육운동의 모델로 대성학교, 민족기업의 모델로 자기(磁器)회사를 설립하고 이것을 일반화하는 운동을 전개했다. 대중운동으로 가장 활발하게 전개된 것은 청소년을 위한 교육운동이었는데, 교육단체로서 학회가 지역별로 조직되었고, 대중에 의한 밑으로부터의 운동으로 각 지역에 학교를 설립했다. 평안도 및 함경도에 서북학회, 경기도와 충청도에 기호흥학회, 강원도에 관동학회, 경상도에 교남학회, 전라도에 호남학회 등이 그것이다.

물론 통감부에서는 이를 통제하려고 학회령 및 사립학교령을 공포했지만 그럼에도 불구하고 각 지역에서는 민중의 자주적 운동으로서 학교가 활발하게 설립되었다. 1910년 7월 현재 통계에 의하면 관공립 81개교, 준공립 65개교, 사립학교는 2,250개교였다. 물론 여기에는 인가받지 않은 사립학교는 포함되어 있지 않았는데, 그 수가 전체학교의 3~4할이었다고 한다. 따라서 역으로 환산하면 전체 학교 수는 4,000개교를 상회했다. 학회령 공포 당시 학부차관 다와라 마고이치[俵孫一]는 "이들 학교의 교과서를 보니 시사(時事)를 분격하는 불온한 문자로 가득 차 있고, 부르는 노래는 모두 학생을 선동하는 매우 위험한 상태"라고 했다. 1910년 일제가 병탄한 후에 전국에 설치한 소위 국민학교(國民學校)도 이러한 학교 분위기를 식민지 교육에 필요한 학교로 바꾸려는 식민정책의 일환이었음은 말할 것도 없다.

또한 자주적인 민족교육은 한민족의 역사와 언어, 민속, 지리 등을 기본으로 하여 애국정신을 배양하고, 외국 선진 과학문명을 섭취하는 연구가 필요했다. 예를 들면 주시경, 지석영, 유길준, 신채호, 장지연, 박은식 등의 각 분야에서의 업적이 그것이다.

이와 동시에 언론 활동도 활발히 일어났다. 『황성신문』, 『제국신문』, 『대한매일신보』 등이 발간되어 일본의 침략을 규탄하는 한편, 국민을 계몽하고 민족의식을 일깨우는 데 앞장섰다. 그 가운데서도 을사늑약에 의해 한국의 외교권이 박탈되고 통감부가 설치되자 장지연은 『황성신문』 사설 '시일야방성대곡(是日也放聲大哭)'을 통해 협약의 폭력성을 폭로하고 자결했다. 『대한매일신보』는 일본 관헌의 간섭을 저지하기 위해 영국인 베델(E.T.Bethell)을 사주로 하고, 양기탁, 박은식 등이 중심이 되어 애국계몽운동의 대변지 역할을 했다.

이들은 산업의 진흥과 경제적 자립을 위해 일본에 빚을 갚자는 국채보상운동을 전개했다. 당시 한국 정부는 일본에서 약 1,000만 원의 차관을 들여와 도로 확장, 상수도 시설, 관청 보수 등을 했는데, 1,000만 원은 대한제국의 1년 예산에 버금가는 액수였다. 일본의 빚을 갚는 것이 경제적 자주권을 유지하는 것이고 이것이 국권을 회복하는 길이라고 생각했다. 대구에서 시작된 국채보상운동은 전 국민의 참여 속에 약 600만 원의 성금이 모였는데, 국채보상운동을 계기로 반일 기운이 높아지자 통감부가 이 운동을 탄압하여 더 지속할 수가 없게 되었다. 그러나 이러한 항일 의병항쟁과 애국계몽운동은 을사늑약과 정미7조약으로 질주해가는 일제강점 열차를 멈추게 할 수는 없었다. 결국 대한제국이 주권상실하고 '망국(亡國)의 역'을 종착역으로 달려갔다.

### 조선의 망국과 병탄(倂呑)

대한제국의 군대를 해산한 일본은 1909년 각서를 통해 대한제국의 사법권을 빼앗고, 이를 통해 항일 세력의 감시와 탄압을 더욱 강화할수 있었다. 이어 한국을 식민지화하는 마지막 단계로 경찰권을 빼앗아일본군이 한국의 치안을 담당하는 헌병경찰 제도를 실시했다.

'한국병합' 조약은 1910년 8월 22일 비밀리에 조인되고, 29일에 발표되었다. 조약은 '한국 황제가 한국에 관한 일체의 통치권을 완전하고도 영구히 일본국 황제에게 양여한다고 청했고, 일본 황제가 이를수락하는 동시에 한국을 완전히 일본제국에 병합하는 것을 승낙했다'라는 내용이다. 한국의 요청에 의해 일본이 수락하는 형식이다.

조약안을 기초하는 데 핵심적인 역할을 했던 구라치 데쓰키치[倉地鐵吉]는 병합이라는 단어를 다음과 같이 서술했다.

> 한국이 완전히 폐멸(廢滅)되어 제국 영토의 일부가 되었다는 뜻을명확히 함과 동시에 어조가 너무 과격하지 않은 단어를 선택하려고 여러 가지 고려했지만, 끝내 적당한 단어를 발견할 수가 없었다. 따라서아직 일반적으로 사용하지 않는 단어를 쓰는 편이 좋겠다고 판단하고,병합이라는 단어를 사용했다.
>
> (고마치 미도리[小松綠] 『조선병합의 이면』)

병합이나 합병은 결코 대등한 의미가 아니라 대한제국의 폐멸에 의해 일본제국의 영토가 된다는 의미이고, 병탄이라는 용어는 남의 재물이나 다른 나라의 영토를 제 것으로 만든다는 의미이므로 '본질적으로침략적인 성격'을 드러내기 때문에 병합이라는 단어를 썼다는 것이다.

이 병합조약에 의해 대한제국은 소멸하고, 한국은 일본제국의 영토로 병탄되고 말았던 것이다. '한국 병합'이 일주일 후인 8월 29일에 발표되자, 일본 각 도시에서는 집집마다 일장기를 내걸었고, 축하의 제등 행렬이 줄을 이어 온통 축제 분위기였고, 신문들은 기념호를 발행했다.

오사카아사히신문[大阪朝日新聞] 기념호에는 다음과 같은 사설이 실렸다.

한국인이 일본인이 되는 것은 한국인을 위해 행복한 일이다. 대체로 한국에서 일본의 행동은 문명을 의미하며 인민의 안전과 평화를 보장해주기 때문이다. … 그러므로 합병을 기뻐해야 할 사람은 누구보다 한국인이고, 국민적 경사의 표시로 제등 행렬을 거행할 만한 가치가 있으며, 또 한국의 황제는 특사사(特謝使)를 파견해야 하는데도… 일본 사람이 때때로 축하의 뜻을 표하는 것은 관리전도(冠履顚倒: 모자와 신발의 위치가 바뀜)한 일이다.

참으로 한국인의 입장에서는 황망하고 터무니없는 거짓 선전이다. 국권 상실의 소식에 한국인들은 분노했고, 『매천야록(梅泉野錄)』을 남긴 황현을 비롯해 많은 애국지사가 슬픔을 이기지 못해 자결했다.

조약을 체결한 데라우치 마사타케[寺內正毅] 통감은 병합 조약을 체결한 날 저녁 축하연회를 하면서 "고바야카와[小早川隆景], 가토 기요마사[加藤淸正], 고니시 유키나가[小西行長]가 이 세상에 있다면 오늘

밤에 뜬 저 달을 과연 어떤 마음으로 바라보았을까"라고 시를 읊조렸다고 한다. 모두 임진왜란 때 조선 침략에 앞장섰던 일본 장수들이다. 마치 그들이 이루지 못한 꿈을 이루었다는 자랑으로 들린다.

이어 메이지 천황은 칙사를 파견해 대한제국의 마지막 황제 순종을 이왕(李王)으로 책봉했고, 창덕궁 인정전에서 조칙을 전달했다.

이리하여 을사늑약 이후 일본에 의한 통감정치는 일본의 식민지에 설치된 조선총독부의 총독정치로 바뀌어 1945년 8월 15일 일본이 패전할 때까지 36년간 지속되었다. 일제 강점에 의한 식민통치가 시작되었다.

제2장

# 지배의 상처

## 1. 식민지시대

### 무단통치

일본 정부는 1910년 8월 29일 '병합 조약'을 공표함과 동시에 조선총독부를 설치하고, 데라우치 마사타케를 총독으로 임명했다. 이후 '대한제국'의 국호는 없어지고, 단지 지역을 나타내는 의미로 조선이라는 용어를 썼고, 수도는 '한성(漢城)'에서 '경성(京城)'으로 부르도록 했다.

조선총독은 천황이 직접 임명하는 관직으로 육·해군 대장만 취임할 수 있었다. 조선총독은 정무 전반을 총괄하고 육·해군을 통솔하며, 제령(制令)을 발포하는 등 행정·입법·사법의 모든 분야에 걸쳐 절대적인 권한을 가지고 '소천황(小天皇)'으로서 식민지 조선 민중 위에 군림했다.

조선총독에게 부여된 막대한 권한은 총독 직속의 헌병경찰제도에 의해 보장되었는데, 이런 통치 방식을 무단통치(武斷統治)라 한다. 헌병경찰은 한국 주둔 헌병대 사령관이 경무총감을 맡고, 각도의 헌병대장이 경무부장을 겸임했다. 각지에는 경찰서와 주재소를 설치하고 헌병이나 경찰관이 주재했다. 헌병경찰은 헌병이 보통경찰 사무도 겸하고 즉결처분권을 가졌다. 이들은 치안, 첩보 수집, 폭도 토벌, 범죄 직결, 집달리 업무, 노동자 단속 이외에 무려 87항목으로 일반민의 생활 구석구석까지 개입했으며, 헌병경찰 보조원으로는 한국인이 다수 채용되어 이들 업무에 협력했다.

1910년대 헌병과 경찰의 수

| 시기 | 헌병<br>( )는 한국인 | 경찰<br>( )는 한국인 |
|---|---|---|
| 1911년 | 2,019 (1,012) | 7,978 (4,607) |
| 1918년 | 5,693 (3,428) | 5,402 (3,271) |

* 조선총독부편 『시정25년사』 1935.

일본군은 대한제국기부터 의병을 탄압하려고 이미 파견되어 있었고, 1915년부터는 제19사단(나남), 제20사단(용산)이 한국에 상주했다. 그리고 진해와 영흥만에는 해군사령부를 두고 해군이 상주했다. 이들은 군사적인 목적 외에 무력을 바탕으로 헌병경찰을 보강하여 민중을 탄압하는 역할도 수행했다.

합방과 동시에 한국인에 의한 신문, 잡지가 모두 폐간되고, 단체도 모두 해산되었다. 그리고 보안법(1907), 신문지법, 출판법, 집회단속령은 그대로 존속시켜 한국인에게는 언론·출판·집회·결사의 모든 자유를 일체 허용하지 않았다.

조선총독부　1926년 완공했다. 1995년 철거했고, 첨탑은 독립기념관에 전시했다.

　　일본 정부는 대한제국 황제를 '이왕 전하'로 명칭을 바꾸고, 그 일
족과 근친을 일본 황족과 같이 대우했다. 또 일부 명문 가문 출신자와
친일파 정치가를 귀족으로 삼아 작위와 다액의 은사금을 주었다. 그
리고 조선총독의 자문기관으로 중추원을 설치하고 고문과 참의에 귀
족들을 임명했으나 중추원은 3·1 운동 때까지 한 번도 열리지 않았다.
그리고 조선총독부는 천황의 이름으로 임시자금 3,000만 엔을 귀족
등 유력자에게 나누어주어 이들에게 취업과 교육 비용으로 사용하게
함으로써 친일 협력자를 육성하거나 회유하고자 했다.

## 슬픈 덕혜옹주

쓰사마의 이즈하라시에 있는 쓰시마 도주 저택 뒤편으로 연결된 오솔길을 따라 조금 내려오면 고종의 딸 덕혜옹주의 구슬픈 사연이 담긴 비석이 하나 서 있다.

일본은 한일 병탄을 계기로 대한제국의 왕족을 '조선왕공족'으로 취급하여 일본 황실 밑에 편제하였다. 그리고 조선 왕실은 일본 궁내성에 설치된 이왕직(李王職)에서 관리했다. 일본은 조선 왕실이 한민족의 상징 또는 구심점 역할을 하는 것을 우려하여 일본의 화족제도에 편입시켜 '정략결혼'·'혼혈' 등을 통해 '일선동화'시키는 한편, 일본식 교육을 통해 왕실을 말살하고 무력화시키려고 했다.

덕혜옹주와 소 다케유키

고종과 엄비 사이에서 태어난 영친왕 이은이 합방도 되기 전인 1907년, 열 살의 나이로 이토 히로부미[伊藤博文]의 권유로 일본으로 유학을 갔다. 유학 중에는 일본 육군의 교육을 받았으며, 1916년 일본 황족인 방자(方子) 여사와 약혼했다. 고종의 외동딸 덕혜옹주도 당연히 이왕직의 관리 대상이었다.

고종과 복녕당 양씨(梁氏) 사이에 딸로 태어난 덕혜옹주는

덕혜옹주 결혼기념비

다섯 살까지 복녕당 아기씨로 불리다가 히노데[日出]소학교 5학년이
던 1925년 볼모로 일본에 끌려가 도쿄 학습원에서 교육을 받았다. 일
본 유학생활 중에도 늘 외로움과 향수병으로 정신질환인 조발성 치매
증으로 고생하였다.

　1931년 쓰시마 번주의 아들인 소 다케유키[宗武志] 백작과 강제 결
혼하여 3년 만에 딸[宗正惠]을 얻었으나 지병이 계속되었다. 덕혜옹주
는 1951년 소 다케유키로부터 이혼당하였고, 딸이 결혼에 실패하여
현해탄에 투신자살하자 병세가 더욱 악화되었다.

　1961년 11월 국가재건최고회의 의장이던 박정희가 미국 방문 도중
일본에 기착한 기회에 영친왕(英親王)의 부인인 이방자(李方子) 여사가

덕혜옹주의 귀국을 요청하여, 1962년 1월 26일, 일본에 간 지 38년 만에 귀국할 수 있었다. 귀국 직후부터 5년간 서울대학교병원에 입원하였다.

그 후 창경궁 낙선재와 연결되어 있던 수강재(壽康齋)에 칩거하였다. 계속된 치료에도 병세는 호전되지 않다가 1989년 4월 별세하여, 경기도 미금시 금곡동에 소재한 고종이 묻힌 홍유릉에 안장되었다. 나라 잃은 왕족의 슬픔의 상징이다.

### 동화정책

조선총독부는 식민지 지배의 기본방침으로 무단통치와 함께 동화정책(同化政策)을 썼다. '천황 폐하의 일시동인(一視同仁: 일본인과 마찬가지로 한국인에게도 천황의 인애를 베푼다)'이라는 명목 하에 천황의 신민으로 일본에 동화되는 것은 한국인의 행복이라고 했다. 그리하여 식민통치를 위한 교육을 중시하고 1911년 조선교육령을 공포하여 전국에 면 단위마다 보통학교를 1개교 이상을 설립했다. 보통학교에서는 일본의 교육칙어를 바탕으로 일본 황실을 받들고 일본 국가에 충성하는 교육을 시작했고, 일본어를 국어로 가르쳤다. 이 보통학교를 국민학교라 했다. 이 명칭은 광복 후에도 계속 사용하다가 1996년 초등학교로 개칭했다. 보통학교의 수는 1913년에는 366개교에 달했고, 취학 아동도 5만 명에 달했다.

병탄 이전 주된 교육기관은 한국인과 외국인 선교사들에 의해 설립된 수많은 사립학교와 전통교육기관인 서당이 2만여 곳이 있었다. 이곳에서는 한국어를 비롯해 한국의 역사와 지리, 애국창가 등을 가르쳐 민족교육의 중심이 되었고, 이 때문에 총독부에서는 사립학교와 서당에 대한 통제와 감시를 강화했다.

### 토지조사사업

조선총독부는 병탄 직후부터 동양척식주식회사를 통해 근 10년간에 걸쳐 한국의 전 토지를 측량하여 면적과 소유자를 확정하여 대장을 만들고 지가를 정해 토지에 세금을 부과하는 작업을 통해 지세 수입을 증가시키고, 이를 통해 일본인은 소유지를 대폭 확대해나갔다.

토지조사사업의 특징은 민유지 조사에서 소유자에게 신고를 원칙으로 했다는 점이다. 조사는 소유자의 신고와 관청의 토지문서를 대조하면서 추진되었고, 그 과정에서 면장과 지주총대에게 유리하게 작성되는 경우가 많았다. 또 왕실의 토지나 촌락의 공유지 등은 신고자가 불명확하여 신고절차 없이 국유지로 편입되었고, 토지조사사업에 협력하지 않은 농민이 토지를 빼앗겨 소작인이 된 사례도 많았다. 그 결과 조선총독부는 거대 지주가 되었고, 일본인 지주도 1915년에는 1910년에 비해 3배가 늘었고, 전라도, 경기도, 충청도, 황해도 등 곡창지대에 집중되었다.

조선총독부는 토지조사사업과 동시에 한국에 일본의 농법과 품종을 보급하는 등 일본의 식량·원료 공급지로 삼는 농정을 실시했고, 특히 벼농사에서는 일본 품종을 강제적으로 보급하고 미곡 검사를 하기도 했다. 그리고 이러한 농사 개량, 증산 정책을 헌병경찰이 주도해 갔다. 무단통치뿐만 아니라 무단농정을 실시했던 것이다.

토지조사사업에서는 조사에 불만이 있을 경우 소송을 제기할 수 있었는데, 분쟁 건수를 보면 1918년 통계에서 전체 3만 3,937건 중 소유권 분쟁이 99%였고, 그 가운데 국유지와 민유지 분쟁이 75%였다. 그러나 소송의 정당한 사유가 없다는 이유로 농민이 패소하는 경우가 대부분이었다.

또 당시의 통계에 의하면 전 농가의 3%였던 지주가 전 경지면적의 50%를 차지했고, 소작농이 38%, 소작과 자작을 겸한 경우가 39%로 합쳐서 77%의 농가가 소작을 하여 5~7할의 소작료를 바쳤고, 자작농은 불과 20%도 안 되었다. 결국 농민들은 토지조사사업에 의해 토지를 잃고 소작인이 되거나 화전민으로 전락할 수밖에 없었고, 삶의 터전을 잃고 고향을 떠나 간도지방이나 일본으로 이주하는 농민이 증가했다. 1910년대 말, 만주나 연해주 간도지방에는 한국에서 이주한 농민이 40만 명에 이르렀다고 한다. 이들은 후에 만주에서의 항일 독립운동의 기반이 되었다.

### 금융·철도 지배

조선총독부는 1911년 '회사령'을 공포하여 민족자본의 발전을 억누르고 일본 자본의 한국 진출을 위한 기반을 조성했다. 회사령은 일본인에게도 적용되었지만, 한국인의 회사 설립을 제한하여 한국의 자발적인 산업 발전을 저해했다. 나아가 총독부에서는 쌀·면화·누에고치 등의 생산을 장려하며 한국을 일본을 위한 식량과 원료의 공급지로

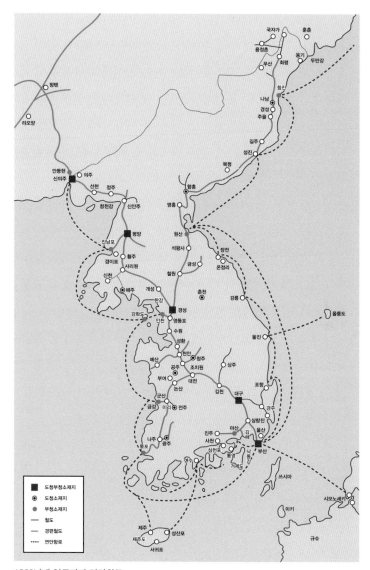

국자가
훈춘
용정촌
무산
회령
웅기
두만강
청진
나남
경성
주을
길주
성진
북청
안동현
신의주
의주
선천
정주
왕흥
영흥
청천강
신안주
진남포
평양
원산
석왕사
장전
황주
겸이포
사리원
금성
온정리
신천
철원
해주
개성
춘천
강릉
한강
경성
영등포
강화도
인천
수원
울릉도
성환
울진
예산
천안
청주
공주
조치원
상주
부여
논산
대전
포항
군산
김천
대구
금강
이리
전주
경주
삼랑진
나주
진주
마산
김해
울산
목포
광주
사천
삼천포
통영
낙동강
거제도
부산
쓰시마
시모노세키
이키
제주
성산포
제주도
서귀포
규슈

평톈
라오양

| 범례 | |
|---|---|
| ■ | 도청부청소재지 |
| ◉ | 도청소재지 |
| ● | 부청소재지 |
| — | 철도 |
| — | 경편철도 |
| ┄ | 연안항로 |

**1920년대 철도망과 연안항로**

농업구조를 변화시켜나갔다.

또한 병탄 이후 종래의 한국은행을 조선은행으로 바꾸어 일본 대장성의 감독을 받게하고, 별도로 조선은행권을 발행하며 총독부의 재정을 운영했다. 1918년에는 조선식산은행을 설립하여 농업부문의 융자를 행고, 한국인 농민을 조합원으로 하여 예금·대부사업을 행하는 금융조합을 각지에 만들었다. 그 결과 한국의 금융은 일본 자본에 종속되게 되었다.

철도는 1900년에 일본 자본으로 경인선을 개통했다. 러일전쟁 중에는 군사적인 목적을 위해 경부선과 경의선을 거의 완성했고, 병탄 이후에는 경원선, 호남선, 평남선 등이 개통되었다. 철도의 확장과 함께 부산항, 원산항 등 항만의 정비를 했고, 사람과 물자수송을 하면서 한국의 중요한 거점 지역을 일본과 바로 연결함으로써 정치·경제·군사 면에서 중요한 역할을 수행하게 되었다. 더구나 1911년 압록강 철교 공사가 끝나 한국의 철도와 남만주의 철도(안동-봉천)가 접속되고, 1917년에는 한국 철도의 운영권을 이 남만주철도주식회사(滿鐵)에 위탁함으로써 일본의 만주 침략을 위한 동맥을 만들어갔다.


## 2. 3·1 운동과 신민화정책

### 3·1 운동

1910년대의 독립운동은 한국 내보다 만주와 연해주 지역에서 활발했다. 이 지역은 국내에서 이주한 한국인이 다수 거주하고 있을 뿐만 아니라 일본의 직접적인 탄압을 피할 수 있어 민족운동의 새로운 중심지로 부각되었다. 이들 지역에는 국내에서 망명한 인사들이 곳곳에 독립운동 기지를 건설했다.

남만주(서간도) 류허현의 삼원보에는 이회영 형제가 독립운동기지를 세웠다. 이회영 형제는 전 재산을 정리하여 여러 독립운동 단체를 설립했고, 그 가운데 신흥무관학교는 3,000여 명의 독립군을 배출하여 무장 독립운동에 크게 기여했다. 그 외에도 북간도에는 이상설·이범윤·유인석 등이 활동을 했고, 이들은 대부분 국내에서 망명한 의병운동가와 애국계몽운동가들이었다.

1919년 1월 21일, 대한제국의 고종 황제가 서거했다. 당시 한국인들 사이에는 고종이 독살되었다는 소문이 퍼져나가면서 반일 감정이 크게 고조했다. 이 시기는 러시아에서 사회주의 혁명이 일어나고 제1차 세계대전이 끝나면서 국제사회는 베르사유·워싱턴체제라고 부르는 국제협조체제가 형성되었다.

이 과정에서 러시아 혁명정부와 미국 윌슨 대통령은 민족자결주의를 제창했다. 민족자결주의란 "각 민족은 정치적 운명을 스스로 결정할 권리가 있으며, 다른 민족의 간섭을 받을 수 없다"라는 주장으로서, 제국주의 국가의 식민지 지배 하에 있던 약소민족들에 독립에 대한 희망을 불러일으켰다.

민족운동가들은 3월 3일 국장일을 앞두고 비밀리에 '민족자결(民族自決)'을 위한 독립 시위 계획이 추진되었다. 만주의 지린 지역과 도쿄

덕수궁 대한문 앞의 시위 모습

에서 독립선언서가 발표되자, 천도교·기독교·불교계 대표로 구성된 33인과 학생조직은 비밀리에 독립선언서와 태극기를 마련했으며, 이를 서울과 지방 곳곳으로 운반하여 대규모 시위운동을 준비했다.

1919년 3월 1일, 서울과 평양에서 독립선언서가 낭독되면서 3·1 독립운동은 시작되었다. 시위운동은 전국으로 확대되었고, 참여 계층도 학생·종교인 중심에서 노동자·농민·상인·일반 서민에 이르기까지 전 민족적인 운동으로 발전했다. 3·1 운동은 만주·연해주·미국 등 해외 각지로 확대되었고, 한국인이 살고 있는 모든 지역에서 거의 예외 없이 시위운동이 일어났다. 운동은 애초에 평화적인 비폭력 시위운동이었지만 점차 격렬해지면서 일본의 탄압에 맞서 무장 폭력운동으로 전개되었다. 일본 헌병경찰은 시위 군중을 향해 총격을 가하는 등 강경하게 대응했고, 수원 제암리 등지에서는 민간인들을 교회에 감금하고 불을 질러 집단 학살했다. 일본 언론은 한국에서의 시위운동은 일부 종교인의 선동에 의한 폭동이라고 보도하면서 무력 진압을 정당화했다.

일본헌병대의 자료에는 사
망자를 500여 명이라고 했지
만, 박은식의 『한국독립운동
지혈사』 등에는 시위 3개월간,
전국 217개 군에서 1,491건에
200만 명 이상이 참가했으며,

수원 제암리 교회의 불탄 모습

살해된 사람은 7,509명, 부상 1만 5,961명, 검거 4만 6,948명이라고 기
록하고 있다.

석 달 이상 계속된 3·1 독립운동은 결국 일본의 무력 탄압으로 인
해 국권회복을 이루지는 못했다. 그러나 3·1 독립운동은 민족적 자각
을 일깨웠고, 한국인의 독립 의지를 전 세계에 알린 우리 역사상 최대
의 민족운동이었다. 그리고 이후 다양한 민족운동이 일어나는 기폭제
가 되었으며, 민족운동이 나아가야 할 이정표를 제시해주었다. 3·1 독
립운동은 대한민국임시정부의 수립으로 이어졌고, 광복 때까지 일제
에 저항하며 끊임없이 민족운동을 전개할 수 있는 동력이 되었다.

3·1 독립운동의 영향으로 1920년 6월, 북간도에서는 독립군 홍범
도부대가 일본군 19사단을 왕청현 봉오동에서 공격하여 큰 타격을 입
혔고, 같은 해 10월에 김좌진부대는 청산리에서 일본군과 싸워 연대장
을 전사시키는 등 큰 전과를 올렸다. 또한 시베리아에서는 국내의 3·1
운동과 연대하여 한국인 빨치산들이 각지에서 일본군을 습격하기도
했다. 그 외에 중국 상해, 미국에서도 한국인들은 국내 운동과 호응하

여 일어났다. 한편, 3·1 운동 직후인 1919년 4월 11일, 상하이의 프랑스조계에서는 해외 망명자와 국내에서 파견된 대표가 모여 대한민국임시정부를 수립했다.

## 지배 정책의 전환, 허울 좋은 문화통치

3·1 독립운동에 의해 일본은 더는 무력에 의한 무단통치로는 한국을 식민지 지배할 수 없다고 판단했다. 1919년 9월 새로 조선총독이 된 해군대장 사이토 마코토[齊藤實]는 "한국인의 문화 관습을 존중하고 생활수준을 향상시키기 위해 노력한다"라는 취지의 시정 방침을 발표했다. 그리고 한글 신문의 간행을 허용하고, 결사의 자유를 부분적으로 인정하는 조치를 취했다. 나아가 헌병경찰제도를 보통 경찰제도로 개편하는 유화적인 식민지배 방식으로 바꾸었다. 이를 소위 문화통치(文化統治)라고 한다.

그러나 외형은 이렇게 변했지만 실질적으로는 경찰력이 증강되고, 많은 헌병이 다시 경찰로 임명되었다. 경찰력의 증강을 보면, 경찰관서가 1919년에는 736개소였는데 1920년에는 2,746개소로 늘리고, 경찰의 수는 6,387명에서 2만 134명으로 3배 이상 증가했다.

한글 신문으로 1920년에 『동아일보』와 『조선일보』 및 문예지들이 창간되고 신간회 등 각종 사회단체가 결성되었다. 3·1 독립운동의 귀중한 유혈의 대가였다. 반면에 민족독립을 꾀하는 세력들을 '불령(不逞)의 무리'로 규정하고, 이들에 대한 철저한 단속과 가혹한 처벌을 위해 소위 사상경찰[特高]의 활동을 강화했다.

한편, 1920년대부터는 한국에도 사회주의 사상이 들어와 노동자·농민·학생 및 지식인의 각종 운동과 결합해갔다. 그리하여 1925년에는 조선공산당과 고려공산청년회가 결성되어 활동을 개시했다. 그러자 조선총독부에서는 사회주의와 민족주의의 사상적 차이에 주목하여 두 세력을 분열시키고, 또한 친일분자를 회유하여 이용하는 방법을 취했다. 이러한 배경 속에서 치안유지법이 한국에도 적용됐다. 원래 치안유지법은 사회주의 운동을 탄압하는 법인데, 한국에서는 식민지 지배를 부정하는 모든 독립운동에 확대 적용되어 1945년 광복 때까지 사회주의건 민족주의건 모든 민족독립운동에 적용했다. 예를 들면 1942년 학술단체인 조선어학회 사건도 이 법을 적용하여 처벌했다.

## 친일 세력의 육성

문화통치에서 조선총독부가 가장 역점을 둔 것은 친일 세력의 육성이었다. 조선총독부는 한국인 가운데 저명한 인사나 부유층, 종교지도자 등을 노골적으로 회유·협박·매수하여 친일 세력으로 육성했다. 1920년에 각 지방에 도평의회·부협의회·면협의회 등의 자문기구를 두고, 그 임원을 선거를 통해 선출하도록 한 것도 이러한 목적 때문이었다. 또한 사회 각 분야에 걸쳐 친일 단체를 조직하였는데, 당시 일부 한국인 가운데 제기되던 자치운동이 대표적인 예다. 자치운동이란 한국이 일본으로부터 곧바로 독립하기 어렵기 때문에 협상을 통해 자치권을 얻어내자는 타협적인 민족운동이었다. 조선총독부는 정책적으로 자치운동을 지원하였으며, 이에 편승하여 최린, 이광수 등이 공공연하게 자치운동을 역설하기도 했다. 자치운동은 자문기관에 불과했던 도평의회·부협의회·면협의회를 도회·부회·면회의 의결기관으로 개편하는 등 한국인의 참정권을 신장시켰다. 그러나 한국인의 독립능력을 스스로 부정했다는 점에서 근본적인 한계가 있었으며 민족운동에 혼란과 분열을 초래함으로써 결과적으로는 조선총독부에 협력했고, 일본의 문화정치를 돕는 역할을 하고 말았다.

결국 문화통치란 한국인을 분열시키고 이간질함으로써 민족운동을 약화시키는 술책이었고, 한국인 상층부를 친일 세력으로 회유하여 3·1 독립운동으로 허점을 드러낸 식민체제를 재확립하는 통치 방식이었던 것이다.

### 동화주의와 일선동조론

문화통치의 또 다른 축은 동화주의(同化主義)였다. 병탄 직후 총독 데라우치는 "고대 이후 제국과 한토(韓土)는 특수한 관계이기 때문에 하나의 통일 국가를 이루어야 하며, 한국인을 충실하고 선량한 제국 신민으로 만드는 것이 한국 병합의 본뜻이다. 제국과 한국은 잇몸과 이빨처럼 옛날부터 밀접한 관계를 가지고 있을 뿐만 아니라 동종동문(同種同文)으로 습속풍교(習俗風敎)에 커다란 차이가 없으므로 서로 융합동화(融合同化)할 수 있다"라고 했다. 그리고 3·1 독립운동 직후 수상 하라 다카시[原敬]는 "조선을 통치하는 원칙은 전적으로 일본인과 동일한 주의와 방침에 따르는 것을 근본 정책으로 정해야 한다"라고 했다.

구미의 식민정책이 '서로의 이질성을 전제하고 본국과 다른 제도를 적용했던 것'과는 달리 일본은 '일본인과 똑같이 만드는 것'이 정책의 근본 목표였던 소위 '내지연장주의(內地延長主義)'였다. 그리하여 일본인과 한국인의 인종적인 일체성·혈연적인 근친성을 강조한 '일선동조론(日鮮同祖論)'이 등장했다. 그리고 일선동조론의 역사적 근거로『일본서기』의 '신공황후 삼한정벌'이 다시 부활했다. 삼한정벌에 의해서 일본의 신이 바다를 건너 한국에 와서 건국의 신이 되었다고 했다. 근대 일본에서 일본인에게 주입했던 국민 통합 이념과 천황 지배의 정당화론을 그대로 한국인에게도 주입시켰다. 그리하여 일본과 한국 민족 전체가 모두 혈연적 관계를 맺은 가족이며, 공통의 선조가 천황가의 선조라고 강조하면서 국민과 천황을 결부하고, '만세일계(萬世一系)'에 가치를 부여하려고 했다. 한국인들에게 강요했던 국민교육, 신사참배나 창씨개명도 모두 이러한 맥락에서 이루어졌다. 이것을 교육정책의 역점으로 삼고 친일 세력을 육성하려 했던 문화정치의 본질로 삼았다.

　　제1차 세계대전 이후 각국에서 민족운동이 발전하자, 제국주의 국가들의 식민지 정책에서 동화주의가 폐기되어갔던 시대에 일본만이 거꾸로 그것을 강화했다. 아마 근대 일본 천황제국가의 가족국가론이 아니고는 한국 통합을 정당화하는 논리를 세우기 어려웠던 모양이다. 그럼에도 불구하고 제국 일본은 이 가족국가의 허구를 무한히 확대해 갔고, 위기가 심화될수록 나중에는 친일 세력을 적극적으로 활용하여 광신적으로 동화를 강조하기에 이르렀다. 1930년대 이후 경제공황과 침략전쟁의 확대 속에서 동화정책은 극한의 상태까지 강행되었고, 그

럴수록 철저하게 한국의 민족성을 말살하면서 억지로 한국인을 일본인으로 만들려고 했다. 그것이 황민화정책(皇民化政策)이다.

### 나는 대일본제국 신민이다

'황민화교육'이란 1937년 10월 제정하여 각급학교 학생은 물론 일반인들에게도 암송하도록 강제한 '황국신민의 서사(誓詞)'에 축약되어 있다.

① 우리는 대일본제국의 신민이다.
② 우리는 마음을 합해 천황 폐하에게 충의를 다한다.
③ 우리는 인고(忍苦) 단련하여 훌륭하고 강한 국민이 된다.

조선총독부에 의한 황민화교육의 기본 방침은 이미 1911년 8월 조선교육령을 공포하면서 각도의 장관에게 행한 조선총독의 훈시에 명시되어 있다. "금후의 한국 교육은 오직 유용한 지식과 건전한 덕성을 양성하고, 제국 신민으로의 자질과 품성을 갖추게 하는 것을 주안"으로 한다는 것이었다. 그리고 이러한 방침은 3·1 독립운동 이후도 마찬가지였고, 오히려 동화교육에 의해 더욱 강화되어갔다. 또한 1차 교육령에서는 한국의 '민도'가 낮다는 이유로 대학교육을 금지했고, 그래서 많은 한국인이 일본을 비롯한 외국으로 나갔다.

3·1 독립운동 이후 여러 사회단체가 결성되었다. 1920년 6월 조선교육협회도 그중 하나였다. 이를 모체로 이상재를 비롯한 인사들이

'민립대학기성회'를 결성하여 대학 설립을 위한 전국적인 모금운동을 시작했다. 조선총독부에서는 민간 주도의 대학이 설립되는 것을 견제하려고 신교육령에 의해 학제를 개편하여 보통학교를 4년제에서 6년제로, 고등보통학교(중학교)를 4년제에서 5년제로 개편하여 일본과 같이 했고, 관립 대학의 설립을 추진했다. 그리하여 1924년 경성제국대학을 설립하여 예과 2년제를 모집하고, 1926년부터 법문학부와 의학부를 두었다. 이공학부가 설치된 것은 1938년부터다. 식민지 한국에 단 하나뿐인 대학이지만 1924년 학부 진학을 위한 예과생을 보면 일본인 442명, 한국인 201명으로 한국인의 비중이 1/3 정도였다. 이처럼 한국인의 고등교육은 매우 희소했고, 초등교육이나 중등교육도 한국인 자체의 취학율이 매우 낮았다. 예를 들면 1936년 학령 아동의 취학률은 25%에 불과했다. 식민지교육이라고 하더라도 한국인을 위한 한국 본위의 교육이라고 볼 수 없다.

물론 식민지 교육에 반대하여 '한국인 본위'의 교육을 요구하는 학생운동도 끊이지 않았다. 그중에서도 1929년 11월 3일 일어난 '광주학생항일운동'은 다음해 3월까지 계속되었는데, 전국에서 149개교 약 6만명의 학생이 참가했다. 그 가운데 1,642명이 검거되어 582명이 퇴학당했으며, 2,330명이 무기정학을 받았다.

당시 학생들이 뿌린 격문에는 '경찰의 교내 출입 절대 반대', '교우회의 자치권을 쟁취하자', '언론·출판·결사·시위의 자유를 쟁취하자', '전국 학생 대표자회의를 개최하자' 등이 포함되어 있었다. 이러한 구호는 더욱 발전하여 '일본제국주의 타도', '피압박 민족 해방 만세' 등의 구호를 내거는 데까지 이르렀다.

## 한국어를 폐지하다

황민화교육의 기본은 민족의 혼을 빼앗고, 나아가 민족어로서의 한국어를 말살하는 데 있었다. 처음에는 한국인의 저항을 고려해 국어(일본어)와 함께 한국어 및 한문을 두었다. 그러나 점차 일본어 시간을 늘리고 상대적으로 한국어 한문을 줄였다. 그리고 한국어와 한문 시간을 제외하고는 모두 일본어를 사용했다. 이러한 한국어 냉대에 대해 『조선일보』 1936년 2월 17일자 사설에는 다음과 같이 비판하고 있다.

자국에서 자국어가 냉대 받는 것이 한국어와 같이 심한 경우가 없다. 보통학교의 국어가 한국어가 아니고 일본어이기 때문에 교과서가 전부 일본어로 쓰여 있음은 말할 것도 없고, 교수 용어는 물론 다른 데서 한국어가 사용되는 일이 없다. 학교 내에서는 아동이 한국어를 사용하는 것까지 금하고 심한 경우에는 학교 밖에서도 한국어를 사용하면 벌금을 받는 제도를 채택하는 학교도 있다. 자민족이 자신들이 언어를 쓰는 것이 어디가 나쁘며 유구한 역사를 가진 한국어를 어찌해서 우리들이 사용할 수 없단 말인가.

그러나 조선총독부의 '내선일체' 동화정책에 따라 한국어 폐지를 정하고, 1938년 3월, 제3차 교육령에서는 한국어를 선택과목으로 바꾸었다. 그러고는 실제적으로 한국어 과목을 개설하지 말도록 행정지도를 했기 때문에 한국어는 과목에서 자취를 감추고, 반면에 국어(일본어) 상용화가 강제되어 한국어를 사용하는 경우에는 벌금과 체벌이 가해지고, 정학 처분을 내렸다.

1940년 2월부터는 한국식 성명을 일본식 씨명으로 바꾸는 창씨개명을 강요했다. 나아가 같은 해 8월에는 한글 신문인 『동아일보』와 『조선일보』를 폐간시키고 조선어 연구 및 보급에 탄압을 가했다. 한국어 말살정책에 맞서 특히 1929년부터 두 신문사는 방학 중인 귀농 학생들을 지원하여 농촌 지역을 대상으로 문맹퇴치운동을 했는데, 총독부는 1935년부터 이를 중단시켰다. 한편, 조선어학회에서는 기관지 『한글』을 발간하여 올바른 한국어 사용과 한글 보급에 노력했고, 1940년부터는 본격적인 한국어 사전을 편찬하기로 하고 작업을 계속하고 있었다. 1942년 10월 1일, 조선총독부 경찰당국은 서울의 조선어학회 사무실을 급습하여 사전용 원고 카드를 압수하고 이윤재, 이극로 등 11명을 구속한 것을 시작으로 하여, 이듬해 4월까지 모두 33명을 투옥시켰다. 경찰의 가혹한 고문에 의해 이윤재, 한징이 옥사하고, 그 외의 인사들은 치안유지법 위반으로 모두 유죄 판결을 받았다. 그런데 다행히도 이 원고 카드는 광복 후 서울역의 창고에서 발견되어 『조선어대사전』 전6권으로 간행되었다.

## 농촌진흥운동

1931년 6월, 제6대 총독으로 취임한 우가키 가즈시게[宇垣一成]는 일본의 지방개량운동과 농어촌갱생운동을 모델로 한국에도 '농촌진흥운동'을 시행했다. 이 운동은 근로정신 고취, 생활 개선, 소비 절약, 국기 게양, 단발 장려, 색상의복 착용 등에 이르기까지 사고방식과 행동양식을 혁신하려는 시도였다. 이것은 조선총독부가 그동안 실시했던 신사참배와 내선일치 교육보다도 훨씬 구체적이고 강압적인 것이었다. 그리하여 구체적인 실천 강령으로 다음의 9가지 실천사항을 제시했다.

① 국체(國體) 관념을 밝힌다.

② 국기 게양 및 일본 연호를 사용하도록 권장한다.

③ 보은(報恩) 감사의 마음을 함양한다.

④ 준법정신의 고취와 비합법적인 행동을 배척한다.

⑤ 일본과 한국의 상호 사정을 연구한다.

⑥ 공덕심을 함양하고 공공 봉사의 관념을 조장한다.

⑦ 부인의 사회적 지위 개선 향상 및 옥외 활동을 권장한다.

⑧ 공민 강좌를 개설하고 공민 교육을 보급한다.

⑨ 관혼상제에서 전통적인 악습을 타파, 취미와 오락 향상, 퇴폐적인 도서물 배척, 음란한 장소 출입의 사회적 제제, 시간 지키기와 집무시간 엄수, 색상 의복 장려, 부인 교양시설 등을 조장한다.

그리고 각 도별 핵심사업 추진 사항으로, 국기 게양, 청결 정돈, 부인의 옥외 근무 연장, 색상 의복 착용과 짚신 사용 자제, 관혼상제 비용 절감, 근로 애호, 영농 개선, 공공정신 함양, 지주와 소작인의 협조원할, 단발 장려, 간식 폐지, 고무신 폐지, 온돌 개량, 연료 절약, 금주·금연, 납세 관념 함양, 조혼 풍속 금지, 미신 타파, 저축심 함양, 아궁이 개량, 자력갱생, 부채 정리, 허례허식 폐지, 변소 개조, 농사 개량, 시간 존중, 부엌 개선 등 구체적인 일상생활까지 관여했다. 그러고는 '조선 농지령'과 '의례준칙'을 제정 공포하여 한국의 전 부락을 대상으로 대략 1941년까지 지속되었다.

이 운동에 대한 평가는 다양하다. 먼저 총독부의 입장을 지지하는 편에서는 이 운동을 통해서 내선 융화, 국기 게양, 관민 상호 간 친화 제휴 등 통치하는 데 좋은 결과를 얻었을 뿐만 아니라 동시에 일반 민중의 근로정신 진작, 생활 개선, 소비 절약, 색상 의복 착용, 상부상조, 농산물의 증수, 부업 실행 등 효과가 컸다. 식량의 충실, 부채의 상환, 현금 수지의 균형 등 민중생활의 안정과 향상에 점차 해결의 서광을 보게 되었다고 했고, 가난한 농민에게 동정을 가지게 한 정책이었으며, 자작·자영·소작농에게 열심히 하면 된다는 희망을 갖게 해준 정책이라고 평가했다.

그러나 이러한 평가와는 정반대로 이 운동으로 춘궁기를 없앴다고 하는 증거는 하나도 없고, 이 운동이 일제의 침략정책을 위한 농민 착취의 목적에서 시행된 것이며, 내선일체·심전(心田) 개발·황국신민화를 통해서 영구히 식민지화하려는 정책이었다고 평가한다. 심전개발 운동이란 종교단체와 교화단체를 동원하는 정책으로 한국 농민의 근면성 함양을 겨냥한 운동이다. 조선총독부는 한국에서도 천황을 중심으로 하는 정치를 가일층 추진하려고 신과 조상의 은혜에 감사하는 마음을 철저히 지니도록 함으로써 한국 농민의 근면성을 양성하고자 했다. 이러한 종교와 정신적인 방법으로 농촌의 불황을 극복하려 했지만, 농민들의 누적된 불만을 해소하는 것은 어려운 문제였고, 특히 일부 소작농의 삶은 더욱 고단해졌다. 설혹 이 정책을 통해 농촌 진행의 일정부분 성과가 있었다 해도 사실상 1940년대 전시 동원체제에 돌입하면서는 완전히 변질되었다. 그 결과 한반도 농민들의 상당수가 삶의 터전을 떠나 만주나 일본 등 타 지역으로 이주해갔다. 한 통계에 의하면 1920년에 재만 한국인의 수가 46만여 명이었으나, 1931년에는 63만여 명이나 되었고, 이후 급증하여 8·15때에는 200여만 명에 이르렀다.

### 공업화정책

식민지 시기의 한국 공업의 발전을 시기별로 보면, 1910년대에는 주로 일본 자본의 한반도 진출을 위한 사회적 기반 만들기, 즉 철도·도로·항만·통신망의 확충에 중점을 두었다. 1920년대 들어서 근대공업이 급속히 성장했지만 그 대부분은 일본에 쌀을 반출하기 위한 정미업을 중심으로 하는 식료품공업(64%)과 한국산 섬유 원료를 현지에서 가공하는 방직공업(11%)이 주를 이루었고, 금속과 기계공업은 불과 7%에 불과했다. 그러나 1930년대에 들어 만주사변(1931), 중일전쟁(1937), 태평양전쟁(1941)으로 확대되어가자, 한국은 일본의 대륙침략을 위한 '병참기지'로서 자리 잡았고, 그에 따라 군수 중심의 중화학공업화가 급속히 추진되었다.

압록강에는 일본질소콘채른이 대규모 댐과 발전소를 만들어 값싼 전력을 공급했고, 함경남도 흥남에 화학비료공장과 유지·화약·경금속 공장을 다수 설립했다. 이들 공사에는 많은 노동력이 필요했기에 한반도 남부에서 북부로 노동자가 대거 이주했다. 이 공업화는 일본 자본의 진출과 한국인 노동자의 저임금 장시간 노동을 바탕으로 추진되었다. 당시 한국에 진출했던 일본 독점자본은 닛시쓰계[日窒系]를 필두로 도타쿠계[東拓系], 닛산계[日産系], 미쓰비시계[三菱系], 미쓰이계[三井系], 가네보계[鐘紡系], 닛테쓰계[日鐵系], 스미토모계[住友系], 다이니폰계[大日本紡系], 도요보계[東洋紡系] 등이었다.

한국의 공업이 이 기간에 성장한 것은 사실이다. 그러나 그것은 일본 공업에 대한 종속성이 강하고, 일본과 떨어져서는 자립할 수 없는 구조로 되어 있었다. 예를 들어 공업의 근간이 되는 철강공업과 기계공업을 보면 1943년의 통계에 의하면 철강생산 제품 구성이 선철 80%, 보통강 13%, 특수강 4%, 단주강 3%로, 한국의 철강공업이 거의 1차 가공품인 선철에 머물렀고, 그것이 일본 본토의 야하다[八幡]제철소에 공급되고 있었다. 기계공업도 공작기계나 철도 기관차나 차량은 전혀 없었고, 보일러나 부속품, 원동기나 제조가공용 기계는 20%에 머물렀다.

따라서 광복 후에도 한반도 공업은 자원품부터 완성품까지 일괄 공정이 불가능했고, 남북 분단이 되자 북한의 중화학공업과 남한의 경공업·농업 등의 상호보완적 관계가 끊겨버렸다. 예를 들면 남한의 농업은 북한의 흥남질소비료공장으로부터 화학비료의 공급이 중단되고,

남한의 제조업도 북한에 편재되어 있던 전력 공급이 끊겼기 때문에 조업이 불가능하게 되어 폐기되는 사태가 벌어졌던 것이다.


## 3. 전시동원체제

### 병참기지가 된 한국

1937년 베이징 교외의 노구교사건을 계기로 일본은 중국 침략을 본격화했으나 중국의 저항으로 전쟁이 장기화되어갔다. 그리고 유럽에서 제2차 세계대전이 시작되자 일본은 독일, 이탈리아와 군사동맹을 맺고, 석유·고무 등 군수물자를 얻고자 프랑스령 인도차이나로 침략해 들어가면서 미국, 영국 등과의 대립을 피할 수 없게 되었다. 이러한 전황을 타개하고자 일본은 1941년 말레이반도와 하와이 진주만을 기습 공격하여 아시아태평양전쟁을 일으켰다. 그리고 일본은 전쟁 수행을 위해 한국의 지하자원과 식량을 수탈하고, 군수공업기지로 재편성하여 대륙 침략을 위한 병참기지로 만들었다.

다음은 조선총독부의 병참기지화 정책에 대한 설명이다.


'병참기지'라고 하는 것은 원래 군의 전략용어이다. 전쟁의 승패를 가름하는 중대한 요건의 하나가 전선 보급의 확보에 있다는 것은 옛날이나 지금이나 변함이 없다. 이를 위해서는 전장(戰場)에서 가장 가깝고, 또한 기지 자체로서 자활(自活)하면서도 동시에 전선에 대한 보급도 확보할 수 있는 곳이 병참기지로서 가장 이상적일 것이다. 이런 의미에서 반도 조선이 대륙 병참기지로 불리는 것이다.

(조선총독부, 『新しき朝鮮』, 1944)

한국이 병참기지로서 위치를 잡은 근거는 첫째로 지리적인 조건이었다. 한국은 산업, 경제, 식량, 교통 등 모든 부분에서 침략 전선에 대한 보급력을 가지고 있었기 때문이다. 둘째로 황민화정책에 의해 '애국의 지극한 정성과 대동아건설의 성업(聖業)에 참가할 수 있는' 식민

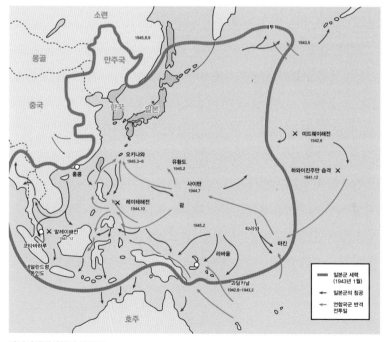

아시아태평양전쟁 현황도

지 한국의 2,500만 명의 인적자원이었다. 결국 일본의 이러한 인식과 정책은 인적자원의 전시동원으로 이어졌던 것이다.

한국인 전시 동원표

| 구분 | 종류 | | 방법 |
|---|---|---|---|
| 노무 동원 | 군요원(군속, 군부) | | 징용, 군 명령 |
| | 국민동원계획에 의한 집단이주 | | 모집, 관 알선, 징용 |
| 병력 동원 | 병사 | 육군특별지원병<br>해군특별지원병<br>학도지원병 | 지원 |
| | | 징병 | 징병 |
| | 준병사 | 군속 | |
| 여성 동원 | 여자정신대, 군대위안부 | | 모집, 관 알선, 군 개입 |

## 노동력 동원

중일전쟁이 교착상태에 빠져 장기화하고 전선도 확대하자 일본 본토의 노동력이 병력으로 동원되었고, 그에 따른 공백을 메꾸기 위해 1939년부터 일본 정부는 한국인 노동자를 석탄·광산·토건 등 일본 본토의 주요산업에 노무 동원하기 시작했다. 처음에는 국민동원 계획에 기초한 모집 방식이다가, 1942년부터는 관의 알선으로 이루어졌으며, 1944년부터는 본격적인 징용 방식으로 강제동원이 시행되었다. 그리고 배치된 지역도 처음에는 일본 본토였으나 점차 사할린(화태)에서 남양군도(미크로네시아)까지 확대되었고, 개척민이란 이름으로 본인들의 의사와는 전혀 상관없이 만주 지역에까지 보내졌다.

노무 동원의 규모

| 연도 | '국민동원계획'에 의한 계획 수 | 이송지 인원 수 | | | |
|---|---|---|---|---|---|
| | | 일본 본토 | 화태(사할린) | 남양 | 합계 |
| 1939 | 85,000 | 49,819 | 3,301 | -- | 53,120 |
| 1940 | 97,300 | 55,979 | 55,979 | 814 | 59,398 |
| 1941 | 100,000 | 63,866 | 63,866 | 1,781 | 67,098 |
| 1942 | 130,000 | 111,823 | 111,823 | 2,083 | 119,851 |
| 1943 | 155,000 | 124,286 | 124,286 | 1,253 | 128,350 |
| 1944 | 290,000 | 228,320 | 228,320 | -- | 228,320 |
| 1945 | 불명 | 불명 | 불명 | 불명 | 불명 |
| 합계 | 857,300 | 634,093 | 16,113 | 5,931 | 656,137 |

* 각 연도는 4월부터 이듬해 3월까지 수치이며, 1944년은 12월까지임

(조선총독부 재무국, 제86회 제국의회 설명 자료)

이 통계는 조선총독부의 자료이고, 패전 직전인 1945년 자료는 누락되었으므로 실제로는 이보다 훨씬 많았을 것이다. 또한 히로시마나 나가사키에 동원된 한국인 가운데는 수만 명의 원폭 피해자도 포함되어 있었다. 한국원폭피해자협회가 1972년에 발표한 자료에 의하면 원폭 투하 당시 히로시마에는 14만 명 정도의 한국인이 있었는데, 이 가운데 3만여 명이 사망했다. 2만여 명의 피폭 생존자 중 1만 5,000명이 귀국했고, 5,000명이 일본에 잔류했다고 한다. 피폭된 채 귀국한 대다수는 치료받지 못하고 방치되었다.

또한 사할린에는 전쟁이 끝날 당시 일본인 30만 명과 한국인 4만 3,000명이 있었는데, 이들은 대부분 탄광과 광산에 강제동원된 사람들이었다. 일본의 패전 후 일본인들은 소련과의 협상을 통해 일본으로 귀국했지만, 한국인들은 한국과 러시아의 국교가 단절되어 있어 45년간 방치되었다가 1989년 국교가 수립되면서 귀국이 가능해졌으나, 현

히로시마 평화공원에 있는 한국인위령비

재 2,500여 명이 귀국했을 뿐이다.

필자가 사는 용인 지역에서의 강제징용 사례를 소개해보자. 이들은 징용 당시 모두 22~23세의 젊은 청년들이었다.

〈사례 1〉 – 평택비행장

용인시 처인구 포곡읍 유운리에서 태어난 이복규(李復圭: 1921 ~2015)는 1944년 11월, 100여 명의 젊은이들과 함께 평택비행장으로 끌려가 1945년 8월까지 약 9개월간 비행장 건설에 동원되었다.

"1944년 11월 경, 100명쯤이 용인에서 기차 타고 수원을 거쳐 평택에 갔어요. 평택에 가 보니 비행장을 닦게 되었는데 엄청 컸고, 가마니에 흙을 담아 나르고 가래질을 했어요. 힘든 일은 중국 사람이 했는데, 그 사람들은 우리보다 더 사람 취급을 못 받았어요. 그 사람들은 잘 먹이지도 않았고, 보리밥하고 콩하고만 섞어서 줬어요. 개 돼지처럼 취급했어요.…

평택비행장에서 노역하는 사람은 수천 명이 됐어요. 평택비행장 터는 진흙땅이어서 활주로에 콘크리트를 치려고, 모래자갈을 구루마로 옮겼어요.

잠자는 숙소는 큰 곳은 100명씩 들어갔고, 양쪽으로 누워서 잤는데, 불을 땐 쪽은 뜨거워서 잘 수가 없고, 아래쪽은 차가워서 잘 수가 없었고, 자려고 누우면 벼룩이 새카맣게 기어 올랐어요.…

군석이라는 일당을 15전, 30전 받았는데, 몇 푼 받으면 막걸리 한 사발 사먹거나 배가 고파 주전부리하는 정도였어요. 그것도 들키면 왜놈들은 때리지 않고, 한국 사람을 시켜 때리게 했어요. 맞아서 죽기도 하고, 병이 들면 시름시름 앓다가 죽었어요.…

해방이 됐다는 얘기는 나흘 만에 들었어요. 해방되고 나서. 그때는 해방됐다는 얘기는 안하고 이제 집에 가게 됐다고 해서, 평택에서 용인까지 걸어서 집에 돌아왔어요.…"


〈사례 2〉 - 남양군도

용인시 처인구 포곡읍 전대리에서 태어난 정일재(鄭日載: 1922~?)는 1943년 10월 초에 강제징용을 피해, 머슴의 생활에서 벗어나 돈을 벌겠다는 기대감으로 자원하여 남양군도 팔라우로 가서 강제 노역에 시달렀다. 그러다 미군의 포로가 되어 뉴욕과 시카고에서 1년간 포로생활을 했고, 일본으로 송환되었다가 귀국했다. 귀국 당시 미국에서 달러를 받았는데, 일본에서 환전하니 80원이었다고 한다.

"남양군도 가기 전에는 머슴살이를 했지. 흉년이 들어서 하도 어려우니 죽으나 사나 에이 돈이나 벌러 남양군도나 가자 한거여…. 일본 동경 가서 항공모함 타고 남양군도로 갔어요. 남양군도에서는 팔라우도, 도라꾸도, 빠라오도에서 잡역이나 비행장 공사에 동원되었어. 전라도 경상도 사람이 엄청 많았어요.

빠라오도에는 한국 여자 위안부가 다섯 명 있었는데, 숙소에서 내다보면 다섯 줄로 죽 서있는 게 보였어요.…

미군의 폭격을 받고, 미군이 점령하면서 미군 포로가 되어 뉴욕과 시카고를 거쳐 1년간 포로생활을 하다가 동경을 거쳐 시모노세키에서 배를 타고 부산으로 돌아왔어요. 미국에서 포로생활을 하며 일을 했는데, 떠날 때 달러를 받았는데, 일본 시모노세키에서 환전을 하니 80원을 주었어요. 부산에서 기차를 타고 서울역으로 와서 할아버지 집이 있는 광주로 왔다가 용인에 정착했어요.…"


〈사례 3〉 - 북해도

용인시 기흥구 영덕동에서 태어난 이화열(李和烈: 1922~?)은 1943년 초가을 18세에 강제징용되어 북해도 쇼와탄광에서 2년간 석탄 캐는 작업에 동원되었다. 노는 날에는 군사훈련도 받았다. 광복이 되어 여비도 없이 아는 용인 사람들과 함께 일본에서 배를 타고 부산에 도착하여 다

348

시 기차로 수원역을 거쳐 집으로 10월에 돌아왔다.

"나는 삼형제 중 둘째인데, 한 집에 한 명만 징용이 되었어요. 열 명 안짝이 함께 갔는데 처음에는 어디로 가는지도 몰랐고, 일본에서 북해도 가는 줄 알았어요. 제일 추운 데고 아주 산골이에요. 초가을이면 벌써 눈이 쌓여서 앞이 안 보였어요. 기차가 탄 실러 오면 소리만 푹푹하고 연기만 나죠. 기차는 보이지도 않아요.

밤에 나가면 밝아야 나와요. 2교대했어요. 일주일 만에 교대했어요. 막사는 마음대로 왔다 갔다 할 수 있어요. 공일날은, 그때가 전쟁 때라서 나무때기로 훈련을 했어요. 하루 세끼 콩깻묵 밥에 반찬 두세 가지만 먹었어요. 콩깻묵 밥은 끈기도 없고 … 먹고 좀 있으면 금세 배가 꺼져서 배가 고파요. 한국 사람으로 돈 벌러 간 사람은 월급을 줘서 사먹을 수가 있었지만, 강제로 뽑아 징용 간 사람은 아무 것도 없었어요.

굴 속에는 여자는 없고, 굴 밖에서는 동매를 고르는 여자가 있었는데, 탄 고르는 여자 가운데는 한국 여자도 있었어요. 용인서 간 사람이 10명 정도인데, 모두 한 반에서 생활했어요. 돌아올 때도 같이 돌아왔는데, 동경까지는 일본 사람이 인솔했고, 그 후는 아는 사람이 인솔해서 배를 타고 부산까지 왔고, 다시 기차를 타고 수원까지 왔는데, 돈도 없이 어떻게 돌아왔는지 모르겠어요. 그때가 10월쯤인 것 같아요. …"

−이상의 사례는 용인문화원 부설 용인학연구소『용인사람 용인이야기』에서 인용

병력 동원

1938년 육군특별지원병이 공포되고 한국인 지원자를 선발했다. 피지배 민족에게 무기를 주는 것은 황민화의 결실을 거둔 뒤라야 된다고 징병의 목표를 내걸었지만 전쟁이 장기화되고 군병력이 모자라자 한국인 병력을 동원하지 않을 수 없었다. 그리고 1943년부터 태평양전쟁이 본격화하자 해군지원병제와 학도지원병제도를 시행했다. 그러나 전쟁이 불리해지자, 1944년 4월부터는 교육 정도를 불문하고 한국에서도 징병을 시행했다.

한국인 징병자의 수는 자료에 따라 차이가 많지만, 전후 일본 후생성에서 발행한 자료 『재일조선인개황』(1958)에 의하면 40만 명에 육박하고 있다. 병사 이외에도 많은 사람이 군 요원으로 동원되었다. 신분은 직접 고용된 군속의 형태이며, 한국에 배치된 군대의 배속 외에 일본, 만주, 중국 본토, 나아가 남방으로도 많이 보내졌다. 일본 대장성 관리국 자료 『일본인의 해외 활동에 관한 역사적 조사』(1950)에 의하면 그 숫자도 15만 명에 육박한다.

이들 군속 가운데 동남아 지역으로 파견된 사람들은 비행장이나 도로 건설 등에 동원된 것 이외에 미·영국인 포로 감시원으로 동원된 경우도 있었다. 이들은 전범재판에서 B·C급 전범으로 판결을 받아 23명이 사형, 125명이

병력 동원 규모

| 내역 | 인원(명) |
| --- | --- |
| 육군특별지원병 | 16,830 |
| 해군특별지원병 | 3,000 |
| 학도지원병 | 3,893 |
| 징병 육군 | 186,980 |
| 해군 | 22,299 |
| 군속 육군 | 79,424 |
| 해군 | 84,483 |
| 합계 | 385,209 |

후생성 제2복원국, 『재일조선인개황』

무기 및 유기 징역형을 받았다. 결국 일제에 의해 군속으로 동원되었다가 전후에 일본군의 일원으로 죄를 떠안은 셈이다.

한국인 가운데 병력으로 동원되었다가 전사자나 부상자가 된 경우 전후에 보상 문제가 걸려 있는 것도 당연하다. 후생성 원호국의 자료에 의하면 군인·군속의 희생자는 2만 2,182명으로 파악된다. 이 자료는 동원된 숫자를 24만여 명으로 전제로 한 것으로, 위의 38만여 명으로 보면 더욱 늘어날 것이다. 또한 각 전사자에 대한 조사도 일본인 전몰자에 비해 조사가 매우 미비한 것도 남아 있는 과제이다.

한국에서 송출된 군속

| 연도 | 일본 본토 | 한국 내 | 만주 | 중국 | 남방 | 합계 |
|------|-----------|---------|------|------|------|------|
| 1939 | - | - | 145 | - | - | 145 |
| 1940 | 65 | - | 656 | 15 | - | 736 |
| 1941 | 5396 | 1085 | 284 | 13 | 9249 | 16,027 |
| 1942 | 4171 | 1723 | 293 | 50 | 16159 | 22,396 |
| 1943 | 4691 | 1976 | 390 | 16 | 5242 | 12,315 |
| 1944 | 24071 | 13575 | 1617 | 294 | 5885 | 45,442 |
| 1945 | 31603 | 15532 | 467 | 347 | - | 47,949 |
| 합계 | 69,997 | 33,891 | 3,707 | 735 | 36,535 | 144,865 |

대장성관리국, 『일본인의 해외 활동에 관한 역사적 조사』

여성 동원

일제는 1944년 8월 「여자정신대 근로령」을 근거로 14세부터 40세까지의 여성을 일본의 군수공장에 동원했다. 정확한 숫자가 파악되지 않지만, 이 동원령에 의해 수십만 명이 일본·동남아시아·사할린 등에 동원되었다. 그리고 이와는 별도로 일본의 군인, 헌병, 관리, 사설업자

러 시 아 연 방

● 피해자 증언
○ 병사 증언
□ 공문서, 군 관계 자료
▲ 목격 증언, 기타

헤이허

하이라얼

치치하얼

하일빈
창춘

선양   푸순

중화인민공화국

바오터우
다퉁
장자커우
타이위안   양취안
베이징
산하이관
톈진   타렌
지난   칭다오
뤄양
쉬저우
시옌   우한
난징
상하이
인천

서귀포

충칭
이창
창사
난창
구이린
푸저우
타이베이

미얀마

미치나
바오산
라시오
메이묘
훙룬
(퍼예)
양군
(양곤)

광저우   아모이   신주   장화
난닝   홍콩   펑후섬   마궁   가오슝
하노이   하이커우
하이펑
하이난섬
싼야(야현)   링수이

난세이

타이완

라오스

치앙마이

타이

하띤

루손섬   바욤봉
바기오
타를라크
마닐라   레가스
필리핀

안다만제도

니코바르제도

깐짜나부리
방콕
춤폰

송클라
베난

캄보디아
프놈펜
호치민(사이공)

캄란

베트남

부키팅기

메단
시볼가

코타바루
콸라룸푸르
조호르바루
싱가포르

수마트라섬   팔렘방

쿠칭
폰티아낙

쿠다트
코타키나발루
미리
브루나이
산다칸
타라칸

칼리만탄섬(보르네오섬)

파나이섬
네그로스섬

슐라웨시섬(셀레베스섬)   므나도

사마린다

빈자르마신

자카르타   세마랑
수카부미   마겔랑
반둥   자바섬

주라바야
발리섬

켄다리

마카사르

인도네시아

플로레스섬   딜리

와이카부박   숨바섬   쿠팡   티모르

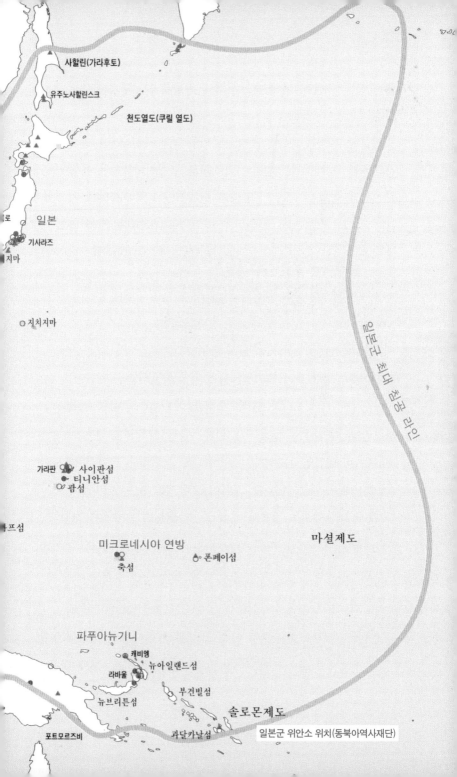

사할린(가라후토)

유주노사할린스크

천도열도(쿠릴 열도)

로

일본

기사라즈

지마

지치지마

가라판 ●◐○ 사이판섬
●◐ 티니안섬
○◐ 괌섬

프섬

미크로네시아 연방          마셜제도

●◐ 폰페이섬

축섬

파푸아뉴기니
● 캐비엥
● 뉴아일랜드섬
라바울 ●
뉴브리튼섬     부건빌섬

솔로몬제도

포트모르즈비     과달카날섬     일본군 위안소 위치(동북아역사재단)

일본군 최대 침공 라인

등이 8만에서 20만 명에 달하는 한국 여성을 일본군 위안부로 혹사시켰다.

일본군 위안부 제도는 일본군에 의한 강간 사건이 잇따라 발생하자 일본군이 고안한 제도인데, 이미 1932년경 처음 설치된 이후 1945년 일본군이 패망에 이르기까지 계속되었다. 이로 인해 수많은 여성이 일본군 주둔 지역에 위안부로 보내졌고, 혹독한 조건 속에서 성노예 생활을 강요받았다. 이 제도는 국가와 군이 주도해 계획한 것이었음을 보여주는 사료가 일본 방위청 도서관 등에서 다수 발견되었고, 군의 계획에 의해 모집되거나 강제로 동원되어 군부대 내의 위안소에 보내졌던 모습 및 위안소의 실태 등이 소상하게 밝혀졌다.

그러나 일본은 위안소의 운영이 기본적으로는 민간인에 의한 모집과 알선으로 이루어졌으므로 국가와 군은 책임이 없다는 태도로 이 제도를 부인하거나 비난을 외면하고 있다. 이 제도는 일본 내에서도 시행되었다. 그래서 군의 지시에 의해 민간업자가 위안부를 모집했을 때, 경찰이 민간업자를 부녀 유괴 혐의로 처벌하여 군과 경찰 사이에 갈등이 있었던 일도 많았다. 그러자 당시 내무성에서는 "제국의 위신을 훼손하고, 황군의 명예를 해칠 뿐 아니라 일본 국내의 일반 국민, 특히 출정 군인의 가족에게 좋지 않은 영향을 미침과 동시에 부녀매매에 관한 국제조약의 취지에도 어긋남이 없음을 보증하기 어려우므로 신중하게 처리하라"라는 지시를 내렸다. 그 결과 일본 국내에서는 위안부 모집에 소극적일 수밖에 없어서, 한국에서의 모집이 더 집중적이고 강제적으로 이루어졌다.

## 민족의식을 말살하다

식민지 시기 한국에서는 민족의 독자성을 유지 발전시키려는 노력이 전개되었다.

신채호는 『조선혁명선언』에서 '역사는 아(我)와 비아(非我)의 투쟁이다'라는 명제를 내걸고 민족사관을 수립하면서, 한국근대사학의 기초를 확립했다. 박은식은 『한국독립운동지혈사』를 저술하여 독립운동의 궤적을 그려냈다. 또 조선어학회는 한글보급운동을 추진하여 한글철자법통일안과 『큰사전』 편찬을 하는 등 한글 보급에 크게 이바지했으나, 1942년 조선어학회 사건으로 많은 희생을 치렀다. 음악에서는 홍난파의 '봉선화'가 널리 애창되었다. 영화에서는 '아리랑'이 크게 히트했다. 한편, 일본 문화가 유입되어 대중가요나 영화 등의 오락물과 음식문화가 유행하여 생활문화에 변화가 일었다.

1934년 4월에는 조선방송협회에서 한국어 방송이 시작되었고, 1937년에는 『조선일보』와 『동아일보』의 발행 부수가 도합 12만 부 이상이었다. 그러나 이들 신문의 수용자층은 지식인 계층에 머물렀고, 조선총독부의 검열로 언론 활동은 지극히 제한되었다. 이러한 제약 속에서도 한국인들은 스스로 사회문화를 발전시키고자 노력했다.

1936년 8월, 베를린올림픽

『동아일보』 1936년 8월 25일자 손기정 기사

마라톤에서 우승한 손기정 선수는 한국 민중에게 커다란 용기를 안겨주었다. 『동아일보』는 손선수의 가슴에서 일장기를 지운 채 보도하여 한국인의 마음을 대변했다. 이에 대해 조선총독부는 『동아일보』를 무기한 정간시켜 한국인의 민족의식을 말살하려 했다.

## 한국에 살았던 일본인

한반도에 일본인이 본격적으로 거주하기 시작한 것은 1876년 강화도조약이 체결되고 부산·인천·원산의 3개 항구가 개항되면서부터다. 부산에는 이미 왜관에 상주하는 일본인이 있었지만, 개항 후 초량 왜관 터에 그대로 영사관 등을 설치했고, 그 주변은 민간인이 임차하여 광대한 매립지를 조성하면서 세관이나 철도 용지로 삼았다. 부산 거주 일본인들은 지금의 용두산 공원 일대와 중앙동, 부산역 일대에서 집단적으로 거주했다.

한 통계에 의하면 1903년 당시 한국에는 경성 4,500명, 인천 6,400명, 부산 1만 1,000명, 원산 2,000명, 목포 1,460명, 진남포 780명, 군산 1,254명, 평양 300명 등 모두 2만 9,000명 정도의 일본인이 거주했다. 일본인 거류지에는 상업회의소, 학교, 병원, 화장장, 묘지, 신사, 공원 등 시설을 갖추어 마치 일본의 한 도시를 그대로 축소해서 옮겨 놓은 것 같았다. 일본인들은 거류지 단체를 본국의 지방자치 단체인 시(市)·정(町)·촌(村)과 마찬가지로 거류민역소(居留民役所)와 거류민회를 갖추어 지방자치단체로서의 효력을 갖고 있었다. 그리하여 1905년 3월, 일본제국의회에서는 거류민단법을 만들고 한국 전역에 12개의 일본인 거류민단이 설치했다.

재한 일본인들은 서울을 비롯해 인천, 부산 등에 40~50%가 살았는데, 상당수의 관리나 무역상뿐만 아니라 일용품이나 식료품 상인, 목수 등 다양한 직업을 가진 사람들이 혼재했고, 여성도 상당한 비율을 차지했다.

재한 일본인 인구 수

| 연도 | 1903 | 1904 | 1905 | 1906 | 1907 | 1908 | 1909 | 1910 | 1911 |
|---|---|---|---|---|---|---|---|---|---|
| 인구 (명) | 29,197 | 31,093 | 42,460 | 81,754 | 98,115 | 126,168 | 146,147 | 171,543 | 210,689 |

박양신, 「재한일본인 거류민단의 성립과 해체」

## 혼마찌[本町], 명동

일본인 거류지에서는 독자적으로 일본인 거리를 형성하고 한국인과 거의 접촉하지 않고 생활했고, 일본식 지명을 붙였다. 경성에는 본정(本町), 황금정(黃金町), 욱정(旭町), 명치정(明治町) 등이 있었고, 부산에는 금평정(琴平町), 변천정(辯天町) 등이 있었다. 그리고 거류민단은 각지에 신사를 새로 지었는데, 부산 초량에는 용두산 신사를 경성 남산에는 남산 신사를 세웠다. 신사는 식민지 도시에서 일본인 사회의 정신적 통합의 핵으로서 없어서는 안 될 것으로 여겼다.

재한 일본인은 러일전쟁을 계기로 급격히 증가했다. 일본은 러일전쟁에서 승리하여 한반도에 대한 독점적인 지위가 확보되자 더욱 확고한 지배체제를 확립하려고 일본인의 이주를 적극적으로 장려했다. 그리하여 한국으로의 농업 이민을 제창하고 황무지 개척과 이주 어촌의

1930년 무렵의 서울 충무로

건설을 장려했다. 1908년 일본 정부는 동양척식주식회사를 설립하고
일본인 농민을 한국으로 이주시키고자 했다. 동양척식주식회사는 한
국에서 광대한 이주용 토지를 확보했고, 매수하는 과정에서 한국 농민
의 격렬한 반발을 사기도 했다. 농업이민정책은 일본의 '과잉 인구의
배출구'를 한국에서 구하는 정책의 일환이기도 했다.

　1910년 8월, '한일병합'조약이 조인될 당시 약 11만 명이던 재한 일
본인의 숫자는 경성·부산·평양·대구·인천을 중심으로 계속 증가하
여 1936년에는 60만 명, 1942년에는 75만 명, 1945년 패전 당시에는
77만 명에 이르렀다. 한국 전 인구 2,500만 명에 대비해 약 3%에 불과
한 일본인이 식민지 한국을 지배했다.

이 중 40% 정도가 조선총독부의 관료나 경찰, 상인 등 공무 종사자들이었다. 특히 행정 말단에서 한국인과 접촉했던 경찰관들은 읍·면 등 행정기관에 배치되어 한국인 조력자와 함께 농민과 서민의 생활을 통제했다. 한국인이 일본에 도항할 때는 주재 경찰관의 도항증명서가 있어야 했고, 국내 여행에서도 필요했기에 그들의 권한은 막강했다. 학교에서도 교장·교원은 대부분 일본인이었고, 일본어 교육과 한국인 동화 교육에 커다란 역할을 담당했다.

| 직업 | 조선인 | 일본인 |
|------|--------|--------|
| 농업 | 17,396,888 (68.2%) | 29,216 (3.9%) |
| 수산업 | 505,083 (2.0%) | 9,093 (1.2%) |
| 광업 | 537,806 (2.1%) | 23,265 (3.1%) |
| 공업 | 1,171,094 (4.6%) | 141,063 (18.7%) |
| 상업 | 1,749,938 (6.9%) | 136,801 (18.2%) |
| 교통업 | 348,678 (1.4%) | 53,874 (7.2%) |
| 공무 | 1,007,360 (3.9%) | 297,363 (39.5%) |
| 기타 | 2,266,404 (8.9%) | 32,651 (4.3%) |
| 무직 | 542,158 (2.0%) | 29,661 (3.9%) |
| 합계 | 25,525,409 (100%) | 752,887 (100%) |

1942년 말 한국인·일본인 직업 분포 (단위: 명)

히구치 유이치, 『일본의 조선·한국인』

한편, 중일전쟁 이후에는 일본인 농민이 감소하고, 광공업 종사자가 급증했다. 이것은 물론 '대륙병참기지화' 정책 때문이며, 상업과 교통업 종사자가 늘 많았다. 이러한 현상은 재한 일본인의 사회가 조선총독부를 정점으로 한국인 위에 군림하는 식민지 사회였음을 말해준다.

## 한국 통치의 회고와 비판

1938년 일본인이 운영하는 '조선신문사'에서는 한국에서 식민지 경제, 문화, 예술, 행정 거의 전 분야에 걸쳐 직·간접으로 중요한 역할을 한 90여 명이 『조선통치의 회고와 비판』이라는 책을 출간했다. 거의 모든 분야에 걸쳐, '이런 면은 식민 지배에 성공했고 이런 면은 실패했다'라는 식의 회고록이다.

이 책의 서문은 다음과 같다.

일한 병합은 실로 근세의 위업이요, 당년 양국 원수의 영단은 새삼 언급하기도 황공한 것이고, 관계 선각 제명사의 공적 또한 찬연한 동양사의 한줄기 광화이다. 그리고 제국 국세의 진전이나 최근의 만주 건국 및 몽고나 지나 등의 현상에 비추어 볼 때 날이 갈수록 지난 병합의 탁견이 명백히 입증되어왔다.

병합의 결과로 설치된 조선총독부의 시정을 검토하는 데 있어 역대 통치 당국이 오로지 당년의 거대한 계획에 그대로 따르고 공손히 일시 동인의 성지를 받들고, 그 시세와 민도에 따라 시설에 애쓴 공 헛되지 않아 실적은 볼 만한 것이고, 형정은 그 시간이 흐르고 당국은 사람이 바뀜에 따라 일하는 방식이 반드시 똑같은 것은 아니었지만, 일관되게 치화의 보급에 노력하고 민생 복리 증진을 기하였으므로 시정 이래 불과 4반세기 밖에 안 되나 내외에서 널리 인정할 만큼 성과를 거둘 수 있었던 것이다. 그러나 원래 조선 통치는 국가의 백년지대계이므로 앞으로 한층 노력을 쏟고 병합의 큰 뜻을 받들고 그 이상을 실현하지 않으면 안 되는 것이다.

… 이제 조선 통치가 4반세기가 지난 지 1년이 되는데, 번영하는 모국의 현상과 변화무쌍한 동아의 근황에 적응하지 않을 수 없는 조선으로서 장래 시설에 필요한 것이 결코 적지 않겠지만, 일한 병합의 큰 뜻을 크게 떨치려면 이에 대한 준비 공작은 사실 한두 가지에 그치지 않는다. 또한 우리 신문사가 제시하는 여러 문헌도 역시 시정에 약간의 참고 자료가 되리라 확신하는 것이다.

'눈떠가는 조선민중', '변해가는 조선의 모습', '조선 경제의 진보', '교육제도의 혁신', '최초의 조선 전문 교육', '무인 들판을 개척한 목포 개항', '위생사상의 보급', '일세의 위인 이또공을 생각한다', '이상향의 건설', '조선 청년은 실업계로 진출하라', '황폐가 극에 달했던 조선' 등 일제의 식민통치의 당위성과 성과를 극찬한 글이다. 당시 한국에 살았던 총독부 관료, 각도지사, 경제 교육계의 일본인들의 생각의 단면을 그대로 볼 수 있다.

### 한국의 흙이 된 일본인

반면 아주 극소수이지만 식민통치에 부정적이고, 회의를 가졌던 일본인도 있다. 조선총독부 임업시험소 하급기사였던 아사카와 다쿠미[淺川巧]는 한국 산의 녹화를 위해 토양에 맞는 수목 연구를 했는데, 1922년 6월 4일 일기에 다음과 같이 적었다.

조금 내려가면 조선신사 공사를 하고 있다. 아름다운 성벽을 파괴하고 장려한 문을 떼어내가면서 굳이 숭경(崇敬)을 강제하는 신사 따위를 거액의 돈을 들여 지으려는 관리들의 속내를 도대체 알 수 없다. 산 정상에서 경복궁 안의 신축 공사(조선총독부 건물) 등을 내려다보면 어이가 없어 화가 치밀어 오른다. 백악, 근정전, 경회루, 광화문 사이에 무리하게 비집고 들어 앉아 있는 모습이 너무나도 뻔뻔하다. 게다가 기본 건축의 조화를 완전히 깨뜨려 정말이지 볼썽사나워 보인다. 백악산이 존재하는 한 영원히 일본인의 수치로 남게 될 것이다.

아사카와는 1931년 40세로 생을 마감했고, 서울의 망우리 공동묘지에 매장되어 있다. 기념비에는 '한국의 산과 민예(民藝)를 사랑하고 한국인의 마음속에 살아 있는 일본인, 여기 한국의 흙이 되다'라고 새겨져 있다.

## 재일 한국인

1910년 한일병탄 이전에 일본에 살고 있던 한국인은 대부분 유학생이거나 단기 노동자에 불과했다. 그러나 일본에 의해 한국이 병탄이 되고, 조선총독부의 토지조사사업이 시작되자 농촌을 떠나는 농민이 늘고 생활고를 겪으면서, 생계와 일을 찾아 일본으로 건너가는 한국인이 급격하게 늘어났다. 때마침 일본은 1차 세계대전을 거치면서 경제가 급성장해갔다. 도쿄와 오사카 등지에 대규모 공장이 건설되면서 노동력 부족 현상이 나타났고, 이러한 사정이 한국인의 일본 이주를 자극하여 1920년대에 재일 한국인은 3만~4만 명에 이르렀다. 이러한 증가추세로 1939년에는 100만 명을 넘어섰고, 1945년 광복 때에는 210만 명에 이르렀다.

한국인이 일본에서 살아간다는 것은 쉽지 않았다. 언어의 문제도 있었지만, 취업 차별이나 거주 차별 등 민족 차별이 심했다. 1920년대까지 한국인은 공사 현장에서 육체노동을 하고, 방적공장의 직공이 되는 경우가 많았다.

재일 한국인의 인구 변화

| 연도 | 인구(명) | 연도 | 인구(명) | 연도 | 인구(명) |
|---|---|---|---|---|---|
| 1913 | 3,952 | 1924 | 168,002 | 1935 | 720,818 |
| 1914 | 4,176 | 1925 | 187,102 | 1936 | 780,528 |
| 1915 | 7,255 | 1926 | 207,853 | 1937 | 822,214 |
| 1916 | 17,463 | 1927 | 246,515 | 1938 | 881,347 |
| 1917 | 27,340 | 1928 | 341,737 | 1939 | 1,030,394 |
| 1918 | 35,995 | 1929 | 387,901 | 1940 | 1,241,315 |
| 1919 | 40,755 | 1930 | 419,009 | 1941 | 1,469,230 |
| 1920 | 48,774 | 1931 | 437,519 | 1942 | 1,625,054 |
| 1921 | 82,693 | 1932 | 504,176 | 1943 | 1,768,180 |
| 1922 | 112,051 | 1933 | 573,896 | 1944 | 1,911,307 |
| 1923 | 168,002 | 1934 | 639,651 | 1945 | 2,100,000 |

박재일, 『재일조선인에 관한 종합조사연구』

1920년대 들어서면서 도쿄나 오사카 등 대도시에 한국인 집거지역이 형성되었는데, 일본인이 살지 않는 하천부지나 바닷가 근처의 열악한 지역에 모여 살았다. 한국인 집거지에는 한국요리점이나 식재료 가게, 의류, 잡화점이 생겨났고, 볼트나 나사 같은 간단한 금속 제조, 가내 공업적인 제조업에 종사하는 사람도 있었으나 대부분은 하루벌이 육체 노동자였고, 일본인과의 임금 격차는 매우 컸다.

재일 한국인은 열악한 생활환경 속에서도 한국의 독립을 실현하고자 민족운동을 전개했다. 유학생들은 다양한 단체를 결성했는데 1919년 2월 8일에는 도쿄의 유학생이 중심이 되어 독립선언서를 발표했고, 이것은 국내에서 3·1운동의 도화선이 되었다.

### 간토[關東] 대지진과 한국인 학살

1923년 9월 1일 낮, 일본의 간토 지역에서 진도 7.9의 대지진이 발생했다. 이 지진으로 도쿄, 요코하마 일대가 거의 폐허가 되었고, 전소된 가옥이 약 57만 호, 사망자 및 행방불명자가 약 14만 명, 피해 총액은 60억 엔에 달했다. 아비규환의 대혼란 속에서, "한국인이 폭동을 일으켰다" 또는 "한국인이 우물에 독약을 넣었다"라는 등의 근거 없는 유언비어가 퍼졌고, 일본 군대와 경찰·민간인이 약 6,700명의 한국인을 학살했다. 당시 도쿄에는 약 1만 2,000명, 가나가와에는 약 3,000명의 한국인이 거주했다. 일본 정부는 계엄령을 선포하고 청년단·재향군인회·소방단 등 자경단을 조직하여 무고한 한국인을 무참하게 살해했다. 많은 일본인이 한국인에 대한 차별 의식과 편견으로 인해 악선전을 그대로 믿어 공포와 증오심으로 한국인 살해에 가담했던 것이다. 반면에 학살 위기에 처한 한국인을 구해준 소수의 일본인도 있었다.

당시 일본 정부와 매스컴은 진상을 규명하려 하지 않았고 피해자를 방치했다. 일부 중의원 의원 등이 사건의 진상을 밝히고 사죄할 것을 요구했으나 정부는 이를 무시했다. 오히려 일본 정부는 이 사건으로 일본이 국제적으로 비판받는 것을 두려워했고, 또 조선총독부는 이 사건이 국내에 알려지면 3·1운동 같은 것이 다시 일어나지 않을까 긴장감을 높였다.

간토 대지진 후 한국인의 대책을 협의하는 가운데, 한국인의 보호와 구제를 명목으로 한국인의 교화를 위해 한국인 집거지에 내선협화회(內鮮協和會), 내선협회(內鮮協會)가 만들어졌다. 그러나 일본인의 한국인 차별이나 '내선융화'정책에 대한 비판도 일어나 별다른 효과도 없었고, 각지에서의 분쟁은 계속되었다. 그 후, 일본의 중국 침략이 진행되면서 '내선융화' 사업은 한국인의 교화를 강화하고, 한국인 조직을 관리·통제하는 방향으로 나아갔다. 그리고 1939년부터는 경찰서를 단위로 협화회가 만들어져, 재일 한국인의 황민화와 전시 동원체제를 담당하는 기관으로 전락하고 말았다.

1937년 중일전쟁이 시작되고, 국가총동원법이 제정되면서 한국인도 전시동원이 본격화되었다. 이로 인해 일본으로 건너간 한국인의 수가 급증했다. 일본인의 전쟁 출병으로 인해 노동력이 부족해지자, 한국으로부터 한국인 노동자의 이입을 모집·알선·징용 등의 방법으로 추진했고, 여자근로정신령으로 일본으로 동원된 사람도 있었다. 강제로 동원된 한국인의 숫자는 정확히 알 수 없지만, 적어도 67만 명 이상으로 추정한다. 이들은 계약 기간이 끝난 후에도 그대로 징용으로 간주되어 노동을 계속해야 했던 경우도 많았다. 물론 이 시기에 재일 한국인들도 마찬가지로 징용되었다.

## 대한민국임시정부

1910년 국권피탈을 전후하여 이회영, 이상룡 일가를 비롯한 민족운동가들은 만주와 연해주 지역으로 이주하여 독립운동 기지를 건설했다. 이들은 한인 사회를 건설하고 학교를 세워 인재를 양성했으며 독립군을 길러내고자 노력했다. 서간도에 견학사, 신흥강습소, 북간도에 간민회와 명동학교, 연해주 신한촌에 한민학교 등을 설립하여 독립운동의 기반을 마련했다. 미주 지역으로 이주한 한국인도 많은 독립운동 기금을 지원하는 한편, 무장투쟁을 준비하거나 외교 독립·선전 활동에 힘썼다.

1920년대에 들어와 홍범도가 이끄는 독립군연합 부대는 봉오동전투에서 일본군을 크게 격파했고, 김좌진의 북로군정서 등 연합부대는 청산리 일대에서 10여 차례에 걸쳐 큰 승리를 거두었다.

3·1 운동 이후 독립운동을 통합적으로 이끌 조직이 필요했고, 그 결과 중국 상하이에 대한민국임시정부, 러시아 연해주에 국민회의, 국내에는 한성정부를 수립했다. 이처럼 여러 지역에서 임시정부가 수립되자 이를 하나로 통합하여 1919년 4월 11일, 상하이에서 이승만을 대통령, 이동휘를 국무총리로 하는 '대한민국임시정부'가 정식으로 수립되었고, 이는 우리 역사상 최초의 민주공화제 정부였다.

대한민국임시정부는 체계적이며 조직적으로 활발한 독립운동을 펼쳤다. 임시정부는 국내외에 비밀행정체계인 교통국을 설치하고, 선전대와 특파원을 파견했다. 독립운동 자금을 마련하려고 독립공채를 발행했고, 성금을 거두었다. 임시 육군무관학교를 설립하여 독립군 장교를 육성했고, 간호원 양성소를 만들어 남녀 간호병을 양성하여 독립전쟁을 준비했다. 또한 파리에 파리위원부를 두어 외교 활동도 전개했고, 『독립신문』과 『한일관계사료집』을 발간하여 국제사회에 한국 독립의 당위성을 알렸다.

대한민국임시정부의 상하이 첫 건물

그러나 연통부와 교통국이 일제에 발각되고 외교 활동이 성과를 거두지 못하면서 임시정부 활동은 점차 위축되었다. 또한 임시정부 내부의 갈등도 깊어졌고, 많은 독립운동가가 임시정부를 떠나 다양한 단체와 정당을 만들면서 임시정부의 위상은 점차 약화되었다. 이에 김구는 약화된 임시정부의 위상을 높이려고 한인애국단을 조직하고, 1932년 이봉창·윤봉길 의거를 단행했다.

윤봉길의 의거 이후 일제의 탄압이 심해지고, 또한 중일전쟁이 본격화되자 임시정부는 충칭에 정착할 때까지 중국 내의 여러 곳을 옮기면서도 중국 육군군관학교에 한인특별반을 운영하여 한국인 장교를 양성하는 등 일제와의 결전을 준비했다.

1940년 독자적인 무장부대의 필요성을 강조했던 임시정부는 한국광복군을 창설하고 1941년 12월 9일, 하와이 진주만 공습으로 태평양전쟁이 시작되자 일본에 정식으로 선전포고했다. 한편 그동안 임시정부에 동조하지 않았던 김원봉의 조선의용대 등도 무장투쟁에 참여하

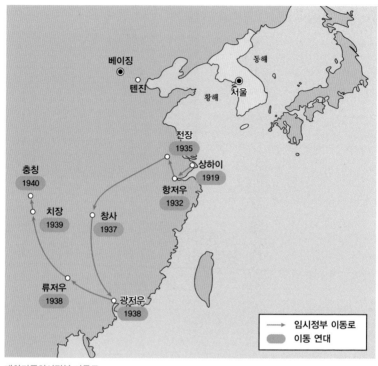

대한민국임시정부 이동로

여 독립운동의 역량을 강화했다. 그러나 조선의용대의 대부분은 화북
지방으로 이동했고, 이와는 별도로 사회주의 계열의 동북항일연군이
결성되어 함경도 진입을 시도했으나 일본의 공세가 심해지자 활동을
중단하고 소련으로 이동했다.

한국광복군은 연합군과 함께 일본군과 싸우면서 심리·선전전, 일
본군 문서 번역과 포로 심문 등을 담당했다. 일부 공작대는 인도 미얀

마 전선에 파견되어 영국군을 지원했고, 미국 전략첩보국(OSS)과 합
작하여 국내진공작전도 준비했으나 일본의 항복으로 국내 진입이 무
산되었다.

제
5
부

# 화 해

현대

————————

| | | |
|---|---|---|
| 1945년 | 8월 | 일왕, 무조건 항복선언 |
| 1946년 | 11월 | 일본, 신헌법 공포 |
| 1948년 | 8월 | 대한민국 정부 수립 |
| | 9월 | 북한(조선인민민주주의 인민공화국) 정부 수립 |
| 1950년 | 6월 | 6·25전쟁 발발 |
| 1951년 | 10월 | 한일회담 예비회담 시작 |
| 1952년 | 3월 | 일본, 외국인 지문날인제도 개시 |
| 1952년 | 4월 | 샌프란시스코강화조약 발효, 일본은 주권 회복 |
| 1959년 | | 일본, 재일 한국인 북한으로의 집단 귀국 개시 |
| 1960년 | 4월 | 한국, 4·19 혁명, 이승만 대통령 사임 |
| 1961년 | 5월 | 한국, 박정희 군사정권 장악 |
| 1962년 | 6월 | 한국, 경제개발5개년 사업 시작 |
| | 11월 | 한일조약 교섭, 김종필·오히라 회담 |
| 1964년 | 10월 | 일본, 도쿄올림픽 개최 |
| 1965년 | 6월 | 한일기본조약 체결 |
| 1970년 | 7월 | 일본, 이에나가 교과서 소송 판결 |
| 1972년 | 3월 | 한일의원 간친회 조직(1975년 한일의원연맹으로 확대) |
| 1982년 | 6월 | 일본 역사교과서 왜곡 판명 |
| 1987년 | 8월 | 한국, 독립기념관 개관 |
| 1988년 | 9월 | 한국, 서울올림픽 개최 |
| 1991년 | 8월 | 한국, 전 '일본군 위안부'가 처음으로 실명 증언 |
| | 8월 | 한국과 북한, 유엔에 동시 가입 |
| 1992년 | 1월 | 한국, 주한 일본대사관 앞 수요집회 시작 |
| 1993년 | 8월 | 일본, 고노 관방장관 종군위안부 담화문 발표 |
| 1995년 | 7월 | 일본, 아시아여성기금 발족 |
| 1995년 | 8월 | 일본, 무라야마 총리, 과거 식민지 지배에 대한 사과 |
| 1998년 | 9월 | 한일, 신한일협정(어업) 조인 |
| 1998년 | 10월 | 한일, 김대중·오부치 '21세기를 향한 한일 파트너십' 선언 |
| 2000년 | 4월 | 일본, 지문날인제도 폐지 |
| 2001년 | 3월 | 일본, 후소샤 '새역사교과서' 검정 통과 |
| 2002년 | 5월 | 한일, 한일역사공동연구위원회 발족 |
| | | 일본, 고이즈미 총리 북한 방문, 평양선언 |
| 2005년 | 8월 | 한국, 한일기본조약 관련 문서 공개 |
| 2011년 | 12월 | 한국, 수요시위 1,000회, 평화의 소녀상 설치 |
| 2012년 | 8월 | 한국, 이명박 대통령 독도 방문 |
| 2015년 | 7월 | 일본 군함도 유네스코 세계유산 등재 |
| 2015년 | 12월 | 한일, 위안부 문제에 대한 합의문 발표(최종적 불가역적으로 해결 발표) |
| 2018년 | 10월 | 한국, 대법원 판결, 강제동원 피해자 일본 기업에 대한 손해배상청구권 인정 |
| 2021년 | 6월 | 한국, 서울중앙지방법원 일본 기업을 상대로 낸 손해배상 소송 각하 |
| 2023년 | 1월 | 한국, '강제징용 피해배상 해법 마련을 위한 대토론회' 개최 |

# 제1장

# 재회의 엇박자

## 1. 한일기본조약

### 회담의 긴 여정

광복 후 단절된 한일관계는 20년이 지난 1965년에 이르러서야 '한일기본조약'을 체결하면서 재개되었다. 그러나 1951년 10월 예비회담을 포함해 장장 14년 4개월이나 걸렸고, 중단과 재개를 7차례나 반복하면서 무려 1,500회 이상의 만남이 소요된 파란만장한 난항의 교섭과정을 거쳤다. 회담을 난항으로 이끈 가장 큰 이유는 역시 식민통치의 평가에 대한 양국의 인식 차이 때문이었다. 그런 의미에서 장기간에 걸친 한일회담은 쌍방의 인식의 차이를 메우려는 기나긴 대화의 과정이었다고 말할 수 있다.

한국의 입장에서 한일회담의 본래의 목적은 일본의 식민통치에서 비롯된 '과거 문제'를 처리·청산하고 정상적인 국교관계를 수립하는 데 있었다. 그래서 한국은 예비회담 때부터 일종의 강화회담·강화조약으로 생각했다. 따라서 한일관계를 연합국이 일본을 상대한 것처럼 승전국과 패전국의 관계로 상정했다. 그 때문에 일본의 철저한 과거사 반성을 대전제로 화해와 타협을 통한 협상을 구상했다.

반면에 일본은 식민통치는 합법적인 것이었으며 그 자체는 정당했다고 인식했고, 따라서 일본은 한일회담에 대해 외교관계가 없는 개별 국가 간의 외교관계를 위한 협상으로 생각했다.

한일회담의 교섭 경과

| 회담 차수 | 회담 기간 | 회담의 주요내용 |
|---|---|---|
| 예비회담 | 1951.10.20.~<br>1952.2 | 양국 간의 입장 차이를 확인, 본 회담의 토의과제 검토 |
| 제1차 | 1952.2.15.~<br>1952.4.21 | 회담의 명칭, 양국 사이의 청구권 제기 |
| 제2차 | 1953.4.15.~<br>1953.7.23 | 어업 문제(평화선), 재일 동포의 법적 지위 |
| 제3차 | 1953.10.6.~<br>1953.10.21 | 평화선의 합법성, 일본 측의 청구권 제기<br>구보타 망언 |
| 제4차 | 1958.4.15.~<br>1960.4 | 구보타 발언 철회, 문화재 반환, 억류 일본인 어부와 한국 밀항자의 상호 석방, 대일청구권, 재일한국인 북송 |
| 제5차 | 1960.10.25.~<br>1961.5.15 | 한국 측이 제시한 청구권 항목, 어업 문제 |
| 제6차 | 1961.19.20<br>1964.4 | 김·오히라 메모를 통한 총액 타결, 한국 측 전관수역 검토, 문화재 반환 항목 토의 |
| 제7차 | 1964.12.3.~<br>1965.6.22 | 기본조약의 가조인 내용 협의 |

한편, 막후에서 막강한 영향력을 행사했던 미국은 미국의 동북아시아 정책, 즉 중국과 러시아 등 공산 세력에 대처하는 한·미·일 '지역 통합전략'을 구축하려는 목적이 있었다.

제1차 회담은 1951년 10월 예비회담으로 시작했는데, 재일 한국인의 법적 지위 및 국적 문제를 의제로 상정하고 기타 문제는 양국 대표가 결정하기로 했다. 그러나 회담은 처음부터 회담의 명칭 문제를 정하는 것부터 대립을 겪었다. 일본 측은 '우호조약'으로 하자고 주장했고, 한국 측은 '기본조약'을 주장했다. 일본은 조약 내용에 외교 영사 관계 수립, 무역 해운 통상의 최혜국 대우 등의 규정을 넣어 '통상항해조약'의 성격을 갖도록 했으나, 한국은 과거와 관련된 제 문제를 해결하여 새로운 관계를 수립한다는 의미로 '기본조약'을 주장했다. 요컨대 일본은 우호조약 체결에 근본 목적을 두었고, 한국은 과거를 청산하여 사실상의 새로운 '평화조약'을 체결하고자 했다. 결국 이 문제는 일본 측이 '일한 간의 기본관계를 설정하는 조약'이라는 명칭을 수정 제안하여 일단락되었다. '한일기본조약'이란 바로 이러한 의미를 담고 있다. 또한, 한일회담이 개시된 이래 이승만 정권은 일본의 식민지 지배에 대한 사죄와 보상을 요구하는 자세였는데, 반면 일본 측은 "한국에 남기고 간 일본인의 사유재산은 그 소유권이 소멸되지 않았으며, 미군정과 한국 정부가 재한(在韓) 재산 처리를 승인하는 경우에도 매각 대금은 당연히 청구할 권리가 있다"라고 주장했다. 이 주장은 한국 측의 반발을 초래했고, 그 결과 제1차 회담은 결렬되고 말았다.

　제2차 회담은 미국의 중재로 1952년 2월 재개되었으나 별다른 진전이 없다가 6·25전쟁의 종전에 따른 제네바협정으로 순연되어 10월에 제3차 회담으로 재개되었다.

　그리고 이에 앞서 1952년 1월 이승만 정권은 샌프란시스코강화조약에 의해 맥아더라인이 무시되기에 이르자, 한국민의 어업권을 보호하기 위해 일방적으로 평화선을 선언했다. 이후 평화선을 넘어오는 일본

어민을 불법으로 간주하여 어선을 나포하고 어민을 억류하는 초강경 조치를 감행했다. 반면 일본은 이에 대해 일본에 입국하는 한국인에 대한 단속을 강화하여 이들을 강제 수용소에 억류하는 조치를 취했다.

제3차 회담은 각 위원회가 본격적인 토의에 들어가기도 전에 일본 측 대표인 구보타의 발언에 의해 파탄이 되었다.

## 구보타의 망언

구보타 대표 : "그렇다면 일본 측도 보상을 요구할 권리를 갖고 있다. 왜냐하면 일본은 36년간 벌거숭이산을 울창하게 만든 것이라든지, 철도를 건설한 것, 수전(水田)이 상당히 늘어난 것 등 많은 이익을 한국인에게 주었다." … "나의 외교상의 연구에 의하면 일본이 진출하지 않았더라면 한국은 중국이나 러시아에 점령되어 더욱 비참한 상태에 놓였을 것이다." … "카이로 선언은 전쟁 중의 흥분된 상태나 다름이 아니다."

한국 대표단은 구보타의 발언은 회담의 기본정신을 망각한 묵과할 수 없는 발언으로 여기고 그 진의를 따지는 한편 해명을 요구했다. 그러나 구보타 대표는 발언을 취소할 의사가 없음을 선언했고, 결국 회담은 결렬되었다.

제4차 회담은 4년 반의 공백기를 거쳐 재개되었다. 제4차 회담에서는 문화재 반환, 일본 어민과 밀항자의 상호 석방, 한국의 대일청구권의 법적 근거, 평화선의 합법성 여부 등이 논의되었으나 난항을 거듭했다. 그 상황에서 일본은 한국의 격렬한 반대에도 불구하고 재일 한국인의 '북송'을 추진했고, 한국에서는 연일 반일 시위가 전국을 휩쓸었다. 그러한 가운데 1960년 4월 한국에서는 4·19혁명이 일어나 이승만 정부가 붕괴하자 제4차 회담은 중단되었다.

제5차 회담은 양국의 정부가 교체된 상태에서 시작했다. 한국에서는 장면 정부가 일본에서는 이케다 하야토[池田勇人] 정부가 들어섰다. 장면 정부는 대일관계에 적극적인 자세를 취한 반면 이케다 정부는 야당의 반대를 우려해 소극적이었다. 제5차 회담에서는 한국 측의 청구권 항목, 일본 측의 어업·평화선 문제 등이 논의 되었으나 양측은 이견을 좁히지 못한 상태에서 1961년 5·16 군사정변이 일어나 회담이 중단되고 말았다.

제6차 회담은 5·16 정변으로 권력을 잡은 박정희 정권에 의해 추진되었다. 빈곤 해결을 최우선 과제로 설정한 박정희 정부는 외국 자본을 도입하여 경제를 발전시키고 자유우방국과의 외교관계를 강화하여 안전보장을 확립하려 했다. 경제발전을 가장 큰 목표로 세운 군사정부는 일본을 주요 상대국으로 설정하고, 1961년 가을 경제기획원 장관을 일본에 특사로 파견하여 청구권 금액의 윤곽을 탐색했다. 당시 한국은 8억 달러, 일본은 5,000만 달러를 타결선으로 제시했다고 한다.

한편, 그동안 한일회담에 소극적이던 일본의 이케다 정부도 미국과 동맹을 맺은 안보체제 속에서 지속적인 경제 성장과 해외 진출을 모색하고 있었기 때문에 경제 협력을 중시하는 쪽으로 선회하는 한일회담에 적극성을 보이기 시작했다.

또한 미국의 케네디 정부도 한일회담의 진전을 강력히 희망하면서 한일 양국의 안전 보장과 경제 발전이 밀접히 관련되어 있다는 점을 강조했다. 미국은 이른바 '동아시아 안보론'을 가지고 일본이 한국과 경제 협력을 강화함으로써 공산주의와 대치 중인 한국의 안전 보장을 강화할 수 있으며, 이것이 결과적으로 일본의 안전 보장과 경제 발전에 직결된다고 한일 양국을 설득했다. 이처럼 제6차 회담은 동아시아의 안전 보장을 위한 경제협력론이 우세한 가운데 개최되었다.

그 결과 여러 차례의 협의를 걸쳐 개발 자금 부족과 경제적 곤란을 겪고 있던 한국 정부에 유무상의 자금을 제공함으로써 한국의 청구권 요구를 묵살하고 일본 기업의 한국 진출을 선도하려 했다. 그리고 회담을 통해 양국은 청구권 자금의 총액과 명목을 일괄 타결하는 쪽으로 의견을 모았다.

박정희 정부는 한일회담의 조기 타결을 위해 1962년 10월, 중앙정보부장 김종필을 일본에 파견하여 외무대신 오히라 마사요시[大平正芳]와 담판을 짓도록 했다. 이때 작성된 소위 '김종필·오히라 메모'는 청구권 문제의 해결에 돌파구를 마련했다. 일본이 한국에 제공할 금액은 무상원조 3억 달러, 유상원조 2억 달러, 민간 차관 1억 달러 이상이었다. 그러나 금액의 구체적인 명목은 언급이 없었다. 이는 훗날 한국은 '청구권 자금', 일본은 '경제 협력 자금'으로 해석할 문제의 여지를 남기게 되었다. 일본은 청구권이란 용어 자체를 인정하지 않았던 것이다.

'김종필·오히라 메모' 이후 한일회담은 한국 내의 격렬한 반대운동에 부딪쳐 2년여간 정체되었다.

제7차 회담은 박정희 정부가 야당, 학생, 시민의 격렬한 반대를 탄압하는 상황 속에서 재개되었다. 조약의 명칭은 제1차 회담에서 결정한 대로 '기본조약'으로 했는데, 내용에 두 가지의 쟁점이 있었다.

하나는 과거에 양국이 맺은 조약들의 무효 시점이었다. 한국은 1910년 한일병합조약과 그 이전의 협약들을 원칙적으로 무효라고 주장했다. 그러나 일본은 과거의 조약들은 1945년 일본의 패전까지는 유효하며 합법적이었다고 주장했다. 또 하나는 한국의 관할권이었다. 한국은 한반도 전역의 유일한 합법 정부임을 주장했고, 일본은 북한을 고려해 남한에 제한되는 것을 주장했다.

두 가지 쟁점은 구조약의 무효 문제와 관련해서는 '이미 무효이다'라는 문구를 삽입하고, 한국의 관할권 문제는 '유엔총회 결의 제195(3)호에 명시된 바와 같은 한반도에서의 유일한 합법적인 정부'라는 문구를 넣었다. 그러나 '이미'라는 용어에는 언제부터라는 시기를 명시하지 않아 한국은 1910년 이전의 한일병합조약과 그이전의 모든 조약을 무효로 간주했고, 일본은 1945년 패전 이후부터를 무효로 해석하는 인식을 갖게 했다. 한국의 관할권도 한국 정부는 한반도 전체를, 일본은 한국을 유엔 결의대로 한반도의 유일한 합법 정부로 인정하기는 했지만 실제적으로는 남한에 제한한다는 규정을 따른 것이었다. 그 결과 한일회담은 기본조약에서부터 식민지 지배에 관한 역사 인식의 차이를 좁힐 수 없었고, 두고두고 현재까지 논쟁과 갈등을 불러 일으키는 화근을 남겼다.

## 한일기본조약을 체결하다

한일 양국 대표는 1965년 2월 20일 서울에서 한일관계조약을 가조인했다. 당시 가조인을 위해 김포공항에 내린 일본 대표는 "두 나라의 긴 역사 중에 불행한 기간이 있었던 것은 유감스러운 일이며 깊이 반성한다"라는 성명서를 낭독했다. 그러나 불행한 시기가 언제인지 왜 어떻게 불행했는지, 가해와 피해의 주체가 누구인지 모호하기만 한 사죄와 반성이었다. 청구권과 경제 협력, 어업, 재일 한인의 법적 지위 등에 관한 4개의 협정은 4월 3일 도쿄에서 가조인되었다. 그리고 6월 22일 양국의 전권 대표가 도쿄의 수상 관저에서 한일조약을 모두 정식 조인했다.

한일회담이 빠르게 진행된 데에는 미국의 영향력이 크게 작용했다. 1964년 후반부터 아시아의 정세는 긴박하게 돌아갔는데, 8월에는 통킹만 사건을 계기로 미국은 베트남에 폭격을 시작하여 본격적으로 군사 개입을 시작했고, 10월에는 중국이 핵실험에 성공하자 아시아의 군사 정세는 긴장이 고조되었다. 그러자 미국은 한국에 베트남 파병을 요청했고, 그 이듬해 2월에는 비전투부대 2,000명을 베트남에 파견했다. 이 같은 긴박한 정세에 대처하고자 미국은 한일 양국의 정치, 경제적 결속을 꾀하지 않으면 안 되었다. 미국으로서는 한일관계의 결속이야말로 아시아 반공 전선을 강화하는 제일 기본요건이었던 것이다.

이렇게 조인된 한일조약은 그해 12월 18일 양국이 비준서를 교환함으로써 발효되었다.

한일조약이 조인되자 한국에서는 비준을 반대하는 운동이 전개되었다. 대학생뿐만 아니라 교수, 문인, 종교인, 예비역 장성, 재야 인사 등이 참여했고, 야당의 일부 국회의원이 사직서를 내기도 했다. 그러나 이러한 반대에도 불구하고 국회에서 비준안이 통과되자, 학생들은 대대적인 시위를 했다. 박정희 정부는 8월 26일, 위수령을 발동하고 대학에는 휴교령을 내렸다.

일본에서의 반대운동은 야당과 진보 세력을 중심으로 전개되었는데, 소위 안보 투쟁의 관점에서 미국·일본·한국이 연계되는 군사협력 체제에 반대한다는 주장을 했다. 그러나 이들은 식민지 지배에 대한 책임 추궁이나 한국인의 희생에 대한 사죄와 반성을 주제로 삼지는 않았다. 어디까지나 일본의 평화헌법에 입각하여 일본의 재무장, 베트남 전쟁 참가, 동아시아 군사동맹 참여 등을 반대하는 안보 투쟁의 연장선에서 부수적으로 전개되었을 뿐이었다. 다만 재일 한인을 중심으로 한 소수 단체만이 식민지 지배 유산의 청산과 전후 처리라는 관점에서 조약 체결을 반대했다.

이처럼 한일 양국은 한일회담의 찬성이나 반대에서 항상 자국의 이익을 최우선으로 내세우면서 서로 다른 시각과 태도를 내보였다. 이런 까닭에 역사 인식과 현실 대응에서 두 나라가 대립과 반목을 되풀이하는 것은 지극히 당연한 일일 수밖에 없다.

한일기본조약이 조인되자, 미국은 대환영이었다. 러스크 국무장관은 한국과 일본이 친밀한 관계를 맺은 것은 대단히 좋은 일이라고 했다. 미국은 한국과 일본이 동아시아에서 냉전체제와 반공의 방파제 역할을 하는 것에 만족했다. 그렇기 때문에 한국이 일본에 식민지 지배

한일회담 조인식

의 책임을 묻는 것에 대해 그다지 탐탁하게 생각지 않았다. 그러나 미국의 이러한 태도 때문에 한일조약이 체결된 이후에도 한일 양국은 역사 문제를 둘러싸고 수시로 반목과 대립을 되풀이했고, 이 문제는 두고두고 한·미·일 삼각 협조의 한 축을 불안정하고 허약하게 만드는 요인으로 작용하고 있다.


## 2. 기본조약의 내용

동상이몽

한일조약은 '기본조약'과 그에 부속하는 4개의 협정(청구권, 어업, 문화재, 재일 한국인의 법적 지위)으로 구성되어 있다. 이 조약은 지난 50여 년 동안 수정 보완된 부분도 있지만, 기본적으로는 오늘날까지도 한일 관계의 틀을 규정하고 있다.

'기본조약'은 전문 7조로 구성되어 있는데, 다음과 같다.

제1조: 양국은 외교 및 영사관계를 수립하고, 대사급 외교사절을 지
체 없이 교환하며, 합의된 장소에 영사관을 설치한다.

제2조: 1910년 8월 22일 및 그 이전에 대한제국과 대일본제국 사이
에 체결된 모든 조약 및 협약이 이미 무효임을 확인한다.

제3조: 대한민국 정부가 국제연합 총회의 결의 제195호에 명시된 바
와 같이 한반도에서 유일한 합법 정부임을 확인한다.

제4조: 양국은 상호관계와 상호이익을 증진함에 있어서 국제연합 헌
장의 원칙을 지침으로 삼는다.

제5조: 양국은 무역·해운·기타 통상의 관계를 안정되고 우호적인
기초 위에 두기 위해 조약 또는 협정을 체결하기 위한 교섭을
조속히 시작한다.

제6조: 양국은 민간항공운수에 관한 협정을 체결하기 위해 조속히
교섭을 시작한다.

제7조: 본 조약은 비준되어야 한다. 비준서는 가능한 한 조속히 서울
에서 교환한다.


'기본조약'의 근본적인 문제는 첫째로 한국에 대한 일본의 침략과
식민지 지배를 명시하지 않았다는 점이다. 따라서 일본의 반성도 사과
도 없다. 물론 한국 측은 한일회담이 시작될 때부터 이 점을 제일 중요
하게 생각하고 일본의 책임을 따지고 사죄와 배상을 요구했다. 그러나

일본 측의 완강한 거부로 결국은 샌프란시스코조약의 틀 안에서 진행되었고, 끝내는 식민지 지배의 책임과 배상을 물을 수 없게 되었다.

두 번째로 한일 간에 '구조약의 무효 확인' 문제다. 이에 대한 양국 인식은 큰 차이를 보였다. '이미 무효'라는 용어로 양국은 합의를 보았지만, 그 내용은 매우 애매했다. 한국 측은 '이미 무효'는 '조약 체결 당시부터 무효이어서 효력이 발생하지 않는다는 의미'의 불법조약이라고 본 반면, 일본 측은 '한국이 수립된 1948년 8월 15일부터 효력을 상실하는 것'이라는 의미로 해석했다.

결국 양국은 '언제부터'라는 시점을 서로의 편의에 따라 해석하는 대신, 어쨌든 무효라는 점을 같이 인정하는 선에서 타협하고, '이미'라는 용어를 썼다. '구조약' 무효 시점은 식민지 지배의 불법성과 결부된 중요한 문제였지만, 서로가 편의적으로 해석할 여지를 남겨둔 채 타결했던 것이다. 합의를 이끌어낸 묘안이지만 암 덩어리를 두고 그냥 봉합해버린 꼴이 되었다.

세 번째로 '유일한 합법 정부'를 어떻게 해석하느냐의 문제였다. 한국은 당연히 대한민국의 주권이 한반도의 모든 지역에 미친다는 것을 의미한다고 주장하지만, 일본이 주장하는 유엔 결의(제195조 3항)의 내용은 한국 임시위원회가 감시하고 자문할 수 있는 남한 지역을 제한적으로 명시한 것이라는 주장이다. 즉, 북한의 불참으로 남한 지역에서만 실시된 선거이므로 대한민국은 한반도의 남측에 국한된 유일한 합법 정부로 해석한다. 이후 일본은 이 조항을 근거로 북한과의 수교 협상을 시도했다.

'기본조약'에 대한 일본의 기본 입장은 2023년 현재, 자민당의 아베 정부의 뒤를 이은 기시다 총리도 계승하고 있지만, 1990년대에 이르러 많은 변화가 있었다.

1993년 8월, 자민당 정권에 종지부를 찍고 집권한 호소카와 모리히로[細川護熙] 수상은 한국을 방문하여 김영삼 대통령과 정상회담 자리에서 다음과 같이 언급했다.

"우리나라의 식민지 지배로 인해 한반도의 사람들이 모국어 교육의 기회를 빼앗기고, 성명을 일본식으로 바꾸도록 강요당하고, 또 위안부·강제연행 등 여러 가지 형태로 참기 어려운 고통과 슬픔을 경험한 것에 대해서 가해자로서의 비도(非道)한 행위를 깊이 반성하고, 진심으로 사죄를 드린다."

또 1995년 8월 15일, 무라야마 도미이치[村山富市] 수상은 전후 50주년을 맞아 각의에서 다음과 같은 담화문을 발표했다.

"우리나라는 멀지 않은 과거의 한때 국책을 그르쳐 전쟁으로의 길을 걸어서 국민을 존망의 위기에 빠뜨렸고, 식민지 지배와 침략으로 인해 각국, 특히 아시아 제국의 사람들에게 막대한 손해와 고통을 주었습니다. (…) 이에 다시 한번 통절한 반성의 뜻을 표하고, 진심으로 사죄의 마음을 표하겠습니다."

위의 두 수상이 한국을 특정하지 않은 것에 비해, 1998년 10월 8일, 오부치 게이조[小淵惠三] 수상은 김대중 대통령과 함께 발표한 '21세기의 새로운 한일 파트너십 공동선언'을 통해 한국을 특정하여 사죄와 반성을 표명했다.

> "우리나라가 과거의 한때 한국 국민에게 식민지 지배를 통해 막대한 손해와 고통을 주었던 역사적 사실을 겸허하게 받아들이고, 이에 대해 통절한 반성과 진심의 사죄를 표한다."

그리고 이와 비슷한 취지가 2002년 9월, 고이즈미·김정일의 '평양선언'에도 반영되었다. 그러나 식민지 지배에 대한 '배상' 문제는 경제협력의 방식을 따르기로 해서 한일기본조약의 범주를 넘어서지는 못했다.

2009년 9월 탄생한 민주당의 간 나오토[菅直人] 수상은 '한일병합' 100년에 즈음하여 2010년 8월 10일 다음과 같은 담화를 발표했다.

> "3·1 독립운동 등의 심한 저항에서도 보였던대로, 정치적·군사적 배경 아래 당시의 한국인들은 그 뜻에 반하여 행해진 식민지 지배로 인해 나라와 문화를 빼앗기고 민족의 자긍심에 깊은 상처를 입었습니다. … 통절한 반성과 마음속으로부터의 사죄를 드립니다."

여기서 '한국인들의 뜻에 반하여 행해진 식민지 지배'라는 문장은 한국병합과 식민지 지배가 불법적으로 행해졌다는 것을 의미한다. 한일기본조약 비준 당시와 비교하면 놀랄만한 변화이다.

그러나 2012년 12월 아베 신조[安部 晋三] 수상이 재집권하여 우경화 경향이 짙어지고, 징용·징병·위안부 문제로 갈등의 국면에 접어들자, 일본 정부의 이러한 인식은 다시 자취를 감추고 원점으로 돌아가 버렸다. 그런 면에서 한일 간에 역사 인식의 변화가 얼마나 어려운 문제인가 다시 생각해보지 않을 수 없다.

## 청구권 협정

한국은 연합국과 일본 간의 전후 처리 협상인 샌프란시스코강화조약회의에서 교전국의 지위를 획득하지 못했고, 일본은 한국이 연합국에서 제외된 이상 한국에 '배상'할 의무가 없다고 판단했다. 그래서 한국은 처음부터 '청구권'의 명분으로 회담에 응할 수밖에 없었다. 만일 한국이 교전국으로 인정받았다면 일본은 식민지 지배에 대한 반성과 사죄를 표명했을 것이고 청구권이란 용어 자체가 없었을 것이다.

청구권 자금은 일본이 한국에게 무상자금과 유상자금을 제공하는 '경제 협력'의 형태가 되었다. 그래서 정식 명칭은 '재산 및 청구권에 관한 문제의 해결과 경제 협력에 관한 협정'이 되었다. 청구권 협정의 주요 내용은 다음과 같다.

제1조: 일본은 한국에 10년에 걸쳐 무상 3억 달러와 유상 2억 달러 (연이율 3.5%, 7년 거치를 포함하여 20년 상환)을 제공한다.

제2조: 양국과 그 국민의 재산·권리 및 이익과 청구권에 관한 문제가 완전히 그리고 최종적으로 해결된 것을 확인한다.

한국에서는 회담이 조인된 직후부터 금액과 청구권 자금의 성격을 놓고 많은 이론이 제기되었다.

금액 면에서 보면, 당시 한국 정부가 제시한 개인의 인적 피해 보상 기준은 생존자는 200달러, 사망자 1,650달러, 부상자 2,000달러였고, 그것으로 인적 물적 문제를 타결한다는 것이었다. 또 제2조는 '완전하고 최종적으로 해결'된 것으로 규정하고 있다. 그러나 해결된 대상과 범위에 대해서 구체적인 언급이 없어 양국 사이에는 지금도 갈등이 계속되고 있다. 특히 강제동원 피해자들 개인의 청구권이 소멸되었는가에 대해서는 양국의 입장이 전혀 다르다.

일본군 위안부를 포함한 강제동원 피해자들은 일본 사법부가 청구권 협정을 근거로 소송을 기각하자, 한국 정부에 한일회담 문서를 공개하는 소송을 냈고, 한국 정부는 이를 받아들여 청구권의 문제는 여전히 현재 진행형이다.

2005년 1월, 노무현 정부에서는 국무총리실 산하에 '한일수교회담 문서공개 등 대책기획단'을 설치하여 청구권 협정의 성격에 대한 정부 입장을 밝혔다. 대책기획단은 "청구권 협정은 일본의 식민지 배상을 청구하기 위한 것이 아니고, 샌프란시스코조약 제4조에 근거하여 한일 양국 간 재정적·민사적 채권·채무관계를 해결하기 위한 것이었다. 나아가 일본군 위안부 문제, 사할린 동포, 원폭 피해자 문제 등 일본 정부·군 등 국가 권력이 관여한 반인도적 불법행위는 청구권 협정에 의해 해결된 것으로 볼 수 없고 일본 정부의 법적 책임이 남아 있다"라고 판단했다.

이를 근거로 헌법재판소는 2011년 8월 30일, 일본군 위안부 문제가 해결되지 않았음에도 불구하고 청구권 협정 제3조에 따른 해결 노력을 하지 않은 것은 일본군 위안부 피해자의 기본권을 침해한 것으로 볼 수 있고, 이는 헌법 위반이라는 판결을 내렸다. 그러나 일본 정부는 한국 정부의 해석을 인정하지 않고, 현재까지도 청구권 문제는 완전히 그리고 최종적으로 해결되었다는 견해를 유지하고 있다.

한편, 2005년 대책기획단은 강제동원 피해자의 피해 보상은 양국 간 무상 자금 3억 달러에 포함되었다고 발표했다. 그 이유는 1965년 양국의 합의의사록에 청구권 협정의 해결 대상에 '피징용 한국인의 미수금, 보상금 및 기타청구권'이 명시되어 있기 때문이다. 그리고 회담 당시 한국 정부는 일본에서 청구권 자금을 일괄하여 수령하고 나서 개인에 대한 보상은 한국 정부가 실시하겠다는 입장을 취했다. 한국 정부는 청구권 자금을 받은 후 개인에 대한 민간 보상을 하겠다고 했으나, 청구권 자금이 10년에 걸쳐 나누어 도입되었다는 점과 당시 한국 정부의 재정 형편이 열악하여 우선 시급한 경제 건설에 투입하고, 민간 보상은 1975년에 처음 실시했다.

한국 정부에서는 1974년 12월, '대일 민간청구권 보상에 관한 법률'을 제정하여 1975년부터 1976년 6월까지 제1차 보상을 실시했다. 그러나 청구권 자금이 경제 발전 성과로 이어지도록 해야 한다는 정부

입장 때문에 개인에 대한 보상과 배려는 소극적이었다. 제1차 보상은 한국 국민이 보유한 일본의 유가증권이나 은행권, 각종 예금과 보험금 등 재산관계에 대한 보상과 함께 군인, 군속, 노무자로 동원되어 1945년 8월 15일 이전에 사망한 피해자의 유족에 대한 보상이 이루어졌다. 부상자나 실종자는 2008년 제2차 보상에 포함됐다.

한국 정부는 2004년부터 강제동원 피해자들의 보상을 위해 새로운 법안을 마련하여 2008년부터 20015년까지 제2차 보상을 실시했다. 제1차 보상에서는 총 10만 3,221건에 대해 총 95억 원의 보상이 이루어졌고, 부족한 부분에 대해 제2차 보상에서 총 6,184억 3,000만 원을 피해자나 유족에게 보상했다. 그러나 이 기간 중에 일부 피해자들은 직접 일본 기업에 손해배상을 청구했고, 한국 대법원에서는 강제동원 피해자들의 일본 기업에 대한 손해배상 청구권을 인정했다.

대법원은 2018년 10월, 청구권 협정에 의해 피해자 개인의 대일 청구권까지 소멸된 것은 아니기 때문에 일본 기업들은 피해자 개인에게 손해배상을 해야 한다는 최종 판결을 내렸다. 그리고 이 판결에 의하면 일본 기업이 대법원 판결대로 손해배상을 이행하지 않는다면, 원고의 요청에 의해 해당 일본 기업의 한국 내 자산을 강제 압류할 수 있다. 이에 일본 정부는 청구권 협정에 따른 해결을 요구했고, 이에 따르지 않으면 국제사법재판소에 제소한다는 방침을 밝혔으며, 그 이후 한일관계는 최악의 상황으로 치닫고 있다.

한편, 청구권 자금의 수령 이후 정부는 자금 사용의 기본 방향을 국민이 이익을 균등히 받을 수 있어야 하고, 국민소득을 높이는 용도로 사용해야 하며, 시설자재, 원자재 또는 기계류를 불문하고 한국의 주도 하에 의사결정이 이루어져야 함을 명시했다. 그리고 자금은 후손에게 물려주어 두고두고 기념할 수 있는 대단위 사업에 투자해야 하기 위한 '청구권 자금의 운용 및 관리에 관한 법률'을 제정했고, 1976년 12월에는 『청구권자금백서』의 발간을 통해 청구권 자금의 도입과 사용 내역을 밝혔다.

박정희 정부는 일본으로부터 적극적으로 자본과 기술을 도입했다. 일본에서 수입한 부품과 소재를 토대로 제품을 만들어 해외에 수출했다. 물론 이러한 산업구조는 만성적인 대일 무역 적자를 낳았으나 일본의 자본과 기술 협력을 기반으로 비약적인 경제 발전을 이룩했다는 점은 인정할 수 밖에 없다.

그 대표적인 것이 포항제철 공장이다. 포스코는 일본의 자금과 기술로 건설되었지만 1990년대에는 이미 신일본제철을 넘어서 세계적인 기업으로 발전했다. 사회간접자본으로 투자된 경부고속도로, 그리고 소양강댐과 수력발전소 등 1970년대 한국 경제는 비약적으로 발전했고, 한일협정의 주요 목적 중의 하나가 경제 발전을 위한 자금 확보인 만큼 그 목표가 달성되었다고 평가를 받는다.

이러한 측면에서 청구권 협정은 '한강의 기적'을 이루는 밑거름이 되었다는 평가를 받지만, 반면 일제강점기 피해자 문제를 소홀히 취급했다는 한계를 지닌다. 그 결과 2018년 10월 대법원 판결은 과거사 문제에 대한 애매한 합의가 국내적으로 불만과 갈등을 조장하고, 결국은 국가 간의 합의마저도 깰 수 있다는 국면을 초래했다. 대법원 판결 이후 양국은 여러 가지 노력을 하고 있지만 상황은 조금도 나아지지 않고 앞으로도 예측하기 어려운 실정이다.

### 어업 협정

한국에서 청구권 협정이 국민적 관심이 있었다면, 일본은 어업 협정에 관심이 쏠려 있었다. 한일협정 협상 기간에 많은 일본 어민이 소위 이승만라인 평화선을 넘어 어로 행위를 하다가 나포되었고, 이것이 일본에서 사회적·정치적 문제가 되었기 때문이다. 이 기간에 일본 선박은 328척이 나포되었고, 3,929명의 어민이 한국에 구금되었다.

어업 협정의 골자는 다음과 같다.

제1조 1항 : 양 체약국은 각 체약국이 자국 연안의 기선으로부터 측정하여 12해리까지의 수역을 자국이 어업에 관하여 배타적 관할권을 행사하는 수역으로서 설정하는 권리를 가짐을 상호 인정한다.

제4조 1항 : 어업에 관한 수역 외측에서의 단속(정선 및 임검을 포함함) 및 재판 관할권은 어선에 속하는 체약국만이 행하며 행사한다.

당시 한국은 무동력선에 의한 근해어업이 주류였고, 일본은 최신 장비를 구비한 원양어업으로 앞서가고 있었다. 그래서 어업수역의 범위와 조업 선박의 단속권은 일본 측에 유리했고, 세계 추세에 맞게 12해리를 자국의 배타적 관할권을 설정하여 평화선이 철폐되자 장비와 기술이 앞선 일본 어민에게 한국 근해의 어장을 내어주는 꼴이 되었다.

그러나 한국 정부는 일본과의 어업 수준 격차를 메우려고 청구권 자금 중에서 많은 부분을 어업에 투자했고, 30년간 비약적인 발전을 거듭해 세계 유수의 원양어업 및 조선 국가로 발전했다. 그 사이에 유엔해양법이 발효되어 200해리 배타적 관할권이 생기고, 한일 어업 환경이 바뀌자 1998년 9월 '신한일어업협정'을 체결했다. '신한일어업협정'이 발효하면서 매년 7월 어업 교섭을 실시하여 각각의 배타적 경제수역 내에서 어느 정도 어획할지를 정했다. 그러나 2016년부터는 양국의 대립으로 협상이 결렬되어 2018년 일본의 배타적 경제수역 내에서는 조업이 불가능한 상황이다. 또한 '신한일어업협정'이 독도 주변을 공동관리수역에 포함시켜 한국의 독도 영유권에 손상을 가져왔다는 비판도 있다. 현재 한일 양국은 '신한일어업협정'을 개정할 것인지에 대한 고민에 빠져있다.

### 문화재 협정

문화재 반환 교섭은 1949년 작성한 「대일배상조서」의 연속선상에서 추진되었다. 한국은 일본으로 반출된 문화재를 '약탈 재산'으로 간주하여 일본에 반환을 요구했다. 그러나 일본은 한국이 교전국이 아니므로 품목을 결정하여 요구할 권리가 없다고 반대하여 '반환'이라는 용어 대신에 '인도'라는 표현을 사용했다.

문화재 협정의 주요 내용은 다음과 같다.

제1조 : 양국은 양국민 간의 문화관계 증진을 위해 가능한 한 협력한다.

제2조 : 일본국 정부는 부속서에서 열거한 문화재를 양국 정부 간에 협의되는 절차에 따라 본 협정 발표 후 6개월 이내에 대한민국 정부에 인도한다.

제3조 : 양국 정부는 자국의 미술관·박물관·도서관 및 기타 학술문화에 관한 시설이 보유하는 문화재에 대하여 상대방 국민에게 연구의 기회를 부여하기 위하여 가능한 한 편의를 제공한다.

협의 과정에서 일본은 한국에 '기증'이라는 용어를 사용하자고 했으나 한국의 반대에 의해 결국 '인도'라는 용어로 결정되었다. '인도'와 '반환'의 차이는 가져간 문화재가 합법이냐 불법이냐 만이 아니라 식민지 지배의 성격까지도 드러내기 때문이다.

문화재 협정을 통해 당시 한국에서는 3,000여 점에 대한 반환을 요구했으나 돌아온 문화재는 미술품 363점, 전적(典籍) 852점에 불과했다. 현재 일본에 있는 한국 문화재는 파악된 것 만해도 6만 7,000건에 이르는데 그 가운데 일본의 문화재 또는 보물로 지정된 국가문화재는 111건이다.

문화재의 반환 노력은 한일 시민단체를 통해서도 이루어졌다. 「북관대첩비」, 『조선왕조실록』 오대산본, 『조선왕실의궤』 등을 들 수 있다. 야스쿠니신사에 방치되어 있던 「북관대첩비(北關大捷碑)」는 임진왜란 당시 의병을 모아 왜군을 격퇴한 정문부 장군의 공덕을 기려 숙종 때 세운 비석인데 1905년 러일전쟁 당시 일본군이 가져간 것이었다. 일본은 이 비석은 2005년 한국에 인도했고, 한국은 이 비석이 원래

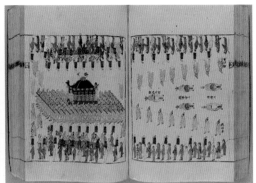

국립중앙박물관에 전시된 북관대첩비(좌)와 조선왕실의궤(우)

함경도 길주에 있었던 점을 감안하여 북한으로 보냈다. 그리고 『조선
왕조실록』 오대산본 47책도 2006년 서울대학교 규장각으로 돌려보냈
으며, 2010년에는 일본 궁내청이 소장하고 있던 『조선왕실의궤』 81종
161책을 한국 정부에 반환했다.

　문화재 반환의 문제는 현재 진행의 문제이다. 유네스코 등에서 논
의되고 있는 국제사회의 문화재 반환 움직임을 주시하면서 문화재 문
제를 지속적해서 제기해야 한다.


### 재일 한국인의 법적 지위 협정

　재일 한국인의 법적 지위 문제는 광복 이후 한국과 일본이 당면한
어려운 문제 중의 하나였다. 1945년 8월, 일본에는 약 200만 명의 한
국인이 거주하고 있었는데, 1945년 140만 명이 귀국하고, 1965년 한일
회담 당시 약 60만 명이 그대로 일본에 살고 있었다. 이들은 일본의 패

전과 동시에 그때까지 유효했던 일본 국적을 상실하고 특수한 외국인이라는 불안하고 애매한 위치에 놓이게 되었다. 이들에게는 우선 합법적인 영주자의 지위를 부여하는 것이 시급한 과제였다.

법적 지위 협정의 주요 내용은 다음과 같다.

제1조 1항 : 일본국 정부는 1945년 8월 15일 이전부터 계속 일본에 거주하고 있는 자와 그의 직계 비속으로서 1945년 8월 16일 이후 본 협정 발효부터 5년 이내에 일본국에서 출생하여 계속 일본국에 거주하는 자에 해당하는 대한민국 국민이 본 협정의 효력 발생일부터 5년 이내에 영주허가를 신청하였을 때에는 일본국에서의 영주를 허가한다.

제3조 : 제1조의 규정에 의거하여 일본국에서 영주가 허가되어 있는 대한민국 국민은 제3조에서 규정한 어느 하나에 해당되는 경우를 제외하고는 본 협정의 효력 발생일 이후의 행위에 의하여 일본국으로부터의 퇴거를 강제당하지 아니한다.

제5조 : 제1조의 규정에 의거하여 일본국에서의 영주가 허가되어 있는 대한민국 국민은 출입국 및 거주를 포함하는 모든 사항에 관하여 본 협정에서 특히 정하는 경우를 제외하고 모든 외국인에게 동등하게 적용되는 일본국의 법령의 적용을 받는 것이 확인된다.

이 협정에 의해 1945년 이전부터 일본에 거주하던 재일 한국인과 그 자녀에게는 영주권을 부여하기로 했다. 그리고 그들 자녀의 영주권은 1991년까지 별도의 조처를 강구하기로 했다. 그리하여 일단은 영주가 인정된 최소한의 법적 지위를 확보했다. 그러나 이들은 여전히 외국인 취급을 받으면서 지문 날인, 취업 제한 등 차별을 받았고, 생활은 여전히 곤란하고 열악했다. 그리하여 재일 한국인들은 국교 정상화 이후에도 일본 사회의 차별을 벗어나려는 힘겨운 투쟁을 계속했다.

### 혐한 시위

그 후 1991년 1월, "재일 한국인 3세 이하 자손의 법적 지위에 관한 각서"를 통해 지문날인제도를 2년 이내에 철폐하고 국공립교원 및 지방공무원채용, 민족교육 등 사회생활상의 처우 개선을 보장받게 되었

혐한 시위 모습

다. 그리고 1992년 6월, 재일 한국인 특별영주자에 대한 지문 날인 철폐, 그리고 2009년 7월부터 외국인등록증 상시 휴대 의무 폐지 등의 성과도 거두었다. 그러나 재일 한국인들은 일본에 세금을 내면서도 투표권이나 참정권에 제한이 있고, 아직도 불공평한 차별대우를 받고 있으며, 최근 한일 관계가 악화되자 일본 내의 혐한 분위기와 헤이트 스피치(혐오 발언)의 대상이 되고 있다.

제2장

# 화해의 걸림돌

## 1. 징용·징병

### 국가총동원령

일제강점기 한국인에 대한 징용·징병은 1938년 '국가총동원법'의 시행 이후 1945년 광복 때까지 일본이 전쟁 수행을 위해 한국인을 상대로 행한 인력 동원 정책을 말한다. 1937년 중일전쟁 이후 전쟁 수행을 위해 일본은 각종 통제법령을 통해 한국인 동원을 위한 제도적인 장치를 마련했다. 즉, 1938년 2월 칙령 제95호 '육군특별지원병령', 1938년 5월 '국가총동원법', 1939년 7월 '국민징용령', 1939년 7월 '조선인 노무자 내지 이주에 관한 건' 등의 법적 근거에 의해 한국인을 대상으로 인력 동원을 실시했다.

동원 지역은 일본·중국 관내·남사할린·만주·동남아시아·남태평양 등지이고, 동원 규모는 1961년 12월 제6차 한일회담에 제시된 인적 피해 규모에 따르면 징용노무자 66만 7,684명, 군인·군속 36만 5,000명 등 총 103만 2,684명이었다. 다른 자료인 2015년 국무총리실 산하

'대일항쟁기 강제동원 피해조사 및 국외 강제동원 희생자 등 지원위원회'가 산출한 규모는 780만 4,376명이다. 물론 이들 전부를 피해자라고만 볼 수는 없다. 왜냐하면 일부는 자원의 경우도 있었기 때문이다. 그러나 이들을 동원한 주체가 일본 내무성과 후생성을 비롯하여 조선총독부와 조선군사령부 등 식민지 통치 주체였고, 그들에 의해 운영되었기 때문에 극소수의 수혜자를 제외하고 모두를 피해자로 봐도 무리가 없다고 본다.

**강제동원 피해 현황**

| 유형 | 구분 | | 동원자수 | 소계 |
|------|------|------|------|------|
| 군인 동원 | 한반도내 | | 51,948 | 209,279 |
| | 한반도외 | | 157,331 | |
| 군무원 동원 | 한반도내 | | 12,468 | 60,668 |
| | 한반도외 | | 48,200 | |
| 노무자 동원 | 한반도내 | 도내동원 | 5,782,581 | 6,488,467 |
| | | 관알선 | 402,062 | |
| | | 국민징용 | 303,824 | |
| | 한반도외 | 국민징용 | 222,217 | 1,045,962 |
| | | 할당모집, 관알선 | 823,745 | |
| 계 | | | | 7,804,376 |

'대일항쟁기 강제동원 피해조사 및 국외강제동원 희생자 등 지원위원회' 『위원회 활동 결과보고서』, 2016

인력 동원의 종류는 크게 병력(지원병과 징병)과 비병력(노무동원·군무원·근로정신대 포함), 성동원(일본군 위안부 또는 기업 위안부)으로 구분할 수 있다. 병력은 군인을 의미하고, 일본이 침략 전쟁을 수행할 목적으로 1938년 '육군특별지원병령', 육·해군의 제1보충역 등으로 동원한 일체를 총칭한다. 육군특별지원병, 해군특별지원병, 학도지원병, 소녀지원병, 해군징모병, 징병이 모두 해당된다.

비병력은 '국가총동원법'에 의거해 정책적·조직적·집단적·폭력적으로 동원된 각종 산업의 노무 인력이다. 구체적으로는 '국민징용령'에 의거한 피징용자(노무자·군무원)와 모집, 관 알선, 근로보국대 등 법령에 의거해 동원된 인력으로 이입노무자, 농업이민자, 여자 근로정신대, 근로보국대와 군무원이 해당한다.

군무원은 육해군에 종속하는 문관, 문관 대우자, 공원, 용인, 고원(雇員) 등 군속선서와 군속독법에 의해 복무하는 일체를 총칭하는 포괄적인 용어이다. 일본 자료에서는 군속과 군요원, 군부가 혼용되었다. 이후 B·C급 전범으로 알려진 포로 감시원도 해당된다. 이같이 군무원은 군인이 아니면서 군에 고용되어 군관계 일에 종사하는 인력이다. 군무원은 '국민징용령'은 물론이고 '해군징용공원규칙'·'군수회사징용규칙'·'선원징용령'·'의료관계자징용령' 등 관계법령에 의해 동원되었다.

비병력자들의 동원 지역도 한반도, 일본, 중국 만주, 남사할린, 중국 관내(하이난섬 등), 남양군도(태평양), 동남아시아 등지이고, 직종별로는 군수공장, 군공사장, 토목건축(비행장·항만 등), 하역작업장, 석탄광산, 금속광산, 항만운수관계, 집단농장 등이 해당된다.

이들은 정상적인 임금을 수령하지 못했고, 비인격적인 처우와 열악한 노동 조건에 처해 있었으며, 파견 현장과 귀국 현장에서 30여만 명이 사망한 것으로 알려져 있다. 또한 사할린에 동원된 4만여 명의 한국인은 광복 후에도 귀국하지 못하다가 1990년 한·소 수교 이후에 극히 일부인 2,500여 명이 귀국했을 뿐이다.

뿐만 아니라 일제는 물적 자원의 수탈에 총력을 기울였다. 쌀 공출과 더불어 주요 식량 전부를 통제하고 공출했다. 군수물자 조달을 위해 교회나 사찰의 종과 놋그릇은 물론 수저까지 강탈했고, 전쟁 자금의 조달을 위해 국방 헌금을 징수하고 소비 절약과 강제 저축도 강요했다. 한일회담 당시 한국 측이 제시한 물적 피해와 자금 피해 보상 규모는 지금(地金)과 지은(地銀)을 포함해 총 14조 4,868억 128만 3,416만 엔이었다.

한편, 한일회담 당시 한국 측에서는 인적피해보상금으로 3억 6,400만 달러를 제시했다. 그 기준은 생존자 1인당 200달러×930,081명=186,016,200달러, 사망자 1인당 1,650달러×77,603명=128,044,950달러, 부상자 1인당 2,000달러×23,000명=46,000,000달러였다. 협상 결과 최종 타결 금액은 경제협력금 무상 3억 달러, 유상 2억 달러, 상업차관 3억 달러 이상으로 결정되었다.

### 민간 보상을 하다

한국 정부에서는 청구권 자금을 받은 후 민간에 대한 보상을 실시할 것을 밝혔으나, 청구권 자금이 10년에 걸쳐서 나뉘어 도입되었고, 우선은 당시 한국 정부의 열악한 재정 형편으로 인해 시급한 경제 건설에 자금을 먼저 투입하였다. 그리고 민간 보상은 1974년 12월 '대일 민간청구권에 관한 법률'을 제정하여 1975년 7월부터 1977년 6월까지 제1차 민간 보상을 실시했다.

제1차 민간 보상은 일제강점기에 일본에 의해 군인·군속·노무자로 소집 또는 징용되어 1945년 8월 15일 이전에 사망한 피해자나 유족에 대한 보상과 함께 한국 국민이 보유하고 있는 일본의 유가증권이나 일본 은행권, 각종 예금과 보험금 등 재산관계에 대한 보상으로 이루어졌다. 부상자나 실종자는 제1차 보상에서는 제외되었으나, 2008년부터 2015년까지의 제2차 보상에 포함되었다.

제1차 보상 조치를 통해 총 10만 3,221건에 대해 총 95억 원의 보상이 이루어졌다. 그중 강제징용 사망 피해 9,546건에 대해 총 28억 6,000만 원의 보상금이 지급되었고, 예금 등 재산관계에 대한 보상금이 66억 4,000만 원이었다. 그러나 보상 총액 95억 원은 청구권 자금 무상 3억 달러의 약 5.4%에 불과한 규모였다. 제2차 보상에서는 '대일 항쟁기 강제동원 피해조사 및 국외 강제동원 희생자 지원특별법'에 따라 피해 지원금을 지급했는데, 사망·행방불명된 피해자 유족에 대해 2,000만 원, 장해를 입은 경우 2,000만 원 이하의 범위에서 장해 정도에 따라 지급하며 의료지원금 연 80만 원, 미수금 지원금(공탁금 내역 확인시 1엔당 3,000원 환산) 등 총 6,184억 3,000만 원을 피해자나 유족에게 보상했다. 그러나 피해자와 유족들은 개인에 대한 보상이 여전히 충분히 이루어지지 않았다는 인식과 불만을 가지고 있다. 2023년 2월 현재, 의료지원금을 받는 강제동원 피해생존자는 1,264명이 남았다.

## 1억 원을 배상하라

강제징용 피해자들의 피해보상 소송은 처음에는 일본 법원에 제소

됐으나 모두 각하 내지는 패소했다. 그러자 2005년 2월, 여운택·신천수·이춘식·김규식 씨 등이 고용주였던 일본 미쓰비시중공업과 신일철주금(옛 신일본제철)의 한국사무소를 상대로 강제징용 손해배상 청구소송을 제기했다. 이 소송은 2008년 4월, '일본 판결이 우리나라에서 효력이 인정되고 신 일본제철이 구 일본제철을 승계했다고 볼 수 없다'라며 여운택 씨 등에 패소 판결을 내렸다. 그러나 여운택 씨 등이 대법원에 항고했고, 대법원에서는 '일본 판결은 헌법 취지에 어긋나고 신일본제철은 구 일본제철을 승계한 기업'이라며 파기 환송했다.

그러자 2013년 7월, 서울고등법원에서는 대법원의 취지대로 신일철주금이 강제징용 피해자들에게 1억 원씩을 배상하라고 판결했고, 이에 대해 신일철주금에서는 대법원에 재상고했다. 이에 대해 대법원에서는 5년이 지난 2018년 10월, 전원합의체에서 '신일철주금이 원고(징용피해자)에게 각각 1억 원을 배상해야 한다'라고 확정 판결을 내렸다. 대법원 최종 판결에서 승소한 여운택 씨 등 원고들은 확정판결문을 근거로 국내 일본 기업자산에 대해 강제집행 절차를 밟고 있다. 그래서 대구지법 포항지원은 일본제철(신일철주금, 2019년 사명 변경)의 한국 내 자산이 포스코합작사(PER)의 주식매각을 위한 감정 절차에 들어갔고, 대전지법은 미쓰비시중공업의 특허권·상표권 압류를 결정했으며, 울산지법은 후지코시 소유 국내 회사의 주식을 압류했다.

그러나 2021년 6월, 서울중앙지법에서는 송모씨를 비롯한 85명의 원고가 미쓰비시중공업·일본제철 등 16곳의 일본 기업을 상대로 낸 손해배상 소송을 각하했다. '1965년 한일 정부가 체결한 청구권 협정에 따라 개인 청구권이 소멸되었다고 보기는 어렵지만, 대한민국 국민이 일본이나 일본 국민을 상대로 소송으로 권리를 행사하는 것은 제한된다'는 것이 소송 각하의 핵심적인 이유였다. 재판부는 "한일협정 문언상 '완전하고 최종적인 해결'에 강제징용 문제도 포함됐다고 봐야 한다"라고 했다.

이 판결은 2018년 10월 대법원 판결과는 정반대 논리로 이목을 집중시켰다. 대법원 전원합의체에서는 13명 중 11명이 일본 기업의 배상책임을 인정했고 2명이 반대했는데, 2021년 6월의 서울중앙지법의 판결은 2명의 소수의견을 따랐던 것이다. 그리고 "대법원의 판결이 유감스럽지만 국내법적 해석에 불과할 뿐 국제법적으로는 잘못된 것"이라고 했다.

재판부는 또 판결문에서 피해자들의 청구를 받아들였다가 국제사법재판소에서 결과가 뒤집히면 문명국으로서 위신이 추락한다는 등의 표현을 쓰면서, "원고들의 청구를 인용하는 본안 판결이 확정되고 강제집행까지 마쳐 피고들의 손해가 현실화하면 다양한 경로로 일본의 중재 절차 또는 국제사법재판소 회부 공세와 압박이 이어질 것임이 명백하다"했고, 또 "대한민국 사법부의 판결, 대법원 판결이 국제 중재 또는 국제재판 대상이 되는 자체만으로도 사법 신뢰에 손상을 입지만, 만약 패소하면 대한민국 사법부의 신뢰에 치명적인 손상을 입게 되고 막 세계 10강에 들어선 대한민국의 문명국으로서 위신은 바닥으로 추락한다"고 했다. 그러면서 "여전히 분단국 현실과 세계 4강 강대국 사이에 위치한 지정학적 상황에 놓인 대한민국으로서는 자유민주주의라는 헌법적 가치를 공유하는 서방 세력의 대표 국가 중 하나인 일본국과의 관계가 훼손된다"고 했다. 이어 "이는 결국 한미동맹으로 우리 안보와 직결된 미합중국과의 관계 훼손으로까지 이어져 헌법상 안전 보장을 훼손하고 사법 신뢰 추락으로 헌법상의 질서 유지를 침해할 가능성을 배제할 수 없다"라고 강조했다.

이것은 2018년 10월 대법원 전원 판단을 하급심 법원이 따르지 않아 사회적으로 엄청난 파장을 일으키고 있으며, 강제징용 피해자들이 제기한 손배소가 2021년 8월 현재 전국 각 법원에서 20여 건이 진행 중인데 향후 어떠한 영향을 미칠지 귀추가 주목된다.

## 화해의 방정식

2023년 1월, 한국에서는 '일제강제동원피해자지원재단'이 주관하여 '강제징용 피해배상 해법마련을 위한 대토론회'를 개최했다. 그 자리에서 한국정부가 유력 안으로 제안한 '병존적 채무인수'란 피고(일본기업)의 채무를 제3자가 인수해 원고(피해자)에게 배상하는 방식이다. 대법원의 확정 판결을 받은 피해자들이 일본 피고기업 대신 피해자지원재단으로부터 판결금을 받는 '제3자 변제' 방식을 강제징용 문제의 해법으로 사실상 공식화한 것이었다.

이 자리에서 한국 외교부 관계자는 일본 측에 대해 '사과와 기여 측면에서 일본의 성의 있는 호응조치가 있어야 할 것'을 강조했다. 재원은 우선 한국의 청구권협정 수혜기업들의 기부로 조성될 가능성이 크고, 일본 정부와 기업들의 성의 있는 호응조치를 제안했다. 이에 대해 한국 피해자 측은 "결국 일본에게 면죄부를 줬다"고 반말했고, 부정적인 입장을 가진 시민단체들은 "일본 눈치만 보는 굴욕외교"라고 비판했다. 그래서 정부 간에 외교적인 합의를 보더라도 과거에 실패한 합의의 전철을 밟게 될 것이라는 우려가 나오고 있다.

과거 한일 간에는 반성과 사과가 여러 차례 있었다. 1993년 고노담화, 1995년 무라야마 담화, 1998년 김대중-오부치 한일파트너십 선언, 2010년 칸 담화의 역사가 그것이다. 그래서 2015년에는 위안부문제에 대한 합의문에 '최종적 불가역적으로 해결될 것'임을 명시하기도 했다. 그러나 피해자와 시민단체의 거센 반발에 의해 한일관계는 오히려 최악의 상황으로 치달았다.

일반적으로 사람들은 어떤 문제를 놓고 상호간에 갈등이 생겼을 때, 마지막 방법으로 사법적 판단에서 답을 찾으려 한다. 그러나 역사문제는 사법의 영역이 아니다. 징용·징병이나 일본군위안부 문제가 국내법이든 국제법이든 사법적 판단에 의해 종결될 수 있을까?

그러나 문제를 풀기 위해서는 어쨌든 해법을 찾아야 한다. 어렵지만 '화해 방정식'으로 생각해보자. 방정식의 공식은 이론상으로는 간단하다. 반성, 사과, 용서, 화해이다. 방정식에 대입하는 미지수의 값에 따라 참 또는 거짓이 된다. 한국과 일본의 양축에 미지수의 값들을 넣어보자. 법은 최소한의 미지수의 값만 정해주고, 그 이후는 인간적인 문제, 즉 사람과 사람이 미지수의 값을 정한다. 그리고 거기서 전제되는 조건이 일관성이며 진정성이다. 일본 측에서는 이미 과거에 여러 차례 충분히 반성을 했다는 것이고, 한국에서는 그건 알지만 일관성과 진정성이 없다는 것이다. 사과나 반성은 횟수가 아니라 진정성의 문제이기 때문이다.

메르켈 독일 총리는 유대인이 처형당했던 '죽음의 벽'에 헌화하고 무릎을 꿇고, "독일인이 저지른 야만적인 범죄, 생각할 수 있는 모든 경계를 넘은 범죄 앞에서 마음 깊이 부끄러움을 느낀다"고 사과했다. 이처럼 거의 모든 독일 총리들이 아우슈비츠 등을 방문했다. 독일은 1952년부터 14년간 34억 5천 만 달러를 이스라엘정부에 지급했고, 이와 별도로 개인 피해자들에게도 배상금을 지급했으며, 아직도 계속해서 사과를 하고 용서를 구하고 있다.

미국 철학자 마이클 샌델은 과거 세대의 잘못에 대해 현재 세대가 책임을 져야하는 철학적 이유를 설명했다. 샌델은 "인간의 자아는 사회적, 역사적 역할과 지위로부터 분리될 수 없다"고 했다. 그리고 "과거 세대가 행한 잘못을 현재 세대가 책임지는 것은 당연하다"고 했다. 메르켈 총리 역시 "범죄에 대한 기억은 끝나지 않는 우리의 책임"이라며 "책임을 인식하는 것은 우리 국가 정체성의 일부"라고 했다.

그러나 징용·징병, 위안부문제가 개인 간의 화해나 용서로 끝나는 끝나지 않는다. 국가에도 책임이 있기 때문이다. 과거 일본과의 사이에는 많은 갈등과 대립이 있었다. 임진왜란만 보더라도 일본의 무고한 침략과 7년간의 전쟁을 통해 200만 명 이상의 조선인이 죽거나 다쳤다. 그럼에도 불구하고 전쟁이 끝난 지 10년도 채 안된 1607년에 '회답겸쇄환사'의 파견에 의해 강화가 이루어지고 '통신사'가 왕래하면서 문제를 풀어갔다. 그 과정에서 동아시아의 국제관계가 회복되고, 왕릉

도굴범 소환, 피로인 쇄환, 전후 복구사업 등 현안문제가 해결되어 갔다. 그러나 사절단의 명칭이 처음부터 믿음을 통하는 통신사가 아니라 일본의 요청에 답하는 회답사이며 피로인을 쇄환하는 '회답겸쇄환사'였다. 명칭이 달라지는 이유는 조·일 외교에 있어 '명분과 실리'의 '선택과 균형' 때문이었다. 외교는 관계이며 100대 0의 게임이 아니기 때문이다. 지금 임진왜란 직후 재개한 일본과의 통교를 부정적으로 평가하는 역사가는 거의 없다.

한국은 일본의 식민지배에 의해 전례 없는 가혹한 역사적 경험을 했다. 그러나 한국민은 식민지 시대의 아픔과 상처를 극복해가면서 인간의 인간에 대한 억압과 유린에 저항하며 새로운 인간 가치를 추구하며 발전시켜가고 있다. 그 결과 2021년 7월, 유엔무역개발회의는 한국을 선진국 그룹의 일원으로 지위를 변경한다는 공식적인 발표를 했다. 한국은 GDP규모에서 세계 10위이며, 제조업에서는 5위, 국방력에서는 6위를 차지하고 있다. '30-50클럽(1인당 국민소득 3만 달러, 인구 5천만 명 이상)에 들어간 지도 여러 해 지났다. 세계는 이미 한국을 선진국으로 대접하고 있다. 해방된 지도 80년이 가까워오고 있다. 한일 양국 모두 선진국답게 화해를 했으면 좋겠다.

그것이 '한일관계 2천년'의 역사적 경험과 메시지가 아닐까. 한일 모두 이점을 숙고하면서, 법과 명분만을 내세우지 말고, 대승적인 관점에서 인간적으로 풀어가자. 대승적이란 국가적 이익이나 정치적 판단에 얽매이지 않고 넓은 안목에서 보자는 것이고, 인간적이란 윤리적이고 도덕적인 관점에서 상대가 얼마나 아팠는지, 아픔을 보듬는 자세를 갖자는 것이다. 예술은 높은 안목에서, 정치와 사회는 넓은 안목에서, 그리고 역사를 먼 안목에서 바라보자.

어떻게 화해하는 것이 양국 국민들을 위한 길일까, 최선의 함수 값을 대입하여 화해의 방정식을 풀어갔으면 좋겠다.

일제 강제동원 피해자 780만 명 중 현재 의료지원금을 받는 생존자는 겨우 1천 명 남짓에 불과하다. 법적으로든 정치적으로든 이제 화해해야 한다. 인간적으로도 더 이상 미룰 수만은 없다. 그리고 그 어떤 경우든 문제해결의 시작과 끝은 사람이다.


## 군함도의 실체

규슈의 나가사키항으로부터 약 18.5km 위치에 있는 섬으로, 해상에서 볼 때 군함을 닮았다고 해서 군칸지마[軍艦島], 즉 군함도라고 부른다. 현재의 행정구역은 나가사키시 다카시마촌 하시마이다. 1890년경부터 해저 탄광이 개발되어 채굴을 시작했다. 석탄의 질이 좋아 1920년대에 들어서면서는 섬을 크게 확장하여 콘크리트 구조의 고층 아파트를 건설하고, 대단위로 광부들을 이주시켰다. 섬의 크기는 남북 480m, 동서 160m로 해안선의 전체 길이는 1,200m이다. 섬의 중앙부에는 매립전의 바위가 남북에 걸쳐 있고, 서쪽과 북쪽에는 주택과 초중학교, 영화관, 학교 등 생활 편의시설, 동쪽과 북쪽에는 탄광시설이 있다. 전성기였던 1960년대에는 5,200명이 거주하여 인구밀도가 일본에서 가장 높았으며, 1974년 에너지정책에 따라 폐쇄했다.

국무총리실 산하 '대일항쟁기 강제동원 피해조사 및 국외 강제동원

군함도의 현재 모습

희생자 등 지원위원회'의 조사에 의하면 태평양전쟁 이후 군함도에는 1943년에서 1945년까지 한국인이 연인원 약 500~800명이 이곳에 징용되어 노역에 동원되었다.

일본 정부는 2015년에 군함도를 '규슈, 야마구치의 근대화 산업유산시설'로 'UNESCO 세계유산' 등재를 신청했으나, 한국의 반대로 지정에 난항을 겪자, 한국인 강제징용에 대한 내용을 명시하겠다는 조건으로 간신히 등재했다. 그러나 등재 후에는 강제징용에 대한 사실을 전혀 언급하지 않았고, 이에 대해 UNESCO 위원회에서는 2021년 7월, 강제징용 사실을 부정한 사실에 대해 지적하는 결정문을 채택하여 일본에 시정 요청을 하고 있으나, 일본은 여전히 이행하지 않고 있다.

뿐만 아니라 2022년 2월에는 니가타현 사도시에 있는 '사도섬의 금산(사도광산)'을 'UNESCO 세계유산'으로 신청하고 그 추진을 서두르고 있다.

## 2. 일본군 위안부

### 일본군의 성노예였다

일본군은 1931년부터 1945년 패전 때까지 전쟁 지역 및 점령지에서 전쟁의 효율적 수행을 위한 수단으로 여성들로 하여금 병사들의 성(性) 상대를 강요한 위안소를 설치했다. 그리고 이 위안소에서 종사한 대부분의 여성이 자신의 의사에 반하여 동원되었다. 일본군은 이 여성들을 병사에게 '위안'을 제공한다는 명분을 내세워 '위안부(慰安婦)'라고 불렀다. 하지만 피해 여성의 처지에서 보면 위안을 제공하는 '위안부'가 아니라 '성노예'였다. 이런 의미에서 '일본군 위안부'란 일본군이 설치한 위안소에 동원되어 성노예 생활을 강요당한 여성을 말한다.

한편, 일본군이나 일본 정부에서 위안부라는 용어를 널리 사용한 것과는 달리 광복 이후 한국에서는 '정신대(挺身隊)'라는 용어가 위안부보다 일반적으로 사용되었다. 그 이유는 일제강점기부터 1990년경 위안부 문제 제기 이전까지 위안부 동원 과정이나 실상이 왜곡 은폐되었던 것과 관련이 있다. 또한 여성운동 단체에서도 1990년대 전반까지는 정신대와 (종군/군)위안부라는 용어를 함께 사용하였기 때문이다. 그래서 최근에는 일본군이 미화한 '위안'이란 용어의 허구성을 드러내기 위해 역사적 용어로서의 위안부에 기호를 붙여 '위안부'라고 표시하거나, 본질을 드러내는 용어로서 '성노예' 즉 '일본군 성노예'라는 용어를 사용하고 있다.

## 누가, 왜 만들었나

일본군 위안소는 일본군이 전쟁 지역에 후방시설의 하나로 설치했다. 운영과 관리를 군이 주도했다는 사실을 보여주는 근거는 다음과 같다.

첫째, 위안소는 군의 후방시설로 만들었고, 민간업자가 임의로 만든 것은 아니다. 성병에 의한 병력 손실을 경험한 일본군은 전쟁 중 군인의 성욕 해결과 성병 예방의 문제를 중요한 과제로 삼게 되었는데, 중일전쟁 이후 대규모의 병력이 중국에 투입되자 일본군은 「야전주보규정(野戰酒保規程)」의 개정(1937.9.29)을 거쳐 군의 위안시설로서 위안소 설치를 중요한 일로 삼았다.

「야전주보규정」이란 전쟁 지역에 있었던 주보(물품판매소) 규정인데, 주보는 병사들의 생활품을 안정적으로 공급하는 역할을 했다. 일본군은 여성의 성을 병사들이 사용하는 물품과 마찬가지로 전쟁 수행에 필요한 물자의 하나로 보았던 것이다.

둘째, 위안소는 파견군의 지시에 따라 설치했다. 예를 들면 1938년 6월 27일 북지나(중국) 방면군은 신속하게 위안군을 설치하라고 했다. 그리고 점령지에 파견된 일본 정부의 각 기관이 협력하여 위안소를 설치하고 '위안부'를 동원했다.

셋째, 위안소 이용규칙이나 이용요금 등도 군이 결정했다. 위안소로 사용할 건물을 접수하거나 내장공사도 현지 부대가 담당하는 경우가 많았다. 그리고 군의(軍醫)가 정기적으로 '위안부'의 성병을 검사하는 등 각 부대가 위안소를 감독하고 통제했다. 물론 민간업자가 위안소를 경영할 경우에도 군이 감독하고 통제했다. 민간업자는 군의 하수인에 불과했다.

넷째, 일본군 '위안부'의 이송은 군의 통제 하에 이루어졌다. 1942년 1월 14일 외무대신이 '위안부'이송과 관련해 회답한 자료를 보면, "이런 종류의 도항자에 대해서는 군의 증명서에 의거하여 (군용선으로) 도항하게 하라"는 내용이 있다. 전쟁 당시 군과 정부는 민간인이 국외로 나가는 것을 엄격하게 통제했는데, '위안부'는 여권도 없이 군의 증명서만으로 국외로 나가는 것을 인정하고 이동수단도 제공했다.

〈번역문〉

위안소 규정

一. 본 위안소는 육군 군인, 군속(군부를 제외)만 입장할 수 있다.

一. 입장자는 위안소 외출증을 갖고 있어야 한다.

一. 입장권 요금은 하사관 병사 군속은 2엔.

一. 입장권을 구입한 사람은 지정된 방에 들어가 30분 동안 머물 수

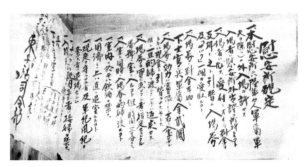

상하이위안소 규정

있다.

一. 규정을 위반하고 군기를 어지럽힌 사람은 강제로 퇴실시킨다.

…

동병참사령부

## 어떻게 동원했나

군위안부를 동원하는 방식은 시기·장소·민족 등에 따라 조금씩 차이가 있었다. 초기부터 일본 패전기까지 지속해서 일본군이 주둔한 거의 모든 공간에 배치되었던 한국인 여성은 기본적으로는 모집과 알선 등으로 이루어졌지만, 취업 사기·유괴·공권력 등에 의한 협박·인신매매와 같은 다양한 방법으로 동원되었다. 동원자는 소개업자나 군위안소 업자들이 주축이 되었고, 하급 관리들이 동원에 관여하는 경우도 허다했다. 게다가 한국에서 다른 지역으로 이송되는 데 필수 수송수단인 선박·철도, 특히 선박은 일본 경찰과 군의 관할·감독 하에 있었다.

조직적인 군의 위안부 동원은 중일전쟁 초기부터 있었다. 일본 육군성은 각지의 군위안소 숫자까지 기획 실행하였다. 군위안부는 중일전쟁기에는 주로 중국과 만주에 배치되었으나, 1941년 12월 이후 아시아태평양전쟁기부터 일본 패전까지는 일본이 점령한 지역, 즉 동으로는 알류산열도, 서로는 인도 니코바르 안다만열도, 남은 뉴기니, 북은 만주의 소련 접경지역까지 광범위한 지역에 배치되었다. 패전기에는 중국 윈난[雲南]이나 태평양제도 등의 격전지에서 연합군의 점령 직전 일본군에 의해 여성들이 학살되거나 집단자살을 강요받은 지역도 있다. 중국이나 필리핀 등지에서는 일본군에게 이용되고 전쟁 막바지에 유기되어 생존을 스스로 감당해야 했다.

또 일본 등지 후방에는 기업 및 산업장에도 기업 위안부가 배치되어 있었다. 전쟁 수행을 위해 여성의 성을 희생양으로 삼았던 것은 군위안부만이 아니었던 것이다. 그리고 군위안부제 운영에는 일본군과 정부만이 아니라 일본 기업도 긴밀한 협조관계에 있었다는 점 역시 간과할 수 없다.

당시 국제사회는 성노예를 다음과 같이 법으로 금지하고 있었다. 1926년 노예조약에 의해 노예제 금지는 1937년까지 관습국제법으로 되어 있었고, 1930년 강제노동조약에서는 강제 노동도 금지되었다. 일본도 이 조약에 가입되어 있었기 때문에 강제매춘은 물론 일본군 위안부제도는 모두 국제법을 위반한 행위이다.


고노 담화문

일본군 위안부 문제에서 가장 첨예하게 대립하는 부분은 위안부가 스스로 위안소를 찾아갔느냐, 아니면 본인의 의사에 반하여 강제동원이 되었느냐는 것이다.

이 문제에 대해 위안부의 동원 실태를 가장 정확하게 밝혀주는 자료가 1993년 8월, 고노 요헤이 일본 관방장관의 담화문이다.


고노 요헤이 관방장관 담화문

이른바 종군위안부 문제에 대해서 정부는 재작년 12월부터 조사를 진행해왔으나 금번 그 결과가 정리되었기에 발표하기로 하였다.

이번 조사 결과, 장기적이고 광범위한 지역에 걸쳐 위안소가 설치되었으며 많은 위안부가 존재했었다는 것이 확인되었다. 위안소는 당시 군 당국의 요청에 의해 설치 운영되었으며, 위안소의 설치, 관리 및 위안부의 이송에 대해서는 구 일본군이 직접 또는 간접적으로 이에 관여했다. 위안부 모집에 대해서는 군의 요청을 받은 업자가 주로 담당하였고, 그 경우도 감언, 강압 등에 의해, 본인들의 의사에 반하여 모집된 사례가 많았으며 더욱이 관헌(官憲) 등이 직접 이에 가담한 사실도 밝혀졌다. 또한 위안소에서의 생활은 강제적인 상황 하에서의 참혹한 것이었다.

또한, 전지(戰地)로 이송된 위안부의 출신지에 대해서는 일본을 제외하면 한반도가 큰 비중을 차지하고 있었다. 당시 한반도는 일본국의 통치하에 있었기 때문에 모집, 이송, 관리 등도 감언, 강압 등에 의해 총체적으로 본인들의 의사에 반하여 이루어졌다.

어쨌든, 이 건은 당시 군의 관여 하에 수많은 여성의 명예와 존엄에 깊은 상처를 입힌 문제이다. 정부는 이번 기회에 다시금 그 출신지의 여하를 떠나 소위 종군위안부로서 헤아릴 수 없는 고통을 겪고, 심신에 치유하기 어려운 상처를 입은 모든 분께 마음에서 우러나오는 사죄와 반성의 심정을 말씀드린다. 또 그와 같은 마음을 일본국이 어떻게 표현하는가에 대해서는 지식인들의 의견 등도 구해 앞으로 진지하게 검토해야 한다고 생각한다.

우리들은 이와 같은 역사의 진실을 피하는 일 없이 오히려 이것을 역사의 교훈으로서 직시해 나가고자 한다. 우리들은 역사연구, 역사교육을 통해 이와 같은 문제를 영원히 기억해 똑같은 잘못을 결코 되풀이하지 않겠다는 굳은 결의를 다시 한번 표명한다.

또한 이 문제에 대해서는 일본에서 소송이 제기되어 있으며 국제적으로도 주목받고 있어 정부로서도 앞으로 민간 연구를 포함해 충분한 관심을 기울여 나가고자 한다.

1993년 8월 4일

일본 내각 관방장관 고노 요헤이

물론 본인의 의사냐 아니냐를 가리는 것이 쉽지는 않다. 그러나 본인들의 의사에 반하여 모집된 사례가 많았다는 것은 이미 일본 정부가 강제성을 인정했다. 그리고 이러한 강제성은 1991년 8월 14일 일본군 '위안부' 피해 사실을 처음으로 공개 증언한 김학순 할머니를 비롯한 수많은 피해자의 폭로나 1996년 4월에 채택된 유엔인권위원회의 쿠마라 스와미보고서, 1998년 맥두걸보고서를 통해 이미 기정사실로 알려져 있다.

일본군 '위안부'에 대한 일본 정부의 책임과 역할에 대해서는 아직도 유엔에서 끊임없이 일본 정부를 압박하고 있다. 2014년 유엔 자유권규약위원회에서도 일본군 '위안부'와 관련해서 입법적 행정적 조치를 취할 것을 권고했고, 2014년 8월, 나비 필레이 유엔인권최고대표도 일본군 '위안부' 문제는 사법 정의 및 배상이 이루어지지 않는 한 과거만의 문제가 아니라 피해자에 대한 인권 침해가 계속되는 현재의 문제로, 일본 정부가 포괄적이고 영구적인 해결책을 강구해야 한다고 권고

했다. 일본 정부는 이러한 유엔의 권고를 받아들여 한국과의 관계 개선은 물론, 국제사회의 일원으로서 책임 있는 자세로 문제 해결에 나서야 할 것이다.

## 위안부 문제의 표면화

일본군 '위안부' 문제는 윤정옥 이화여대 교수가 1990년 1월 4일부터 '정신대의 발자취'를 일간지에 연재하고, 1991년 8월 14일 고 김학순할머니가 자신이 일본군 '위안부'로 강제동원되었음을 처음으로 공개 증언하면서 사회적 관심이 촉발되었다. 그리고 12월 6일, 한국인 피해자들이 일본 정부를 상대로 일본 법원에 소송을 제기하면서 한일 간에 민감한 외교 문제로 부각되었다.

그러던 중 1992년 1월 11일, 요시미 요시아키[吉見義明] 교수가 방위청 도서관에서 일본군이 위안소 설치와 모집을 지시 감독했음을 보여주는 자료를 구해 「아사히[朝日]신문」에 공개함으로써 일본 정부가 일본군 '위안부' 문제에 직접 관여했음을 인정하는 결정적인 계기가 되었다. 그러자 한국에서는 피해자와 정신대문제대책협의회(정대협) 등 관련 단체들이 일본의 공식 사과와 보상을 요구하는 시위를 개최하며 반일 여론이 급속히 고조되었다.

또한 이즈음 1992년 1월 8일부터 매주 수요일 주한 일본대사관 앞에서 일본군 '위안부' 문제 해결을 촉구하는 수요시위가 시작되었다.

이러한 분위기 속에서 미야자와 기이치[宮澤喜一] 일본 총리가 한국을 방문하여 노태우 대통령과의 정상회담에서 "종군위안부를 모집하고 위안소를 경영하는 일에 구 일본군이 관여했다는 사실을 알게 되었다"고 인정했고, 국회 연설에서 "최근의 종군위안부 문제는 정말로 마음 아픈 일로서 참으로 죄송하게 생각한다"고 사과했다. 그러나 후속조치에 대해서는 "하루빨리 진상을 규명하고 적절한 조치를 취하겠다"는 원론적인 입장만 밝혔을 뿐이다.

그리고 1992년 7월, 가토 관방장관은 일본군 '위안부' 관련 자료 조사결과를 발표하면서, 과서 일본 정부의 관여를 시인하면서도 모집 과정의 강제성은 인정하지 않고, 보상 문제는 한일 청구권 협정으로 이미 해결되었다는 입장을 밝혔다. 다만 보상과는 별도 차원의 조치를 검토하겠다고 시사했으나 별다른 진전이 없었다.

1993년 3월, 김영삼 대통령은 일본군 '위안부' 문제에 관해 더 이상 일본 정부에 금전적 보상을 요구하지 않고 한국 정부가 직접 피해자들에 대한 지원 조치를 실시하겠다고 밝혔다. 대신 일본 정부에 대해서는 진상조사와 후세에 대한 교육을 요구했다. 이는 김영삼 정부가 '도덕적 우위에 입각한 자구조치'라고 할만큼 커다란 전환의 발상이었다. 그리고 6월에 '일제하 일본군위안부에 대한 생활안정 지원법'에 의해 경제적인 지원을 시작했다.

일본 정부는 5개월이 지난 8월 4일, 고노 요헤이[河野洋平] 관방장관의 담화 발표로 위안소의 설치와 관리 등에 일본군 당국의 관여가 있었으며, 일본군 '위안부'의 모집과 이송 등도 대체로 본인의 의사에 반하여 이루어졌다고 인정했다. 일본 정부가 공식적으로 강제성을 인정한 것이다. 이를 계기로 한국 정부는 8월 5일 일본군 '위안부' 문제를 더는 양국 간의 외교적 현안으로 제기하지 않는다는 방침을 밝혔고, 한일 간의 최대 현안이었던 '위안부' 문제는 수습되는 듯이 보였다.

그 결과 1995년 7월 일본에서 '여성을 위한 아시아국민기금(아시아여성기금)'이 발족했다. 그런데 아시아여성기금은 일본 국민의 모금을 통해 조성한 민간 기금으로 일본군 '위안부' 피해자들에게 총리의 사과 편지와 위로금 전달, 의료복지 지원 등을 목적으로 하고 있었다. 그러나 일본 국가의 법적 또는 공식적인 책임 인정, 배상이나 보상을 요구했던 한국의 피해자와 관련 단체는 강하게 반발하면서 반대했다. 그럼에도 불구하고 일본 측은 1997년 1월, 위로금과 의료복지 지원금의 수령을 희망하는 7명의 한국인 피해자들에게 금전 지급을 강행했고, 한국 정부는 지급 철회와 함께 강한 유감을 표했다.

1998년 1월 6일, 아시아여성기금이 다시 일간지에, 한국의 일본군 '위안부' 피해자들에게 일본 총리의 사과 편지와 함께 위로금과 의료복지 지원금으로 500만 엔을 지급한다는 안내 광고를 냈다. 이러한 행위는 한국의 피해자와 관련 단체의 반발을 더욱 심화시켰고, 한국 정부도 이에 대한 항의와 함께 지급 중단을 요구했다. 이를 계기로 4월 김대중 정부는 김영삼 정부가 실시한 지원 조치에 더해 추가적인 지원금을 지급했다.

아시아여성기금 사업은 국가 보상의 인식을 피하려는 일본 정부의 소극적인 자세로 인해 근본적인 한계가 있었고, 배상금이나 보상이 아닌 위로금을 무리하게 지급했다는 점에서 결국 갈등과 후유증만 남기고 말았다.

노무현 정부에 들어서 일본군 ‘위안부’ 문제는 2005년 8월, 한일기본조약 관련 문서가 전면 공개되면서 새로운 전기를 맞이하게 되었다. 한일회담 문서공개위원회는 일본군 ‘위안부’ 문제와 사할린 동포 문제, 원폭 피해자 등 3가지는 청구권 협정에 포함되지 않았기 때문에 일본 정부에 법적 책임이 있다고 발표했다. 그러나 노무현 정부는 이 문제를 외교 현안으로 제기하지 않았다. 법적인 해석에서는 일본 측에 책임이 있지만, 정치 외교적 현실론의 차원에서는 김영삼 정부 이래의 입장, 즉 일본에 대해 금전적 보상은 요구하지 않으며 외교 현안으로도 제기하지 않는다는 입장을 유지했다.

이는 정치 외교적으로는 의미가 있었지만 법률적으로 논리의 모순이 있었다. 이러한 점을 들어 일본군 ‘위안부’ 피해자 109명은 2006년 7월, 한국 정부를 상대로 헌법재판소에 위헌 확인을 청구했다. 피해자들은 일본군 ‘위안부’ 문제가 청구권으로 해결되지 않았다는 한국 정부와 청구권 협정으로 해결되었다는 일본 정부 사이에 법적 해석의 차이가 존재함에도 한국 정부가 청구권 협정 제3조에 따른 조치를 취하지 않은 것은 헌법 위반이라고 주장했다.

2011년 8월, 한국의 헌법재판소에서는 한국 정부가 청구권 협정에 따라 구체적인 노력을 하지 않은 것은 피해자의 기본권 침해로 헌법 위반이라는 결정을 내렸다. 그 결과 9월, 한국 정부는 일본에 대해 청구권 협정에 따른 외교 협의를 정식으로 요청했다. 그러나 일본 정부는 청구권 협정으로 이미 해결된 문제이므로 협의에 응하지 않겠다는 입장을 표명했고, 일본군 ‘위안부’ 문제는 다시 한일 간에 뜨거운 외교 현안으로 떠오르게 되었다.

## 일본대사관 앞 소녀상

2011년 12월 14일, 주한 일본대사관 앞 수요시위가 1,000회를 맞이하면서, 대사관 앞에 위안부 평화의 소녀상이 제막되었다. 일본 정부는 일본대사관 맞은편에 평화의 소녀상이 설치된 것에 대해 유감 표명과 함께 철거를 요청했고, 한국 정부는 민간단체에서 설치한 평화의 소녀상에 대해 관여할 수 없다는 입장으로 대응했다. 또한 피해자들은 한일 정상회담에서 일본에 대해 사죄와 배상을 요구해달라고 촉구했다.

그러나 12월 18일, 정상회담에서 이명박 대통령과 노다 총리는 정면 충돌했고, 결과적으로 서로에게 외교적인 타격만 안겨주었다. 그 이듬해에 양국은 물밑작업으로 외교 협상을 했지만, 기본입장이 바뀌지

일본대사관 앞 소녀상

않는 한은 어떤 해결책도 나올 수 없었다. 그런 가운데 2012년 8월, 이명박 대통령의 독도 방문과 일왕 사과발언 등에 의해 한일 관계는 더욱 악화되어 갔다.

2014년 10월, 박근혜 대통령은 일한의원연맹 대표단 접견에서 일본군 '위안부' 문제가 한일관계 새 출발의 첫 단추라고 언급하면서, 일본 측의 자세 전환이 중요함을 강조했다. 그리고 국민의 눈높이에 맞고 국제사회도 수용할 수 있는 합의안이 도출되도록 노력하자고 했다.

### 2015년 양국 정부의 합의문

그러던 중 2015년 12월 28일, 한일 양국은 일본군 '위안부' 문제에 대한 합의문을 발표하고 이 문제가 '최종적 및 불가역적으로 해결될 것'임을 선언했다. 그리고 일본의 외무대신과 한국의 외무장관이 공동기자 발표의 형식으로 합의문을 발표했다.

- 일본 외무대신의 발표문
① 위안부 문제는 당시 군의 관여 하에 다수의 여성의 명예와 존엄에 깊은 상처를 입힌 문제로서, 이러한 관점에서 일본 정부는 책임을 통감함.

   아베 내각총리대신은, 일본국 내각총리대신으로서 다시 한번 위안부로서 많은 고통을 겪고 심신에 걸쳐 치유하기 어려운 상처를 입은 모든 분에 대해 마음으로부터 사죄와 반성의 마음을 표명함.
② 일본 정부는 지금까지도 본 문제에 진지하게 임해 왔으며, 그러

한 경험에 기초하여 이번에 일본 정부의 예산에 의해 모든 전 위안부 분들의 마음의 상처를 치유하는 조치를 강구함.

구체적으로는, 한국 정부가 전 위안부 분들의 지원을 목적으로 하는 재단을 설립하고, 이에 일본 정부 예산으로 자금을 일괄 거출하고, 일한 양국 정부가 협력하여 모든 전 위안부 분들의 명예와 존엄의 회복 및 마음의 상처 치유를 위한 사업을 행하기로 함.

③ 일본 정부는 상기를 표명함과 함께, 상기의 조치를 착실히 실시한다는 것을 전제로, 이번 발표를 통해 동 문제가 최종적 및 불가역적으로 해결될 것임을 확인함. 또한, 일본 정부는 한국 정부와 함께 향후 유엔 등 국제사회에서 동 문제에 대해 상호 비난·비판하는 것을 자제함.


• 한국 외무장관의 발표문

① 한국 정부는 일본 정부의 표명과 이번 발표에 이르기까지의 조치를 평가하고, 일본 정부가 상기에서 표명한 조치를 착실히 실시한다는 것을 전제로 이번 발표를 통해 일본 정부와 함께 이 문제가 최종적 및 불가역적으로 해결될 것임을 확인함. 한국 정부는 일본 정부가 실시하는 조치에 협력함.

② 한국 정부는 일본 정부가 주한 일본대사관 앞의 소녀상에 대해 공관의 안녕·위엄의 유지라는 관점에서 우려하고 있는 점을 인지하고, 한국 정부로서도 가능한 대응방향에 대해 관련단체와의 협의 등을 통해 적절히 해결되도록 노력함.

③ 한국 정부는 이번에 일본 정부가 표명한 조치가 착실히 실시된다는 것을 전제로 일본 정부와 함께 향후 유엔 등 국제사회에서 동 문제에 대해 상호 비난·비판을 자제함.

두 나라 정부의 합의문의 주요내용은 ① 일본 정부는 위안부 문제에 대한 책임을 통감하고 아베 총리는 마음으로부터 사죄와 반성의 마음을 밝히며, ② 일본 정부 예산으로 위안부 피해자를 위한 사업을 벌이며, ③ 두 나라 정부가 앞으로 국제사회에서 이 문제를 두고 서로 비판하는 것을 자제한다는 내용이다. 그리고 또 한국 정부는 일본대사관 앞 소녀상의 이전 등을 위해 노력하기로 했다는 내용이다.

한일 양국에서는 합의문 발표 직후부터 반대 의견이 비등했다. 한국에서는 위안부 피해자들을 처음부터 배제했고, 일본군 '위안부'제도라는 국가범죄에 대한 법적 책임을 분명히 하지 않았다는 점 등을 문제 삼았다. 소녀상 이전 찬반 여론조사에서는 67%가 반대 의견을 나타냈다.

그러나 한국정부에서는 2016년 7월, 일본이 지급한 10억 엔으로 '화해치유재단'을 설립하여 위안부 피해 생존자와 사망자 유족에게 치유금 명목의 현금을 지급하는 사업을 진행했다. 그럼에도 한일 위안부 합의에 대한 논란과 함께 10억 엔의 반환과 재단 해산을 요구하는 여론이 지속됐다. 결국 2018년 11월, 화해치유재단은 재단사업을 종료하며 해산되었고, 일본 정부가 출연한 10억 엔 전액을 한국 정부 예산으로 충당하기로 결정했다.

한편, 위안부 피해자들에 대한 정부 차원의 지원을 위해 1993년 6월, '일제하 일본군위안부에 대한 생활안정법'이 제정되었다. 이 법은 2002년 12월, '일제하 일본군위안부에 대한 생활안정 및 기념사업 등에 대한 법률'로 개정되어 일본군 '위안부' 피해자들에 대한 정부 지원의 근거가 되어 현재에 이르고 있다.

위안부 피해자들에게는 1993년 처음으로 1인당 500만 원의 생활지원금과 매달 지원금, 영구임대주택 알선, 의료 지원을 실시했고, 1998년에 추가 지원으로 1인당 3,150만 원의 일시금과 모금액 650만 원을 전달했다. 2021년 6월 현재는 여성가족부에서 1인당 생활안정지원금 154만 8,000원, 간병비 300만 원 내외를 매달 정액으로 지급하고 있으며, 건강치료 및 맞춤형 지원을 담당하고 있다.

2022년 12월 26일, 위안부피해자 이옥선 할머니가 94세로 세상을 떠났다. 이옥선 할머니의 사망으로 정부에 등록된 피해자 240명 가운데 이제 생존자는 모두 10명으로 줄었다. 모두 90세 이상의 고령자이다. 하루라도 빨리 사죄와 화해의 물꼬를 터서 그 한을 풀 수 있었으면 좋겠다.


### 법원의 엇갈린 판결

일본군 '위안부' 피해자 109명은 2006년 7월, 한국 정부를 상대로 헌법재판소에 위헌 확인을 청구했는데, 5년이 지난 2011년 8월, 한국 정부가 청구권 협정에 따라 구체적인 노력을 하지 않은 것은 피해자의 기본권 침해로 위헌이라는 판결을 했다.

이후 위안부 피해자들의 손해배상 청구가 급증하여 현재 진행 중인 소송이 40여 건에 이른다. 이 가운데 2013년 8월, 배춘희 할머니 등 위안부 피해자 12명이 서울중앙지법(민사 34부)에 일본 정부 상대로 1인당 1억 원씩 총 12억 원의 손해배상을 청구했다.

일본 정부는 한국 법원의 조정신청을 거부했지만, 한국 법원에서는 '일본 정부가 원고들에게 1인당 1억 원을 지급하라'고 원고승소 판결을 냈다.

그러나 2021년 4월, 위 판결과 같은 서울중앙지법(민사 15)에서 고곽예남 할머니 등 위안부 피해자 20명이 일본 정부를 상대로 낸 손해배상 소송에서 위와는 다른 '각하' 결정을 내렸다. "현시점에서 유효한 국가면제에 관한 국제관습법과 이에 관한 대법원 판례에 따르면 일본 정부를 상대로 주권적 행위에 대해 손해배상을 청구하는 것은 허용될 수 없다"고 판단했다. 이어 "한국 헌법과 법률 또는 이와 동일한 효력을 갖는 국제관습법에 따라 판단할 수 밖에 없다"며 "위안부 피해자 문제 해결은 한국이 여러 차례 밝힌 바와 같이 일본 정부와의 외교적인 교섭을 포함한 한국의 대외적 노력에 의해 이루어져야 한다"고 덧붙였다.

재판부는 이탈리아 '페리니 사건'을 들어 "위안부 문제도 한국과 일본 사이에 별도의 협정에 의해 해결될 것을 전제한 것으로 봄이 타당하다"고 강조했다. 이탈리아인 페리니는 독일 군수공장에서 강제노역을 했으나 전쟁포로 지위를 인정받지 못하자 1998년 이탈리아 지방법원에 독일을 상대로 손해배상 청구 소송을 냈다. 이탈리아 지방법원과 항소심 법원은 독일의 국가면제 주장을 인정해 소송을 각하했으나,

이탈리아 대법원은 원심을 깨고 사건을 돌려보내 원고 승소 판결이 확정했다. 하지만 유엔국제사법재판소(ICJ)는 이 사건에 대해 '독일에 대한 재판권 면제를 부인한 이탈리아 법원의 결정은 정당화될 수 없다'고 판단했다. 재판부는 이어 "국가면제에 관한 국제관습법을 적용하면 일본 정부에 국가면제가 인정돼야 하고 이로 인해 피해자들이 권리구제가 어려워지게 된다" 하면서, 2015년 박근혜 정부 시절 맺은 한일 위안부 합의가 일본 정부 차원의 권리구제로 볼 수 있다고 판단했다. 해당 합의엔 위안부 피해자들에 대한 일본 정부 차원의 사죄와 반성의 의미가 담겼고 일본 정부가 자금을 출연해 재단을 설립하고 피해 회복에 대한 구체적인 사업을 하게 정한 만큼 피해자들을 위한 대체적 권리구제 수단을 마련하기 위한 것으로 봐야 한다는 취지다.

이어 "향후 국가면제가 인정되는 범위에 대한 상당한 불확실성을 초래할 수밖에 없다"라며 "외교부에 대한 사실조회에서 나타난 바와 같이 한국의 외교 정책과 국익에 잠재적인 영향을 미칠 수 있는 사안이어서 행정부와 입법부의 정책 결정이 선행돼야 할 사항이어서 법원이 추상적인 기준만을 제시하며 예외를 인정하는 것은 적절치 않다"고 설명했다.

이 소송에 대한 최종 판단은 앞으로 고등법원 항소심을 거쳐 대법원에서 내려진다.

# 3. 역사교과서 왜곡

## 역사 인식의 차이

한국과 일본은 서로의 역사에서 많은 부분이 중첩되어 있다. 그것은 상호 관계가 그만큼 밀접했다는 것을 의미한다. 그러나 지나온 역사 과정을 돌이켜보면, 상호 간에 선린우호의 과정도 있었지만, 대립과 갈등, 침략과 약탈, 지배와 예속의 적대적인 관계도 있었다. 이러한 과정에서 상호 중첩된 역사 사실에 대한 이견(異見)이 생기게 되었다. 역사적 사실은 객관적이어야 하며, 객관적 사실을 인정하는 데에는 이견이 있을 수 없다. 반면 역사적 사실은 객관적이지만, 그것을 해석하고 이해하는 데에는 다양한 방법이 용인된다. 그리고 이 다양한 해석과 방법에 의해 역사의 메시지를 제대로 들을 수 있다.

그런데 한일 간에는 역사적 사실의 존재 자체를 인정하는 데에도 의견을 달리하는 부분이 있으며, 해석에서도 현격한 차이를 드러내기도 한다. 양국 사이에 이러한 역사 사실에 대한 인식과 사실 해석에 대한 이견으로 인해 역사분쟁이 진행되고 있다.

한일 간의 역사 분쟁은 기본적으로 일본 제국주의 학자들의 황국사관 내지 식민사관 때문에 발생하였다. 그리고 20세기 후반에는 극우적인 역사관에 의해 더욱 가열되었다. 그뿐만 아니라 21세기에 들어서 한일 간의 역사 분쟁은 학자 간의 문제에 그치지 않고, 양국 정부 간의 외교 문제로 비화되면서, 한일 양국의 상호 이해와 발전을 저해하고, 동아시아 지역의 공동 번영에도 심각한 위협이 되고 있다.

## 일본 역사교과서의 발행제도

일반적으로 교과서는 자유, 검정, 국정의 세 종류로 발행한다. 일본의 경우, 검정제도를 채용하고 있고, 검정권은 문부성 또는 도도부현(都道府縣)에 신설되는 교육위원회로 되어 있으나, 현실적으로는 문부성이 전적으로 법적 권한을 가지고 있다.

일본의 교과서제도는 〈편찬 – 검정 – 채택 – 사용〉 과정을 4년 주기로 한다. 진행과정을 보면, 먼저 문부과학성에서 '교과서학습지도요령 및 해설서'를 발표하고, 교과서출판사가 역사학자·교육학자·현직교사를 대상으로 집필자를 선정한다. 집필이 끝나면 출판사에서 편집을 하여 문부과학성에 검정 신청한다. 그 후 문부성의 '교과용도서 검정심의회'에서 심사를 한다. 검정심의위원(25명)은 대학교수, 초·중·고 학교장, 전직 외교관(겸임) 등으로 선임하고, '교과서학습지도요령 및 해설서'에 준해서 검정의견을 제시하여 출판사에 통보한다. 이후 출판사는 검정의견에 따라 수정요청표를 작성하여 문부과학성에 다시 제출하면, 검정조사심의회에서 제시한 의견대로 수정했는가를 심사하여 최종적으로 합격여부를 결정한다.

검정에 합격한 교과서는 제출용·전시회용·납본용으로 견본 1만 부 인쇄하여 교과서 전시회를 개최한다. 교과서전시회는 47개 도도부현 500여 곳에서 하는데, 도도부현 교육위원회에서는 교장·교원·교육위원회관계자·학식경험자로 구성된 도서선정심의회를 설치하여, 해당 지역의 학교에서 사용할 교과서를 선정하여 교과서로 사용하도록 한다. 결국 이 과정을 보면, 집필된 교과서의 검정 통과여부와 사용여부는 전적으로 문부성의 통제 하에 있음을 알 수 있다.

## 거듭되는 교과서 왜곡 파동

역사적으로 일본 역사교과서 왜곡 파동은 크게 3차례 전개되었다. 제1차는 1955년 일본의 극우세력들에 의해 시도된 황국사관의 부활과 교과서에 기술된 침략 용어의 수정이었다. 일본 정부는 이때부터 교과서에 국가정책을 적극 반영하여 검정을 전문으로 하는 조사관 인력을 대폭 확충했고, 이들의 상당수를 황국사관을 가진 사람들로 충당했다. 그 결과 일본이 벌인 전쟁은 부득이 했으며, 한국병합도 한국에 진출한 것이고, 합법적이고 정당한 절차를 밟았으며, 일본이 한국을 불행하게 했다는 것은 부당하다고 서술했다.

제2차는 1982년 교과서 검정본이 일본 언론에 보도되면서 시작되었다. 그 내용은 '8·15 광복'을 '일본이 지배권을 상실한 것'이라 했고, '침략'을 '출병' 또는 '파견'으로, '수탈'을 '양도'로, 3·1운동을 '데모와 폭동'으로 기술했다. 이 내용이 한국에 전해지자, 한국 정부에서는 일본의 역사왜곡에 대해, '한국관시정사업'의 강화책을 제시하는 한편, 국사편찬위원회가 중심이 되어 45개 항목의 수정을 일본 정부에 요청했다. 그리고 민간에서는 '독립기념관' 건립 모금운동을 추진했고, 그 결과 국민성금으로 세워진 독립기념관을 1987년 8월 15일에 개관했다. 그 후 일본에서는 새로운 검정기준에 의해 15개항을 수정했다고 한국 정부에 통보해 왔다. 그러나 일본의 시정은 부분적이었고, 근본적으로는 왜곡 상태가 크게 개선되지 않았다.

제3차는 2001년, 후소샤[扶桑社]의 『새로운 역사교과서[新しい歴史教科書]』의 검정통과에서 비롯되었다. 당시 이 교과서를 주도한 세력들은 기존 역사교과서가 '자학사관(自虐史觀)'에 의해 기술되었다고 하면서, '자유주의사관(自由主義史觀)'에 의해 일본국가와 민족의 자긍심을 키워주는 새로운 역사교육을 실시해야 한다고 주장했다. 당시 한국 정부는 '일본 역사교과서 대책반'을 구성하여 후소샤교과서 25항목, 기존 7종 교과서 10항목의 수정을 요구했다.

## 역사교과서 왜곡 내용

2002년 후소샤 교과서의 검정 통과 후에 한국 정부의 '일본 역사교과서 대책반'에서 일본 정부에 제출한 수정요구안에는 25개 항목이 제시되었는데, 그중 왜곡 정도가 심한 6개 항목을 살펴보자.

### 임나일본부

후소샤판 32쪽(단원 7, 야마토 조정과 동아시아)에는 임나일본부의 기술과 함께 역사 지도가 기술되어 있다. '백제를 도와 고구려와 싸우다'라는 항목에서 다음과 같이 기술했다.

> **(임나일본부) 백제를 도와 고구려와 싸우다**
> 고구려는 4세기 초에 조선반도 안에 있던 중국 영토인 낙랑군을 공격하여 멸망시키고, 4세기 말에는 반도 남부의 백제도 공격했다. 백제는 야마토 조정에 도움을 구했다. 일본열도의 사람들은 원래 귀중한 철 자원을 구하여 반도 남부와 깊은 교류를 가지고 있

> 었기 때문에, 야마토 조정은 바다를 건너 조선으로 출병하였다. 이때 야마토 조정은 반
> 도 남부의 임나(가라)라는 곳에 거점을 두었다고 생각된다. …
> 6세기가 되자, 조선반도 남부에 신라가 대두하였다. 신라는 고구려와 연합하여 백제를
> 압박했다. 백제에서는 도움을 구하는 사자가 일본열도에 잇달아 찾아왔다.
> 신라는 야마토 조정의 거점이 있는 임나도 위협하게 되었다. 562년, 드디어 임나는 신
> 라에 의해 멸망되고, 야마토 조정은 조선반도에 있던 발판을 잃었다.

임나일본부설을 실은 후쇼샤 교과서

이상의 기술을 정리해 보면, 왜의 야마토 조정이 391년 이래로 임나 지역에 지배 거점을 구축했고, 5세기에 왜가 중국 남조의 조공국이 되었던 것도 조선 남부의 지배를 인정받고자 한 것이며, 562년 신라에 의해 임나가 멸망하면서 지배 거점을 잃었다는 것이다. 소위 '임나일본부설'이며, 『일본서기(日本書紀)』의 신공기(神功記) 49년조를 비롯하여 4~5세기 관련 기사에 기반을 두고 있다.

현재 한일 고고학계에서 임나일본부설은 완전히 부정되고 있다. 따라서 이제 전형적인 임나일본부설을 주장하는 연구자는 별로 없다. 그럼에도 불구하고 이를 학계의 정설인양 중학교 역사교과서에 서술한 것은 엄청난 역사왜곡의 실상을 적나라하게 보여주는 한 단면이다.

## 왜구 구성원

후소샤판 79쪽(단원23, 무로마치[室町]막부)의 '감합무역과 왜구'에는 다음과 같이 기술했다.

> 14세기 후반에 중국에서는 한족의 반란에 의해서 원이 북방으로 쫓겨 가고, 명이 건국 되었다. 명은 일본에 왜구의 단속을 요구하였다. 왜구란 이즈음 조선반도와 중국 연안 에 출몰하던 해적 집단을 말한다. 그들은 일본인 외에 조선인도 다수 포함되어 있었다.

이는 최근 왜구를 민족이나 국경을 초월한 연합 세력으로 보는 견해로, 왜구의 잔혹성을 희석하려는 왜곡된 서술이다. 최근 일본에서는 일부 학자에 의해 1350년 이후 조선반도를 침탈한 왜구를 쓰시마, 이키, 북규슈를 거점으로 한 일본인이나 제주도인을 주력으로 본다. 이들은 해안과 밀접한 관계를 갖고 있는 여러 민족의 잡거 지역에서 활동했으며, 현재의 국적으로 보면 일본인이나 한국인 혹은 그 혼혈집단이라는 주장이다. 사료적 근거가 충분치 않은 논리이다. 왜구는 통설대로 이른바 삼도(쓰시마, 이키, 마쓰우라)를 포함하여 규슈로부터 세토내해, 기이[紀伊]반도에 이르는 광범위한 지역의 해적 및 악당이며, 최근에 왜구의 구성을 '국적이나 민족을 넘어선 차원의 인간 집단'으로 파악하는 시각은 당시의 현실과 동떨어진 가공된 역사상이다.

## 임진왜란

후소샤판 97쪽(단원 30, 히데요시의 정치)의 '조선으로의 出兵'에는 조선시대 한일관계의 최대의 비극적인 사건인 임진왜란을 다음과 같이 기술했다.

**조선으로의 출병(出兵)**

약 100년만에 전국 통일을 완성한 히데요시의 의기는 충천하였다. 히데요시는 중국의 명나라를 정복하고, 천황과 함께 자신도 대륙에 옮겨 살면서, 동아시아에서 인도에 이르는 지역을 지배하려는 거대한 꿈을 가졌다. 1592년(분로쿠 1), 히데요시는 15만의 대군을 조선에 보냈다. 가토 기요마사와 고니시 유키나가 등의 무장에게 인솔된 히데요시의 군세는 순식간에 수도인 한성(지금의 서울)을 점령하고, 나아가 조선 북부에까지 나아갔다. 그러나 조선 측의 이순신이 이끄는 수군의 활약이나 민중의 저항, 명의 조선에의 원군 등에 의해 불리한 싸움이 되어, 명과의 화평 교섭을 위해 병력을 철수했다(분로쿠의 역).

임진왜란은 일본이 계획적이고 불법적으로 조선을 침략하여 벌인 전쟁으로, 전쟁 당사자인 조선과 일본은 물론 명나라까지 개입한 동아시아의 국제 전쟁이었다. 그리고 임진왜란에 의해 삼국은 모두 승자 패자 할 것 없이 큰 피해를 보았다. 일본은 도요토미 정권[豊臣政權]이 붕괴하고, 명나라도 전쟁 후유증으로 점차 쇠퇴했으며, 조선은 전쟁에 의해 전 국토가 황폐화되고, 막대한 인적 자원이 손상되는 엄청난 피해를 입었다. 그러나 후소샤 교과서는 이러한 침략 전쟁을 단순히 도요토미 히데요시의 야망을 달성하려 했던 영웅담으로 기술하고 있다.

임진왜란으로 조선은 막대한 인적 손실은 물론 경제적·문화적·사회적으로 엄청난 희생을 치렀다. 또 수많은 문화재가 소실되거나 일본으로 유출되었고, 많은 사람이 무고하게 끌려갔다. 그 결과 임진왜란은 조선인에게는 잊을 수 없는 상처를 안겨주었고, 일본을 하늘 아래 같이 살 수 없는 불구대천(不俱戴天)의 나라로 각인시켰다. 이러한 내용을 모두 은폐한 교과서는 결국 편협한 국가주의와 자의적인 역사해석이다. 따라서 출병(出兵)이란 용어도 반드시 침략으로 바꾸어야 하며, 임진왜란의 발발 원인이나 침략상을 나타내는 전쟁의 경과나 조선의 피해 상황 등을 더 사실적으로 서술하여야 한다.

### 한일병합과 식민지근대화론

후소샤판 170쪽(단원 59, 서구열강의 대열에 합류한 일본)의 '한국병합'에서는 1910년 한국 병합과 식민지 지배를 정당화하면서, 일본의 식민지 지배가 결과적으로 한국의 근대화에 기여했다고 기술했다.

일본 정부는 일본의 안전과 만주의 권익을 방위하기 위해 한국의 병합이 필요하다고 생각하였다. 러일전쟁 후, 일본은 한국에 통감부를 두고, 지배를 강화하였다. 1910년, 일본은 무력을 배경으로 한국 내의 반대를 억누르고 병합을 단행하였다(한국 병합). 구미 열강은 영국의 인도, 프랑스의 인도네시아, 미국의 필리핀, 러시아의 외몽골 등 자국의 식민지 지배를 일본이 인정하는 것과 반대로 일본의 한국 병합을 인정하였다. 한국 국내에서는 일부 병합을 받아들이자는 소리도 있었으나, 민족의 독립을 잃어버리는 것에 대한 격렬한 저항이 있었으며, 그 후에도 독립 회복의 운동이 끈질기게 일어났다.
한국 병합 후 설치된 조선총독부는 철도 관개시설을 정비하는 등 개발을 행하고, 토지 조사를 개시하여 근대화에 노력하였다.

러일전쟁 직후부터 한국 병합에 이르는 시기의 한일관계는 두 가지 관점이 전제되어야 한다. 첫째는 병합 과정이 본질적으로 일제의 불법성, 폭력성, 무력성으로 이루어졌다는 점과 둘째로는 이러한 일제의 침략에 대한 한국 민족의 저항이 전국적, 전 시기적, 전 계층적으로 이루어지고 있다는 점이다. 이 관점이 전제가 되어야 만이 한일 간의 불행했던 역사의 '가해자'와 '피해자', '범죄 사실'과 '피해 사실'이 선명하게 밝혀지고, 한일 간의 역사적 평가가 분명해질 것이다.

또한 무력적이며 폭력적인 상황에서 이루어진 병합을 위한 일련의 조약들은 그 자체가 불법적이고 비합법적인 것이었다. 제2차 협약은 고종의 날인도 받지 못했고, 한국 군대의 해산, 일본인 차관 임명 등 내정 탈취를 목적으로 한 한일신협약 또한 통감부가 대한제국의 어새와 국새를 탈취하고 순종의 서명을 위조한 것으로 밝혀졌다. '합방조약' 또한 비준의 성격을 갖는 순종의 조칙에는 당시 통감부가 보관하고 있던 황제의 어새만 날인이 되어 있고, 황제의 서명이 없다는 사실들은 이들 조약이 황제의 동의가 없는 불법성을 드러내는 것이다. 그래서 한국에서는 '병합(倂合)' 대신에 '병탄(倂呑)'이란 용어를 쓴다.

식민지 조선근대화론도 많은 문제점이 있다. 일차적으로 여기서 말하는 근대화가 외세에 의한 것이다. 또한 근대화 개발이 일제의 국권 침해 차원에서 이루어지고 있다는 점이다. 그뿐만 아니라 그러한 근대화가 한국과 한국인의 발전에 얼마나 기여를 했는가 하는 점에서 논의할 필요가 있다. 일본은 자국의 이익을 위하여 개발을 추구하였기 때문에, 식민지시대의 한국 경제는 일본 제국주의 경제구조의 이익을 위한 기능을 담당했을 뿐이다. 일본이 한국에 철도 부설과 관개시설을 정비하고, 토지조사사업을 통해 농지 개량을 한 것은 사실이다.

그러나 한국이 조선을 식민지화하는 상황에서 철도 개발, 관개시설, 농지 개량 등을 왜 만들었으며, 그러한 경제 개발이 어떤 목적을 위해 실시되었는가이다. 한국에 건설된 철도는 제국주의의 경제 침탈의 도구 및 통로였고, 관개시설과 농지 개량은 일본에 정치적 경제적 이득과 치안상의 편리를 주었다. 후소샤 교과서는 '지배'와 '수탈'이라는 전제를 간과한 채, 단순한 역사적 사실만을 나열함으로써 식민지 근대화론이나 식민지 수혜론을 기술하고 있다.

### 간토 대지진과 한국인 학살

후소샤판 189쪽(단원 66, 일미관계와 워싱턴회의)의 '간토 대지진'에는 다음과 같이 기술했다.

> 1923년 9월 1일, 간토지방에 대규모의 지진이 일어나 도쿄 요코하마 등에서 큰 화재가 발생하여 사망자와 행방불명자가 10만 명을 넘었다(간토 대지진). 이런 혼란 중에 한국인 사이에 불온한 책동이 있다는 소문이 퍼져 주민 자경단 등이 사회주의자 및 한국인을 살해한 사건이 일어났다. 간토 대지진 때, 미국은 일본에 구원물자로써 군용 모포를 보내어 일본인에게 감사받았다.

1923년 9월 1일, 간토지방에 대지진이 발생하였다. 일본은 도쿄 지역에 계엄령을 선포하는 한편, 군대·경찰·재향군인·소방대원·청년

등을 주축으로 자경단(自警團)을 조직하여 민심을 수습하였는데, 이 과정에서 이들은 무고한 한국인을 대량으로 학살하였다. 당시 피살자는 한국인 6,000~7,000명, 중국인 200여 명, 일본인 60여 명으로 한국인이 다수를 차지했다. 후소샤 교과서는 한국인 집단 학살에 대해 누가 왜 어떠한 이유로 얼마나 많은 한국인 학살을 행했는지, 유언비어의 내용이 무엇인지 설명하지 않은 채, 불온한 책동이라는 용어로 이 참혹한 학살의 진상을 은폐하고 있다.

이상에서 살펴본 바와 같이 일본 역사교과서는 한국 관련 기술에서는 기본적으로 한국사를 비하하면서 일본사의 우월성을 강조했고, 한국에 대한 침략성을 정당화하고 식민지 지배를 합리화하고 있으며, 상무정신을 고양시키며 각 시대별로 인물 컬럼을 만들어 우상화를 조장하였다.

역사 왜곡의 심각성은 '후소샤판' 중학교 역사교과서에서만 이루어지고 있는 것이 아니라는 점이다. 정도의 차이는 있지만 모든 교과서에 문제가 있으며 고등학교 교과서도 마찬가지이고, 대학이나 일본인을 위한 개설서나 전집류는 물론이고, 심지어는 역사 사전에 이르기까지 광범위하게 팽배되어 있다. 따라서 역사 왜곡의 문제는 일부 극우 정치인 내지 극우 보수단체인 '새로운 역사교과서를 만드는 모임'만의 문제가 아니다. 기본적으로는 교과서가 문부과학성의 학습지도요령 및 해설서에 따라 대동소이하게 발행된다는 점이다.

이러한 관점에서 2022년 4월 검정통과된 초·중·고 교과서도 마찬가지이다. 따라서 우리의 대응책은 정부는 물론이고 학계, 시민단체, 언론, 정계 등이 연대하여 수립되어야 하며, 일본의 양심 세력은 물론 국제사회와도 연계해야 한다. 역사 왜곡의 가장 큰 피해자는 일본 자신이라는 자각을 일깨울 때, 아시아는 물론 세계의 여러 나라와 공존해갈 수 있을 것이다.

### 역사교과서 분쟁을 위한 해소 노력

2001년에 후소샤의 새로운 역사교과서 문제가 제기되자 양국의 시민단체에서는 역사 분쟁의 해소를 위한 노력을 강화했다. 예를 들면, 한국에서는 84개의 시민단체가 연합하여 '일본 교과서 바로잡기 운동본부' 등을 발족시켜, 이 문제에 대해 지속적인 반대 여론을 제기하였다. 일본에서도 '어린이와 교과서 전국 네트워크21'과 같은 NGO 및 역사교육자협의회를 비롯한 학계와 교육계의 결속이 진행되었다. 이러한 시민단체들은 한중일 3국의 연대활동을 전개하였고, '아시아평화와 역사교육연대'와 같은 단체의 활동으로 발전했다. 같은 기간 한국과 일본의 학계에서는 공동 역사교과서의 편찬 문제가 연구 협의되어, '공동 역사교과서'의 편찬으로 이어졌다.

그러나 한일 양국은 역사교과서를 국가의 검정제도 아래에서 간행하고 있으므로 엄밀한 의미의 공동 역사교과서 채택에는 국가적인 차원에서 정당한 절차가 따라야 할 것이다.

이러한 사회적 요구는 결국 2002년 양국 정상의 합의에 의한 '한일 역사공동연구위원회'의 설치로 이어졌고, 2기에 걸친 공동연구위원회의 노력은 양국 정부와 학자들에 의해 민관 합동으로 역사교과서 문제 내지 역사 분쟁의 해소를 위해 공식적인 활동을 시작했다는 데 커다란 의의를 지닌다.

그러나 한일역사공동연구위원회는 2010년 3월, 제2기 활동을 끝으로 현재 중단된 상태이다. 이런 상황에서 2011년 4월, 2012년 사용될 일본 역사교과서의 검정이 이루어졌고, 새로이 극우파 역사교과서인 이쿠호샤[育鵬社]판 역사교과서가 출현하여, 양국 간에 갈등이 고조되고 있다.

이러한 시점에서 제3기 한일역사공동위원회의 설치의 필요성과 그 방향을 제시하고자 한다. 우선 제1기, 제2기 위원회의 설치가 양국 정상 간의 합의를 필요로 한다는 점에서 정치적인 변수에 의해 위원회가 지속해서 이루어지기가 어렵다. 따라서 위원회의 활동 기간을 2년 1기로 정하여 지속적으로 운영함으로써 연속성을 가질 수 있도록 상설기관으로 설치하여야 한다. 또한 위원회의 공동연구의 목적을 쟁점 위주에서 쟁점 → 화해 → 교류의 방향으로 유도하여 대결구도에서 협력구도로 바꾸어가야 한다. 아울러 교과서 검정을 결국 국가가 주도하므로 정부의 업무 지원을 받는 지원위원회를 유지하여야 한다.

또한 제1기와 제2기에서 문제점으로 지적된 것처럼, 너무 많은 주제와 위원 구성은 운영상 효율적이지 못하므로, 위원은 10명 내외로 하되 위원 수와 주제를 맞게 정하고, 주제와 운영 방식을 사전에 조율하여 연구가 정해진 기간 내에 진행될 수 있도록 한다. 또한 연구 결과물을 활용할 수 있는 권고안이나 시스템을 마련하여 교과서 편찬에 활용되도록 해야 한다. 아울러 연구 성과를 극대화하기 위해, 양국 모두 공동 연구의 필요성과 역사 대화의 의미를 공감하는 위원으로 하되, 한일관계사를 기본으로 하는 한국사 일본사의 전문가 및 역사 교육 연구자로 구성하여야 한다.

또한 역사교과서의 기술 내용을 공동 연구하는 문제에 있어, 제1기와 제2기에서 진통을 겪었었는데, 이 위원회의 설치 이유가 역사교과서로 비롯된 역사 분쟁을 해소하는 데 있는 만큼, 현재와 같이 시대사를 중심으로 분과 구분을 하되, 역사교과서의 내용과 함께 학계의 연구 동향을 함께 다룰 수 있어야 한다.

그동안 한일 간의 역사 분쟁을 위해 제1기 및 제2기 한일역사공동연구위원회의 근세분과 간사로 활동한 필자는 역사 분쟁을 성공적으로 해소한 유럽의 사례를 주목하고 싶다. 독일-프랑스, 독일-폴란드는 공동 교과서 및 보조 교재를 발간하는 데 50년 이상의 시간이 필요했다. 그 결과 오늘날 유럽 통합이라는 기본적인 인식의 공유 아래 완전하지는 않지만, 자민족 중심주의적인 역사 인식의 극복이라는 기본적인 합의가 이루어졌고, 아울러 공동의 역사교과서를 바탕으로 후세에 상대국에 대한 인식뿐만 아니라 자국에 대한 올바른 역사 인식 형성의 토대가 마련되어가고 있다. 이러한 사례를 바탕으로, 그간의 양국 정부와 학자, 시민단체의 노력이 상호 이해와 공동 번영의 미래를 향한 새로운 길을 모색할 수 있기를 염원한다.

# 4. 독도

## 1) 일본의 주장과 논리

다케시마의 날을 제정하다

2005년 3월 16일에 일본 시마네현에서는 1905년 '다케시마 편입' 100주년을 기념하며 '다케시마의 날'을 제정했다. 당시 시마네현이 제정한 '다케시마의 날' 규정은 다음과 같다.

1조 : 시마네현민, 시정촌 및 시마네현이 일체가 되어, 다케시마의 영토권 조기 확립을 목표로 하는 운동을 추진하고, 다케시마 문제에 대한 국민 여론을 계발하기 위해 다케시마의 날을 정한다.

2조 : 다케시마의 날은 2월 22일로 한다.

3조 : 시마네현은 다케시마의 날의 취지에 어울리는 대책을 추진하는 데 필요한 시책을 강구하기 위해 노력한다.

이에 격분한 마산시(현재 창원시) 의회는 2005년 3월 18일, '대마도의 날'을 제정했고, 전국의 각 시도 및 각급 학교 등 30여 곳 이상이 상호 교류를 중단했다. 이후 일본에서는 우익이 중심이 되어 교과서를 통해 한국이 독도를 불법적으로 점유하고 있음을 강조함으로써 역사적 합법성으로 내세울 발판을 마련하기 시작했다.

일본의 독도에 대한 입장은 외무성 홈페이지에 집약되어 있다. 홈페

시마네현 다케시마의 날 제정

서울시 의회의 일본규탄

이지의 '일본 영토 키워드'에는 북방 영토, 다케시마[竹島], 센카쿠제도가 있다. 다케시마를 클릭하면 한국어, 영어, 중국어 등 11개국 언어로 자세한 설명이 무려 54쪽에 걸쳐 기술되어 있으며, 동영상도 첨부되어 있다.

## 독도를 욕심내는 4가지 이유

### 영토 영해에 대한 욕심

일본의 국토 면적은 38만km²이고, 현재 일본이 주장하는 배타적 경제수역은 일본 국토 면적의 10배가 넘는 447만km²이다.

일본이 주장하는 배타적 경제수역의 범위를 보면, 동쪽으로는 일본에서 1,800km나 떨어져 있는 미나미토리시마[南鳥島]까지, 남쪽으로는 1,740km가 떨어져 있는 오키노토리시마[沖の鳥島]이고, 서쪽으로는 현재 중국과 분쟁을 빚고 있는 센카쿠제도(댜오위다오섬)이다.

이 중 특히 오키노토리시마의 경우, 3개의 산호초로 구성되어 있는데, 이 암초에 방파제를 만들고 콘크리트를 붓는 공사 끝에 지름 50m, 높이 3m의 인공섬을 만들고, 부근에 관측시설을 지어 이곳이 일본의 최남단이라고 주장하고 있다. 그러나 이러한 일본의 주장은 자기 주장일 뿐, 주변국이나 국제사회에서 인정받지 못하고 있다.

### 수산, 해저, 관광의 경제적인 가치

독도 주변의 바다는 황금어장이다. 동해는 한국과 일본, 러시아 등이 인접해 있는 해역으로 동한난류(쿠로시오난류)와 북한한류(오호츠크한류)가 교차하는 수역으로 물고기의 먹이인 플랑크톤이 풍부하다. 동한난류는 동해안을 따라 북상하는데, 봄·여름에 걸쳐 죽변 해역에서 동쪽으로 울릉도와 독도를 거쳐 쓰시마해류와 합쳐진다. 그래서 이 계절에는 동한해류를 따라서 오징어, 꽁치, 고등어, 전갱이, 도미, 방어,

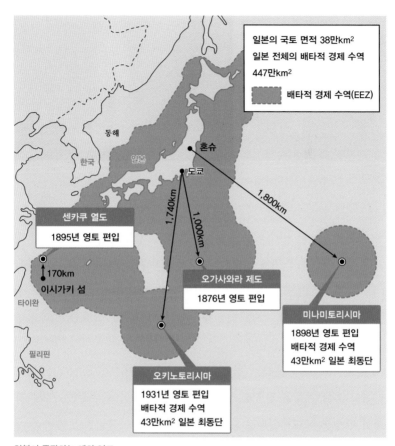

일본이 주장하는 해양 영토

다랑어, 새우(도화새우) 등 난류성 어족이 동해 주변에 좋은 어장을 형성하여 수산자원이 매우 풍부하다. 도화새우는 이따금 언론에 회자되는 독도 주변에서 잡히는 새우를 말한다.

또한 해저 200m 이하 깊은 곳의 바닷물인 양질의 해양심층수는 온

도화새우

메탄하이드레이트

도가 섭씨 2℃도 정도로 항상 일정하고 햇빛이 닿지 않는 곳이어서 세균이 전혀 없는 무균성 청정수이다. 해양심층수가 있는 곳은 수압이 매우 높아 바닷물에 포함된 물질이 완전히 분해되어 있어, 육지의 생수에 비해 마그네슘, 칼슘, 나트륨, 칼륨 등 인체에 필요한 미네랄을 300배 이상 함유하고 있다.

그뿐만 아니라 불타는 얼음 '가스 하이드레이트(Gas Hydrate)'가 약 6억 톤이 매장된 것으로 추정된다. 에너지 자원이 부족한 우리나라에서 가스 하이드레이트는 개발 가능성이 높고 이산화탄소 배출이 매우 적은 미래의 친환경에너지 자원으로 주목받고 있다.

또한 독도는 국내외의 다양한 집단을 대상으로 하는 '영토 관광', '교육 관광', '해양스포츠 관광'의 대상지로 적합하다. 2000년대까지는 학술적·정치적·교육적 목적이 주를 이루었으나, 2005년 이후 독도 관광이 자율화되면서 독도를 방문한 국민이 코로나19가 유행하기 전인 2019년 말에는 25만 6,000명에 이르렀다.

## 미래의 생태 환경적 가치

독도는 생태 환경적 면에서 볼 때, 암석, 식물, 동물, 미생물, 바닷속 생태계로 구성되어 있다. 독도는 460만 년 전, 해저 2,000m에서 화산 폭발로 용암이 솟구쳐 형성된 화산섬이다. 독도는 울릉도나 제주도보다 더 오래된 한반도에서는 가장 오래된 섬이다.

독도는 용암류인 조면암과 화산재가 굳어서 형성된 응회암과 각력암으로 형성되었으며, 감람석·단사휘석·사장석·알카리장석·흑운모·자철석 등의 광물이 있고, 토양의 깊이가 얕지만 50~60종에 이르는 나무와 희귀식물이 살고 있다. 또 독도는 철새뿐만 아니라 나그네 새들의 중간 기착지로 140여 종이 관찰되며, 90여 종의 곤충이 보고되어 있다.

한편, 해양미생물의 보고로 2005년 미생물과학자들이 4개의 신종 세균을 발견했고, 국제미생물학회에 보고하여 공인받았다. 그중 동해 독도균주(동해아나 독도넨시스)는 2008년 한국인 최초 우주여행사 이소연 씨가 우주 실험을 위해 국제우주정거장으로 가져갔던 6가지 생물 중에 하나가 되었다.

이러한 생태환경적 요소들로 인해 독도는 그 위치상 기상 예보, 어장 예보, 지구환경 연구, 해양·대기의 상호작용 연구 등을 수행하기에 최적지이다.

현재 우리나라는 남해에 이어도 종합해양과학기지와 서해에 가거초 종합해양과학기지가 설치되어 기상 및 해양, 대기환경 등 관측 임무를 수행하고 있는데, 동해 바다 가운데 최적지인 독도에도 동해 해양과학기지를 설치하기 위해 예산과 기지 확보 등 모든 준비가 되어있으나 일본의 반대에 부딪쳐 진전이 없다. 일본의 오키노토리시마의 예에서 보듯이 우리가 주저해야 할 아무런 이유가 없다.

### 지정학적·군사 전략적 요충지

삼면이 바다로 둘러싸인 우리나라의 지리 환경은 산업·경제적 측면에서 바다로 진출하는 데 독도가 매우 중요하며, 군사안보 측면에서도 그 가치가 매우 높다. 독도는 동해를 통해 대양 진출의 교두보로서의 중요성을 가지고 있으며, 러시아의 동북단과 미국의 알래스카가 이어지면 베링해와 북극해로 직결되는 북극항로의 거점이 된다. 우리나라 최초의 쇄빙연구선 아라온호가 북극해를 향해 출항할 때에도 이 항로를 이용했다.

또한 동해는 러시아·일본·중국·미국 등 주변국들이 군사력을 집결하고 가동하는 공간이다. 미국이나 일본이 러시아나 중국을 견제하는 전략적 요충지이며 군사력 균형추의 역할을 하고 있다. 이러한 의미에서 독도는 동해의 중심에서 우리나라의 영해를 확보하는 근거가 되고 있으며, 한국의 군사적 활동 영역을 확보해주고, 한국군 작전 수역 및 방공 식별구역을 설정하는 근거를 제공해준다.

일본이 독도를 탐내고 욕심내는 이유는 이러한 이유들만이 전부는 아니겠지만, 위의 4가지가 가장 중요한 이유다. 그리고 한국의 시각에서 바라보면, 일본이 독도를 탐내는 이유가 반대로 우리가 독도를 지켜야하는 이유이기도 하다.

## '10포인트'와 '100문 100답'

### '10포인트'

일본은 2008년 2월 외무성 홈페이지에 독도가 일본의 고유 영토라고 주장하면서, 그 근거를 '다케시마 문제를 이해하기 위한 10포인트'(10 Issues of Takeshima)로 정리했다. 그리고 이 내용으로 모든 초중고 교과서를 개편했다. 따라서 '10포인트'는 독도가 일본 땅이라는 주장의 핵심 논리라고 볼 수 있다.

그 내용은 다음과 같다.

① 일본은 옛날부터 독도의 존재를 인식하고 있었다.

② 한국이 옛날부터 독도를 인식했다는 근거는 없다.

③ 일본은 17세기 중엽에 독도의 영유권을 확립했다.

일본 외무성 홈페이지

한국 동북아재단 홈페이지

④ 일본은 17세기 말 울릉도 도해를 금지했지만, 독도 도해는 금지하지 않았다.

⑤ 안용복의 진술 내용은 신빙성이 없다.

⑥ 1905년 시마네현의 독도 편입은 영유 의사의 재확인이었다.

⑦ 샌프란시스코강화조약 기초 과정에서 미국은 독도가 일본의 관할 하에 있다는 의견이었다.

⑧ 주일 미군의 독도 폭격훈련구역 지정은 일본의 독도 영유권을 인정한 증거다.

⑨ 한국은 현재 독도를 불법으로 점거하고 있다.

⑩ 독도의 영유권 문제는 국제사법재판소에서 해결되어야 한다.

이에 대해 한국의 동북아역사재단에서는 '홈페이지'를 통해 10가지 내용이 모두 거짓임을 밝히고 있다.


### '100문 100답'

2008년 2월, 외무성 홈페이지에 '10포인트'를 게재한 일본은 2009년 12월, '다케시마 문제의 개요'를 추가로 발간하여 외무성 홈페이지에 올렸다. 이어 초중고 교과서를 개편하고, 2014년 3월에는 대중잡지 『Will』을 통해 '다케시마 문제 100문 100답'을 발간하여 전 국민을 상대로 교육·홍보에 나섰다.

독도 문제에 대한 일본의 주장과 논리는 모두 시마네현 독도자료실 산하의 한 조직인 '다케시마문제연구회'에서 만들어냈다.

'100문 100답'에는 일본 측의 독도에 대한 주장과 논리, 그리고 자국민에 대한 교육과 홍보 현황 등이 모두 포함되어 있다. 이 점에서 향후 우리의 독도에 대한 주장과 논리, 교육과 홍보 방향도 재점검 되어야 할 것이다.

대표 저자인 시모조 마사오[下條正男] 는 간행사에서 고백했듯이, 전체적으로 체제와 구성이 엉성하고 체계적이지 못하

100문 100답 표지

며 중복된 내용도 많고, 전문성이 떨어지는 답변도 있고, 비합리적·비논리적인 부분도 있다. '100문 100답'은 전부 9개부로 나누었고, 각 부는 질문과 답변 등 전체가 102개의 항목으로 구성되어 있다.

제1부 '우리(일본)섬 다케시마'는 독도의 자연환경과 현황, 경제적 가치, 강치의 멸종, 일본의 고유 영토에 대해 설명하고 있다. 현재 일본인은 갈 수 없으며, 어업도 자유로이 할 수 없고 해저자원에 대한 권리도 행사할 수 없다고 했다. 그 이유는 한국이 1954년부터 무장요원을 파견하여 섬을 무력으로 점거하고 있기 때문이라는 것이다. 더구나 2012년 8월에는 이명박 대통령이 독도를 방문했고, 그 후 일반 관광객이 해마다 늘고 있어 2018년에는 연간 22만 명을 넘었다고 했다. 그래서 독도 주변 수심 30m 바다 속에는 폐기물이 30t이나 쌓여 있으며, 1954년 무렵에 200~500마리나 서식하고 있던 강치가 불법 남획으로 1970년대 중반 이후에는 멸종했다고 한다. 그러나 강치 멸종은 일

본에 책임이 있다. 1900년대부터 일제강점기에 걸쳐 일본인의 무분별한 남획으로 멸종된 것이다. 일본 자료에 의하면 독도 주변에 서식하던 강치의 개체수는 1900년경 절정을 이루었다. 1904년부터 본격적으로 포획이 시작되었으며 1911년까지 8년간 무려 1만 4,000마리에 달했다. 그 후 1910년대에는 매년 600~700마리, 1930년대에는 100여 마리, 1940년대에는 20여 마리를 포획했다. 이처럼 숫자가 급격히 감소하면서 결국 1970년대에 멸종되었다.

제2부 '다케시마 편입'은 9개 항목으로 구성했다. 1905년 1월 28일 독도를 일본 시마네현 오키도의 소관으로 할 것을 각의에서 결정하고, 이것을 2월 22일, 시마네현 지사가 고시함으로써 일본의 영토가 되었다고 주장하였다. 그러나 국제법으로 보면, 일본이 내각 결의에 의해 독도를 편입하려면 독도가 무주지(無主地)여야 한다. 그래야 독도 편입의 당위성이 인정된다. 그러나 앞에서는 일본의 고유 영토라 하고, 이를 다시 편입한다는 것은 논리적으로 모순된다. 고유 영토인 자기 영토를 다시 편입한다는 것이 말이 안 된다.

제3부 '전후-이승만라인의 횡포'는 10개 항목으로 구성했다. 이승만라인은 1951년 9월, 샌프란시스코강화조약에서 SCAPIN-제677호와 6월의 SCAPIN-제1033호에 의한 독도 주변 12마일 이내에서의 일본인의 어로 행위를 금지한 조항이 빠지자, 한국은 독도 영유권과 어업권을 수호하려고 1952년 1월 평화선을 선언했다. 이승만라인은 1965년 6월, 한일국교정상화를 위한 한일기본조약 어업협정이 맺어질 때까지 지속되었다가 한일어업협정으로 대치되었다.

제4부 '한국의 주장에 반론한다①'은 18개 항목이다. 이 부분에 관해서는 역사적으로 일본 땅인 이유를 서술하고 있지만 대부분이 사실과 맞지 않는다.

제5부 '국제사법재판소'는 9개 항목으로 구성했다. 그런데 국제사법재판소는 당사국 쌍방의 동의가 없으면 재판에 회부할 수 없으며, 관할권을 행사할 수도 없다. 한국이 현재 독도에 대한 영토주권을 정당하게 행사하는 시점에서 제소할 아무런 이유가 없으며, 승소하더라도 아무런 실익이 없기에 재판을 해야 할 이유가 없다. 또한 '실효 지배'라는 용어에 대해 국제법상 명확한 정의가 있는 것은 아니지만, 일본은 독도가 분쟁지역이어서 '평온'한 상태가 아니라는 것이다. 그래서 '실효 지배'가 성립하지 않는다는 주장을 하고 있다.

국제법적으로 '실효적 지배(effective control)'는 무주지(無主地) 선점과 '영유의 의사(annimus occupandi)'와 함께 요구되는 요건이다. 만약 독도가 무주지였다면 한국이 이를 선점하기 위해 실효적 지배를 하고 있다는 표현을 쓸 수도 있으나 독도는 무주지가 아니라 울릉도에 사람이 거주하기 시작한 이래 한국의 영토였다. 따라서 독도가 무주지가 아닌 한국의 고유 영토이기 때문에 한국에서도 "독도를 실효적으로 지배하고 있다"라는 표현은 쓰지 않는 것이 타당하다.

제6부 '에도시대의 다케시마'는 8개 항목으로 구성했는데, 1693년과 1696년 두 차례에 걸쳐 일본에 다녀왔던 '안용복 사건'과 1833년 '하치에몬[八右衛門] 사건'에 대한 문답 내용이다. 그 내용을 보면 안용복 사건은 인정하지만 독도에 관한 기록과 안용복이 소지했던 「팔도도(八道

圖)」도 없으며, 울릉도 쟁계에서도 독도를 화제 삼은 적이 없다고 하면서 한국의 독도 영유권을 부정했다. 또 '다케시마(울릉도) 도해금지령'과 독도 영유권은 아무 상관이 없다고 하지만, 안용복 관련 조선 사료나 일본 사료의 '도해금지령'은 울릉도와 독도를 이미 모두 포함하고 있다. 이 사실을 부정하는 것은 일본 사료를 스스로 부정하는 셈이 된다.

제7부 '회도를 읽는다'는 7개 항목인데, 일본 지도에 독도가 어떻게 그려져 있는지에 대한 문답이다. 현재 일본에서 독도에 관한 가장 오래된 그림지도(회도)는 1650년경에 그려진 요나고 시립산인역사관의 「마쓰시마회도」와 돗토리 현립박물관의 「다케시마회도」다. 그런데 이들 그림지도는 모두 안용복 조사 과정에서 막부에 제출된 지도였다. 이 조사에 의해 일본인의 울릉도 도해금지령이 내렸으므로 일본의 영유권을 증명하는 것이 아니라 오히려 한국의 영유권을 증명하는 자료라 할 수 있다.

또한 18세기 이후 20세기 초까지 일본이 만든 공식 지도인 「개정일본여지노정전도」(1779), 「삼국접양지도」(1785), 『태정관지령문』(1877) 등에도 모두 독도를 일본 영토가 아니라고 표시하거나 조선 영토라고 표시했다.

제8부 '한국의 주장에 반론한다②'는 14개 항목으로 『세종실록지리지』나 『신증동국여지승람』 등에 나오는 우산도가 독도인가, 그리고 독도의 명칭이 우산도 → 석도 → 독도로 변천했다고 하는데 증거가 있는가? 울릉도 쟁계 이후 일본인의 울릉도 도해 금지에 의해 독도 도해도 금지되었다고 하는데, 독도가 울릉도의 속도로서 한국령으로 볼 수

있는가? 안용복이 막부의 쇼군에게서 독도를 조선령으로 인정받았다고 하는데 사실인지 물으면서 이러한 사실들을 부정하고 있다.

제9부 '시마네현의 대응을 알자'는 16개 항목으로 구성했다. 시마네현의 대응 활동을 알자는 주제 아래, 시마네현에서 '다케시마의 날'의 제정한 경위와 의미에 대해 홍보하고, 시마네현을 비롯한 일본에서의 초중고 학생들에 대한 교육과 홍보 및 교과서 내용 등을 소개하였다. 나아가 일본 국민을 대상으로 독도 문제의 중요성과 일본의 영토 문제, 독도 연구를 왜곡해가는 '다케시마문제연구회'의 활동에 대해 소개하고 있다.

이러한 내용들을 통해 일본에서의 독도 교육과 홍보가 시마네현의 '다케시마의 날' 제정 이후 20년 동안 어떻게 진행되어 왔는가를 알 수 있으며, 일본에서 벌어지는 독도 왜곡의 현주소를 파악할 수 있다. 그뿐만 아니라 미래 세대인 초중고 학생들에게 어떠한 내용을 어떻게 교육하는가를 상세히 알 수 있다. 한국에서의 독도 교육과 어떤 차이가 있는지 꼼꼼히 따져볼 필요가 있다.

## 2) 한국의 주장과 논리

### (1) 지리가 보여준다

**독도가 보인다**

육지에서 울릉도가 보이고, 울릉도에서 독도가 보인다. 독도는 동

독도의 위치

해안의 울진에서 직선거리로 217km 떨어져 있으며, 울릉도에서는 87km 떨어져 있다. 그래서 날씨가 맑은 날이면 동해, 삼척, 울진 등지에서 울릉도가 보이며, 울릉도에서는 독도가 보인다. 반면 일본 시마네현에서는 157km로 가시거리 밖에 위치하여 독도를 전혀 볼 수 없다.

울릉도에서 독도가 보인다는 사실은『세종실록지리지』(1454)에 기록되어 있고, 최초의 울릉도 수토관이었던 장한상의『울릉도사적』에도 나온다. 최근에는 이를 증명하는 여러 장의 사진이 촬영되어 공개되고 있다.

가서 살았다

동해안 울진 부근에서 독도가 보이다는 지리 조건은 선사시대부터 동해안 지역의 사람들로 하여금 울릉도를 왕래하게 했다. 보이면 가고 싶은 것이 인간의 본능이다. 콜럼버스의 신대륙 발견도 보이면 가고 싶다는 본능의 산물이다.

독도에 사람이 살았다는 흔적이나 기록은 없다. 그러나 독도 왕래의 거점인 울릉도에는 여러 곳에서 사람이 살았던 흔적(유적과 유물)이 남아 있고, 6세기 이후부터는 많은 역사 기록이 현존한다.

또한 울릉도에 대한 고고학적 조사연구는 1947년 국립박물관에 의해 시작되었고, 1997년 서울대 박물관이 울릉도 광역에 대한 지표조사를 실시하여 현포1리 등지의 고인돌에서 청동기시대의 무문토기와 함께 갈돌과 갈판을 수집했다. 조사단은 이 유물들을 근거로 울릉도에 처음 사람이 살기 시작했던 시기를 기원전 4세기경으로 추정했다. 이듬해인 1998년 영남대 민족문화연구소에서 울릉도의 고고학적 조사를 토대로 새로 확인된 고분과 토기들에 대한 분석을 통해 고분과 토기의 존속 시기를 6세기 중반에서 10세기까지로 추정했다.

그렇다면 이 시기 울릉도에 살았던 사람들은 누구였을까?

이들은 대부분 강원도나 경북 해안 지역에서 건너간 사람들이었다고 보고, 한국의 고대사에 등장하는 옥저와 동일한 예족(濊族)이었을 가능성이 높다. 기원 전후 무렵부터 3세기에 이르는 시기에 한반도 동해안 지역에 거주하였던 예족의 분포지를 보면, 두만강 하류에서 영일만 북안에 이르는 전 지역에 거주하였기 때문이다.


지도가 보여준다

울릉도와 독도가 그려진 최초의 지도는 『신증동국여지승람』(1530)

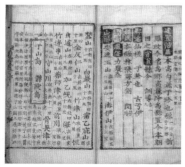

팔도총도와 우산도 울릉도

의 강원도 첫머리 부분에 실려 있는 「팔도총도」이다. 이 지도는 1481
년에 제작된 것으로 동해에 울릉도와 우산도 두 개의 섬만이 표시돼
있는데, 우산도가 울릉도보다 작게 울릉도 서쪽에 그려져 위치가 바뀌
어 있다. 일본에서는 이 점을 이유로 들어 한국 땅이 아니라고 주장하
지만 당시는 1430년 이후로 울릉도 주민의 육지 '쇄출정책'에 의해 울
릉도가 이미 무인도화되어 50년 이상 경과한 때이고, 지금처럼 항해술
이 발달되어 있던 때가 아니다. 중요한 것은 섬의 위치보다는 존재이
다. 이를 빌미로 한국 땅이 아니라는 주장은 잘못된 것이다.

울릉도와 독도의 위치를 정확히 그린 것은 18세기 중반에 제작된
「동국대지도」(정상기)와 「여지고」(1770, 신경준)이다. 이것은 17세기 말
안용복 사건 이후에 정확해진 독도 인식의 결과이다.

『동국문헌비고』의 「여지고(輿地考)」

우산도·울릉도 [(울진현)의 동쪽 350리에 있고, 울(鬱)은 울(蔚)·우(芋)·우(羽)·무(武)라 쓰기도 한다. 두 섬 중의 하나가 곧 우산이다. 역사적 사실을 왼쪽에 기록한다.] 섬은 울진현의 정동 바다 가운데 있는데, 일본의 은기주와 서로 가깝다. … 섬은 본래 우산국이며, 신라에서 취한 후 왜인을 이끌고 도적질할까 두려워 주민들을 모두 나오게 해 그 섬을 비우게 했다. … [『여지지』에서 울릉·우산은 모두 우산국의 땅이라고 하는데, 우산이 곧 일본이 말하는 송도(필자 주 : 독도)이다] … (이어 안용복의 고사를 소개하였다)… 일본이 지금에 이르기까지 다시는 울릉도를 가리켜 일본 땅이라고 하지 않는 것은 모두 안용복의 공로이다.

신경준의 이러한 인식은 이후 『만기요람』(1808), 『증보문헌비고』(1908)에 그대로 계승되었다.

## 일본 지도도 조선 땅으로 그렸다

일본의 울릉도와 독도에 관한 최초의 사료인 『은주시청합기』에도 "울릉도와 독도가 고려의 영토이며, 일본의 경계는 오키섬"이라고 기술하고 있다.

이 책의 저자 사이토 호센[齊藤豊宣]은 이즈모(出雲: 시마네현의 서쪽 지역)의 지방관리이다. 번주의 명령으로 1667년에 오키섬을 순시하면서 보고 들은 내용을 정리하여 보고한 문헌이다. 이 문헌은 지방 관찬 사서이지만 일본의 공식문서로 편찬한 것이다. 그 가운데 울릉도에 관한 부분은 다음과 같다.

> "오키섬은 북쪽 바다 가운데 있다. 오키섬에서 북서쪽으로 2일 하룻
> 밤을 가면, 송도(독도)가 있고, 다시 하루 정도를 가면 죽도(울릉도)가
> 있다. … 흔히 기죽도라고 하는데, 대나무, 물고기, 물개가 많다. 이 두
> 섬은 무인도이고, 고려를 보는 것이 마치 운주에서 오키섬을 보는 것과
> 같다. 그러므로 일본 북서쪽의 땅은 이 오키섬을 경계로 삼는다."

1785년 하야시 시헤이[林子平]가 그린 지도『삼국통람도설(三國通覽
圖說)』의「삼국접양지도(三國接壤地圖)」는 동아시아 지도로 일본을 비
롯하여 중국·조선·러시아 영토를 각각 다른 색깔로 구분하여 그렸다.
동해에 울릉도와 독도를 '조선의 소유'라고 표기했으며 두 섬이 모두
조선과 같은 노란색으로 그려져 있다. 그리고 이 섬에서 은주(오키섬)
를 바라볼 수 있으며, 조선도 보인다고 했다.『삼국통람도설』과 이 지
도는 1832년 프랑스어로 번역되어 보급됨으로써 울릉도와 독도가 조
선 영토임을 세계에 알렸다.

## (2) 역사가 증언한다

### 우산국이 신라 영토가 되다

**이사부, 우산국을 복속하다** 신라는 505년 삼척에 실직군을 두고, 512
년 강릉에 하슬라주군을 설치한 후 이사부를 군주로 임명하여 우산국

공격을 단행하였다. 『삼국사기』에 의하면, 섬 오랑캐였던 우산국이 바다가 깊음을 믿고 교만하여 신하가 되어 섬기지 않거늘 지증왕이 이사부로 하여금 군사를 거느리고 가서 치게 하였다. 512년 6월 우산국 병합 계획을 세운 이사부는 우산국 해안으로 가서 거짓으로 말하기를 "너희가 항복하지 않으면 이 맹수를 놓아 밟아죽이겠다"라고 하자 우산국 사람들이 두려워서 즉시 항복했다고 한다.

이 사료를 볼 때 『삼국사기』에는 우산국을 하나의 독립국으로 서술하고 있고, 이사부의 공격에 의해 결국 신라에 '귀복(歸復)'·'래복(來服)' 내지는 '항복(降服)(『삼국유사』)했다'는 사실을 전해준다. 우산국의 신라에의 복속은 신라의 영토 안에 편입되었다는 뜻이다. 이후 고려, 조선을 거쳐 대한민국으로 이어진다. 그래서 이사부의 우산국 복속 행위를 독도에 대한 영유권 행사의 '역사적 권원'이라 표현한다. 즉, 역사적으로 독도 영유권의 원천이라는 의미다.

일본에서는 우산국이 지금의 울릉도와 독도라는 증거가 없다고 하면서 이를 부정한다. 그러나 『세종실록지리지』(1454)에는 울진현의 정동 쪽에 있는 우산국은 우산과 무릉 두 섬으로 되어 있고, 두 섬의 거리는 서로 멀지 않아 날씨가 맑으면 볼 수 있다고 했다.

이 기사에 의해 우산국은 지금의 울릉도인데, 울릉도는 우산과 무릉 두 섬으로 되어 있다는 것을 알 수 있다. 『세종실록지리지』의 이 기사 또한 독도에 대한 분명한 영유권 선언이라 볼 수 있다.

## 왜구가 약탈을 시작하다

**울릉도 주민을 쇄출하다** 고려 말, 왜구가 한반도를 본격적으로 침탈하기 시작하는 것은 1350년부터다. 이후 왜구는 한반도 전역을 대상으로 약탈을 감행하는데 1352년 6월부터는 강릉을 비롯해 동해안을 침탈했다. 1372년에는 함경남도 진명창·덕원·안변·함주 등의 침탈 기사가 나오고, 이후 양양·삼척·울진·평해 지역으로 확대되어 간다.

그 후 1379년 7월, 왜가 무릉도(울릉도)에 와서 15일가량 머물다가 물러갔다는 기록이 나오고, 1395년 윤9월 삼척, 1396년 11월 영해, 1403년 7월, 다시 강릉의 우계현에 침입하자 조정에서는 그해 8월, 울릉도의 주민을 모두 육지로 나오게 했다.

결국 고려 말부터 계속된 동해안에 대한 왜구 침탈을 막는 조처로 울릉도가 중간 거점이 되는 것을 사전에 방지하려고 섬에 살고 있던 주민을 육지로 나오게 하는 무인화 정책을 취했다. 이러한 조치는 울릉도뿐만 아니라 남해안의 거제도나 남해도에도 취했던 '거민쇄출(居民刷出)' 정책으로 섬을 미리 비워 놓음으로써 왜구 침탈을 막고자 한 왜구 대책의 일환이었다. 그러나 일본은 이것을 소위 '공도정책(空島政策)'이라고 하면서 영토를 포기한 행위라고 했다. 이러한 인식은 어느 틈엔가 우리 학자들에게도 무비판적으로 받아들여져 하나의 역사 용어로 정착되어 별다른 의심 없이 통용되고 있다.

물론 행위 자체로만 보면 섬을 비운 것은 사실이다. 그러나 그 원인은 왜구의 약탈 때문이었고, 섬 자체를 포기한 것이 아니고, 오히려 이후 지속해서 관리했다는 점을 상기할 필요가 있다.

**울릉도가 무인도가 되다** 조선 정부에서 울릉도 주민을 육지로 나오게 하자 1407년 3월, 쓰시마 도주 소 사다시게[宗貞茂]가 쓰시마 주민의 울릉도 이주를 조선에 청한 일이 발생했다. 남재가 이를 허락하자고 했지만 태종은 월경(越境), 즉 국경을 넘어오면 문제가 될 것이라 하면서 허가하지 않았다. 쓰시마 도주가 사신을 보내 이주를 청한 것이나 태종이 월경은 안 된다고 답한 것은 모두 울릉도가 조선 영토임을 분명히 한 대목이다.

이러한 상황에서 1416년 9월, 조선 정부에서는 좀 더 적극적으로 울릉도 관리를 위해 삼척 사람 전 만호 김인우를 파견한다. 무릉등처안무사(武陵等處安撫使) 김인우는 1417년 2월, 울릉도에서 돌아와 복명했다. 김인우의 보고에 의하면, 울릉도에는 15가구에 86명이 거주하고 있었다.

무릉등처안무사의 파견은 두 가지 의미를 가진다. 하나는 왜구 방지를 위한 울릉도 거주민의 보호 차원이고, 또 하나는 무릉등처의 의미이다. 즉, 울릉도만을 대상으로 했다면 등처라는 용어를 붙이지 않았을 것이다. 따라서 이미 울릉도 주변의 섬과 독도 등을 염두에 두고 붙인 호칭이라고 볼 수밖에 없다.

1437년 4월 전 호군 남회와 전 부사직 조민을 '무릉도순심경차관(茂陵島巡審敬差官)'으로 파견하여 도망해 숨은 주민들을 탐문하여 조사하도록 하였다. 순심은 순찰하는 것을 말하며, 경차관은 조선시대 중앙정부의 필요에 따라 특수 임무를 띠고 지방에 파견된 관직이다. 두 사람은 세종의 명을 받아 울릉도를 순심하고 돌아와 7월에 복명하였다.

무릉도순심경차관 남회와 조민은 거민 66명을 잡아 왔는데, 모두가 본국, 즉 조선 사람이었다. 그럼에도 울릉도에는 계속 사람이 들어가서 살았다. 드디어 1438년 11월, 울릉도에 숨어든 거민의 두목을 처형하고, 그 무리를 함경도 경성에 분치하는 강력한 조치를 취했다. 그 결과 이후 울릉도는 무인도가 되었고, 왕래가 불가능해졌다.

### 안용복 사건과 울릉도 쟁계

**안용복은 43세였다** 안용복(安龍福)은 1693년과 1696년, 두 차례에 걸쳐 일본에 건너가 울릉도와 독도가 조선 땅임을 주장했다. 그 일로 인해 양국 사이에 외교 문제가 발생했는데, 이 사건을 조선에서는 '울릉도쟁계' 일본에서는 '다케시마잇켄[竹島一件]'이라 한다.

안용복의 생몰연대는 그동안 알 수 없었으나, 필자가 2005년 11월 26일, 일본 오키섬 무라카미가[村上家]를 방문하여 제2차 도일 때 작성된 안용복의 공술 자료인 『원록구병자년조선주착안일권지각서(元祿九丙子年朝鮮舟着岸一卷之覺書)』의 전문을 입수하여 학계에 소개하면서 알려졌다. 이 자료에 의하면 안용복은 갑오생(甲午生)으로 기록되어 있는데, 갑오년은 1654년(효종 5)이므로 당시 43세였다.

**안용복이 피랍되다** 1693년(숙종 19) 3월, 안용복은 어부 40여 명과 울릉도에서 어로작업을 하다가 4월 18일 일본 오키섬의 어부들에게 박어둔과 함께 납치되어 오키섬을 거쳐 요나고로 보내졌다. 요나고 관리는 에도에 있던 돗토리 번주를 통해 안용복의 처리를 막부에 문의했고, 막부는 안용복과 박어둔을 나가사키를 거쳐 조선에 돌려보내도록 했다.

안용복과 박어둔은 1693년 6월 말 나가사키에 도착하여 조사받은 후 9월 초에 쓰시마에 인도되었다가 11월 초에 부산 왜관에 이송되었다. 두 사람은 왜관에 40일 정도 갇혀 있다가 12월 10일 동래부사에게 인도된 후 허가 없이 외국에 다녀온 죄로 2년여 옥살이를 했다. 이때부터 조선과 일본 사이에서는 울릉도와 독도를 두고 서로 자국 영토라고 주장하는 소위 '울릉도 쟁계'가 2년간 계속되었다.

울릉도 쟁계에 의해 막부에서는 2년여에 걸친 조사 끝에 1696년 1월에 일본인의 '죽도(울릉도) 도해금지령'을 내렸다. 당시 막부의 노중 아베[阿部豊後守]는 그 섬에 일본인이 살고 있지 않다는 것과, 지리적으로 일본보다도 조선과 가깝기 때문에 이전부터 조선령이었음이 분명하다고 했다. 덧붙여 일본이 힘으로 대처하면 손에 넣지 못할 것도 아니지만 '쓸모없는 작은 섬' 때문에 이웃나라와의 우호관계를 손상시키는 일은 득책이 아니며, 언제까지고 다투는 것보다는 '아무 일 없는 것'이 좋다고 하는 막부 당국자의 입장을 밝혔다. 당시 일본의 공식적인 입장이다. 그러나 도해금지령이 조선에 전달된 것은 1968년 8월이었고, 그 사이에 안용복은 제2차 도일을 단행했다.

2년여간 옥살이를 한 안용복은 억울함을 호소하고, 일본인의 울릉도·독도 도해를 금지시킬 목적으로 다시 일본으로 갔다. 1696년(숙종 22) 3월 18일, 안용복 등 11명은 울산에서 출발하여 울릉도에 도착해

2개월을 머물렀는데 그때 울릉도에 침입한 일본 어부들을 만났다. 안용복 등은 왜인을 쫓아내고, 그들이 다시 독도로 가자 독도로 쫓아가 몰아내고, 그들을 추적하여 오키섬에 이르게 되었다. 그 상황을 『숙종실록』에는 다음과 같이 기록하고 있다.

"나는 큰소리로 (왜인들에게) 말하기를 '울릉도는 본래 조선 땅인데 왜인이 감히 어찌하여 월경하여 침범하느냐, 너희를 모두 묶어야 마땅하다'라고 뱃머리에 나아가 외치니, 왜인이 말하기를 '우리들은 본래 송도(독도)에 사는데 우연히 고기잡이하러 왔다. 이제 돌아가겠다'고 하므로, 내가 '송도는 자산도(독도)로 그곳도 우리나라 땅인데, 너희가 감히 그곳에 가느냐'고 했다. 이튿날 배를 몰아 자산도에 갔는데 왜인들이 가마솥을 걸고 고기 기름을 달이고 있었다. 그래서 내가 막대기로 치면서 크게 꾸짖었더니, 도망을 치므로, 쫓아가 오키섬에 이르렀다."

오키섬에 이르자 일본 관리들은 안용복을 조사했고, 그 내용을 오키 태수에게 보고한 문서가 『원록구병자년조선주착안일권지각서』이다. 이 문서는 현재 시마네현 오키군에 있는 무라카미가[村上家]에서 소장하고 있다. 필자는 2005년 11월 26일, 오키섬 아미쵸[海土町]를 방문하여 이 문서의 소장자인 무라카미가의 40대손 무라카미 조쿠로우[村上助九郎]를 만났다.

그는 안용복 공술 자료의 원본과 2004년 5월 17일 「산음신문(山陰新聞)」에 소개된 기사를 보여주며 이 자료를 공개하게 된 연유를 설명

무라카미 조쿠로 씨와 함께 ／ 강원도 안에 죽도(울릉도)와 송도(독도)가 있다는 기록

했다. 그러고는 이 문서를 통해 독도 영유권 문제로 더 이상 양국 간에 분쟁이 없었으면 좋겠다고 말했다. 또한 자료에 「조선팔도지도」가 첨부되어 있었던 것 같은데, 현재 그 지도의 소재는 알 수 없다고 했다. 촬영을 해도 좋으냐고 묻자 선뜻 허락하면서 이 자료가 독도 문제를 해결하는 데 도움이 되기를 바란다고 거듭 강조했다. 필자는 귀국 후 2006년 4월 『한일관계사연구』 42집에 원문·탈초문·번역문을 게재하고 내용을 소개한 바 있다.

이 문서에는 안용복의 2차 도일 때 탔던 배와 사람, 도일 목적, 경위, 상황, 조사 내용, 배에 실린 물건, 지도 등에 관한 내용이 수록되어 있다. 안용복의 생몰연대가 밝혀진 것도 이 문서가 공개되어 가능했다. 이 내용들은 일본 자료 『죽도기사』나 『죽도고』의 내용과 일치한다. 종래 일본 학자들이 『숙종실록』의 내용이 "허구와 과장으로 가득 찼고, 안용복이 꾸며낸 거짓이다"라고 했던 주장을 뒤집는 결과를 가져왔다.

## 울릉도 수토

**수색하여 토벌하라** 사전에 의하면 수토(搜討)란 무엇을 알아내거나 찾으려고 조사하거나 탐색한다는 뜻이다. 즉, 울릉도 수토제 실시는 울릉도에 들어가서 섬의 형편을 조사하고, 거민이 있는지 살피거나 일본인을 찾아내 토벌하는 것이다.

1693년 안용복의 1차 피랍사건 직후 9월 19일, 삼척 첨사 장한상은 역관 안신휘를 포함하여 총 150명을 인솔하여 기선 2척, 급수선 4척을 타고 삼척을 출항했다. 이들을 9월 20일부터 10월 3일까지 13일간 체류하면서 울릉도를 조사하고, 10월 6일에 삼척으로 돌아왔다. 그러고는 백성이 들어가 살게 할 수 없으니 1~2년 간격으로 수토하는 것이 바람직하다고 건의했고, 안용복 사건이 매듭되는 1697년부터는 2년 간격으로 정기적으로 수토하도록 했다. 이후 삼척 영장과 월성포 만호가 번갈아 가며 윤회하도록 했다. 울릉도 수토는 이후 극심한 흉년을 당하여 정지된 경우도 있었지만 1702년부터는 정례화하여 1893년 12월까지 200년간 계속되었다.

수토관 일행의 조직이나 편성, 역할에 관련된 사료로는『조선왕조실록』,『일성록』, 장한상의『울릉도사적』등이 남아 있다. 이 사료들을 통해서 볼 때, 수토관은 삼척 영장과 월송포 만호가 번갈아 했고, 인원은 처음에는 150명이었으나, 1786년과 1794년에는 모두 80명이었던 것으로 보아 80명 선으로 조정되었으며, 반드시 왜학 역관을 동행했다. 일본인과의 조우할 경우를 대비한 것으로 보인다. 그리고 원역·격군 등 인원 구성과 필요한 집물은 강릉·양양·삼척·평해·울진 등 동해안에 접한 고을에서 차출했고, 강원감사가 주관하다가 개항기에는 경상좌수영에서도 관계한 것으로 파악된다.

수토관의 역할에 대해서는 왜인 탐색, 지세 파악, 토산물 진상, 인삼 채취 등을 꼽을 수 있다. 1438년 울릉 거민이 교형 당한 이후, 조선 후기에 들어서도 조선인의 울릉도 거주는 없었던 것으로 보인다. 수토 기록 가운데 거민 쇄출의 사례는 찾아볼 수 없다. 따라서 왜인 탐색과 지세 파악이 가장 중요한 임무였다고 파악된다. 장한상의 복명 기사는 주로 왜인이 다녀간 흔적에 관한 내용과 울릉도의 산천, 도리의 지도 였으며, 왜인으로 하여금 그곳이 우리나라 땅임을 알도록 하는 데 있 었다.

울릉도의 토산물로는 가지어 가죽, 황죽, 자단향, 석간주 등이 보고 되고 있다. 가지어는 흔히 바다사자·바다표범·물개·강치로 부른다. 바다사자의 수컷은 몸길이 약 3.5m, 몸무게 약 1t 이상, 암컷은 몸길이 2.3m, 몸무게 약 500kg 정도다. 바다표범은 우리나라에 서식하는 종은 소형이며, 물범이라고도 한다. 물범은 종에 따라 다르지만 보통 몸에 점박이무늬가 있는 게 특징이다. 바다사자와 물개를 포함하여 강치로 부르기도 한다. 강치는 강치과에 속하는 동물로 무리를 지어 생활하며 크기는 2.5m가량이다.

『태정관지령문』

**하치에몽사건이 일어나다** 1836년, 일본에서는 하마다번(시마네현 소재)과 오사카 지역 거주자들이 울릉도에 도해하여 초목을 벌목하고,

이국인에게 일본의 '도검류(刀劍類)'를 판매한 사실이 발각되었다. 주모자 하치에몽[八右衛門] 등 5명이 '조선 울릉도 도해' 죄목으로 처벌되었다. 이들은 에도로 보내져 재판을 받았는데, 판결문에서는 "이국인과 만나 통교하지는 않았고 풀뿌리 정도 갖고 돌아왔지만, 다른 나라의 속도(屬島)에 도해한 것은 국체에 대해 불미스러운 행위이므로 사형에 처한다"라고 했다. 그리고 울릉도를 조선에 속한 섬으로 규정하고 '죽도도해금지어촉(竹島渡海禁止御觸)'을 공포함으로써 재차 '일본인의 죽도 도해'를 금지했다.

**다케시마 외 1도를 어떻게 할까요?** 1876년 메이지 정부는 일본 전역의 지적을 편찬하는 작업을 하면서 시마네현에 다케시마(울릉도)에 대한 기록과 지도 등을 제출하도록 요구했다. 이에 시마네현은 「기죽도약

태정관지령문

도(磯竹島略圖)」를 첨부하여, 지적도에 '다케시마 외 1도(독도)'를 일본 영토로 등재해도 좋을지를 문의하였다. 「기죽도약도」에는 울릉도에서 1도까지의 거리가 40리로 되어 있어 두 섬이 울릉도와 독도임을 알 수 있다.

이에 태정관은 『태정관지령문』을 통해 "다케시마와 그 섬 밖에 있는 섬은 겐로쿠 5년(1692) 조선인들이 그 섬으로 들어간 이후 본방(일본)과 관계가 없다. 다케시마와 그밖에 있는 한 섬에 관한 건은 본방과 관계가 없음을 명시할 것"이라는 지령을 각 부처에 하달했다.

여기서 지령문이 말하는 '겐로쿠 5년 조선인들이 그 섬으로 들어간 이후'라는 내용은 1692년 이후 안용복이 울릉도와 독도에 들어간 일을 말한다.

### 대한제국 칙령을 공포하다

**울릉도 이주를 시작하다** 1881년 5월, 고종은 강원감사 임원수의 장계에 의해 이규원을 울릉도검찰사에 임명하여 울릉도의 형편을 살피도록 했다. 이규원은 1882년 4월 29일, 102명으로 구성된 조사단을 꾸려 구성포에서 출항했다. 12일 동안 조사한 이규원은 조선인 140명, 일본인 78명이 울릉도에 살고 있다고 보고하면서 『울릉도검찰일기』와 「울릉도내도」와 「울릉도외도」를 제출했다.

이규원의 보고를 받은 고종은 김옥균을 '동남제도개척사'에 임명하여 울릉도와 주변의 여러 섬을 개척하는 임무를 부여했고, 1883년부터는 주민들이 정식으로 이주하기 시작했다. 두 번에 걸쳐 들어간 이

주민은 16가구, 54명이었다. 이들은 생활에 필요한 물자와 식량, 소 두 마리와 무기 등을 가지고 들어갔다. 1403년 울릉도에 대한 '거민쇄환 정책' 이후 무려 480년 만에 주민의 거주가 허용된 것이다.

**대한제국 칙령 제41호** 이후 울릉도 개척민이 점차 늘어나고 일본인도 늘어나자 이들을 관리해야 하는 문제가 발생했다. 정부는 울릉도에 도감(島監)을 두어 관리했으나 역부족이었고, 특히 일본이 1895년 청나라와의 전쟁에서 승리한 이후로는 더 많은 일본인이 들어와 폐단이 늘었다.

이에 대한제국 정부는 일본 정부에 요구하여 공동조사단을 구성하고 실태를 조사하였다. 1900년 6월, 양국 공동조사단은 울릉도 현지 실태를 조사했는데, 대한제국에서는 내부 조사관 우용정, 일본에서는 부영사 아카쓰카 쇼스케, 그리고 입회인 자격으로 부산 해관 감리서 직원 라포테(E. Laporte, 영국)가 참가했다. 우용정은 조사 후 일본인의 조속한 철수와 선박 구입, 그리고 울릉도의 관제 개편을 상부에 제안하였다.

그러자 정부는 우용정의 보고서를 토대로 '대한제국 칙령 제41호' (1900. 10. 25.)를 제정하여 공포했다. 칙령 제41호는 '울릉도를 울도로 개칭하고 도감을 군수로 개정하는 건'이었다. 내용을 보면, 제1조는 '울릉도를 울도로 개칭하여 강원도에 부속하고, 도감을 군수로 개정하여 군제 중에 편입하고, 군등은 5등으로 한다', 제2조는 '군청의 위치는 대하동으로 정하고, 구역은 울릉도 섬 전체와 죽도, 석도를 관할

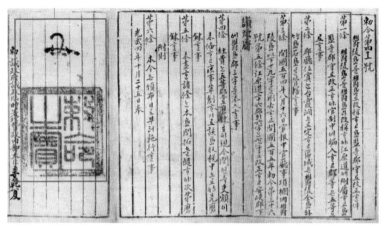

대한제국 칙령 제41호

한다'로 규정했다. 여기서 죽도는 울릉도 동쪽 2km 지점에 있는 댓섬이고, 석도는 독도를 가리킨다. 이 칙령은 1900년 10월 27일 「관보」(제1716호)에 실렸다.

칙령 41호에 의해 울릉도와 독도는 강원도의 27번째 군으로 승격되었고, 대한제국의 지방관제로 정식 편입되었다. 이어 울도군을 남면과 북면으로 나눈 다음, 독도는 울도군 남면에 부속시켰다. 울도군의 초대 군수로는 현임 도감 배계주를 임명하였다.

대한제국 칙령 제41호는 울릉도와 독도가 대한제국 영토라는 사실을 근대 국제법 체계에 따라 선언한 매우 중요한 칙령이자 제도 개혁이었다. 물론 일본은 이때에 어떠한 반대 의견이나 이견이 없었다.

**독도는 돌섬·독섬이다** 이 시기가 되면 독도의 명칭에 변화가 생긴다.

조선에서는 1403년 이후 '거민쇄출정책'에 의해 울릉도 거주가 불가능해지면서 시간이 흘러감에 따라 점차 기억에서 사라졌고, 요도나 삼봉도를 찾는 소동까지 벌어졌다. 조선 후기에 들어서는 더욱더 그러했다. 이러한 현상은 일본에서도 안용복 사건 이후 '울릉도 도해금지령'에 의해 울릉도와 독도 명칭에 혼란이 생긴 것과 마찬가지다.

기록에 의하면 1883년 말, 초기 입도민은 약 120명이었으며 대부분 전라도 거문도 사람들이었다. 이들이 울릉도에 들어간 이유는 정확히 알 수 없지만 거문도 사람들은 원목을 벌목하여 배를 만드는 일을 했다. 초기 거주민들이 이주할 때 독도는 그냥 돌섬이라고 불렀다. 그런데 전라도 방언에 돌을 독이라고 하는데, 이 방언이 적용되어 '독섬'이라 하다가 시간이 흐르면서 '독(獨)도'가 되었다는 것이다. 이 논리는 국어학자 방종현의 주장(「경성대학 예과신문」 제13호, 1947)이고 이것이 한국학계의 일반적인 견해다. 일본에서는 이것을 인정할 수 없다고 억지를 부리지만 한국 방언 문화의 자연스런 현상이다. 따라서 돌섬 → 독섬 → 독도가 모두 독도의 명칭으로 사용되었다고 볼 수밖에 없다. 이것을 굳이 입증하라는 것이 일본의 주장이다.

## 일본의 강치잡이와 시마네현의 불법 편입

**강치잡이와 나카이 요자부로** 독도는 강치의 집단 서식지였다. 강치는 가죽과 식량, 등불용 기름 등으로 쓸 수 있어 큰 수익을 냈다. 독도에서 강치잡이를 독점하고 싶어 하던 나카이 요자부로[中井養三郎]는 3명의 다른 어업가와 함께 합자회사를 설립하여 강치를 마음대로 포획

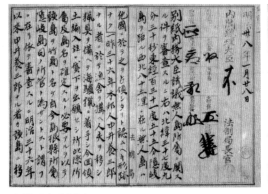

각의문서와 시마네현보

하고자 했다.

　나카이 요자부로는 일본 정부에 독도 이용 독점권을 요청할 계획으로 그 절차를 일본 관료들과 의논했다. 그 과정에서 독도의 전략적 위치에 주목한 해군성 관리는 나카이에게 "독도는 주인 없는 땅이며 거리도 일본 본토에서 더 가깝다"라고 하면서 1904년 9월 29일 내무성·외무성·농상무성 3대신 앞으로 「량코도 영토 편입 및 대하원」을 제출하게 했다. 그러나 내무성은 "시국이 시국이니만큼(러일전쟁 중) 한국령으로 보이는 일개 불모의 암초를 취할 경우 주변의 여러 나라로부터 일본이 한국을 병합하려는 의심만 살뿐으로 이익이 매우 적은 것에 반해 결코 쉬운 일이 아니다"라고 하며 청원을 거절했다.

　독도를 독점하고 싶었던 나카이는 내무성에서 거절당하자 이번에는 외무성의 야마자 엔지로[山座円次郎]를 찾아갔다. 그러자 야마자는 "시국이 시국인 만큼 영토 편입은 필요한 일이다. 게다가 망루를 건축해서 무선이나 해저 전선을 설치하면 적함(러시아)을 감시하기에 좋지 않겠는가"라고 하며 신속하게 외무성에 청원서를 제출하도록 했다. 그러고는 내무성이 염려했던 점을 고려하여 대한제국이나 서양 열강이 모르게 비밀리에 진행했다.

1905년 1월 28일, 일본 내각회의에서는 독도를 무주지로 규정하고 이제까지 울릉도를 가리키는 다케시마를 독도에 붙여 시마네현 오키섬에 편입하기로 결정했다. 영토 취득 사실은 원래 국가 관보에 실어야 하는 사항임에도 시마네현의 현보에 '시마네현 고시 제40호'로 게재하여 일본인들조차 그 사실을 잘 몰랐다.

**독도를 불법으로 편입하다** 편입 후인 1905년 6월, 일본은 대한제국과 울릉도, 독도와 오키섬을 잇는 해저케이블을 각각 설치했다. 그러나 이때는 이미 러일전쟁이 끝난 후여서 별로 사용치 않았다. 일본 정부는 이러한 행위를 대한제국에 아무런 문의나 사후 통보도 하지 않았다. 결국 대한제국의 영토를 주인 몰래 훔친 것이나 다름없다. 신석호 교수는 1948년 『사해(史海)』 창간호에서, 시마네현의 편입 조치는 '강도행위가 아니면 사기행위'라고 질타했다.

일본의 독도 편입은 국제법상 무효이다. 왜냐하면 1905년 독도는 무주지가 아니기 때문이다. 대한제국은 이미 오래전부터 독도를 자국 영토로 인지해왔으며 1900년 대한제국 칙령 제41호를 통해 법적으로 재확인한 바 있다. 또한 일본의 '무주지 선점론'은 일본이 17세기부터 독도를 실효적으로 지배해온 고유 영토였다고 하기 전부터 주장한 '고유영토론'과도 모순된다.

자국의 고유 영토를 무엇하러 다시 자국 영토에 편입한다는 말인가. 일본은 1905년 시마네현의 영토 편입에 대해 근대 국제법 질서에서 '역사적 권원'을 재확인한 것이라고 주장한다. 그렇다면 다른 섬들에 대해서도 이러한 조치를 취했어야 하지만 그렇게 하지 않았다. 유독 독도에 대해서만 이 주장을 하고 있다. 정말 궤변이 아닐 수 없다. 이러한 관점에서 일본의 독도 편입은 한반도 침략의 시작이었다.

### (3) 국제법이 밝힌다

스캐핀 제677호와 스캐핀 제1033호

1945년 9월 2일, 일본이 항복문서에 조인하면서 도쿄에는 패전국 일본을 통치 관리하는 군정기관으로서 연합국최고사령부(GHQ : Generral Headquarters Sup;rerme Commander for the Allied Powers)

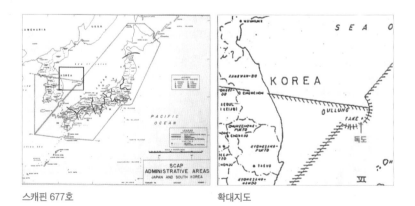

스캐핀 677호                    확대지도

가 설치되었다. GHQ는 1946년 1월, 흔히 'SCAPIN 제677호'로 불리는 '연합국최고사령부 지령 제677호'를 발표했다.

이 지령에 의해 "일본은 4개의 본도(홋카이도, 혼슈, 규슈, 시코쿠)와 약 100개의 더 작은 인접한 섬들을 포함한다"라고 정의했다. 여기에 포함되는 것은 쓰시마 및 북위 30도 이북의 류큐(남서)제도이다. 그리고 여기서 제외되는 섬이 ① 울릉도, 리앙쿠르 락스(Liancourt Rocks, ehreh), 제주도 ② 북위 30도 이남의 류큐제도… ③ 쿠릴열도… 등이다. 이것은 울릉도, 독도, 제주도가 한국의 영토이므로 반환되어야 한다는 의미를 뜻한다. 그리고 구체적으로 지도로 명시했다.

이 지령의 부속지도에는 한국과 일본의 행정관할 구역이 표시되어 있다. 동해상의 직선 경계선이 반원 형태 속에 울릉도는 ULLUNG으로, 독도는 TAKE로 그려 넣어 울릉도와 독도가 모두 한국의 행정관할 구역(영토)임을 명시했다.

스캐핀 지령으로 독도와 관련된 것이 또 하나 있다. 1946년 6월 22일 발령된 'SCAPIN 제1033호'이다. 이 지령 3조에서 '일본인의 어업 및 포경업의 허가구역'을 설정했다. 일명 '맥아더라인'이라고도 한다. 그 내용은 "일본인의 선박 및 승무원은 금후 북위 37도 15분, 동경 131도 55분에 있는 리앙쿠르 암의 12해리 이내에 접근하지 못하며, 또한 같은 섬에 어떠한 접근도 하지 못한다"라고 했다.

이것은 독도가 일본이 아니라 한국의 미군정 관할 구역이라는 의미다. 그리고 미군정이 해제되고, 1948년 8월 15일 대한민국 정부 수립과 함께 이렇게 설정된 미군정 영역이 그대로 계승되었음은 당연하다.

실제로 한국은 1948년 8월 15일, 정부 수립과 함께 독도에 '경상북도 울릉군 남면 도동 1번지' 주소를 부여하고 주권을 행사했다. 이에 대해 연합국과 일본 모두 아무런 이의를 제기하지 않았다.

## 샌프란시스코강화조약

패전국 일본은 6년여에 걸친 연합국의 점령 통치를 겪은 후, 1951년 9월 8일 샌프란시스코강화조약(San Francisco Peace Treaty)에 의해 새로운 독립국가가 되었다. 연합국을 실질적으로 이끈 미국과 영국에 의해 1946년 초부터 강화조약 초안이 만들어지기 시작하여 1951년 8월 최종 초안이 완성되기까지 20여 차례 회의를 하였다.

처음에 만들어진 연합국 초안은 전후 미·영·중·소의 4대국 협조를 전제로 하였다. 그러나 점차 미국과 소련이 이념적으로 대립하고 중국이 공산화되면서 미국과 영국은 일본을 자유 진영으로 끌어들여 동아시아에서 공산주의 방파제로 삼으려는 전략을 취하게 되었다. 이 과정에서 강화조약안(案)은 일본에 대해 엄격하고 징벌적이던 것이 관대하고 편의적인 내용으로 점차 변화되어갔다.

독도의 귀속 문제에 관해 1947년 3월 19일자 강화조약 초안부터 1949년 11월 2일자의 5차 안까지는 독도가 한국 영토로서 명기되어 있었다.

그러나 12월 8일자 6차 안에는 일본 영토로 명기되었다가 1950년 8월 7일자 7차 안부터는 아예 독도를 빼버렸다. 이 시기의 일본은 제1차에서 제5차까지 독도를 한국 영토로 기록한 것을 알고서 미국인 고문 윌리엄 시볼트(William Joseph Sebald)를 내세워 본격적인 로비전을 벌였다. 그 결과 제6차에서는 독도를 한국 영토에서 빼내 일본 영토에 포함시켰다. 그러나 이후 영국·호주·뉴질랜드 등의 항의를 받아 제7차부터 아예 독도라는 명칭이 빠지게 되었다.

이렇게 두 나라가 치열하게 자국 영토에 넣으려 했지만 결국은 한국과 일본의 요청은 모두 받아들여지지 않았다. "강화조약 최종안에 독도가 한국 땅이라는 사실을 넣어달라"라고 했던 한국도 뜻을 이루지 못했고, "독도가 일본 땅이라는 사실을 넣어야 한다"라고 했던 일본과 시볼트 역시 실패했다. 그 결과 1951년 8월 16일 확정된 강화조약 본문 제2조 a항은 "일본은 한국의 독립을 승인하고, 제주도, 거문도 및 울릉도를 포함한 한국에 대한 모든 권리, 권원, 그리고 청구권을 포기한다"라고 규정하였다. 그리고 9월 8일 샌프란시스코강화조약은 조인되었다.

결국 독도 문제에 대해 샌프란시스코강화조약에서 미국은 어느 편도 들지 않았고, 그 결과 아무것도 결정하지 못한 채 이후에 독도를 둘러싼 한일 분쟁의 씨를 뿌린 셈이 되었다.

이에 대해 일본은 샌프란시스코강화조약으로 일본이 한국의 독립을 승인했으나 합병 이전의 일본 영토를 한국에 양도한다는 내용은 조약에 없으며, 제2조 (a)항에 독도가 빠져 있다는 점을 들어 일본 영토라고 주장하고 있다.

반면 한국은 제2조 (a)항에 일본에서 분리되는 모든 섬들을 열거한 것이 아님은 한국의 섬이 제주도, 거문도, 울릉도뿐만이 아니라는 사

실에 비추어 보아도 명백하다
고 반박한다. 또한 독도를 일
본 영토라고 한다면 한국의
제주도와 거문도, 울릉도 외의
모든 섬에 대해서도 영유권을
주장할 것인가를 물으며 반박
하고 있다.

『마이니치신문』에 실린 일본영역도

그러나 2009년 1월, 일본
에서 공개한 당시 법령을 보
면 일본은 이 시기에 독도를 "일본의 부속도서에서 제외했다"라는 사
실이 밝혀졌다. 즉, 1951년 2월 13일 공포된 '대장성령 4호'와 1951년
6월 6일 공포된 '총리부령 24호' 등 2개 법령에서는 독도를 일본 영토
에서 제외했다. '총리부령 24호'는 조선총독부의 소유재산을 정리하는
과정에서 '과거 식민지였던 섬'과 '현재 일본의 섬'을 구분하는 내용이
다. 제외하는 섬에서 울릉도, 독도, 제주도를 명기했다. 이러한 법령이
존재하고 있음에도 일본은 지금도 독도를 여전히 일본의 고유 영토라
고 주장한다.

한편, 샌프란시스코강화조약이 체결된 후 『마이니치신문』이 펴낸
『대일강화조약 해설서』에 나오는 「일본영역도」에서도 역시 '다케시마
(독도)'를 한국 영역으로 표시했다. 일본 영역에서 독도가 제외됐다는
사실이 상식이라는 방증이라 볼 수 있다.

### 평화선을 긋다

샌프란시스코조약이 조인되자 한국 정부는 1952년 1월 18일 '인접 해양에 대한 주권에 관한 선언'을 국무원 고시 제14호로 선포했는데, 이를 '이승만라인' 또는 '평화선'이라 한다.

광복 직후 연합군사령부에서는 일본인의 어업에 관해 1946년 6월 22일 'SCAPIN 제1033호'를 공포했다. 이 지령 3조는 '일본인의 어업 및 포경업의 허가구역'을 설정한 것으로 일명 '맥아더라인'이라고 하는 해양경계선이다. 그러나 일본인들은 샌프란시스코강화조약이 발효되기 전부터 맥아더라인을 침범하여 불법 어업을 일삼았다. 이러한 상황에서 1952년 4월 28일부터 샌프란시스코강화조약이 발효되면 맥아더라인은 자동 폐지되어 일본 어선이 더 몰려들 것이 빤한 상황이었고, 한국으로서는 대책을 세우지 않을 수 없었다.

평화선은 이처럼 한국이 독도 근해의 어족 자원을 보호하고 영해와 대륙붕에 대한 주권을 행사할 목적으로 설정한 것이다. 평화선 선포 이후 우리 정부는 평화선을 침범하는 일본 선박을 나포하라는 명령을 내렸고, 독도를 포함한 평화선 안이 한국 관할임을

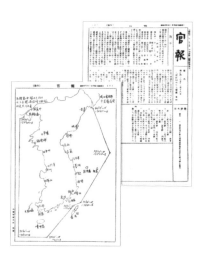

이승만라인과 관보

대내외적으로 분명히 했다. 평화선이 선포된 후 일본은 처음에는 강하게 반대했지만 일본 어선에 대한 나포와 억류가 이어지자 점차 태도를 바꾸며 일부분 평화선을 인정하기 시작했다.

그러나 평화선이 선포된 이후에도 영유권 갈등은 계속되었다. 일본 정부는 1953년 6월 27일 등 3차례에 걸쳐 순시선에 관리와 민간인을 태우고 독도에 상륙하여 한국이 세운 영토 표석과 '조난 어민 위령비'를 파괴한 후 일본 영토 표시 말뚝을 박고 돌아갔다. 이러한 돌발행동에 대해 한국 정부와 민간이 함께 나서 단호히 대응해나갔다. 특히 울릉도 주민 홍순칠 씨 등 40여 명이 '독도의용수비대'를 조직하고 무기를 사들여 독도 수호활동에 앞장섰다. 정부는 평화선을 침입한 일본 어선들에게는 벌금을 부과했고, 위반하면 나포하여 재판에 회부하는 등 단호히 대처했다.

1965년 6월에 한일어업협정이 체결될 때까지 평화선 침범으로 인해 나포된 일본 어선은 모두 326척, 억류된 선원은 3,094명이었다. 평화선이 폐지된 것은 1965년 '한일어업협정'을 통해서였다. 그런데 30년 후인 1994년 유엔에서 국제해양법이 발효되자 일본은 이를 근거로 평화선이 불법이었다고 새삼 억지 주장을 펴고 있다. 일본의 논리대로라면 평화선이 선포된 1952년 당시는 해양법도 없었던 시절의 '해양주권선언'일 뿐이다.

## 한일어업협정

**한일어업협정과 독도 영유권** 한일기본조약 중 '한일어업협정'의 주요 내용은 한일 양국이 각각 자국 연안으로부터 12해리 어업전관수역 (Exclusive Fishery Zone)을 설정하고, 전관수역에서 벗어나면 기국주의가 적용되는 공동 규제 수역으로 하여 한국 어선은 한국이, 일본 어선은 일본이 단속 및 재판 관할권을 행사하도록 한 것이다. 한일어업협정은 5년마다 자동 갱신하고 종료 선언일로부터 1년 후 종료하도록 되어 있다.

물론 어업 협정이 영토에 대한 조약은 아니다. 그러나 12해리 어업전관수역은 영해를 의미하는 것이고, 어업전관수역을 침범하는 것은 영해를 침범하는 것과 같다. 그런 의미에서 독도 인근에 대한 어업 협정의 적용은 영토 협정과 동일한 의미를 지닌다.

그후 1994년 '유엔해양법 협약'이 발효됨에 따라 과거 영해와 공해로 구분되던 바다는 영해(12해리), 접속수역(24해리), 배타적 경제수역 (EEZ, 200해리), 대륙붕(200~350해리), 공해로 구분되었다. 그에 따라 한일 양국은 1998년 11월 28일 '신한일어업협정(新韓日漁業協定)'을 체결했다.

한국 정부는 신한일어업협정을 통해 1996년 한일 양국이 EEZ를 선포한 결과 발생한 중간 수역에 대해 EEZ 경계 획정 이전 단계의 잠정 조치임을 분명히 했다. 그리고 한국은 1997년 배타적 경제수역의 기점을 '울릉도'로 지정했던 것을 폐기하고 2006년 6월 12일 '독도'를 기점으로 삼았다. 그리하여 독도에 대한 영토 주권 행사가 유엔해양법 협약에서도 합법적인 것으로 되었고, 신한일어업협정으로 한국은 상당 면적의 EEZ를 한국 관할 하에 두게 되었다.

1965년 한일어업협정 때는 한국이 독도와 주변 12해리까지 영토와 영해로 관리했고 그 바깥은 공해였다. 그리고 1998년 신한일어업협정으로 독도 주변이 공동관리수역(중간수역)이 되었지만 독도와 그 주변 12해리까지는 한국의 영토와 영해로 관리하고 있다. 이러한 면에서 한국의 독도 영유권은 신한일어업협정 체결 뒤에도 변함이 없다. 이것은 협정을 조인할 때 일본 역시 독도를 한국 영토로 인정했다는 증거이기도 하다.

결국 일본은 한일기본조약을 체결하면서 사실상 독도를 포기한 것이다. 그래서 일본은 한일기본조약을 체결한 뒤 그때까지 매년 한국에 보내던 항의서, 즉 "한국이 불법적으로 점거하고 있다"라는 내용의 항의서를 5년 동안이나 보내지 않았고, 한국이 독도 주권을 강화하는 발언을 해도 어떤 항의를 하지 않았다.

2010년 이후 일본 교과서에 국제사법재판소 회부 제안이 기술되면서 한국인 상당수가 일본이 국제사법재판소에 가자는 것을 염려한다. 그러나 국제사법재판소는 분쟁 상대국이 동의하지 않으면 일방적으로 회부할 수 없다. 만약 한국이 회부에 동의한다면 독도를 분쟁지역으로 인정한다는 것이고, 그렇다면 독도가 한국의 고유 영토가 아닐 수도 있다는 것을 스스로 인정하는 꼴이 된다. 일본에 휘말리는 그런 바보 같은 짓을 할 아무런 이유가 없다.

## (4) 현재가 말해준다

독도의용수비대

1951년 6월, 샌프란시스코 '대일강화조약'이 맺어지자, 한국에서는 1952년 1월, 독도를 한국의 주권 영역에 포함하는 '인접해양에 관한 주권선언'(평화선 선언)을 반포하여 한국의 영토임을 분명히 했다. 그러나 평화선 선포 이후에도 일본 어민들은 이를 무시하고 울릉도와 독도 근해에 나타나 어업 행위를 자행했다. 일본인의 이러한 불법 행위에 맞서 홍순칠 씨를 비롯한 울릉 군민들이 1953년 4월, '독도의용수비대'를 결성하여 독도 수호에 앞장섰다.

독도의용수비대의 편제는 각각 15명으로 구성된 전투대 2조, 울릉도 보급 연락요원 3명, 예비대 5명, 보급선 선원 5명 등 모두 45명이었다. 이 가운데 3명을 빼고는 모두 한국전쟁에 참전했던 군인 출신이었으며, 대장은 홍순칠이 맡았다. 1953년 6월, 독도로 접근하는 일본 수산고등학교 실습선을 귀향하도록 조치하였으며, 7월 23일에는 독도 해상에 나타난 일본 해상보안청 순시선을 발견하고 총격전을 벌여 격퇴하였다. 7월부터는 울릉경찰서

한국령 표시

소속 경찰관 5명을 독도에 파견하여 상주하도록 했다. 의용수비대에서는 1953년 8월, 동도 바위벽에 독도가 대한민국 영토임을 밝히는 '韓國領(한국령)'을 새겨 넣기도 했다.

의용수비대

1954년 11월 21일에는 1,000t급 일본 해상보안청 소속 순시함 3척이 비행기 1대와 함께 독도를 공격하는 사건이 벌어졌다. 독도의용수비대의 항전으로 일본 함정들은 피해를 입고 사상자가 발생하였다. 이후 일본 해상보안청의 함정이 매달 정기적으로 독도 근해를 순시하였다.

일본 순시선이 정기적으로 독도 근해에 나타나자 수비대는 포대를 구축하고 가짜 나무 대포를 만들어 위장했다. 포구의 직경이 20cm 정도인 나무 대포는 포신을 자유롭게 돌릴 수 있었고, 에나멜로 칠하여 멀리서 보면 실제 대포와 다름이 없었다. 일본 신문에서는 이를 두고 '독도에 거포 설치'라고 보도했다. 나무 대포를 설치한 후에도 일본 함정이 계속 나타났으나 그전처럼 근접하지는 않았으며 먼 곳에서만 배회하였다.

1956년 12월 30일 홍순칠과 마지막까지 남은 독도의용수비대 32명은 무기와 독도 수비 임무를 '독도경비대'인 경찰에 인계했다. 현재 독

독도 주민 숙소

도에는 독도경비대 경찰관 40여 명과 등대관리원 3명이 육상 경비를 전담하고 있다.

### 대한민국 국민이 살고 있다

국가의 3대 요소는 영토, 국민, 주권이다. 물론 주민이 살지 않는 무인도도 국가의 영토가 될 수 있다. 그러나 국가 사이에 영토분쟁이 발생했을 때, 주민이 살면서 국가에 대한 권리와 의무를 수행했다면 국제적으로 온전한 영토로 인정받을 수 있다. 그만큼 섬에 주민이 산다는 것은 매우 중요하다.

현재 독도에는 대한민국 국적을 가진 국민 50여 명이 살고 있다. 독도 경비대 40여 명과 등대관리원(항로표지원), 울릉군 독도관리사무소 공무원, 일반 주민 등이다.

독도의 최초 주민은 최종덕(1925~1987) 씨다. 1964년 독도에 처음 들어온 이후 한 살짜리 딸 최경숙과 함께 3인 가족이 상주하면서 어로활동을 하였고, 1981년에는 독도에 주민등록을 옮겨 법적으로 독도 최초 주민이 되었다. 1965년 독도어장 채취권을 취득한 후 약 22년 동안 미역, 전복, 소라 등을 채취하였고, 양식업을 위해 해안에 3채의 집을 짓고 1987년 9월까지 생활하였다.

그 뒤 최종덕 씨의 사위 조준기 씨가 1987년 7월 8일 같은 주소에 전입하여 거주하다가 1991년 2월 9일 울릉읍 독도리 20번지(구 도동리 산 63)로 옮겼으나 1994년 3월 31일 전출하였다. 1991년 11월 17일 이후부터는 김성도, 김신열 부부 1가구 2명이 울릉읍 독도리 20-2번지(구 도동리 산 63) 독도 주민 숙소에서 거주하다 2018년 10월 21일 김성도 씨가 별세한 후 현재는 부인 김신열 씨가 혼자 살고 있다. 2008년 4월부터는 독도관리사무소 직원 2명이 교대로 상주하며 입도객의 안전지도 및 주민생활을 지원하고 있다.

2020년 6월 현재, 독도에 주민등록이 되어 있는 사람은 김신열 씨를 비롯하여 숙소를 가지고 생활하는 10여 명이며, 본적을 독도로 두고 있는 사람이 3,567명, 독도명예주민증을 소지한 사람은 무려 6만여 명에 이른다. 이를 보더라도 독도가 한국 영토이며, 주권과 국민이 존재하는 사실을 입증한다. 또한 매년 독도를 방문하는 관광객이 늘어나 2019년에만 25만 6,000명에 달했다. 우리 영토에 우리가 가는 것이다.

구호와 주장으로만 독도를 일본 땅이라고 억지를 부리는 일본과는 차원이 다르다. 이 현실을 일본은 인정해야 하며, 일본 국민들도 이제 더는 일부 정치가의 억지 선동에 흔들리지 말아야 한다. 괜한 억지로 한일관계를 불편하게 만들어서는 안 된다.

# 부록

---

# 참고문헌

**통사**

김종석 외,『일본에 고함』, 시루, 2011.

김정학 외,『강좌 한일관계사』, 현음사, 1994.

동북아역사재단,『역사 속의 한일관계』, 동북아역사재단, 2009.

동북아역사재단 편,『한국의 대외관계와 외교사』(고대편, 고려편, 조선편, 근대편, 현대편 1·2·3), 동북아역사재단, 2019-20.

역사교과서연구회·역사교육연구회,『한일교류의 역사』, 혜안, 2007.

요시노 마코토 지음, 한철호 옮김,『동아시아 속의 한일2천년사』, 책과함께, 2005.

이진희·강재언 지음, 김익한·김동명 옮김,『한일교류사』, 학고재, 1998.

전국역사교사모임·일본역사교육자협의회,『마주보는 한일사』Ⅰ·Ⅱ, 사계절, 2006.

한일관계사학회편,『한국과 일본-왜곡과 콤플렉스의 역사』1·2, 자작나무, 1998.

한일관계학회사 편,『한일관계사연구의 회고와 전망』, 경인문화사, 2018.

한일문화교류기금편,『韓日兩國, 서로를 어떻게 記錄했는가』, 경인문화사, 2017.

NHK,『日本と朝鮮半島 2000年』上·下, NHK出版, 2010.

中村榮孝,『日鮮關係史の硏究』上·中·下, 吉川弘文館, 1965.

關周一編,『日朝關係史』, 吉川弘文館, 2017.

494

## 제1부 선사고대

김영희, 『향가루트』, 『천년 향가의 비밀』, 『일본 만엽집』, 북랩, 2021.

박남수, 「백제전지왕 봉원4년(奉元四年)명 칠지도와 그 사상적 배경 : 동아시
아속의 백제문화」 학술대회, 동아시아비교문화연구회, 2021.

박천수, 『새로 쓰는 고대 한일교섭사』, 사회평론, 2007.

연민수, 『고대한일관계사』, 혜안, 2003.

연민수, 『일본고대국가와 도래계씨족』, 학연문화사, 2021.

이재석, 『고대 한일관계와 일본서기』, 동북아역사재단, 2019.

최재석, 『한일불교관계사』, 일지사, 1998.

홍성화, 『칠지도와 일본서기』, 경인문화사, 2021.

田中史生, 『倭國と渡來人』, 吉川弘文館, 2005.

井上滿郎, 『古代の日本と渡來人』, 明石書店, 1999.


## 제2부 남북국시대, 고려

구난희, 『발해와 일본의 교류』, 한국학중앙연구원, 2017.

김종복, 『발해정치외교사』, 일지사, 2009.

나종우, 『한국중세대일교섭사연구』, 원광대출판부, 1996.

동북아역사재단, 『고대 환동해교류사』, 동북아역사재단, 2010.

송기호, 『발해 사학사연구』, 서울대학교출판문화원, 2020.

최재석, 『統一新羅·渤海와 日本의 關係』, 일지사, 1993.

한규철, 『발해의 대외관계사』, 신서원, 1994.

한일문화교류기금,『동아시아 속의 발해와 일본』, 경인문화사, 2008.

村井章介 지음, 손승철·김강일 편역,『동아시아 속의 중세한국과 일본』, 경인문화사, 2008.

石井正敏,『日本渤海關係史の研究』, 吉川弘文館, 2001.

## 제3부 조선시대

김문자,『임진전쟁과 도요토미정권』, 경인문화사, 2021.

김보한,『중세의 왜구와 한일관계』, 경인문화사, 2022.

무라이 쇼스케 지음, 이영 옮김,『중세왜인의 세계』, 소화, 1998.

민덕기,『전근대 동아시아세계의 한국과 일본』, 경인문화사, 2007.

손승철,『조선시대 한일관계사연구』, 경인문화사, 2006.

손승철,『조선통신사의 길 위에서』, 역사인, 2018.

손승철,『조선통신사, 평화 외교의 길』, 역사공간, 2022.

이영,『왜구, 고려로 번진 일본의 내란』, 보고사, 2020.

이훈,『조선의 통신사외교와 동아시아』, 경인문화사, 2019.

한일관계사학회, 한일문화교류기금 편,『조선시대 한국과 일본』, 경인문화사, 2013.

한일문화교류기금 편,『조선통신사 기록물의 'UNESCO세계기록 문화유산' 등재』, 경인문화사, 2018.

北島万次,『임진왜란연구의 재조명』, 경인문화사, 시루, 2011.

北島万次, 손승철 편,『한일교류와 상극의 역사』, 경인문화사, 2010.

三宅英利, 손승철,『근세 한일관계사연구』, 이론과 실천, 1991.

## 제4부 개항기, 일제강점기

강재언,『개화사상 개화파 갑신정변』, 비봉출판사, 1981.

강재언 외,『재일 한국 조선인 -역사와 전망』, 소화, 2000.

김광열,『한인의 일본이주사연구』, 논형, 2010.

김인덕,『강제연행사 연구』, 경인문화사, 2002.

미즈노 나오키·문경수 지음, 한승동 옮김,『재일조선인』, 삼천리, 2016.

백종기,『근대 한일교섭사연구』, 정음사, 1977.

윤해동,『식민국가와 대칭국가』, 소명출판, 2022.

이태진,『한국병합의 불법성 연구』, 서울대 출판부, 2003.

정재정,『일제침략과 한국철도, 1892~1945』, 서울대출판부, 1999.

최덕수,『근대 조선과 세계』, 열린책들, 2021.

현명철,『근대 변혁기 한일관계사연구』, 경인문화사, 2012.


## 제5부 현대

다카사키 소우지 저, 김영진 옮김,『검증 한일회담』, 청수서원, 1998.

도시환 외,『한일협정 50년사의 재조명』1·2, 동북아역사재단, 2012.

동북아역사재단,『일본군 '위안부' 문제를 생각한다』, 동북아역사재단, 2015.

민족문제연구소,『한일협정을 다시 본다—30주년을 맞이하여』, 아세아문화사, 1995.

박진희,『한일회담』, 선인, 2008.

손승철,『이사부 독도를 걷다』, 역사인, 2020.

유석재,『독도공부』, 교유서가, 2019.

유의상,『대일외교의 명분과 실리』, 역사공간, 2016.

이원덕,『한일과거사 처리의 원점』, 서울대학교 출판부, 1996.

정재정,『한일의 역사갈등과 역사대화』, 대한민국역사박물관, 2014.

정재정,『20세기 한일관계사』, 역사비평사, 2014.

조세영,『한일관계 50년, 갈등과 협력의 발자취』, 대한민국역사박물관, 2014.

최영호,『현대한일관계사』, 국학자료원, 2002.

한국사연구회·한일관계사학회편,『일본 역사서의 왜곡과 진실』, 경인문화사, 2008.

호사카 유지,『대한민국 독도』, 미래엔, 2012.

호사카 유지,『우리역사 독도』, 책문, 2009.

# 찾아보기

# 한일관계 2천년, 화해의 길목에서

2023년 3월 17일 1쇄 인쇄 | 2023년 3월 27일 1쇄 발행

지은이 손승철

펴낸이 한정희
편집·디자인 유지혜 김지선 한주연 이다빈 김윤진
마케팅 전병관 유인순 하재일

펴낸곳 역사인
출판신고 제313-2010-60호.(2010년 2월 24일)

주소 경기도 파주시 회동길 445-1 경인빌딩 B동 4층
대표전화 031-955-9300 | 팩스 031-955-9310
홈페이지 www.kyunginp.co.kr | 전자우편 kyungin@kyunginp.co.kr

ISBN 979-11-86828-30-4 03910
값 28,000원

ⓒ 손승철, 2023

* 파본 및 훼손된 책은 교환해 드립니다.